中国近代人物日记丛书

中华书局编辑部 编 童 杨 校订

孙宝瑄日记

中册

中华书局

光绪二十八年壬寅(1902年)

正 月

初一日　　晴

晨,衣冠出贺岁。日中,诣省三,留午食。昳,偕出城,至丹桂观优。晡,游张园,李氏昆弟皆在。晚,归。夜,倦,早眠。枕上为渭东撰洞房喜词,半涉调侃,词云:"太极两仪生四象,春宵一刻值千金。吉日良辰,洞房花烛新。是聪明富贵人,是英雄儿女好婚姻,莫辜负绣枕香衾。祝他日期颐偕老,百子千孙。"又戏向岷词云:"银河驾鹊桥,牛郎会织女。最恨张园茶叙,盈盈一水间,脉脉不敢语。逗今日佳节良辰,阳台下云雨。"盖渭东、向岷,同于初六日完娶。向岷妻吴姓,累偕其母、姊至张园,往往与其夫家人相遇,恬不为怪。是日元旦,去嫁期五日耳,犹至园品茶。向岷兄弟辈,亦往聚而观之。母女三人,熟视若无睹者,咄咄奇事!

初二日　　晴

马车出贺岁。晚,铭舫招饮于高文秀家。夜,归。

初三日　　晴

待三郎不至。晡,至味莼园,徘徊久之,遂归。诣质斋谈,留晚食。夜,入城。

质斋为余言曰:我国目下官民之交困,有岌岌不可终日之势,如何,如何! 余曰:盖自中日一战,义和团一变,支那元气剥丧极矣。剜肉补疮者,肉尽而骨见,奈何! 竭泽而渔者,鱼将尽,奈何! 凡前日之主张排外保种之宗旨者,适足以自困其生、自灭其种而已。或曰:苟不大乱,朝廷安有变法之意事? 曰:变法亦何可易言耶? 试问朝廷,今日除废八比,设学堂外,所变者何法? 任变法之事者何人? 恐日后仍不免泄泄沓沓,有名无实也。夫以数千年弊坏之法,而欲挽回于一日,非有大手段、大见识者,不能奏功。而今之当轴者,半皆不学无识之徒,所谓力小而任重,鲜不覆也。悲夫!

初四日　　晴

衣冠答拜毛实君。日中,至金谷香,呼三郎来小谈。昳,诣叔雅。晡,吴季英家送奁至李处,余与徐显民作冰人。夜,宴于叔云家。

初五日　　微阴

观《西游记》。

《西游记》一书,为长春真人所作,盖指明金丹要路,使世人知所向往。观于观音现身,云中留简帖示唐君臣,云西方有妙文,可以悟矣。玄奘所取者无字真经也,试思无字真经是何物? 若作浮屠所诵之经解,何得云无字? 一人能了悟无字之经,可称闻道矣。篇中参互错综,种种皆譬喻,无非形容妙道。惟火候工夫,则不能解,必得师诀而后可细细辨认也。

晚,诣江南村宴饮。坐有石芝、丽轩、荫亭之约。丽轩有弟字少侯,亦喜谈佛,尝闭观三年,释典涉猎殊多,游白下,见杨仁山,纵谈数日,知其净土功成就,以为当代罕与匹者,是日亦在坐。

初六日　　晴

汇东、向岷兄弟二人皆于是日迎娶,同时礼成,新妇皆美,而汇东妇尤有富贵福泽之相。夜，红烛高烧，鼓吹杂奏。余先送汇东入洞房；然后至三三径，观向岷夫妇合食团圆饭。

是夕，闻曾君和谈及都中拳民之乱，自云于太后召见时，力言团民之不可恃。端王怒，请斩曾某以谢天下，幸皇上为之缓颊，获免。比退直，家人报云宅中被拳民抢劫一空，太夫人避至城外，夫人已伤毙矣。盖端王阴使人纵拳民为之。言之痛心。君和，文正公之嫡孙，袭侯爵者也。

见张子虞先生诗稿，皆轻妙丽秀之笔，是词家神髓，非诗家体格。

初七日　　晴

闻芝生兄来，诣客舍访之，已行矣。日中，约仲逊、琴甫及三郎，于九华楼饮，罢，仲逊、琴甫散去。昳，与三郎同车游愚园，循廊绕榭，登山穿径，忽见面东堂宇三楹，因坐而茶话，闻箫鼓声出小阁中。晡，至张园观游人试足踏车。薄暮归，饮于雅叙园。复赴襄孙之约。夜，观剧于天仙，谭鑫培演《寄子》。

初八日　　晴

观书。

《西游记》谓江流和尚是极乐中降来佛子。见十二回。所谓极乐者，净土也，而经又云：凡生净土者，不再入轮回。则玄奘又自何处来者？

俗画门神，每图秦琼、敬德二像，今乃知出于《西游记》。又俗门上书神荼郁垒四字，今乃知出《风俗通》。

薄暮，诣汇东晚饭。夜，造石芝，与谈久之；而仲巽至，邀余二人往圆明园路观外国剧。西人之剧，男女合演，其裳服之华洁，景物之奇丽，歌咏舞蹈合律而应节。人问其佳处何在，余曰：无他，雅而已矣。我国梨园,半皆俗乐,西人则不愧为雅奏。

初九日　晴

幼谷过谈,自云:去岁腊底,始由京师来此。道及都中情形,谓从前旗籍中富户颇多,往往于壁中或石板下,藏白镪、黄金巨万。盖朝廷不许其治田营生,不得已出此计。自团民之变,外兵入,以奸民为耳目,故所藏者皆被掘无遗,而财货之可见者无论矣。于是富者骤变为赤贫,与前大异。余又询及黄石孙何如,曰:石孙为人有气骨,戆气未除,为御史未一年,中外官被其劾去者不少。无事时,辄以骂人自遣,而性俭朴,能刻苦,故虽薄,犹能度日。

晡,诣彦复。闻蓺汉有难,盖因前结怨于某公,故必欲致死。事为督臣电奏,有密旨严捕立决。以天下之大,仇一匹夫。虽然,蓺汉固自有取死之道也。

余谓彦复曰:我辈平日不以种界之说为然,设此时以蓺汉之故,波及于我,亦不悔也。

蓺汉所著书出,颇鼓动一世,造孽无穷。

初十日　晴

经甫先生过,小谈即去。

观《西游记》,今日方悟古代传语女娲氏炼石补天之说,即妙道之寓言。

余自获闻千圣相传之秘旨,于是凡东西古书,荒唐不经、汗漫无稽之说,前所不能解者,今皆一一解之。夫然后知古人凡立一说,必有立说之征意,断非无所为而发也。即《西游记》中离奇骇怪之事,不一而足,若非悟一子之注,何由知其为道书,然而能解者鲜其人也。惟《封神演义》一书,余尚未见,不知其宗旨所在,暇日当取观之。

孔子答子路之言曰：未知生，焉知死。其意盖谓：能知生，自能知死也。生，我之门；死，我户也。来从何处来，去从何处去也。

掊黑豆集禅家之说，谓此药能杀人，亦能活人。所谓杀人者，七日混沌也；活人者，七日复生也。

明镜止水，皓月禅心，古今讲道者引为谈助，却都不知皓月二字譬况何物。或以为喻心地之光明，谬论也。请观《西游记》三十六回劈破傍门见月明一节，便知。

晚，诣江南村，何氏昆仲招饮。荫亭与余辨死后灵魂之有无，余力言其有。荫亭始终以为无据。余曰：未尝无据，凡古书之所记载，友朋之所传闻，灵奇变怪之说甚夥。若执一己之耳目不及，遂一切目为伪造，则天下可信之事少矣。时在坐有叔云、向岷、芷香等，始皆不信吾言，良久又相继述鬼幻事不已，且皆指为确实。荫亭亦闲谈数则。余笑曰：尔等既驳吾言，何又为我作证？是夕，经甫亦在坐。

十一日　微阴

至九和，访稷塍。稷塍改道员，至广东候补，将于今夕登舟南下。日中，宴稷塍于九华楼，纵谈。

稷塍谓：今日人争言变法矣，然须先求变法之人，与变法之法，而后可以变法。无人无法，法于何变？余以为至言。盖法之当如何变，与何法之当变，海内士夫几人人能言之矣；而变法之人何在，变法之法何出，无有能言之者。但日号于众曰：变法变法，其能有益于国家耶？凡举天下之大事，必藉三者而行之：一曰人，二曰法，三曰财。得变法之人与变法之法，而不得变法之财，亦不足以举事，故理财亦要政也。虽然，得人与法而后可以理财，盖理财必有理财之人与理财之法，苟非其人、非其法，惟有丛扰殃民而已。嘻，其难哉！

晚,耕馀过谈。夜,坐观书。

十二日　　阴

午食时,忽闻西友铅宁化去,惊异不止。铅宁,英国人,游支那有年,始操舟为业,年三十许娶意大利三醮之妇为妻。妇生长我国,能操粤语,常往来余家,自嫁铅宁,遂同居上海。铅宁寻改业为商,设大胜洋行于沪滨。前年津京之乱,铅宁单身北行,乘乱颇获奇利,携资南旋,遂置产造屋,俨然富家翁矣。性诚朴,接人蔼然可亲。余屡造其家,与共饭,甚爱之。会去冬少雪,一时多患喉者,死人无数。铅宁于月之七日得是病,医药失法,以十一日之夜没于虹口病院中。痛哉!

昳,观书。

《西游记》评云:佛经三藏,以阴阳言之:天为一藏,地为一藏,鬼为一藏。鬼,二气之良能,盈天地间,皆是也。《中庸》注云:鬼神者,二气之良能。此不言神,而单言鬼者,言鬼而神在其中矣。能收天地之精气,与其神合体,则为仙,为佛,为圣。离天地之精气者,即能孤修其性,不过为阴神、为灵鬼而已,此必然者也。

晚,诣石芝共饭。石芝力劝余持净土,以待外缘之至。余深以为然。夜,观剧,将往天仙,遇新吾。

十三日　　晴

观书。

《西游记》中每至水穷山尽,辄有观音大士现身。所谓观者,以心内观也。合心与音成意字,所谓真意也。

第二回孙悟空自称当年飘过东洋大海,径至南赡部洲,学成人像。然则猿猴演变成人之说,仙师固已言之。盖人之能演变而为佛,犹猿猴之演变而为人也。持自有官器之生物,变化以来,皆由顺生;惟人佛之界,则以逆生。一逆,即止为天演之绝境矣。

世称盘古开辟天地,何以称曰盘古,无能晓解者。余读《西游记》,始悟得。观第二回评语云:菩提祖师设为盘中之谜,示以秘处,密传悟空,打破盘子,长跪信受。然则盘古之盘字,取意盘中之谜也。古字,十口之意也;十者,十字街头也;口者,口口相传也。

余从未观西人丧仪,闻其于死人尸棺敛竟,必舁至天主堂,神甫为之诵忏悔词,然后葬。是日晡,余以铅宁之丧,往天主堂。石芝偕其二子先在。须臾,灵輀至门,舁其棺而入者,皆其朋友也,合古人执绋之义。历阶至中堂,陈于木龛内,侍者五六人,白衣执烛,绕棺而行。神甫峨冠博裳出,喃喃诵经。久之,复舁出至车中,鼓乐前导,往至葬所。是日,送殡者男女甚众,半皆我国人。余亦随往。葬所在南泥城桥之南,闳闼洞开,方广数十亩,皆西人没我国者之墓,石器纵横,花树杂生。铅宁棺至迆南垣下,有多人掘坎以待。坎列横木,棺陈其上。神父复持小册祷诵,洒水其上,乃下棺。朋友亦相助洒水。其妻杂众中,掩面哭甚悲。

晚,归,家祭。月明。忽闻叩门声急,表兄子涵至,挈余出城,宴于一品香。夜,观剧,演《万寿山人参果》,亦《西游记》故事。

十四日　　晴

观书。日中,至金谷香。顷之,子涵及石愚、企堂咸来。须臾,省三亦至。饮罢,子涵登舟往苏台。余与省三访刘咏春。咏春扶病出见,与省三旧相识,十馀年不见矣。谈久之,遂散。余诣汇东。薄暮,与新吾散步至三板厂,观季皋所造新屋,巍然高峻,惜无树木翳卫。是夕,在汇东家晚饭。

余得一绝对,无能属对者,曰:"海内三琪花农二梅翠玉。"花农姓徐，名琪；二梅姓胡，名琪；翠玉姓左，名琪。夜，观剧。

十五日　　晴。风起

观书。

《西游记》评云：儒本于黄帝之制字，发三才化生之妙道。黄帝实为儒，本孔子，特宣明其教，奈何后世以黄（者）〔老〕为异于儒哉？此语有识。盖仓颉为黄帝史官，其造字隐寓妙道，相传天雨粟，鬼夜哭。其后孔子问礼于老聃，则黄老与儒是一家。后世妄生分别，以不知殊途同归之旨。

又五十六回评云：物未至，而有近物之心；物既至，而有滞物之心；物已去，而有逐物之心。是即如来所说，诸心皆为非心。忘山居士曰：于此可明练心之法。

三藏取经，必道由女儿国，得其通关信宝。忘山居士曰：说破不直半文钱。

《西游记》文章之妙，不必言矣，而其笔力雄奇之处，无过五十八回二心搅乱大乾坤一节。如来对大众云：汝等俱是一心，且看二心竞斗而来也。石破天惊，令人猛省。

日中，出城，至雅叙楼上独酌。俄诣源丰润。晡，回车至棋盘街买笔，即归。薄暮，新吾至。夜，家祭。月明。祭毕，与新吾对饮尽醉。饮罢，新吾倒卧榻上，饱啖罂粟烟醒酒。夜深去。余登楼往视母，见川如妹与女仆共持竹筐，筐上簪花系女帽，下插竹箸于米盘中，画圈燃香烧烛，若甚恭敬。余问何故。曰：请三姑娘。余悟殆与扶乩相似，因与妹二人扶之，问仙能作字否，仙忽书何仙姑三字，又作篆文道字。余不觉大惊，以为信有神至。俄又作去字，遂不动。乃三揖送之，群以为奇。

十六日　蚤晴。日中风起扬尘。晡阴，微雨。

是日，入小东门谒刘乙老，俄至宝善街买屦。诣石芝，游味莼园。车中成七绝二首，为渭东题《红豆相思图》。诗如下：

云烟深处万楼台，绰约仙姑海上来。千种相思托红豆，几人从此换凡胎。

人见肌肤若冰雪，我观色相出风尘。眼前直指蓬莱境，去向笙歌队里寻。

晚，观三郎演《卖榕花》。夜，饮于锦谷春，归时雨沾衣。

十七日　阴雨未止

补作半月来日记，将观书所得之理，及友朋所谈之语，耳目所见之事，一一录出，以备忘。夜，观书。

《西游记》七十九回，孙行者假作唐僧，剖腹出其心示众，都是红心、白心、黄心、悭贪心、利名心、嫉妒心、计较心、好胜心、望高心、我慢心、杀害心、狠毒心、恐怖心、谨慎心、邪妄心、无名隐暗之心，种种不善之心，无端于此处写出众生心相，令人悚然警觉，何异暮鼓晨钟。

世人见《丹经》所言，每误会为御女采战之邪术，此大谬也。惟御女采战，亦能驻寿，但人过多，死后必堕地狱，其法术若何，亦有秘传。余急欲考求其法，使能尽知，亦于学问有益。何也？圣人与小人，冰炭不相入，然圣人必洞悉小人之一切作为，而后不为小人所欺，此圣人之所以为圣人。

十八日　晴

观书。晡，诣穰卿，访荫亭。

周少侯谈一轮回事，甚奇，云：某地有寺僧甲，与相隔数里之寺僧乙友善。一夕，僧甲夜寝忽觉，披衣起，出户徘徊，中庭月色清丽,因欲访僧乙闲谈,遂散步而往。途见一车,载美女数人前行,甲心动尾之。一女视甲微笑,招与共载。甲欣然上其车,俄行近僧乙寺门外,偶转念曰:倘为人见奈何?即有人推堕之,觉天地昏暗,一身绵软无力。良久,忽见烛光闪烁,闻有人语,似僧乙声曰:犬生五子矣。甲自顾,亦一犬也,大惊,悲涕不欲生,因投入犬母身下,被压而死。一梦惊觉,犹眠已榻上也。翼日,访僧乙问之,其寺犬果生五子。乃往视,牝四而牡一,牡者不动,审视死矣。僧甲曰:此即我也。告以昨夜之梦,相与悚然。

晚,访石芝。石芝于修命一说,犹多疑惑,余多方譬解,终不能坚持。谓:但修一心可矣。余曰:修性不修命,死为灵鬼,不能出轮回也。且佛成道后,果有心而无身,何必称金刚不坏身?其金刚二字作何解?石芝不能答。夜,汇东约观剧于桂仙。

十九日　　阴

观书。晡,诣新吾,荫亭亦在坐。

丽轩、荫亭兄弟二人,素不信仙佛鬼幻之事,闻人谈及,必以为虚语。谓:人生不过无端而有我,无端而无我,灵魂岂能离人身体而存者?日来荫亭颇有三分疑惑,思考得实据。余与汇东再四晓解之,荫亭似略有信意。

本朝祭祀之典,宗庙社稷外,又有所谓堂子者,祀以太牢。每祭,上必亲临。然举莫知其所祀何神。新吾于元宵在余家谈及,谓:堂子之祭,疑即旗人所谓祭竿子。相传满洲古时,有众部落相雄长,中有一酋,为众所妒恨,群引兵与战。酋战败兵溃,手持旗竿而逃,伏于道旁草树之交。见追兵骆驿过,乃竖竿,暗祝:神祇佑我。会有寒鸦三五,绕竿飞鸣,追兵见鸦在上,以为其下必无藏匿者,遂趋走不顾。由是获免,遂为本朝之始祖。此旗人祭竿子所由来也。堂子中所祭者，恐不过一竿而已。与日本人祭神镜无异。

汇东告荫亭云：五年前，在合肥应院试，大病几不起。夜，老妪持白纸示我，书小字一行云："上帝因尔念母情殷，锡尔遐龄，俾资侍奉……"下犹有字，模糊不可辨。遂觉，病自此愈。

晚，宴新吾、介眉于金陵。夜，观剧。

二十日 　　晴，风

观书。

《西游记》九十一回，金平府元夜观灯，唐僧到金灯桥上观看，原来是三盏金灯，悟一子评云：三盏金灯，正水中之金，平满之候。宜看得明白，急早下手云云。在他人见此数语极平常，而余则以为大奇。盖张冠霞何以名此名，何以与我相遇，何以暗合道妙，岂非预兆？

布金禅寺四字，盖明欲行此法，非财不办。

非假不成真，故《西游记》曰假合形骸，《红楼梦》曰假语村言。

昳，至一品香，见子涵。晡，与同车至贩古玩处，购名人书画。俄至张园，遇彦复。

昨见叔雅，知太炎于十四日到海上，在囚庵家宿一夜，次日附日本舟东渡。会有满人来君遂处，探太炎消息，其仆悉举以告，君遂其危哉！

晚，宴于九华楼。夜，与子涵观剧春仙。

二十一日 　　蚤晴。午阴，大风，微雨

作日记。汤蛰仙过。晚，季英招饮于一品香。夜，观冠霞演《错中错》。前在都，见田际云演此剧颇佳，后无续响者。冠霞此时虽丰采减前，而闺阁风度自若也，故演此剧犹不俗。

二十二日　　晴

余观《西游记》，于昨日终卷。记去岁正月，曾观《石头记》一遍，盖与《西游》相为表里者也。《石头记》之通灵宝玉，即是《西游记》中傲来国花果山所产之石卵，二书著眼处在此。虽然，读《西游》者，犹有知其为道书，读《石头》者则皆梦梦。

余于己亥重阳后一日，与冠霞合影一图；庚子冬至后二日，与玉蟾阁主人合影一图。此为生平快意事，皆各印数纸，遍赠友人。其药水玻璃，贮黑匣内，携归置书架上，不启视者一年馀。至是偶取观之，则匣中空空，玻璃不知所往，岂宝物不能久留，终当破壁去耶？

二十三日

向午，蛰仙招饮一品香。叔雅、彦复、让三诸人皆在坐。又有汪子渊者，嘉兴人，在盛杏孙侍郎处掌译外国语，余始与晤谈。

子渊论及德相俾士麦克之始当国也，受谤与李文忠等，盖因削平民与贵族之权，归诸朝廷，故百姓莫不恨之。迨胜法国复仇后，又渐渐散权于民。其操纵之间，有微意存焉。国人至今始悟而感其德。

又云：俾相尝向国家索黄金数十万，曰："吾取此有大用。"国王予之，而疑焉。议院亦疑之，以为俾相家贫，肥己而已。俾亦不辨，阴选国中男女鳏寡数十人，使自相配合，往居法国，生男即入法籍，长入法学校读书。所有资用，皆俾相供给之。其后德与法战，军士所携法地图，皆上等精细，腹地情形德人无不深知，俾相之功也。

晡，诣渭东谈。晚，宴于江南村。

二十四日　　阴，雨

喉间作痛，坐楼上终日，闲观《品花宝鉴》。是书摹写都下梨园中人物，笔墨尚清雅，惜无甚宗旨。余谓《石头》一书，写女子多美；《品花》一书，写男子多美。皆非其佳处。又《今古奇观》一书，每一事自成一卷，不相联属，其事迹之曲折，亦颇悦目。

二十五日　晴

前为川如妹延一师，即琴甫之弟昌甫，在杭州新娶妇，须弥月始克来海上。琴甫为摄其事，是日到馆。日中，荫亭偕其弟少侯来谈。

宪法未改，民约未立，而动言自由者，必为其一群之害，何也？纵我自由，则足碍人之自由也。或曰：彼言自由者，有权限之自由也；自由不逾权限，何足为害？曰：权限亦何可易言哉！权平而后有限，不平则无限。处我国专制政界内，凡民交际，在一贫一富，一贵一贱之间者，其权必不能平；权不平，而犹知守夫限者，必人皆圣贤而后可，否则必纵其自由，而不复知有限。自由而无限，则依然一有势利无公理之国民云耳，何足以语文明？

释家之学，有所谓观法，所谓观丈六金身法，观白骨法，皆幻想所结，恍惚有此境界。

二十六日　晴

日中，与三郎共饭于金谷香。昳，往视刘咏春。晡，归。

观《天台小止观》终卷。此书说止观种种法门甚细，并言修止观功候既深，身心明净，自有种种善根，开发心眼。所见有种种异相，复言其后有种种魔事，皆可以正念却之。其《治病篇》言以心治病法，谓脐下一寸名忧陀那，此云丹田者，能止心，守此不散，即无所不治。有师言常止心足下，莫问行止坐卧，即能治病。又云：善用假想观成形气，能治众病。如人患冷，想身中火气起；患热，想水成冰。皆有效验。不知有人试其法否？

《证果》一篇谓：修止观者，了知一切法，毕竟空寂，名从假入空观；能于空中修种种行者，名从空入假观。此二种观，名方便观，非正观，然因是二观，得入中道第一义观云云。何谓中道第一义观，此上乘之法，千圣不传，即《法华》所谓止止不须复语，语则天人鬼神皆当惊疑也。

从假入空观，亦名二谛观，亦名慧眼，亦名一切智若住此观，即堕声闻辟支佛地。从空入假观，亦名平等观，亦名法眼，亦名为道种智若住此观，智慧力多，虽见佛性，而不明了。故此二观，皆名方便观，非正观。

夜，诣经甫谈。

二十七日　　晴

与友人约，同舟北行，检行装。昳、汇东及芷香，偕来送行。晡，出城，诣荫亭，途遇陵斋。俄至宝记，与张冠霞同影一相。晚，与陵斋饮于江南春。

陵斋论道书中雌剑雄剑之别曰：刚者谓之雄，柔者谓之雌。其出游也，以雄剑将之；其归舍也，以雌剑迎之。虽然，剑不铸，则无雌雄之用。

又云：采药在赤龙，将至之一候，与生人生物之理殊。

又云：进阳火，言其动也；退阴符，言其静也。

礼尚往来，小往而大来，来而不往，非礼也。彼以伪乱真者，辄有来而无往，有取而无与，有进而无退，此所以去道日远也。《易》曰：知进退存亡，而不失其正者，其惟圣人乎！

二十八日　　阴，微雨

出城，至棋盘街普通书室等处，购得新译书十馀种。晚，质斋招饮于雅叙园。

饮冰室主人为李文忠撰一书,名曰《李鸿章》,又称《中国四十年大事记》,盖于文忠一生事迹,备载而加以论断,有褒有贬。其褒也,郑重其词;其贬也,则游移其词。吾逆知著者盖深服文忠之为人,其于文忠生平办事不得已之苦衷,皆洞若观火。然于书中,仍不免委曲其词,而不敢直言者,深以目前海内人之脑筋不易感动,必如是立论,庶几文忠之冤,可以少雪耶!

二十九日　晴

诣汇东,与同至张园,遇张冠霞。薄晚,及汇东,同映一相。是日在汇东家晚饭。

三十日　晴

晨,陵斋过,即去。作日记。

前读《中国四十年大事记》,饮冰主人谓:李文忠为世势所造之英雄,非造时势之英雄也。盖隐然以造时世之英雄自许。余则谓天下非无造时势之英雄,然其功业之结果,往往在数十年数百年后,其及身而能立奇勋者,皆时势所造之英雄也。如华盛顿,如拿破仑,如俾士麦,虽云能造时势,不知实为时势所造。何也?三人之出现于世界上也,其国中之文明点已遍布国民脑中,而荟萃于三人之身,故仍不免为时势所造。必如法国福禄特尔、路索之流,乃可谓造时势之英雄耳。日本之井伊直弼,以欲师欧美所长,为国人所杀,卒兴日本维新之运。李文忠以谈洋务受重谤,亦开中国之风气。今日本无不颂井伊直弼之功,安知中国将来不颂李文忠之功?由是观之,虽谓李文忠亦造时势之英雄,可也。

晚,襄孙招饮于一品香。又至迎春,四赴陵斋之约。夜,观剧。

二 月

一日　晴

日中,毛实君招饮,坐有襄孙及刘君葆良。

古人无坐具,皆席地而居,故人与人相见,行跽拜稽首之礼,以示恭敬。观于日本之风俗,而知之矣。今我国久无席地之法,而独留跪拜之礼,何也?

刘君葆良曰:人之谈新者,动云自由,吾不知其为文明之自由乎,为野蛮之自由乎?一语破的。盖近日持自由之名义者,半皆野蛮之自由,少年多被其惑,遂欲放纵自恣,不守范围,大为人心风俗之害。

晡,诣彦复,话别。薄晚,入城。夜,笃甫招饮一品香。将于明日北行,衣物行具皆入船,夜分往视之。闻希尚自北来。

二日　晴

晨,希尚来小坐,即登楼别母登舟。叔雅来握别。舟于食时解缆,向午出吴淞口。同行者为王绳伯,舟中观《卫生学问答》,无锡丁君福保所著。

西人近来考得脾胃不相连,脾于消食之事绝不相干,惟主生白血轮之功用,能杀各种微生物。微生物能害人,白血轮能救人,白血轮与微生物互相吞噬,其胜负与身体之强弱有相关,此亦新理。

读书有记事,有思想。记事属于文字学,思想属于格致学。文字每泥于陈迹,于古人所遗之事,不问在理与否,只一味顺受而已。格致学须步步思索,步步前进,并能弃其成见而别臻一境;故格致家谓文字学所练之心思,不若格致学所练者。虽然,记事与思想亦不可偏废，必互为用而后可。

我国人谓疫有神，故设法以驱之。西人谓疫有虫，故设法以防之。神不可见，而虫可见。微生物乃天地间一大种类，终日与人争战，虫败则人生，虫胜则人死。

闻前数日蒋御史上书，请躬行节俭。盖内务府曾向户部索每年供慈圣之费十馀万，因请停止其事。上大怒，斥其昏谬，盖欲得母后之欢心，不能不如是也。然为太后计，宜劝皇上留中不发，亦保全令名之一端也。

三日　　晴

晡，大雾，舟在黑水洋。须臾，雾散而雨。观《卫生学问答》终卷。

纽约《格致报》论盐之功用甚多，其一条云：已摘之花，以盐水养之，令花鲜艳。暇时当试其验否。

饮冰主人为李文忠作传，篇中着眼处，即写其所以文，所以忠。盖当攻围金陵时，有诏会剿，公托言盛暑，不欲分曾国荃之功，其德量过人，所以为文。马关议和时，虽被刺创甚，而犹不敢暇逸，惧误国事。至辛丑和约定后，疾大渐，口不及家事，惟痛恨毓贤误国至此。又长吁曰：两宫不肯回銮。所谓鞠躬尽瘁，死而后已，不愧为忠。

四日　　晴

舟折而西。望见群山横翠，海波作绿色。观《日本维新儿女英雄奇遇记》排闷。

俗云：英雄肝胆，儿女情肠。余谓英雄不可无儿女之情肠，儿女不可无英雄之肝胆。盖英雄有真性，儿女有真情。有性而无情者，非性之至者也；有情而无性者，非情之至者也。故英雄与儿女，可合而不可离。

余于儿女英雄四字,不觉悟道。盖试问天下之真英雄,属何等人？其功业之成就,自何而来？是不足为俗人道也。

夜,闻舟停,出观灯火烂然,已至大沽,乃安眠。

五日

晨起,视水作黄色,犹未睹岸。汽舟十馀艘,群泊驻海中,不能入口,乃先雇渔舟运衣物筲箧至塘沽。余与绳伯二人缓行。晡,望见西北烟起,有小汽舟于于而来,知为来迎者。盖绳伯自上海行时,曾电达天津招商局也。久之,行渐近,俄旁我舟泊焉。时风起,波浪汹涌,小舟动荡不止,余与绳伯登焉,遂驶入内。薄暮,入大沽口,炮台皆划削几尽,惟馀残垒存焉。须臾,至塘沽,相与登岸。是夕宿客舍中,与绳伯等谈笑甚乐。

六日　　晴

晨登汽车,向天津进发,一路民屋多残毁者。俄车到津,小驻招商局。周寿臣来车中小谈,即去。久之,复展轮过杨村、廊房、黄村、丰台诸处,皆稍稍停顿。晡,到京师,穿外城缺而入,绕东便门过崇文门,至正阳门始停车。乃易骡车入城,瞥见城阙巍峨,乘高车者,跨肥马者,出入豪俊,气象甚雄。久之,至椿树胡同慕兄宅。兄已他出,见嫂及侄女辈皆无恙。下榻于西厢房。薄晚,兄归,相见甚欢。夜,高仲英招饮,往赴宴。杨涟甫在坐,纵谈。

七日　　晴

向午,出城,至北火扇巷晤李佑三,留午食。遂诣厚庵谈。俄访黄石孙。晡,至长椿寺,寺门宇堂殿如故,惟窗棂多为西人毁去。住持净波,陆续修补,未竣工也。清莲师柩犹未葬,余瞻拜其前,不胜凄惋。与净波略谈,即归。入顺治门,过化石桥旧屋,入视阒无人焉。闻兵部将假此为公所。日暮,归。夜,问槎过谈。

凡当大事者,其先贵能知人;既知人矣,贵能任人;既任人矣,贵能驭人。盖明辨其心之邪正,精审其才之短长,谓之能知人;授人以职,当其所能,任人以事,称其所学,谓之能任人;厚禄以养之,使人怀恩,严刑以防之,使人畏威,怀恩畏威,则莫不奉法,谓之能驭人。兼斯三者,治国如示诸掌矣。

居上位者,不可无容人之量,尤不可无容言之量。自矜者不能容人,自是者不能容言,故无往而不孤立。以天下之大,庶民之众,未有孤立而能治者也。

能容人者,则能用人之才;能容言者,则能用人之谋。能用人之才者,吾服其量之大;能用人之谋者,吾服其心之虚。

八日 晴

晨,出城,访赵仲宣,复诣厚庵。日中,归。秉庵过。晡,出门,谒诸亲友。至贤良寺,晤杨莲甫。俄诣总部胡同,拜于李文忠枢前。晤季皋,又至夔相家,见稚夔。晚,归。

道路之平洁,无过于上海;房屋之爽垲,无过于京师。二者不可得兼,奈何!

上海驰车最乐,京师驰马最乐。盖驰车必待路之平,驰马不必路之平也。而飞腾奔放,纵控如意,则驰马之乐,过于驰车。惟尘起眯目,且污及口鼻,微觉苦耳。

夜,吴莳卿过谈。

九日 晴

向午,到工部销假。工部署已为外人圈入使馆界内,暂假化石桥李新吾旧宅为办事公所。是日,仲宣先在,命杂科缮销假呈,因汉堂官无到者,遂未登堂,拟至其私宅谒见。昳,往拜沈兰秋师,亦五年不见矣,已生须,面犹白皙。俄至甘石桥,访陆孟孚。孟孚馆于百揆先生宅,其屋为我家十四年前旧居,自戊子年迁至化石桥,余从未入其门。既见孟孚,遂导余周视诸屋,亦无大改变,惟先人书斋院中藤萝架易而为低且小者,又丁香树一枝伐去。前有屋三楹,余兄弟读书之所,庭中枣树依然,追忆前日事,如梦如幻,不胜感慨,徘徊久之始出,登车去。晡,至教场五条胡同,晤朱古微,又访仲巽不遇。遂绕半截胡同、南横街等处而归。夜,问槎来谈。

问槎谓:变法时,新旧两种人皆不可不用。盖新政之利,新党知其条理;旧政之弊,旧党熟其情形。然而不能互相知也,必使二种人相与辨论,而当轴者执两以用中,则得之矣。余以为此深于阅历之言。

十日 雨

终日不出,补作日记。晚,慕兄与稚夔宴集宾友于庆小山园中,盖兄所居即小山屋,园在屋东,楼廊树石颇幽胜。上烛时,诸客沓至,有伦贝子、那琴轩、清阶平及汪颂年。招城外伎至侑饮,弹丝击鼓,唱北曲,坐客欢甚。

伦贝子为宣宗嫡长曾孙,人极伉爽,与慕兄相契。蒋仲仁师值上书房时,课其读书,故与兄为同门。

十一日 阴

观谭壮飞《仁学》。

《仁学》云:凡物小之至于目所不能辨之一尘,其中莫不有山河动植,如吾所履之地,为一小地球云云。此等语,为今日谈佛与格致者所斤斤乐道,而余不敢决其必然。盖太虚中之物质,既丛列而杂居,其小大以比较知之。有大世界,自有小世界,固也。然而小大之间,必有等差。有至大者,必有次大者;有不可见之小者,必有可见之小者。微尘中既有小地球，为目所不能辨，必有稍大之地球，为目所能辨者。如地既大于月若干倍，日又大于地若干倍，大小既殊，岂能概为目所不辨？由是以观，微尘中有山河、有小地球者，不敢信也。吾但信其有微生物、有动植物耳。

或曰：世界之在空际，相离不相聚，如月之去地甚远，地之去日又甚远，安知无可见之微尘。世界小大相去远，因之去人亦远，故人不能见耶？曰：不然，凡物之大者，其相离之界大；物之小者，其相离之界亦小。故物与物相离之远近，与其形之大小有正比例。盖小大有相吸之力，若太远则吸力不能到矣。微尘之地球，既小而至于目不能见，则尺许之远，可作数十万里数百万里观，一若月之于地、地之于日也。岂有去人甚远，而人不能见者哉？佛说粟米中藏千世界，别有所指，非人所能知。

仁慈忠孝，名词也，记号而已。仁慈为君父之专名，则忠孝自为臣子之专名，其不以此反之君父者，以君父与臣子不平权故也。若权平，虽忠孝为臣子专名，亦无不可也。

西人谓《诗》：东门之杨，其叶肺肺。体物象形，最为工致。此亦训诂之奇而确者。

一梦之短，能容数十年月；一脑之小，能容无量世界。

好古二字，在进化世界为非，在退化世界为是。必执于文，从古皆非佳义，亦近穿凿。

壮飞讥老聃以崇俭，谓其杀地球含生类。不知孔子亦有此意，《论语》曰：奢则不逊，俭则固；与其不逊也，宁固。孔子亦尚俭矣。要之，奢俭二字，皆非中道。善理财者，当用者用之，似奢非奢；当省者省之，似俭非俭，省财者所以善其用。则盖节无用以纳于有用，虽大富之家，岂得不量入为出乎？即东西各国，其于每年度支，亦有预算表,未闻昧然滥用其财也。若一味崇奢,而不顾其后,其弊与崇俭等。盖崇俭则人不沾其惠,其害在人;崇奢至于财不赡给,其害在己也。己受其害,则不能复有馀利及人,是害又在人也。或曰:不见壮飞之说乎？财用不足,但可开源,不可节流。

曰:开源是也,然不节流,则源有时竭,奈何？此不可不虑也。壮飞以是矫崇俭之弊则可,直以崇俭为天地之常经,不可也。

荀曰性恶,孟曰性善,余曰性无善无恶。无善无恶,谓之无性可也。

十二日　　大雪

读李长吉诗,观《仁学》终卷。

壮飞谓:通商者,相仁之道也,两利之道也。大然。盖万国通商,所以使全球之血脉相灌注也。否则此有所壅,彼有所缺,不相交通,譬诸人身,精血偏枯壅滞,则疾作矣。故为闭关绝市之说者,何其不仁也！

《仁学》曰:众生之业识,无始而有终。业识转为智慧,是识之终也。忘山居士曰:众生之业识,既有终无始,则佛之智慧,有始无终矣。

谓孔、耶之徒,皆捐弃君臣父子夫妇兄弟之伦,以就朋友之一伦。然孔、耶二圣人,皆未尝不以君臣父子夫妇兄弟之职分为教也。使世界果无夫妇父子兄弟之伦,则人种何由来？果可无君臣之伦,则群类奚能相安？吾恐四伦无,朋友之伦亦无也。要之,三纲可去,五伦必不可废,何也？五伦者,人生自然之秩序也,本无弊害;害五伦者,三纲也。今以恶三纲之故,并欲破坏五伦,是因噎而废食也。

英士韦廉臣著《古教汇参》,(偏)〔徧〕诋群教,独于佛教则叹曰：真圣人也！

美士阿尔格尝纠同志，创佛学于印度，不数年，欧美各国皆立分会，凡四十馀处。法国信者尤众。

壮飞先生自云：每于静中自观，见脑气之动，其色纯白，其光灿烂，其微如丝，其体纡曲纡绕。其动法，长短多寡有无，屡变不定，而疾速不可名言，如云中电。当其万念澄澈，静伏不可见，偶萌一念，电象即呈。念念不息，其动不止；易为他念，动亦大异。愈念愈异，积之至繁，即又淆浊，不复成象矣。

壮飞谓：人日趋于灵，必集众灵人之灵，而化为纯用智纯用灵魂之人，可以住水，可以住火，可以住风，可以住空，可以飞行往来于诸星诸日。虽地球全毁，一无所损害云云。忘山曰：斯言也，先生意拟之词，非有所据也。余则以为佛果圆成之日，纯然此景象也。

余昔年在海上，与同志诸人论乾卦，自谓颇有精理。壮飞先生竟载其说于《仁学》中。

十三日 雪霁，日出

检书，观《日本制度提要》。

我国之谈国政者，动曰欲振作自强，非上下一心，实事求是不可。然苟不改政体，何由而能上下一心，实事求是？盖专制政界内，上下之情隔绝不通，一欺蔽蒙混之天下也。惟其不通，所以不能一心；惟欺蔽蒙混，所以不能实事求是。今欲通之，惟有改专制为立宪，设上下议院，万机决于公论，庶几朝野君民之间，无壅闭隔阂之患，人人自能实力奉公矣。

日中佑三过谈云：我国虽偿列强银数百兆两，然西人仍用之于我国界内，其或携出海外者，必易金以去，何也？我国银色劣下，携至欧洲,多所亏耗,故不得不然。是以赔款虽多,而银货无虑其出洋也。此为余所未闻,姑记于此。

十四日　　晴

随慕兄入东华门,至政务处闲坐。俄往工部朝房,见本部长官。食时,归,易便服出城,至杨梅竹斜街,购朝珠及眼镜。访吴石虚。日中,偕至万福居小酌。章霖伯在座。

天下怪怪奇奇之事,无何不有。石虚谈直省一案,以亲生子与亲生母为夫妇,复生二子。余叩其详,曰:其人亦富家之妇,年十四来归其夫,数月而寡,遗腹生一子。妇不安其室,欲再醮,族人相议,许其坐产择夫,乃阅十数年,无当意者。而所生子渐长大,母子相依,犹昼同食,夜同衾,无顷刻离也。其后不知何故,相携逃去。族人亦听之。会妇之母家族弟某甲,以流荡无赖,为族中所逐,遂为丐,行乞度日。越数年,行至顺德县城内,见一人家,屋宇整洁,门首立一妇,约三十许,貌与其姊相似,谛视,果其姊也,乃前相认。妇怒叱之,甲坚不肯去。妇呼僮仆持杖逐之,甲大恚,因探询邻舍。有知者曰:此家由远地迁来,来时惟夫妇二人,今生二子矣。言未已,闻车声震震,回视姊门外,一少年下车入,仿佛其甥。告者曰:此人即其家之主人也。甲大疑,然渐悟其姊所为,因返本乡,播告其事。逾月复来姊家,强索钱,曰:"尔母子逆伦,我尽知之,不与将发尔罪。"姊怒,缚而笞之,以恶丐送官。甲大恨,遂尽以姊事白诸堂上。时县官为我乡人张子纯先生,闻而大惊,访知此家门户甚大,不敢拘讯,乃诱其男子至,温言慰之;次问其父何名,其人变色,长跽泣下,自云:年幼无识,事事母命是从,罪大乞死而已。乃招其母来,母犹少艾,搔首弄姿,见县官直供不讳,曰:"敝族人许我坐产招夫,然十馀年无当意者,不得已以子为之;会有孕,惧为人知,因挟微资偕遁至此,经营生产,数年来,亦颇致饶富,今事觉,天也!"官曰:"闻尔已生二子,安在?"遂传其二子来,一六岁,一四岁,貌韶秀,惟发皆逆生如豕毛然。官以案情重大上闻,则官长皆坐罪,遂处母子二人极刑,并杀其二子,以其逆种故也。

晡,偕霖伯、石虚至松凤堂,选得一雏妓,名宝如者,温文韶秀。问其家有父母否,答曰:如有父母,何至陷入此中!余为之心动,抵暮乃去。

十五日　　晴

访杭州馆,访楼汝同。俄晤石虚,偕饮于万福居。幼珊亦至。饭后,观剧于天乐园。戏之佳妙,无过于京师,虽平常之脚色,皆有精神。最后演《骆马湖》,其扮黄天霸者,英雄儒雅,兼而有之。

是日,佑三谈及骆文忠之得民心于蜀中也,以设夫马费;其后丁文诚之失民心也,以裁夫马费。何谓夫马费?凡官长过境,例应民间出丁充差徭。骆在蜀,摊派平民出钱,由官自募人充之,于是穷民颇沾其利,而富民免扰累,故百姓皆感其德。丁不知民间情形,以为夫马费迹近加赋,遂一切裁去,责州县自捐廉雇人为之。然捐廉之事,有名无实,遂复旧例,百姓仍被差徭之苦。丁公不知也,以是人咸怨之。嗟夫!居官而不达民情,虽其心出于爱民,反足以病民者,类此甚多。

十六日　　晴

仲宣、简斋、建侯、石虚相继至。观书。薄暮,罗莘甫及问槎过。

观《止观辅行》第四卷有云:九缚凡夫,不觉不知,如大富盲儿坐宝藏中,都无所见,动转挂碍,为宝所伤。二乘热病,谓诸珍宝是鬼虎龙蛇,弃舍驰走,跉蹀卒苦,五十馀年,虽缚脱之殊,俱贫如来无上珍宝。忘山居士曰:此数语,已将大乘示人,人自不悟耳。

晚,至夔相家,未得见。诣问槎。问槎欲上书夔相,言警察条理,余力阻之,曰:此非专制政界内之事。夜,与同访高君于日本使馆,携《新民丛报》二册归。

十七日　　晴

诣方啸霞,又访花农。日中,视石虚,偕饮于致美斋。饮罢,复往松凤。

初,余见宝如,即赏其有志,貌亦可人。石虚无端问其愿从良否,宝如答曰:"甚愿。"余笑曰:"我颇有纳妾之意。"石虚曰:"此人可娶。"皆戏谈也。而宝如自是与余殷勤甚至,余亦爱之。逾日,晤石虚,因令晚间往视宝如,密探其家中细情,且窥其意。宝如一一言之,且云:"欲我出甚易,但赠白镪二百两与我大母足矣;拔我于地狱中,厚德不敢忘也。"石虚以告余。是晡,遂与石虚复往,石虚因询其所居,答曰:不知。神情与前日大异。石虚大疑,以为何变之速,岂有他故耶? 余曰:"此儿女常情,此等语可于人前问之耶? 宜其不言。"因嘱石虚,明晚再往探询,遂各散归。

十八日　　晴

复出城,晤林莲孙、褚伯约、郭春畬。畎,至同丰堂,高子毅昆季招饮,坐客甚多。晚,见莿卿,遂入城。

十九日　　阴

拜客。薄午,至杭州馆,杭人于是日团拜,冠裳跄跻。见石虚,始知昨夜之事竟大变。

石虚于昨夜至松凤,问其所昵妓素云曰:"宝如家中尚有何人?"素云摇首曰:"不必问矣,彼已为君等罹苦矣。公等之意,我岂不知,顾入此网罗中,欲振翅飞去,良难! 宝如虽于去夏到妓院,时时归家而复出,令其留客,决意不从,至今犹处子也。然受鞭挞非一日矣。前夕,鸨母知其有嫁志,倒悬而笞之,责其不学好。公等欲救之,非不善,持之过急,适以害之。不然,我岂不愿嫁人？其如无自主权何！"言未已,宝如至旁坐,石虚俟素云出,徐问之。宝如不肯言,既而曰:"我事公已知之,何问为？"又曰:"孙君何不来？"良久叹曰:"我孽报犹未满。"痛哭而去。石虚嗒然若失,俄披衣行。宝如出送,握石虚手曰:"为我告孙君,有暇常过我,勿因是不来也。"是日,石虚一一语余。余闻之为酸鼻。晡,遂偕石虚复往,莆卿亦至,三人共谈,若无前事。宝如佯欢笑,时横枕余膝,谛视,满目皆泪痕。

晚,与石虚赴方啸霞之约,夜深入城。

二十日 晴

观书。

梁卓如改《清议报》为《新民丛报》,议论较前尤持平,盖年来学识之进步也。其《新民说》谓:国家之日就衰弱,由民德民智民力之未充,不得专责一二君相。可称至言。

又云:古之强其国者,由于一人之雄心;今之强其国者,由于民族之涨力。一人之雄心,不过振其国威于一时;民族之涨力,可以绵其国脉于永久。今日欲与东西人驰逐于物竞之场,专责望于一二英雄,势不可也。卓如之意如是。忘山居士曰:观于此言,则吾所谓造时势之英雄,功业每成于百年之后,不能及身而见者,岂虚语耶！虽然,不望诸君相,而望诸国民;不望诸一二人,而望诸亿万人,则变政之难,从可知矣。外国之变政也,无不由百姓自奋智力,与朝廷相争,争之久而后得之,是无异百姓自变之也。今我国之民,愚而居下者皆不知有变法之事,稍智者群壅于宦途,窟穴于弊政中，而不欲变。其桀起谈变法者，不过二三书生，然皆赤贫无聊，非如泰西豪杰，优于学问道德者，往往富于资产，可以聚其群力，以与政府相抗也。是故我国之变法，望之于上固难，望之于下尤难。饮冰之为是也，盖亦知天下之不可为矣。

晚，余晦若过谈，见案头佛书，慨然曰：身世茫茫不可知矣，惟有从事于此，聊以自安。又曰：少时拥书万卷，上下千载，俯仰自豪，今颓矣，无复前日之襟趣矣。读书亦不记忆，脑力其将退乎！

夜，与慕兄及陈瑶圃、汪颂年、余晦若诸人宴于庆小山园中。

二十一日　晴

乘车在宣武门以北拜客，见沈小沂、胡梅仙。

晡归。感前日宝如之事，赋绝句三首：

"谁家娇女玉丰神，化作茫茫孽海身。我本无情游色界，可怜飞鸟欲依人。""帘幕深重夜漏长，悲卿耿节凛如霜。桃花几度经春雨，红泪滂沱湿我裳。""含情欲诉复藏羞，花落随风不自由。搔首青天更谁怨，三生因果说从头。"

二十二日　晴

晨，朱筠青过，谈出世语甚乐。录其语如下：

所谓进者，动也；所谓退者，静也；所谓沐浴者，温养也。

洪水始至，暴流混浊，渔人不可以取鱼。数日之后，将涸未涸，水渐澄定，中有鳞族出现，然后结网。

凡入室用功者，一月之内用一日，一日之内用一时。

余本欲至天津访筠青，乃无端自来，亦奇缘也。

二十三日　晴

郁堂来。日中，出城，晤筠青，因诣蕃卿午饭，有二伶在坐。晡，偕郁堂至松风。晚，归。

筠青为言,张三丰有联云:"八百火牛耕夜月,三千美女哭春风。"

凡国家不患无异常人,患无平常人。外国平常人无不通普通学,此其所以盛也。今我国非无二三异常人,惜通普通学之平常人寥寥。以我国平常人,与外国平常人相较,而文野之程度,相去霄壤矣。请以观剧论之:上海之戏,平时远逊于京师,而近因义和团乱后,颇有三五著名伶人南下,人遂谓都中之好戏移于上海矣。及余至京,流连剧场二次,觉戏中精神,终什倍于上海,何也?以平常之好角多也。上海虽有二三异常之名伶,其戏之劣如故。犹我国虽有二三异常之学人,国之野蛮如故,其理一也。

二十四日 晴

观书。

《无行经》云:贪欲即是道,若人离贪欲而更求菩提,譬如天与地。佛既教人戒,贪欲即是道如此等语甚多,皆不知作何解。

憨山大士诗云:"玄关路断无消息,尔去逢人莫浪传。"似憨山亦闻道者。

观《憨山年谱》终卷,自述生平一梦甚奇,云:梦文殊召往,令其赴浴,浴池有女人在焉,俄化为男。又有一人,提骷髅,破脑取其髓,使憨山饮之,甘如饴;最后饮血水,味同甘露。皆不可解。

《清议报》累责我国北方之人,于联军驻京时,送万民伞、德政牌及自称顺民者,以为支那人之大辱,盖生成奴隶性质,甘心服人者也。余以为不然。夫抚我则后,虐我则仇,古之常理,何足为耻。且当时力既屈矣,使犹不服,惟有尽受西人之屠割而已。未闻不忍其为奴隶者,反忍其受锋刃也。人谁不爱其死,世固有以死拒人者,而其发源仍出于救死之心,冀幸未必死耳。若绝无可望,而始终不屈,以为高者,此梨州所讥宦官宫妾之所为,臣犹不可,何况于民?吾不意海外新人,而犹守此陋见,殊可怪也。

二十五日　　晴

筠青过谈。

人而无信,不知其可也。故信为人间之至宝。昔人诗云:"早知潮有信,嫁与弄潮儿。"老子曰:"杳杳冥冥,其中有精,其精甚真,其中有信。"日中,诣福隆堂,赴仲宣之约。晡,至平介馆,观优。晚,归。灯下作书致益斋、石芝。

二十六日　　晴

观《参同契》。

从无入有,谓之后天,生人生物是也;从有入无,谓之先天,成仙成佛是也。

佛云:万法归一。老子曰:得一万事毕。仲尼曰:吾道一以贯之。所谓一者何?坎之中爻也。人能知一,则宇宙在乎手;人若得一,则万化生乎身矣。《止观辅行》云:意若一者,何事不办。苦集得一,则不轮回。无明得一,不至于行,乃至不至老死。六蔽得一,则度彼岸。惟此为快。

乾失其一,而变为离;坤得其一,而变为坎。然坎不能久留,其一寄生于兑,故必取一于兑,然后复其乾体。此不易之理也。

造字之始,丹从月生,水象坎卦,日月为易。意至深远。

晡,丁问槎过。晚,诣绳伯送行。

二十七日　　微阴

薄午,许子厚招饮。乘车往,所居即恭慎公旧宅,庭院静深,海棠花未发也。晡,出城,访石虚,与偕至松凤。门首一车,一人抱被枕以出,车中坐少女,谛视宝如也。问何故,曰:以病将归去。见余来,遂下,随余入。石虚曰:今日可谓巧极,若来迟一步,行其庭不见其人矣。宝如陪余坐,复时时枕余膝上,呻吟作病苦状,两目含泪,问之亦不答。石虚为诊脉,则云:皆肝郁也。余因温言慰之,使善自调摄,勿过愁虑,安命待时。宝如若会意者。晚,归。夜,雨。观书无兴,早眠。

二十八日　　晴

筠青过谈道。

《丹书》云:济其美者赏之,败其事者罚之。赏之权须自我操,而罚之权宜假之于土也。

地天泰,天地否,火水未济,火水既济,故必阳下于阴,男下于女,君下于臣,而后天下可治。

昳,诣季高,知仲彭于今晨病没。晡,归。

观《止观辅行》,书中所发挥之中道第一义,即金丹大道也。释家不敢明言,但云言思路绝,不可思议而已。

中庸之庸字,筠青言篆书作庚用,二字相合,大有微意。

二十九日　　早,晴

得川如妹书,知家中被盗,失去零星物件无算。

向午,出城,至葛镇卿家,吊其夫人之丧。日中,在长椿寺,与净波谈。晡,至同丰堂,赴祁子敏之约。子敏,祁文恪公第三子,余前见其人尚垂髫,今则岸然成人矣。余因慨自乙未春移家海上,至今仅阅八年,而幼者一变而为少壮,壮者渐变而为老,老者渐变而为耄。使再阅八年,吾不知所变又将何如也。

晚,归。夜,观书。

天地间好景,惟诗与画能写其真,如照相留影然。顾画家但能绘死景,诗家能描活景,如李长吉诗:"小雨归去飞凉云。"此非为笔所能到也。

梁任父《清议报》所登十种德性相反相成义，议论精辟，如我心中所欲言，足征其学识之进。其结论云：知有合群之独立，则独立而不轧轹；知有制裁之自由，则自由而不乱暴；知有虚心之自信，则自信而不骄盈；知有爱他之利己，则利己而不偏私；知有成立之破坏，则破坏而不危险。皆名言也。

三　月

一日　晴

观书。

《止观辅行》第十五卷云：爱是养业之本，如水润种。因爱有忧，因忧有畏，此佛家所以令人断爱，盖爱涉于私；若公其爱，则名慈不名爱，是故佛有慈无爱。

有爱则有憎，佛无憎有悲，憎与爱相反，而悲则与慈互用。

道家求外护，佛家亦求外护，其所以求外护者，不解其何故。

向午，方啸霞过。昳，出城，至琉璃厂购书。晚，归。夜，作书寄南中诸友。

二日　晴，风起

出城，车中观书。

佛家深呵于色，其所谓：到色彼岸，见色中道。此八字又郑重出之，盖别有微意。

凡人脑中，皆有喜新恋旧二种质点：喜新者，人之性也；恋旧者，人之情也。不喜新，则无变动力；不恋旧，则无固结力。无变动力，则世界不能进化；无固结力，则群类不能生存。

要而言之:喜新者,离心力也;恋旧者,向心力也。二力交相为用,故诸星能绕地球,而终古循轨道也。

近日持进步主义与持保守主义者,两家俨分党派。盖进步者,以善变为宗旨;保守者,以不变为宗旨。若相反也,而我则二者适以相成。何也?天下有不可不变者,弊法是也,陋习是也;有不可变者,热心是也,爱力是也。故必有不变者,而后可以善其变,此亦离心力、向心力互相为用之意。

日中,谒十八年前受业师秦幼衡先生。先生馆余家时,余尚垂髫,今又五年不见矣。日中,至江苏馆,赴仲巽之约。晡,归。徐藩卿、朱郁堂、陈善卿咸过。

三日 晴

观书。

佛呵弃五盖,谓贪欲、嗔恚、睡眠、掉悔、疑也。此为凡夫说也,若夫依空能起盖,依中亦能起盖,此为二乘及菩萨说。饱食善睡者,命终堕于鳞虫、蚌虫、螺虫中,五百万岁常处黑暗,不乐光明。此言可以警贪睡之人。

止观家言:入定时调道,令不宽不急;调息,令不涩不滑;调心,令不沉不浮。此法盖用之于温养休息之时,即道家内火候也。又云:善调三事,令托圣胎。亦与道家养胎之说相合。见《止观辅行》第十六卷。又云:不精进,欲界难过。寂坐孤修者,何有欲界,有何难过?此不可解,岂别有所指耶?又云:用邪相入正相,无漏心修还成法,是为巧慧。何名邪相,何名正相?书中亦未明言。

徐孟翔来谈,留午饭。昳,仲宣过,即去。余至工部公所,阒无人焉,遂出城,访云卿谈。晡,至同丰堂,藩卿邀小酌。俄诣松风。晚,入城。

观《饮冰室自由书》,所谓烟士辟里纯者,功用甚大,人离此质,不能成豪杰;世界离此,不能进于文明。

四日　　晴

范桐士过。桐士高也子,来自杭州。是日饭罢,同车出城观剧。

夜,观书。《止观辅行》第十九云:因缘有逆顺:顺生死者,有漏业为因,爱取等为缘;逆生死者,以无漏正慧为因,行行为缘。所谓逆顺,与道家所谓逆顺之理同。

《戴记》云:知止而后有定。何谓知止?必闻道而后知止。不闻道,则浮沉苦海中,万古无止期也。

释家之书,动辄言法旨者,以为佛所谓法,即道理而已。不知道理自道理,法自法,不可混视。

《止观》云:若念念不住,如汗马奔逸,即当以止对治驰荡,若静默无记,与睡相应,即当修观破诸昏塞。故止观互为用,即不求佛,亦可作为养心之法。

五日　　晴

观《支那文明史论》,日本中西牛郎著。

西人谓我国之长城,为地球一大工事,其长千二百五十英里,高二十英尺,乃至二十五英尺,以巨石与炼瓦筑成,六马可并驰于壁上。若取其巨石与炼瓦,作六英尺广,二英尺阔之壁,可得环绕此地球二重云。

我国人口繁殖,甲于地球之故,由男女配偶不能自择,皆为父母所强定,故男子无妻者盖少。且相传古训有云:不孝有三,无后为大。因重嗣续,于是男子几无不娶之人,此生齿所以日见其繁也。若西人,则匹偶听自择,不能强女子嫁人。故男子有终身不得妻者，殊不以为怪。且嗣续之见轻，不娶妻亦无责其不孝者，是以人口不及我国之多。虽然，余又闻之西儒云：种类进化，用脑筋多者，生育亦自然能寡。生育虽寡，而所生人其质性必皆聪明强健；反是而生育虽多，其人性质必粗浊窳钝。由是以观，则人种固不贵多，而贵精也。

《支那文明论》，以郑玄、马融、孔安国之徒，归诸注释之文学家，诚为不谬。盖专以训诂解释古字古义为重，谓之文学，宜也。虽然，汉儒于三代之名物、象数、典章、制度，未尝不博稽而深究，则置之文学考古家，亦不愧也。

我国哲学，发源于周末诸子，而大盛于宋、元、明诸儒。本朝又尚文学、考古，而哲学稍衰，至今日哲学又稍稍发萌焉。然而今之谈哲学者，其闻见广博，其胸臆伟大，无一不通东西古今学术源流与政治之沿革者，以是而讲哲学，宜其新理日发，精微奥美，决非宋、元诸儒所可拟而及之也。

谓作骈俪文体为束缚思想之自由，诚哉是言乎！

六日　　晴

观书。筠青过谈。昳，至工部公所。晡，诣官书局，待李亦元不至。在杭州馆，与履平谈。晚，诣问槎。夜，归。

七日　　晴

晨作家书。昳，作日记。晡，观书。陆孟孚过谈。

居今日世界上，苟无权以为国谋，为民谋，惟有为身谋，为家谋，复于身家之外，为亲族故旧谋。能救得一人，有益于一人，皆是儒生经纶。

凡为道之人，著法而生爱，谓之贪；执法而妄想，谓之痴。见坏阻其法者，则生瞋；见不得其法者，则生慢。四者，皆所当破。

佛家用功之阶梯，自干慧地起，有所谓性地、欢喜地、薄地、离欲地、已辨地、不动地、善慧地、法云地，此皆于命中修性之功候次第。故《止观辅行》云：此乐深妙，圣人能舍，凡夫舍为难。注云：凡夫于诸地生爱，故舍为难。《辅行》又云：女有六欲，谓色欲、形貌欲、威仪姿态欲、言语音声欲、细滑欲、人相欲。忘山居士曰：老子云：不见可欲，使心不乱。此寂坐枯修者所易为也。惟六欲在前，而湛然不为所动，方是大英雄、大丈夫。

佛书累言：亦有漏，亦无漏。不知所谓漏者何物。

又云：我人众生，如龟毛兔角，求不可得，惟有实法。迷此实法，横起见思。见思无常，念念生灭。观是可知所谓法与理有别，理不过见思而已。别有法，妙非人所知。又云：若不取著，皆能通入。若取著者，即为所烧。是故禅宗家言：此药能杀人，亦能活人也。又引《大经》云：空空者，即是外道；解脱者，即是不空，即是真善妙色。又云：诸见皆依色，此色非污秽，非不污秽。皆不审作何解。

八日　　晴

观《黑奴吁天录》。晨，出城，访石孙，与偕饮于广和居。

石孙云：公举投票，良法也，而我国今日不能行者，户口未清故也。盖投票举人，以票数之多寡为断。若我国今日行投票法，则举主皆不必实有其人，庸可据乎？又云：欲行警察法，必一街一市之人，无贵贱贫富，莫不守吾之法，而后可以人人奉法。若法行于贱且贫者，不能行于富且贵者，则设警察何益？余皆深服其言，盖石孙阅历人情世变最熟，故所发皆心得者。

晡，与同车游江亭，登眺空廊，山色如画，水间芦苇摇新绿，犹是当年景物也。晡，偕至龙泉寺，与僧人闲谈。清碧一声，使人于热脑中耳目凉润,脏胃澄澈。晡,至虎坊桥官书局,晤简斋、仲宣。暮,归。

九日 晴

桐士及演甫过。晡,诣工部公所。归,顺道出正阳门拜客。入崇文门,至石坊园访罗莘甫,不遇,遂往视高子衡,即还。默坐观书。

凡人年逾弱冠,往往齿增一岁,则悄然生悲。惟余不然,盖自视学识阅历,与年而俱进,故每过一年,辄益加喜,非人之恒情也。

以美利坚极文明之邦,而黑奴之受苦惨酷至此,咄咄怪事!夫然后知南北花旗之战,果为义战也。

晚,赴陆孟孚之约。孟孚夜宴客于德昌。

十日 晴

是日为余母诞辰,嫂氏具面饷余。昳,出城至琉璃厂,携得《道藏心珠集》及道书诸种,又《容斋五笔》、《寒松堂读杜》,置车中。晡,至松凤小坐。余问宝如:"日来有所苦乎?"宝如摇首,含泪不言。余叹曰:"我迩来于此中况味,勘透久矣,见尔等辄动凄凉悱恻之情,复何心取乐,故殊不愿作狎邪游。怜汝有志,不忍不一来视汝。"宝如颔焉。余又曰:"我负汝,汝为我罹苦,我尽知之。"宝如阳不解,问何事。余曰:"我不知也。"宝如曰:"君犹不知,我何从知之。"相对默然。余手《道藏心珠集》一卷,卧而观之。宝如斜倚余怀,口中吟哦不绝。未几,夕阳西下,余遂入城。

余觅《二林居集》及《尊闻居士集》,数年不得,盖彭尺木、罗台山,皆本朝治佛学之卓卓者,其诗文皆粹美。是日归,见案头《二林居集》一部,知为会经堂书贾送来者也。阅之有文而无诗。

十一日　　晴

观《黑奴吁天录》。此书写黑奴受虐情状,惨无天日,而黑奴中大有圣贤豪杰,其立志之坚,用心之平恕,如汤姆之为人,百世而下,闻风兴起矣。

此书于愁惨悲苦之中,写出义夫、贞妇、孝子、仁人无涯际之情潮,时而悱恻缠绵,时而激昂壮厉,能令人悲,能令人喜。于是知此书之不可不读,而不忍卒读也。

余读此书,益感宝如之事。我国畜奴有禁,故男子罹是苦者鲜,惟女子或鬻身为婢,或堕于勾栏中,其苦不减于美国之黑奴。

我国最苦之人,无过犯罪而入牢狱者,盖视之直不以人类。手足桎梏与多人联,系黑暗土室中,动转不得自由。遇狱吏之酷者,频施笞挝,且向其索费,不得则益虐苦之。然遇善良狱吏,亦可获宽假,惟视罪人之所遭耳。即美国黑奴,虽多受凌虐,然遇主人慈厚者,待之未尝无恩。使黑奴所遭尽如解而培、圣格来、夜娃之流,则为奴亦何苦之有?故天下事,未可一律观也。

晡,读《止观辅行》。

慈不能吸铁,佛以大慈故,能吸众生,使念佛求净土极乐。

十二日　　晴

观《黑奴吁天录》终卷。晚,问槎过谈。

俄约已画,仍与李文忠第二次改本之约,所减轻者无几。然必迟迟,又久俟英日联盟、德意奥联盟、俄法再联盟之后,而后画此约,一若我国仍藉外国之力,始了此事,果何益耶?

世但知责曾、胡、左、李,佐异种以自残同种,不知洪、杨得志于天下,岂能变法以救民耶?依然专制政体,拥据十八行省,凌压四百兆人而已。或咎李少荃何不自帝,曰:李当时岂知共和立宪之善者耶？就令知之，而稍有异志，则海内讨贼之师麇起，势将竭全力以国人争战，流血千里；即幸而胜也，非十数年不能底定，精神智力耗其大半矣，复何能经营国家耶？且以全国瞀暗晦昧之人不知有学，更不知有政，即欲变革，而翊助之者谁，分其劳者又为谁？纵李之学识臻极顶，亦不能以一人而独为之，况李之识力固犹有未到者耶？吾恐战胜功成之后，仍不免袭二十四朝之旧轨，为亿万年子孙金城汤池之业，但于政治中略变其面貌，效法欧西耳；而脏腑中之朽坏，依然不动也，则亦何贵其能自帝乎？是故支那之不兴，天为之也。天行之力，横肆数千年矣，非人力旦夕所能回也。

十三日　　晴

晨，观《日本国史略》。逾午，至工部公所，与同寅十馀人诣葛振卿家，公祭其夫人。晡，至同丰堂，赴厚庵之约，即归。观《止观辅行》。

第二十七卷云：真法名无漏，道品是有漏。有漏能作，无漏方便。方便失所，真理难会。忘山曰：此数语，内藏秘诀，治佛学者莫能悟入。

凡男女媾精，精中有微生物曰精虫，此近日全体学大明，为人所恒言。而佛书中已先有之，《大论》云：身内欲虫，人和合时，男虫白精如泪而出，女虫赤精如吐而出，骨髓膏流，令此二虫吐泪而出。

余读释典，向不解随喜二字，今始知之。盖随喜名为庆彼。佛既三转法轮，众生得三世利益，我助彼喜，故名随喜。又佛书所谓暖法、顶法，似皆有微意。

夜读杜诗，杜于诗律极细，凡于律诗八句之中，其每联上句结尾之一字，各自为声，不许与上下混同。

十四日　晴

观书。

日本德川氏末代，尊王之义，大明于天下。虽以将军庆喜势位之尊，亦迫于公论所不容，遂因山内丰信之请，自上书辞职，归政朝廷，可谓顺人心而知天命矣。乃其下将吏，不忍王之失权，复以謷说摇惑之，始拥之犯阙，军败东归，又为之负固效死，直至函馆之役，方束身归命，何其愚也。虽然，日本国权属于将军之家，其规制纲纪部分，所组织者千百年矣，一旦欲破坏之，岂不血刃而能奏功耶？犹幸当时幕府，威德日就衰微，国中人心皆向往于皇家，故两年之中，削平大难，而国势一变，遂渐进与文明诸国抗衡，虽曰人事，岂非天命哉！

明治三年，有萨藩横山正太郎，投书集议院，自屠腹未殊，人问其故，曰：朝廷开集议院，下情壅塞，有名无实，故建议十事，以死谏耳。盖当时虽名集议院，尚无民选之人，故下情犹不上通。其后遂有副岛种臣、后藤象二郎、板垣退助、江藤新平等，连署上表，请起民选议院，事在明治七年。朝廷虽未允行，而舆论纷纭，已分两党，各条陈其意旨，揭之新闻志，公布天下。议院之说，一时动朝野。至八年，遂置元老院、大审院，又召集地方官，以通民情，图公益，欲渐次立国家立宪之政体。

晡，偕慕兄诣汪颂年，居庆小山园中，亭石池馆极幽丽，杨柳垂新绿，落花满阶。三人方围石桌坐，而晦若至，称明日须往游西山碧云寺，约颂年并马去。余亦欣然愿往。

十五日　微阴

晦若、颂年跨马先行，余始亦乘马，苦其颠，遂易车。出西直门，经御河，水澄碧，通昆明湖，玉泉山水所灌注也。河堤垂柳毵毵,行十馀里,至蓝店场小憩,酌茗,啖饼饵,良久复行。一路疏林,远村如画,乱山雄峭渐逼人,山下多寺观,甍宇绝丽,不知何名。俄绕山坡行,碎石荦确踬车;又逾数里,始至寺门,既入,则每历一殿,层累而高,盖其寺倚山建立,为明宫监于某所造,禅房静深,杉柏翁蓊。老僧献茶,心境几与山泉共清。良久,与晦若、颂年游殿后,历阶而登,至最高石塔上,俯视寥阔。晦若云:晴明时,可望天津海舟。惜此时微风尘障,都城犹蒙隐不可辨。塔左右,山峦环抱,其后悬崖万仞,下皆白皮松,葱茏蟠拏,涛声震耳。时日加午,相与下塔。闻颂年云:寺左有佳境。余因振衣独游。盖晦、颂先余游其地,故不随往。穿殿旁小扉,至一院落,颓垣败屋,老树蟉虬,怪石嶙峋,石隙中泉流泠泠作响。余倚石坐听久之,不忍去。会一仆来,促余行,曰:将往卧佛矣。遂偕出,过五百罗汉堂,复入观之,殆与西湖灵隐寺无异。观竟,随晦若、颂年徐步至山门外里许,皆跨马,奔卧佛寺。寺在碧云东北门外,松阴夹路,楼殿亦闳整,花木丛茂。入殿,见一佛横卧,始知名卧佛之故。其西有庭院,多高树幽石,廊宇静爽,惟檐桷残破,阒无人居。时相随一童子,年十五六,警秀可爱,自云蒙古人,与言笑颇解事,因导余等登山,盘曲而上。至山巅,亦能瞭远,然不及碧云寺塔之高。会日晡,遂下。寻寺僧所居,解衣憩息,瀹茗共谈。良久,三人从容出寺,各上马扬鞭而归。余马行迟,至蓝店场仍易车。薄暮入城。盖余前居京师十馀年,于西山未一往游,游西山自今日始,故不可以无记。

十六日 雨

久不骑马,昨偶驰行十馀里,归时尚无大苦,及眠息一宵,今日两膝痛楚,坐起皆矫强不如意。观书。

日本景行皇时,有皇子小碓,以征东夷归,卒于伊势,葬能褒野。忽有白鸟从墓飞出，发墓视之，惟空棺耳。此事甚奇，岂仙去乎？

晡，颂年过谈。余谓：今之时世有三无：曰无事可为，无人可责，无议论可发。

彦复于元旦试笔，拟一请太后归政书。余入都旬日，闻其书始邮寄政务处，无人敢为代奏，而彦复揭诸新闻纸。此等举动，余视为人生莫大之耻，盖东南名士之陋习也，而彦复犹甘蹈之，自鸣得意，故前日贻书责之。

《大论》第七载：有二比丘，一名喜根，一名胜意。胜意赞说持戒，喜根不赞说持戒，语弟子，言淫怒痴即是实相，无所挂碍。胜意闻而訾毁之，谓：此人教他入于邪见。厥后胜意以大瞋恶业所覆，入于地狱无量劫中，不闻佛名。可知佛法难测，岂可轻谤？谤法之罪，重于谤佛。

十七日　晴

观书。

佛法入日本，盖在我国梁武帝时，由百济国献佛金像及经论于钦明天皇。其后大臣苏我马子与皇子丰聪，首入教，造塔殿寺观，佛教自是大兴。然马子亲行弑逆，而僧徒往往倚势横暴，为世患苦。孝谦帝时，又有奸僧道镜，几乱国家。于是论者归咎佛法，抑知佛固不任咎也，学佛者之过耳。夫饮食所以养生也，然无节度足以伤生，不能以伤生而废饮食也。男女所以传种也，然无节度则致淫乱，不能以淫乱而废男女也。佛教人持戒平等，清净寡欲，岂诱惑众生为恶者耶？彼假佛之名，而不循佛之理者，虽佛亦无如之何也。因其子孙之不肖，并诋其祖父，可乎？

晡，与桐士出城观优。晚，归。夜，观书。

十八日　　阴

观《国史略》。

日本上古史事,纪载甚略,盖因物部、苏我二家被难后,典籍焚灭殆尽,故无可考。当圣武皇时,尝遣下道真备等,使于唐,观唐家典礼。其后真备归国,至高野皇时,遂斟酌古今,以定仪制。故日本制度,多沿我国唐时。

晡,作十五日游山日记。夜,观《止观辅行》。

佛家动言净不净,又言非净非不净。盖欲人知无所谓净,无所谓不净也。若以不净观,则内而身中五脏六腑,外而宅宇钱财谷米衣服饮食、山河园林、江淮池沼,悉皆不净;若以净观,虽世人目为极秽污之物,亦可云净。要之,净不净皆人囿于耳目习俗,妄生分别。以佛眼视之,何分净秽?

十九日　　晴

观书。筠青过,昨自天津来此也。饭罢,偕访问槎。昳,至琉璃厂书肆,得《弄丸子悟真篇图注》,此书罕有觅处。筠青言陵斋有抄本,从未见有木板者。弄丸于平叔每诗一首,冠以图,所阐发妙义,尤为明透可宝之至。又《神仙通鉴》、《吕祖全书》二部,亦购定。晡,到松凤小坐。薄暮,归。

宋太宗时,有日本僧奝然来朝。太宗引见,问其国中世纪。奝然对以皇统一系,万世不革;宰辅以下诸臣,亦皆世家。太宗叹息不已。盖日本之能如此,实为地球万国所无。

佛书明言空见偏僻,即是邪见,而学佛者执空以为正宗,悲夫!

注《止观辅行》者,明言金丹,圆法也。初发心时,成佛大仙准龙树法,飞金为丹,故名金丹。夫金丹既即圆法,则释道可判为二家耶? 智者大师未深研老庄之书,故动加驳斥耳。

二十日　晴

观书。晡，稚夔约饮于福全馆。是日，襄孙过，盖甫自上海来。

夜，观《弄丸子悟真篇图注》，解周易中庸四字，义甚微妙，曰：周从用从口，易从日从月，中从丨从口，庸从庚从用。又言：朱考亭亦闻道，盖纯阳所传授。阳明子少年时颇毁张伯端所著书，晚年始闻道。

二十一日　小雨

随慕兄至荣相家贺喜，盖荣相以其侄女嫁伦贝子，是日过卺，夜娶。余与荣相素未觌面，始拜见，人极和蔼温雅。薄午，余先归。晡，复诣伦贝子，贺客甚多，皆不相识，因相随入洞房观之，陈设丰丽。时天色晴明，早间之雨所以洗尘也。余即还。晚，诣颂年谈。

夜，观饮冰主人所撰南海传，谓凡圣贤豪杰之救世，任事如纵欲。然哉！

又云：人生世界上，种种苦恼，约有三端：一曰天生，二曰人为，三曰自作。天生之苦恼，人智日开，艺术日精，则可以胜之。人为之苦恼，公德日进，政事日修，则可以胜之。自作之苦恼，理想日高，智慧日大，则可以胜之。然哉！

南海以为各强国对立，各谋私益，互争雄长，最为文明进步之害。此大不然。盖强国对立，各谋私益，互争雄长，大为文明进步之利也。我国风气之所以迟开，欲变法而不能果于变者，正坐自元至今日一统之局太久，压制之力太甚。外既少敌国外患，丁是不得不视其民若仇敌，唯恐其有智识学问，唯恐其有才能，而束缚之，闭塞之，挫抑之，不遗馀力也。使皆如土偶，如傀儡，如死人，我方得长保子孙万世之业而无虞。噫，人主自用此法以驭我四万万人，我四万万人遂入其牢笼机械之中，颠倒迷瞀，数百年不能出，更安望其文明进步乎！夫东西国所以文明进步如此之速者，正以其素为封建割据之国，各君其土，各子其民，时时有敌国外患，不能不倚恃其民为心腹手足，以为捍难之用；而民之学识，因之易开，民之材艺，因之易进。盖处生存竞争之大剧场，其君常有所恐惧于外，遂足造成国民之幸福也。若夫世界大同，地球之上无一国不富强，无一民不智慧，夫然后可去国界，消其互争雄长之心。今尚非其时也。

南海欲设胎教院，使凡子女皆受养育于国家，欲以夺父母之恩。虽然，养育虽受诸国家，我身自何而来，生我之恩，无能逃也。惟有国家能创立机器造人，使受生不由父母而后可。

又云：频年以来，工价屡增，时刻屡减，实世界进化之一大现象。然哉！

又云：凡男女二十岁卒业学校后，必须充当养老院、养病院之看护人一年，如现世各国民，皆须有当兵之义务者。仁哉是言。各国之妇女有权投票者，不过美国及澳洲间有一二国耳，馀皆无闻。

佛说舍世界外无法界，盖别有微意。南海不知，因欲造世界中之法界，其心良苦。

佛教人出家，南海谓大同之世，人人无家，则人人出家。

南海亦主张早开我国地方议会，惜仅存此说，而于戊戌年未见诸施行。

二十二日　晴

观书。日加午，乘车至西城拜客。晡，归。是日慕兄生日，晚饮于福寿堂。

夜观《神仙通鉴》，此书为国朝康熙时人阳明徐道乃纂集，读之使人于学界中别开一境。其中有寓言，有实事，不可拘泥其文字之迹也。虽然,闻道者观之,洞达融彻;不闻道者,则目为荒唐之说、无稽之言而已。

二十三日　　晴

观书。昳,至工部公所,遂往吊葛尚书夫人之丧。晡,诣厚庵小坐。厚庵迁新屋在绳匠胡同,楹宇高爽。

今日改科举法以策论取人,于是头二场考生皆抄胥,其所对之本国政治外国史事,千手雷同,于是不能不以书法之工拙定甲乙去取,势使然也。是故八比废,而乡会试考字矣。

下晡,绕道崇文门而归。夜,观《仙史》。

我国古书载居方氏时,即人皇氏。其治民,使男女自择偶,一男止配一女,不许淫乱苟合,九区遵行如一。盖与今日欧西风俗无异,特彼为据乱世以前之太平耳。

二十四日　　阴

终日不出,观书。

《仙史》云:凡至蓬莱之境,必过弱水三千。盖弱水最难过,虽鹅毛必沉。世人无有知弱水为何地者,余今为指出:弱水即是欲界、色界、无色界。能超三界,人佛境矣。

洪厓了道后,常竦入云霄,无翅而飞;潜行入海,无鳞而没。或驾龙驭鹤,上造天阶;或随心变化,下游尘世。出入人间,而莫之识;隐遁其身,而莫之见。每遇清风皓月,静夜良晨,想得道之趣,拍掌大啸,声达四远。此亦见诸《仙史》。

西人体操,即我国古时之舞仪也。当伏羲时,河渎岁久不疏,阴凝阳闷,人之气脉亦郁于内,血为不行,手足拘挛。土龙氏阴康知是坐卧湿地,又感风寒三气,杂而为痹,因想通血脉之道,乃制舞仪,教人引舞;或持竿棒轮转,或以肢体转舒,以利导关节,是为大舞。痿痹之病遂去,舞仪始于此。

世传陕西庆阳府城二盐池,宁夏亦有大小二池,山丹卫有红盐池,皆蚩尤血所化,因为乱害民,故令万世食其血。此等语传自上古,殆无稽也。

古史云:龙与马,精遗化而为蚕,然则蚕可名曰龙马精。

二十五日　　晴

向午,诣厚庵,贺为其子纳采,见啸霞、子榖。

履平云:今日国民进身,分四途:曰文章,由科场进也;曰夤缘,由保举进也;曰捐纳,由铜臭进也;曰翻译,由外国语言文字进也。余思之良久,果不出此四途。

昳,与筠青同入城。筠青往谒肃邸,余归家,待之良久,筠青始来,与谈道。俄少川叔来,盖于前日到京。

孔子曰:谁能出不由户,何莫由斯道也。户字作何解,世无知者。所谓户者,天地根,生死门也。

俗传月中有兔,又有嫦娥捣药。又云牵牛于七夕会织女,银河驾鹊桥而渡,皆是妙道。

筠青云:闻道之后,即不能了道,永无堕落之虞,转轮回而不迷失,故我辈闻道,皆不始今生也。又云:闻道之人,鬼神钦敬,直不以人类等视。

二十六日　　晴

与嫂氏谈仙佛之学,因果之理,极畅。薄午,履平、桐士过。昳,与履平同车出城,先至松风小坐。晡,观剧。晚,归。夜,问槎来谈。

西国政治家持论,莫不以哲学为无用,且有害于国家,谓希腊、罗马之亡,坐其国人趋于思想家、名理家太多,而无治实事者故也。

忘山居士曰：斯言近是而非，盖人之脑性，有火日外景、金水内景之别。各因性之所近，不能强天下人而一律之也。偏于事学曰火日外景，偏于理学者曰金水内景。国家兴盛，两种学人并行不悖，且交相资。何也？理明而事益治，事治则理愈明。观于今日东西文明国皆是也。若国家衰乱，于是其士夫无治事学者，非不愿治事学也，因事学须赖朝廷以政法维持之，而后人材出焉。政法既颓，事学荒矣。惟理学可以不藉王家之力，闭户而专修，群居而深谭，权在我也。且世愈乱，其学人愈不得不求其所以然之故，而名理愈出。是故哲学之盛，每在国家衰亡之时。今乃以国家衰亡归咎于哲学，抑何其不察之甚耶！

二十七日　　晴

诣西河沿客舍，视少川叔。日中，相对痛饮饱啖，即归。晡，往谒肃邸，未见而返。

星辰象纬，流水落花，天地之大文章。

是日与少叔戏谈，谓：南方居，非但尺地寸金，尺天亦寸金也。楼高院小，呼为天井，坐井观天，安得不谓之寸金天？

昔伏羲取史仓棺中所遗之金，炼成二鉴，莹明润澈，照之能洞见人之藏府。其后南北朝时，佛图澄亦能以法见人藏府。此不过见于古书，人皆以为悠谬之说，不意近日欧西人炼光学照骨之法，竟实有其事。

黄帝访道广成子，从音学而起。余之遇黄益斋，结为道友，亦从音乐而起。

伶伦受音律之学于洪厓，以阳律阴吕配十二支，冬至当黄钟子月，以律管横埋于浅土，铺灰于管孔之端，气自下升，吹其灰动，则知一阳复生，以此候气之应。人但知其以律吕通四时消息而已，中藏妙道,无有知者。

黄帝曰:神欲静而心血朝,弗治将为火郁矣。观是,可知欲断欲者必求道。

二十八日　　微阴

筠青过,同车出城。筠青至官书局下车,余往晏鸣居。是日,方勉甫丈约多人游崇效寺,看牡丹,先集于此。薄午,遂与厚庵、稚夔等七八人,至崇效寺,牡丹果盛开,绚丽芳馥,又有白黑绿三色者。殿宇亦苍古,花树繁密。观毕,坐禅房中,悬"静观"二大字,遒劲有神,为本朝高僧某所书。俄寺僧复出《训鸡图》观之,中画一老僧坐蒲团诵经,怀中一鸡。僧名德安,乾隆时人。后有题跋诗词甚多。

余默成一绝句云:"鸡声破梦三更夜,此是天心来复时。万古禅家谈寂灭,真经消息几人知。"

晡,至同丰堂,赴李亦原之约。亦原,即著《政务处条议明辨》者也。

闻湘中于戊戌春间设保卫局,大收功效,几至夜不闭户,道不拾遗。询其办法,则曰:凡司警察之人,由地方居民公举。余曰:得之矣,治道必始于此也。

为治不可无君权,盖无君权则办事不能画一;然必先有民权,公举一可以任事之君,而受其统率焉。若其人不足为君,则断不能握权,与无君何以异?

二十九日　　微阴

诣工部公所。晡,吊李仲朋家,晤伯行,见耕馀,耕馀甫自上海来也。小坐即还。晦若过,谈佛,言无下手处。余告以道家之婴儿,即是佛家之丈六金刚身。夜,观书。

凡学佛者,须以信轮回因果鬼神为初阶,此虽是佛家下乘,然确有其理,并非妄言,不可不先知。犹读书讲学,必先识字也。仅识字而不复讲学,是诚陋矣。然未有不识字而能讲学者也。

三十日　阴

晨,观书。逾午,乘车出,风起扬尘,至虎坊桥,见仲宣。俄诣朱桂卿谈。晡,造厚庵。俄子谷来,相与纵谈,久之始归。

凡言之出诸口,而不能密合于事实者,谓之空言。若其言皆由阅历考验熔铸而成之,条理所经纬贯注者,安得谓之空言。但言中分二种:一曰提纲挈领之言,一曰条分缕析之言。世人闻条分缕析者,则以为实;闻提纲挈领者,则以为空。不知此非空实之别,细大之别耳。盖条分缕析者,言其细;提纲挈领者,言其大。以细为实,以大为空,可乎?

四 月

一日　晴

观书,作日记。夜,复观书。

《神仙史》载:周穆王驾八骏马,造父为御,西游昆仑,车驰马骤,迅疾如惊帆飞鸟,光眩如匹练流星,耳畔惟闻呼呼风响,一息数里,过目万山。盖有今日外国蒸气车行铁路之神速。

昔周王命秦伯逐西戎,尽以丰岐地赐秦,犹近日李文忠假俄势退各国兵,即以东三省根本地利益赠俄人,莫非天意也!

后世卖卜者,以钱代蓍之法,始于春秋晋平公时山后人王栩,尝设筮于市北,以三钱代蓍,法三才之理;圜包方外,象天地;四布篆文,著人事。王栩即鬼谷子。

二日　　晴

寂坐无事，执笔戏拟《改专制为立宪》之诏书，成二千馀字。

三日

诣工部公所。晡，出城，访厚庵不遇。晤郁堂，偕至松凤小坐。薄晚，又诣百顺胡同，选得一伎，聪明而丰厚，端庄而流丽，难得之才也。郁堂又约余小酌。曛黑，始入城。夜，观书。

梁母传欧冶铸剑之法，以必用人祭。其后干将铸剑，其妻莫邪自投于炉。不知者误谓铸神剑，必先杀人，非也。所谓用人之术，别有妙传，与余数年所悟者，殆相仿佛。

近日分别谈时务者，凡有数派，其中有所谓制造派。我辈学道之人，亦是制造派中人物。盖天地间一大制造也。

昔鲁班造小车，复作木人为御，机关一发，自能曲旋进退，谓之任意车。其巧思，虽今泰西制造家不过也。

范蠡作显微神目镜，以读《度人经》，盖因其字小，以镜观之，则能放大。然造镜之法不传，竟为西人所得。

陶朱公池中，聚石为九岛，以蓄鲤。神仙举动不凡。

治天下者，必集众人之心思以议一政，合众人之材力以成一事。学道者，何独不然，岂静修孤炼，能成佛耶？夫治天下之术，不过道之土苴入世小法耳，尚非此不可，何况出世之大事业哉！

四日

晨，出城。途遇筠青，与偕访少川叔。日中，饮于万福居。

余前论上海有三苦三乐，而京师则苦少而乐多，盖除车尘道路之外，别无所苦也。其乐有六：曰山林之雄奇，曰宫阙之壮丽，曰林木之葱郁，曰寺观之苍古，曰街衢之广阔，曰房屋之轩爽。其他如酒楼论道，厂肆收书，妓馆谭禅，剧台听乐，合前为十乐，皆南方所不能胜，或有为他处所绝无者。

晡，往观剧，奏技极佳，末演《蝴蝶梦》，即《神仙史》庄周鼓盆故事。有伶曰福才子，艳妆作庄子之妻，绝丽。夜，归。观书。

五日

观《国史略》。晡，览《仙史》。

释迦牟尼佛即是老子化身，今始知之。盖老子骑青牛，过函谷关西去，世传其化胡，所谓胡者，即印度也。

孔仲尼即水精子化身，孟子舆是柏皇化身。孔孟成道久矣，偶然游戏人间。又汉留侯是风后化身，汉武是周穆化身，东方朔是庄周化身，老子即广成子，周武即殷汤，周公即伊尹，至汉末又为孔明。余尝谓本朝三帝，圣祖似汉文，世宗似汉景，高宗似汉武，纪晓岚似东方朔，年羹尧似周亚夫，田文镜似张汤，李绂似汲黯，恐亦皆其后身也。

徐福奉始皇命，以巨舟载童男女三千人，及财帛粮食，入海求长生药。余今始恍然于徐福之用意，盖自在海外求药，服之仙去，不为始皇求也。始皇受其愚而不知。徐福即随老子出关之徐甲。

老子居陕河开化，称河上公，终汉之世，度人无数，其功甚伟。

六日

观书。桐士过。逾午，余至李仲彭家吊奠，即还。厚庵至，桐士尚未去。晡，与桐士偕出城，先至松风小坐。俄访筠青，即与同至百顺胡同，携《悟真篇图注》一书，因问道。筠青一一言之，余又有进境。

问：何谓法轮常转？曰：始于地天泰，终于天地否，终始如一，若转轮然，故曰转法轮。

退阴符时宜静，何云用武火？武则非静而动矣。曰：其动在刑,其静在心,防危虑险,在此时也。

何谓卯酉沐浴？曰:凡一月之内,三日庚之前,二十八乙之后,皆当沐浴休息。

《悟真图》所画月之盈亏。

晚,与筠青至酒肆小酌,饱食。复至百顺胡同。夜,留宿焉。未眠之前,余正襟危坐,朗诵道经,声出金石,此中人皆惊异,问:所读何书？曰:天书也。此书所在处,有神兵拥护,能镇邪魅。时风起,震窗户作响。

战罢,心不宁,一夜无眠。

七日

平明,重整旗鼓,健斗九十合,始小休。朦胧若睡非睡,叩门人至矣。筠青大言于窗外曰:"尚未起耶,自鸣钟过九点矣!"城内车来待良久。余急披衣系袜,下榻启扉,与相见。筠青赠余律诗二首,题为《夜与忘山居士花街论道,心心相印,极天上人间之乐,归来得二律》:

"踏破红尘觅仙侣,未逢谁者是知音。春江密语肩频拍,夜月勤耕药待寻。长啸一声云外鹤,细研八两水中金。知君亦是蓬莱客,故授《黄庭》一卷经。""畔道离经总是狂,与君子细觅仙方。云竿劲节烹龙髓,月桂飘香炼虎浆。一黍米中藏世界,两葫芦内混阴阳。何时携手登云路,共住逍遥不死乡。"

时天作黄金色,与筠青共食,食罢,因诣其旅舍中。向午,同车游长春寺,松柏苍翠,禅房清幽,寂坐闲谈,啖蔬面,饮素酒。晡,登车去,仍行过西珠市口,筠青下。余遂归,见署中有人报知:奉长官谕:兼虞衡司行走。时天色愈黄而暗,室中秉烛,仿佛庚子三月初十在上海时光景,盖风沙蔽空也。俄小雨,天渐朗。是晚,余兄弟在什锦花园瑞鹤庄家宴客。鹤庄,虞衡司掌印,余之获兼司,其人之力也。屋宇疏朗,有奇石嘉树。夜,盛设肴馔,痛饮。

我国蛮野,法制有至怪至奇不可思议者:盖防人之淫则割其势,防人之盗则裸其体,如宫中之宦寺、库中之丁役是也。

八日　　晴

晏起,访尹新吾。新吾,先君门下士也,人极风雅,精六法,藏名书画颇多。是日出董玄宰所画山水册观之,浑厚超逸,洵神品也。有一册,其墨光纸色若新画者,不知为贮藏三百年之物。午,归。晡,筠青过,久之始去。晚,于晦若来。夜,宴于庆小山园中。二鼓始散,月色清妙。

九日

作日记,观书。是日,简斋过。

今日西国博物家,每于一切动物植物,皆能识其名,知其用,则以有博物院供人考察故也。而我国古人,亦往往能之,如孔子之辨萍实商羊,鬼谷之识养神芝,如此类者甚多,不知自何考得者也。

代张良狙击秦始者,其人名沧海公,后飞身走脱,入东海岛中,立业为琉球国主。今始知之。

秦始焚书,而《易》以卜筮之书独免,岂天不绝道耶?

十日　　晴

薄午,至工部公所,虞衡司掌印瑞鹤庄已先在,嘱余上堂画稿。是日,长官松鹤龄到任,因随僚属参见。晡,出城,至林悔珍家贺喜,遇季鸿。俄至杭州馆,见仲宣、简斋。晚,过筠青小谈,即归。观书。

是日,余问筠青:凡成道者,闻可以超升九祖,一家同去,化为仙眷,何以苏耽不能自度其母?曰:仙家之能度其祖宗家属者,必成道之后，再修功德；功德盛大，始许造天元大丹，以度其家属，非人人所能也。

汉武帝为李少君立宅第，赐遗无数，金钱甚广。少君黄金充足，乃密自作神丹。作丹必用黄金，是何故耶？盖欲求天上宝，必借世间财。

十一日 晴

诣顺天府，谒陈雨苍，不值。盖雨苍昨有咨文至工部，调余监修惠陵。俄谒工部长官松鹤龄，复造瑞鹤庄小谈，归。逾午，出城拜客。晡，至江苏馆，赴姚挹堂、张少秋之约，见吴虎臣、王稚夔，吸鹦粟二十馀年，忽欲断绝不食，勇哉！至杭州馆，见朱郁堂。晚，复诣筠青。

筠青云：近日遇一专心访道之人，询其所向，则云欲求剑术，此小道也。

夜，观书。梓匠家，鲁班之下，宜置巫炎一席。巫炎，西汉时淄川人，少为郡小吏，心灵慧，志存救人。忽患病，遇公输子，传以妙道，病随愈。由是木工精巧，举手能成器械。因欲饮岑山上神泉，乔峻无路可上，命木工斤斧三十人，作转轮悬阁，意思横生，数十日作大舍四间，梯道而上其颠，可谓奇思矣。其后武帝闻其名，召而问道，答曰："诚知此道为真善，皆百姓日用之事，臣所难言，又行之皆逆人情，乐此者少，故不敢以闻。"帝留于邸，卑辞叩之。炎略授其法，久之忽隐去。其所传何法，究为外人所不知也。噫，鲁班、巫炎二人，亦天地间之大梓匠。

十二日 晴

石虚过。谈及广宗之乱，自云知其颠末。因告余曰：广宗乡间，有所谓景廷宾者，武举人也，家有田二百顷。自摊派赔款议起，廷宾尽典卖其田产,代乡人纳捐于官府,百姓咸感其德。会劝捐委员阮贞元,安徽人,性贪鄙,知廷宾曾为义和团,且家素丰,因向其索白镪三千两。廷宾不与,则拘之于县中,曰:"不纳此款,必治尔罪。"廷宾曰:"可也。然我田已尽,必释我,我更谋诸里人,或有以报命。"贞元令写笔据,遂放还。而里中绅董皆大不悦,曰:诸捐已尽纳矣,复献此三千两为入彼私囊之物,谁肯承认耶?因具公禀,控于省中大吏。大吏斥其越控,且因阮为同省人,遂右袒焉,不问其罪。事为贞元所闻,大怒,复逮系廷宾,以极刑掠治。百姓于是皆动公愤,聚众鼓噪,欲毁县署以救廷宾。贞元大惧,请兵于大吏,不许,遂益惧,而释廷宾归。百姓势犹汹汹,与贞元不相下。贞元遂再请兵,直督许之,发兵数营往弹压。兵之初至其地也,百姓犹安堵如故,会军士有入乡滋扰者,乡人缚而送诸官,寻为营中保出。百姓大怒,乃伺兵勇有再扰其村者,悉掩杀而埋之。营官闻之大怒,乃举兵肆屠数村人,以首级归献功,曰皆团匪也,皆为逆者也。百姓愈愤,遂拥景廷宾而起事。其原因如此。

晡,至松风,待石虚。俄石虚至,见宝如言动与前大异,若已别有所属者,殊骇然也。余日来大动慈悲,有欲援救之意,但志不在自娶之,欲为择配耳。彼竟先自绝我,大奇,我可以告无罪矣。晡,与石虚偕至百顺胡同。薄晚,在翠红家对饮。石虚曰:昔梁星海所识都中一妓,亦名翠红,临别赠一联曰:"修竹可怜翠,夕阳无限红。"是夕,与石虚谈至夜深。石虚与余复留宿焉。

十三日

晨,余披衣起小遗,见天尚早,仍掩扉。翠红犹熟睡,乃据榻再眠。俄日高,遂并起盥沐,忽见襟衣间血污,大惊不解。翠红与女娘辈皆掩面而笑,问其故,始知翠红于今晨不慎所致。乃急取水至,为余浣涤。翠红曰:倘为家中人所见,奈何?余曰无伤也。未午,入城。日中,衣冠至东陵工程处,在帽子胡同梓潼庙中。晡,归。筠青过,小谈去。晚,与慕兄争论广宗乱事,相持不下。会颂年来,始解围。是夕,早眠。

十四日　　晴

晨,诣啸霞,见先人所画团扇,皆山水墨迹,盖为勉甫丈及啸霞二人画也。先人山水,雄厚超逸,不下戴文节,家中无复藏者,于友朋家屡见之,然皆三四十年前物。盖自庚辰年由闽中归,遂不复画。又折箑一柄,濡金画老梅苍劲,扇头题语盖叙与勉丈订交之原因,情致缠绵,犹先人未达时旅京师,以会试下第归,而绘此留别也。啸霞以其团扇赠余,使归而藏之。日中,在厚庵家午食。俄诣石孙谈,石孙谓:今日士夫,不必高谈政治,但讲求制造足矣。余因所拟改立宪论一篇示之,石孙颇首肯。晡,归。晡,诣夔相,以有疾未见。

夜,观书。

汉时,广汉人折象,素好黄老术,家世丰赡,自谓多藏必厚亡,乃散千金,以赈贫苦。或见其滥于用财,戒之。象曰:"我之施财,乃逃福,非避罪。若夫子孙,渠自为计,何必与之筹画,惟方寸一片心田,使其耕食不尽。"

汉武帝仙去,世罕知者。盖棺殓时,所入梓宫之物,有玉箱玉杖,及道书五十馀卷,其后不知何故,皆在民间,为人所献,而陵寝无恙也。

俗所称三尸神,其实非神,乃虫也。《神仙史》云:欲作地上真人,必先服药,除去三尸,杀灭谷虫。三尸一名青姑,伐人眼,令人目暗,面皱,口臭,齿落。二曰白姑,伐人五脏,令人心耗气少,善忘荒闷。三名血尸,伐人胃管,令人肠轮烦满,骨枯肉焦,志意不明,所思不得。若不去三尸而服药,谷食虽断,虫犹不死。

余于客冬,参悟景教及天方教,与仙佛之宗旨无殊。今《仙史》果将耶稣、穆罕默德二人叙入,可知所见略同。

十五日　晴

彤士过,为我抄录《改立宪论》一篇。晡,少川叔至,俄去。余复撰《议院驳难》十馀条。是晚,唐少川招饮,肴酒精美。是日,保和殿考差,策题为《加税免厘得失》,论题为《明于其利造于其害》。

十六日　晴

趋署。日中,出城,访朱古微。俄诣厚庵,复往徐藩卿家,贺其母寿。遂至陶然亭,绿苇高二尺许,一望无际,风动如波浪,山色深翠。是日,大宴宾友三十馀人。晚,各散归。余复过筠青。始入城诣问槎,小谈,与争论警察事。盖肃邸奉命办理京师警务也。

夜,观书。

昔日本丰臣秀吉临没,谓德川家康曰:"吾今日以天下托卿,卿为我努力。秀赖成长,当立与不可立,一在卿之心。"此与蜀汉昭烈托孤孔明之言,如出一辙,虽似伪辞,亦是实情。盖人之权与其才必相副,无其才而握其权,未有不颠越者也。然而千古英雄,每于此理不能勘破,遂使子孙无辜而受屠毒,则私子孙之一念,遂足以害其子孙。秀吉卒,惑于石田三成之言不能决,然以天下让于家康,致其后秀赖等屡举兵与德川氏争衡,自取灭亡,而丰臣绝后。哀哉!

德川家康疾笃,召诸侯伯谕曰:"吾老病,且夕将入地。吾既平治天下,将军执大政有日,吾不复以后事为忧。虽然,吾死而将军或失政,则侯伯当其器者,宜代执天下之柄。天下非一人之天下,吾何恨哉!"忘山居士曰:日本今日之获改立宪政体,公举宰相,盖伏于家康当日之一言也。知天下非一人之天下,何等伟识,为我国秦汉以后帝王所罕能发者。

十七日
作日记。

十八日　　晴
晨在东城拜客。日中,归。饭后,筠青过。

余问筠青:神仙修炼,所称炉鼎,本是譬喻之辞,何以《仙史》中辄言某某炼丹,服之飞昇,而炉中尚有馀丹,为人所窃食者,此不可解。筠青曰:炼丹自服者,人元丹也;炼丹而留遗为人所食者,天元丹也,地元丹也。天元、地元,非已成之神仙,功德高重者,不能炼。

扬雄慕胡安之学,追想其风。一日,有老人乘鹤下,自称胡安,雄拜而师之。常降庐,讲究易理。三年学成,安嘱曰:能达否泰之义,实进退之机也。二语大有妙谛,与余所闻诸筠青者合。

汉韩伯休,以妇人女子知其名,遂深遁入山。盖古人之隐也,不特不欲人识其面,并不欲人知其名,此之谓真隐。后世之隐者,唯恐人不知我名,此则欲以隐为显者也,可耻哉!

西国人每新造一物,辄以其人之名名其物,我国古时亦有之。如汉延陵杜康,造酒甘美,世遂呼酒为杜康。干将、莫邪造剑,即呼其剑曰干将、莫邪。

十九日
趋署。日中,访内侄秉庵,留午饭。

秉庵云:昔有某君,尝挈其妻出游东南名胜,颇自得其乐。时其妻年逾三十,色衰,或谓曰:"子何不觅娇好之女子,与之同游,乃以三十许之老妻为伴,有何乐耶?"答曰:"吾妻今日虽老且丑,吾犹及见其娇且好也。"忘山居士曰:余与张冠霞之交情,所以始终不渝者,即此意。

秉庵爱马,因呼仆牵其所新得名马立庭中,观之气骨雄健,毛泽秀润,曰:不必骑也,虽抚摩之,犹觉快意。

昳,出宣武门,诣厚庵。俄访筠青于西珠市口,因同至百顺胡同。晚,归。夜,读书。

汉末名士申屠蟠、夏馥二人,皆成地仙。晋嵇康实未死,临刑时,为孙登、王烈引去学仙,今始知之。

汉张衡,生女名玉兰,幼而洁素,不茹荤血,年十七,梦赤光自天而下,光中金字篆文,缭绕数十尺,光随入其口,觉不自安,遂有孕。母氏责之,女终不言所梦。一夕,无疾而终。忽有一物,如莲花,自腹而出,开其中,得金书《本际经》十卷,素长一丈许,幅六七尺,文明甚妙,将非人功,乃传写其经而葬。此事甚奇。

昨闻筠青言:《论语》首节学而时习之,时字中有妙理,后儒无能解者。

二十日

彤士过,为余改写条陈。晡,石虚过,邀余至德昌西菜馆小酌。夜,观书。

余善歌咏古人诗章,音节闳厉,人多以比孙登长啸。余谓非仅啸咏似公和,即为人亦似之。盖公和智深行旷,性无恚怒,或投之水中,欲观其怒。公和既出,便大笑。余生平亦觉天下无可怒我之事,亦无可怒之人。盖其人君子而爱我者,我还生爱敬之心;其人小人而害我者,我但见其自害而已,更起怜悯之心,安用怒。

刘渊养子刘曜,是蜀先主嫡孙,其后复称帝,建号于长安;但后忽改国号曰赵，不免忘本耳。

王子顺自号管城子，造神笔出售，每枝一金。初学者用之书，径能成字，素丑者忽化而妍。

晋时越隽里老张叟，诞生一子，身常有光，即俗所奉梓潼君也。其后化去，屡显应人世。有降笔亭在阆中梓潼县。庙中亭内，以金索悬一五色飞鸾，鸾口衔笔，用金花笺数百番留笔下，其降笔皆训世文，今俗所传者是也。扶鸾盖始于此。

干宝感其父婢殉葬十馀年不死，又闻其兄还魂，因信鬼神之足征，作《搜神记》，盖平日固不信鬼者也。

二十一日　　　晴，风起

拜客，车中观书。

日本创程朱之学者，曰藤原肃；创姚江之学者，曰中江原。

殉葬之恶习，我国废革久矣，而日本犹相沿千百年，至德川时代，始渐废去。

日本自足利氏之衰，武臣多不识字，令僧徒掌文墨。及海内既平，儒者承其弊风，皆不蓄发，人亦待之以方外之徒。至德川光圀，始命儒臣皆蓄发，而编之士伍，此亦日本一奇闻。

凡人不患不能为人师，但患不能为人徒。盖师者，善益人者也；徒者，善受人之益者也。吾视天下人，无论贵贱长幼愚智，苟有一行之可取，片言之足录，皆我之师，而我受其益，乐莫大也。

俗称曰才学才学，然有学者不必有才，有才者不必有学。盖所谓学者，求之于平日者也。日见所未见，闻所未闻，能所未能，斯之谓学。所谓才者，施之于临时者也，随机应变，而轻重缓急皆得其宜，斯之谓才。学可以人力勉之，而才必由天授。

二十二日　晴

彤士过，为余誊写所拟条陈后驳难十条。晡，往谒肃王。王为人极质朴厚重，礼下甚谦，与余略谈。在坐有三六桥，其馀二三人皆不相识也。晚，归。夜，观书。

《晋书》：成帝时，苏峻为乱，帝梦游钟山，神人迎谓曰：都中蒋侯也。峻为逆，吾当相助，遣步众牵蹶其马，则成擒矣。明日，峻果马蹶，被诛。帝遂敕侯为大相国，立庙时祭。至齐梁时，晋封为帝，累著灵应，终六朝时代，与今之崇奉关壮缪相同。

二十四日　晴

作日记。晚，诣总布胡同，盖李文忠之柩于明日出都，由潞河赴天津，乘海舟南去。闻天津士民醵万金，设祭棚以待文忠灵舟之至，焚香拜奠者殆过万人。文忠督直前后二十馀年，又经大乱之后，百姓追思，益感其德，故欲以此报谢焉。是夜，早眠。

二十五日

黎明起，与慕兄偕至总布胡同，送李文忠之殡，仪从甚盛，观者如堵，沿途路祭甚夥。余送至朝阳门外，即归。啸霞来谈。逾午，诣长椿寺，盖余方外师青莲和尚是日治丧。薄晚，入城。观书。

日本恶币之行，始于荻原重秀，献媚德川纲吉，淆金以银铜，淆银以铜锡，欲增多海内金币，以供纲吉之用。夫民间私造恶币，在我国犯者有禁，乃日本竟由官家自造之，我国所未闻也。

纲吉信浮屠之言，爱及狗马，不许毁伤，犯者至死。百姓以是罹罪者甚众。仁于禽兽，不惜百姓之命，亦可异也。

柳泽吉保以诈谋诡术惑纲吉，欲效李园、吕不韦之所为，幸其事未成，否则德川氏之祚绝矣。

二十六日

趋署。车中观书。

日本西学之始祖,为新井君美,及青木敦书二人。盖新井君美始开荷兰学,而世未之知;敦书欲倡而和之,乃如长崎,从象胥学洋文,讲兰书。近世泰西学之日盛,二人之力云。

德川氏时,以循吏称者,前有板仓氏父子,后有大冈忠相、石河政武,皆狱讼廉平,能雪冤申枉者也。

日中,宴集缮衡两司同僚五十人于聚宝堂。晡,始散。往百顺胡同,视翠红病。久之,石虚亦至。余暮入城。

二十七日

晏起。日中,出正阳门,至西珠市口,访筠青。寻诣江苏馆,为同司湖州沈君招饮。晡,散。复访筠青,与偕视翠红,病犹未愈,勉强出见。晚,归。夜,观书。

《仙史》载:晋人王羲之,似亦登仙者,谓至粤西遇张道陵,授以丹诀,因随道陵飞昇。

余杭州城涌金门内,有金华将军庙,不知始于何时,今无意考得,盖在晋咸和七年,山水骤发,涌进钱塘西门,有金色牛奔入,水退复随出,至北山不见。众因金华将军庙祀之,门名涌金。

灵隐寺古名金牛寺,为晋僧慧理所建,即感金牛入门之事。

二十八日

观书,作日记。晚,颂年过谈。

忠孝为立身之大节,今之谭新者,多以此语为迂腐,而非迂腐也。盖所谓孝者,非但施于父母,凡待我有恩之人,而我图所以报之,皆孝道也。所谓忠者,非但施于君上,凡责我以事,而我竭心殚力以求无负所托,皆忠道也。

以新眼读旧书,旧书皆新书也;以旧眼读新书,新书亦旧书也。

人之记性,秉于天赋,决非可学而能。古之学人,其过目成诵者,指不胜屈,姑无论矣,又有不必过目,摸之以手而即能记忆者。如昔有某代人,忘其姓名,夜宿古庙,触石碑,暗以手扪其字,翼日写之于纸,毫不差误。又有闻之于耳,即能上口者,如日本德川时代,有瞽僧塙保己一,不能自读书,专使人读而倾听之,久之即能暗诵,不错一字。后以所听多,遂成博学,能贯穿古今。

唐之宦者仇士良,日本德川氏之老中田沼意次皆不愿其君读书,亲近儒生,知古今之成败得失,其用心如出一辙也。

二十九日

趋署。日中,访石孙,见所著《拳匪纪事诗》二十四首,皆咏写庚子年危城中怪奇可笑之事,观其所注,皆可喷饭,后之考古家不可不读也。晡,诣百顺胡同,视翠红,病已愈矣。乃访筠青,纵谈。暮,归。夜,闻管学大臣张冶老派余编书局分纂。

五 月

一日　晴

晏起,问槎过。日中,赴书局。是日开局,同派编书者:总纂二人,曰李希圣,曰张鹤龄。分纂七人,曰桂坫、字南屏。曰姚大荣、曰王仪通、字书衡。曰蔡镇藩、曰韩朴存、曰罗惇曧及余。其章程,盖分经史子集及修身、伦理数门,欲每门各责承二人编修简明之书,以为学堂课本。余晤张小圃,即名鹤龄者。略谈,以史学自任。昳,古微招饮,遂赴约,见亦元。晚,席散,入城。夜,观书。

《魏书》:古弼族子元之,梦游和神国,其天时地利风俗,比之华胥更胜，盖俨然神仙也。

《南》、《北史》云：当时弈棋，盛于江左，琅琊王抗为第一品，吴都褚思庄、会稽夏赤松为二品。盖赤松思速，善于大行取势；思庄思迟，巧于斗子攻坚。惟抗兼二人所长。同时钱唐五绝中，褚胤亦善弈。

魏崔浩好道而诋佛，劝魏主尽诛沙门。不知佛老本是一家，奈何以偏执之见，戮及无辜也。厥后受热油灌顶之难，宜矣。

《仙史》载：有人喷墨于纸，能自成文义者。有人见帏障屏风画人物音乐，以手指之，皆能飞走歌舞者。此等事，在人以为奇，在神仙家则小术耳，不足为奇。

二日

诣编书局。薄午，亦元至，与谈编史法。余谓：读史所最重者，曰地理，曰职官。不通地理，则于其战守攻伐之形势，懵然堕云雾中。不通职官，则于其人物之贤否优劣，不能论断，盖凡人必有所居之官，官必有所司之事，能尽职则为贤为优，不能尽职为否为劣。苟不明其官所职掌，则何由知之。故余意每编一代之史，必先以地图职官表冠其首，使学者先明此而后可以读史。又云：史有二类：曰事史，治乱兴衰是也；曰政史，典章制度是也。事史详于《通鉴》，政史详于《通典》，皆学者所当知也。然二书所以不能合一者，以《通鉴》编年纪月，《通典》类别部居，皆通历朝为一书也。今欲合之，莫如用断代法，每一代为一书，或合数代为一书，而于一书之中，首以编年纪月叙事，继以类别部居纪政。至地理、职官，则为图表，冠于编年纪月之前，如前所说。亦元极然余言。

午后，遍拜编书同事诸友，诣藩卿谈。晡，往谒管学大臣，未得见，遂归。

三日

晨,趋署,闻奉长官谕,派余帮主稿上行走。日中,至官书局,见亦元,复谈编史法。余谓:地图、职官表之前,复宜增一帝王年表,即仿纪元编例,专列纪元及甲子,使读者醒目。亦元亦谓然。是日,韩君力腴到局。力腴,湖南湘潭人,精史学,允与余同编史。晡,访筼青。筼青迁居春元栈,在官书局对门,屋较宽,而费省。余与小谈,即归。观书。

余素慕陶弘景之为人,今读《仙史》,始知弘景其后亦仙去。

三国时,华陀称神医。齐、梁时,徐文伯亦可称神医。

严光足加汉光武之腹,何点手挦梁武帝之须,皆是一派人物。

张果娶扬州曹掾韦恕之女,因随之作神仙眷属,此女亦是非常人。

隐士赵逸,晋武时人,多记旧事。至梁武帝时,常谓人云:"永嘉来二百馀年,建国者十有六君,吾皆游其都鄙,目历其事,灭后观其史书,皆非实录,莫不推过于人,引善自向。苻生虽好勇嗜酒,其治典无大凶暴;苻坚贼君取位,妄书生恶。史官皆此类也。"观此,可知史书多不足信。

四日

晨,往达官家贺节。午,归。晡,建斋过。夜,观书。

金陵雨花台,盖造于梁武帝时,因云光法师讲经于南天龙寺,感天缤纷雨花,故筑雨花台纪迹。

纪昌学射于飞卫,王灵智学射于督君谟。

五日

桐士来,少川叔亦至。日中,共饮雄黄酒,应节景也。晡,出城,至天乐园观剧。薄晚,归。

《周易》，哲学也；《尚书》、《三礼》、《春秋》，史学也；《论语》、《孝经》，修身伦理学也；《毛诗》，美术学也；《尔雅》，博物学也。故我国十三经，可称三代以前普通学。

经学为三代以前普通学，声音训诂为三代以前语言文字学。

余数年来，专以新理新法治旧学，故能破除旧时一切科臼障碍。

六日

诣工部公所。工部长官松鹤龄，有志整饬部政，欲令曹掾习练文簿，以渐收胥吏之权。日中，诣书局，见韩力腴，议编史凡例。余所创新法，力腴深以为然。晡，入城。夜，遂草粗定章程数百字，即前与亦元所论之宗旨。

是日，余又与亦元谈及小学书，谓非重编善本不可。宜用日本文典法，分名词、代名词、动词、自动词、他动词、受动词、助动词，以类别我国各种之字，每一字必标明作几种义，几种音，述其今古变迁之源流及六书造字之微旨，使学者了然心目，不必复穷究小学诸书矣。

七日　　阴，微雨

诣书局。力腴先在，以所粗定章程示力腴、小圃，皆首肯。俄而大雨，檐溜如注。久之亦元亦至，纵谈。

余谓：孔仲尼信能求新之人也，非顽固者比。何以知之？其言曰：过则弗惮改。人苟不惮改过，皆不愧为新党。

晡，访筠青，畅谈。即入城，路泥泞难行。夜，观书。雨声复急。

日本之能变革以新其国者，外激于强敌之交逼，而内倚处士之动力。盖无敌国外患，则处士之力不能鼓动，而全国精神安望其振作。是故攘夷之论虽谬妄,然因攘夷而讨幕,因讨幕而尊皇,因尊皇而变法,法变而民智辟,攘夷之论不期破而自破矣。是故我国甲午言战诸臣,及庚子排外拳民,皆日本攘夷之流风也。然而日本因是而骤强,我国因是而愈不振者,则以日本国民有权力,能鼓其攘夷之气以改革本国政体;我国民无权力,不能运其言战排外之烈性,以助朝廷变法也。是故人谓变法非君权不可,我谓变法非民权不可。

八日 微晴

晨,诣官书局,与亦元议编史法。是日议定。午后,访筠青,不遇,遂至百顺胡同。须臾筠青亦至,坐谈至晚,始入城。夜,观《日本国史略》终卷。

日本之变法也,原本于人人能讲忠孝大节。惟其忠孝,故皆有情;有情,故真能爱国、爱同种,而一举一动咸出于公。合众人之公心,故法易变也。我国所以不能变法者,以朝野上下之人心,素以忠孝为迂阔,加之新党人高谈无君无父,推波而助澜。既无君父,则其人无情;无情则所谓爱国、爱同种者,皆伪。是故有平日谈公理、一得志即逞私欲以败公者,有平日谈民权、偶任事即用专制以压众者,比比然也。夫以一人之身,而所行与所言,前后不(伴)〔侔〕者,以其人当出言时,非发于真情也。其所以不发真情者,以其人本无情故也。执无情之人,而责其爱国、爱同种;聚无数无情之人,而责其合群以变法,吾亦知其难矣!

九日 晴

趋署。薄午,出城,访力腴,议编史法。力腴以典章制度自任,余遂任治乱兴衰。力腴自云病头风,不能至局。余遂至嵩云草堂。是日,衡司掌印瑞鹤龄等七八人为主席以宴客,客到者五十馀人,其地颇闲敞,有亭榭竹石。酒半,余先行,访仲巽,所赁屋十馀椽,朴野有闲致,客座悬一联云:"奇书古鼎良朋,百年相伴;皓月明花美酒,四季皆春。"昳,至书局,晡亦无。

十日

星期,终日在家作日记。

余谓穷日本变法之原因,依然出于孔孟之学,此言为近日新党所闻,不目为腐迂,则以为怪诞,而皆非也。盖孔孟之学,在我国为法家所乱,凡士夫读孔孟之书,而心乎孔孟者盖鲜。惟日本未变法以前,其人心风俗,莫不敦尚气节,服膺道义,孔孟之遗教也,故能一变至道。

晚,简斋过,即去。

十一日

蚤,诣书局。时已扫除净室一间,设榻其中,架上列群书以备检阅。过午,访厚庵。厚庵荐书手陈君继贤,回车访之,不遇。因至厂肆购书,即归。云霾四合,俄大雨。

观《仙史》,唐翟乾祐,名法言,岳州云安人。其地有云安井。自大江溯别派凡三十里,近井十五里澄如镜,舟楫无虞;近江十五里,皆滩石险恶,难于沿溯。乾祐念商旅之劳,于汉城上结坛,考召群龙,凡十四处,皆化为老人而至;谕以滩波之险,害物劳人,使皆平之。一夕之间,风雷震荡,尽为平川,唯一滩仍旧,龙亦不至。乾祐复严敕押吏追之,又三日,有一女子至焉。因责其不伏应召之故,女曰:"某所以不来者,欲助天师广济物之功耳。富商大贾力皆有馀,而佣力负运者皆云安之贫民,自江口负财货至近井潭以给衣食者甚众,今若轻舟利涉,平江无虞,邑之贫民无佣负之所,绝衣食之路矣。余宁险滩波以赡佣负,不欲利舟楫以安富商也。"乾祐善其言,因使诸龙各复其故险。

十二日　晴

诣书局。是日,管学张冶秋到局,余及力腴等进见。晡,至百顺胡同。观书。

《仙史》载:唐陵川民谭叔皮之子,名宜,二十馀忽失所在,远近以为神,乡里立庙祀之。大历元年,忽还,白父母曰:"儿为仙官,不当久在人世,然不宜作此祠庙,恐为物所凭,妄作威福以害人。请毁之。"忘山居士曰:观此,则世间庙祀之神著灵验者,其皆为他物所假托者,可知矣。

晚,入城。慕兄宴稚夔于东四牌楼福全馆,余亦赴饮。

十三日

趋署。日中,至书局。薄晚,始散。夜,在百顺胡同。藩卿、郁堂来谈,遂宿焉。

十四日

未午到局。昳,赴丁棪甫之招。棪甫所居,有树二株,颇凉爽。啸霞及家少川叔皆在,相与闲谈。晡,季中之兄叔寅来。叔寅新纳资,以微官听鼓于直隶者。余前闻吴季英夫妇双亡之信,以为不确,至是问叔寅,果然。日暮,余先入城。夜,观书。

《仙史》云:道是道,术是术,相需而行。术以济世,道以延长。知道而不知术,如欲适万里而足不行。术者,虽万端变化,未除死籍,固当栖心妙域,注念丹华,立功助于外,炼魄存于内,内外齐一,可以适道。

十五日　晴

诣书局。余于编史中任事迹一门,拟分十期:自伏羲起,讫秦为第一期;两汉为第二期;三国为第三期;两晋为第四期;南北朝至隋为第五期；唐一代为第六期；后五代为第七期；宋、辽、金为第八期；元为第九期；明为第十期。

晡，百顺观书。

每见历史所载，凡积善之家，其子孙往往昌大，然而祖父之骨则已朽矣，其鬼已不知轮转何所矣。子孙之盛衰，与祖父何所增损耶？若仅仅留此因果，以使世人知所观感，吾恐未必然也。吾意子孙与祖父，一脉相连属者也。其子孙昌大，其祖父于冥冥中必有受益之处，但不可知耳。

月斜钟响，良夜无多。道人告隋炀帝之言也。凡世间醺豢富贵中者，闻此皆宜发深省。

隋人全元起曰：圣人爱精重施，则精满而骨坚，此即大丹之旨。夫曰重施，则非不施可知矣。《易》曰："云行雨施，品物流行。"《金刚》曰："不住于相布施，不住色声香味布施。"施之时义大矣哉！

十六日　　晴

晡，自书局归，在颂年斋中纵谈。薄晚，石虚折简，招至馀园夜饮。园旧为怀塔布所筑，怀没，其弟以家计穷迫，遂设酒馆其中，纵人入游，而收其利。余至园已昏黑，惟见灯火映射林树间，不辨方向。俄登一高楼，晤石虚，遂相与饮啖。告石虚曰：余在书局中，所编者史也，日不过数页，课毕即归，归时同人必勖曰：明日早来。王君书衡亦局友也，戏成一联曰："把往事今朝重提起，破工夫明日早些来。"石虚大笑。余又云：昨拟赠翠红一联曰："翠竹倚风笑，红芍当阶翻。"

十七日　　晴

观书。

杜子春为黄冠叟守炉，叟历试以尊神、恶鬼、猛兽、地狱之变状,皆不能动其心。最后以不能忘爱,故而上昇不成。甚矣,爱之难祛也!

薛肇谓李升曰:繁草易尽,回头须早,无使山中白云久待。《仙鉴》十三卷九节三。余欲书此八字,悬诸斗室中。

唐裴行俭与卢照邻,往见孙思邈,与语竟日,莫测其厓止。退谓卢曰:犹龙之叹,兹复见矣。

晡,石虚过谈。久之,复同游馀园,老树蓊蔚,台榭颇曲折。登酒楼对酌。夜深,送石虚至顺天府,归时月明。

十八日

晡,书局事毕,诣百顺,待石虚。俄石虚至,恣谈。至暮遂归。

唐武攸绪,晚年目光,昼见星月。李泌身轻,能于屏风上行,熏笼上立。笃尚正直,性无忿恚,太极真人赞唐若山之言也,谓仙家尤重此行。盖世间原有笃尚正直之人,而性不免忿恚;亦有性无忿恚之人,而未必笃尚正直。兼之者,鲜其人也,故为仙家所重。

十九日　晴

趋署。日中,到书局。晡,入城。是日,少川叔移居城内关帝庙,余往视,小谈即还。时侄忽患喉,延医来治,谓病势甚重,急用镇摄之药消之。夜,观书。

人之博古,不及仙家之博古。盖人仅据古书为断,而受古人之欺者多矣。惟仙家则上下千百年,能以身历而目睹,其所考见,固尤确于人世也。如前所论赵逸能知史书苻生之非真,则为古人辨诬,尤有功于人世。他如张果识汉上林仙鹿,此类事甚多,不足奇也。

红线自云:前生本男子,以医术无心杀人,阴律降为女职。医者可不慎哉!或曰:过误出于无心,其情可原,不当受罚。曰:人命至重,若无心致人于死,可以免罪,则行医者益视人命如儿戏矣。盖天下过误之事,强半出于不慎,无心之过可恕,不慎之罪不可恕也。

余谓世间有二种人最重:一司医者,一断狱者。皆能出入人于生死中也。

二十日　　晴

侄喉未愈,作日记。饭后至书局,闻筠青来。晡,与偕至百顺谈。夜宿焉。

二十一日　　晴

在书局终日,编书之暇,仍观《仙史》。

唐韩滉是仲由后身,韩愈是墨翟后身,皆素所未闻。又韦皋是诸葛后身,亦著绩于西蜀,而名不甚显。

颜鲁公为李希烈所害,归葬日,棺朽败而尸形俨然,遍身金色。其后有贾人于罗浮,见二道士弈棋,树下一道士,托其寄书至偃师颜家。家人发书,知为公亲笔,问客言道士容貌,皆酷肖公。乃卜日开圹,棺已空矣。是知神仙皆忠孝之人所成就,忠孝之人入仙者,古来甚多,弟世人不知耳。

晚,凉甚。衣袷坐庭中。是夜,早眠。

二十二日　　晴

书局事已,晡谒秦幼衡师。俄至薇香阁小坐,遂入城。夜,观报。

天津《日日新闻》著一论,其意曰:西国教主,动称天帝,以为尊无与二也。谓天帝之权,实足以统制万民,使人莫敢不从其命也。其与我国古时称天而治者,似是而非。盖我国非不俦上帝也,非不俦天命可畏也,然其言曰:天视自我民视,天听自我民听。仍以天权归诸民权,而天之一字不啻公法公理之别名。西人则异于是。虽然,不得以是咎西教之不善也。盖西教傌天者,所以戒其民,为民而言也;我国古经称天者,所以警其君,为君而言也。

二十三日　晴

自署散直,遂至嵩云草堂,公宴合署同僚。晡,到书局编书。晚,与筱青诣薇香谈。夜,复归局中观书。大雨,雷电。

蚕丛马鸣生以各教伤生堕世。可知秘天道有罪。

是夕,闻筱青述鬼事甚详,云:有人以阳魂在冥中为官者,尝告人以阴界情形,言阴界城府宫室,与阳间无异。其城中亦有衢市,罗列百货,人声喧阗。其交易用银,据云阳世所焚化之锭,以手折者为上等银,若用面浆粘合者非纯色矣。其天气常似蒙蒙作细雨状,不观日光。官府断狱,皆因其功过之轻重而处置焉,毫不能假以情私。所谓刀山剑树油镬,皆实有,不足为异。又云:阴界亦有妓馆,客来作狎邪游者甚多。盖凡阳世人死而无功无过者,则生前执何业,死后亦执何业也。

二十四日　晴

晨起入城,复闭目小睡。向午,起作日记。

友人筱青于今日蚤赴天津,倩人画团扇赠余,所画乃牡丹,肥丽独绝,题诗一绝云:"世人莫解花王事,我道花王妙识时。不是个中透消息,化工春色倩谁知。"

晚,驱车至喜鹊胡同王第,见谭广生、章霖伯诸人。俄诣少川叔,观其与友人朱某作象棋,因留晚饭。饭毕,余与少叔对垒,殚尽心力,依然败北。余因布一棋谱,名曰炮击连环阵,犹髫龄时所习者,今尚一一记忆,其局势极巧妙,耐人用思。

二十五日　微阴，细雨洒庭

作日记。过午，出城，至书局，入张小圃室，阒无人焉，惟案上陈胶纸，苍蝇千百布满其上，皆粘缚而死，有蠕蠕然动者。余取笔大书不合公理四字于胶纸上。晡，至薇香阁。暮，归。

二十六日　晴

趋署。日中，至书局。晡，诣同丰堂，慕兄宴客，皆同里诸友，约三十人。晡，方啸霞偕少川叔及余至林桂生家小坐。薄晚，各散。入城。归，闻时侄复患热，延医来诊视。

是日，在局中见问槎。问槎告余以明日南行，盖肃邸为筹白镪六千两，将遣往欧西习法律学。问槎性情于公法交涉最近，学成庶可为国家他日之用。

闻粤西匪势，有糜烂之说。又闻天津有不交还之说，皆不知可信否。

法使将易人，政府有遣慕兄出使之意，闻法人许可，惟以年稚官卑为嫌。

林桂生家有妪年四十馀，奏清商之曲，悠扬嘹唳，响彻云汉，坐客为之耸听。

二十七日

晨，诣书局，与书衡、力腴等纵谈。

天下之事有趣味者往往无用，有用者往往无趣味。如我国学人所治之经学、词章，至有趣味，然而无用。人生至有用者，莫如钱帛，而钱帛毫无趣味。欲求有趣味而兼有用者，其惟饮食男女乎？力腴等皆大笑。

书衡云：凡词章，必发源于经、小学者，始有根柢。余曰：然哉，盖泰西人文学，亦必以能发源于腊丁文者为高。晡，诣百顺胡同，夜宿焉。记六桥在沪时,入城访余于三多里,云屡访不识涂径。而六桥之名曰三多,因出联云:"三多不识三多里。"余今始得对语曰:"百顺胡同百顺班。"

二十八日　晴

到局,已命书手钞《通鉴》两汉事迹,俟其成卷,然后勾乙。

书衡诵人所成名联,并自撰者甚多,录其佳者。于晦若代刘健之挽李文忠云:"已看葛相云霄,待蜀老能谭,尽多轶事;我愧王郎天壤,为谢公一恸,仍属苍生。"又书衡挽葛镇卿夫人云:"回思捍牧之年,方貂敝东归,□□□□怜季子;最恨酬恩无地,正骖鸾西去,后堂何处拜宣文。"又代人挽其姨云:"锦瑟绮年空□□,凉月虚帏,夫婿痴情俟环佩;晶帘□影瘦□□,重阳暮雨,闺人秋鬓减茱萸。"又寿钱斡臣母云:"冠兴庆班行,唐宫礼重;(向)〔问〕平反几许,隽母颜开。"余又记癸巳年婚时,黄漱兰赠联云:"齐庄为安国次男,幼有文才兄比慧;明复取资政贵女,家传礼法妇能贤。"

晡,入城。夜,早眠。

二十九日　晴

趋署。日中,归,顺道访少川叔,留午食,为象戏。晡,还。会希尚来自沪,询及家中,知忆莼回扬州。

六　月

一日

到局,闻供役之仆名何顺者,于前夕染时疫化去,为之愕然。

读《仙史》,始知宋儒多孔门弟子降生者,二程即公冶、南宫,邵雍即仲弓,王安石即宰吾。

尘世间数十寒暑，在仙家不过数日，梦寐中如过一生，及醒又不过顷刻间，始知光阴之长短无定，皆由心境之自造也。

袁盎杀晁错在西汉时，而冤仇之固结，直至唐末犹未解也。唐懿宗时所奉国师有知玄，膝上忽生人面疮，眉目口齿俱备，每餧以饮食，则开口吞啖，痛不胜言。其后往西蜀，遇一僧，指岩下泉令洗之。知玄如所教，疮忽大呼："未可洗，我有宿因，公曾读《西汉书》否？"公曰："曾读。"疮曰："宁不知袁盎杀晁错乎？公即盎，我即错也。我累世求报于公，而公十世为高僧，戒律精严，不得其便。今受人主宠遇，于德有损，故能报而害之。蒙迦诺迦尊者洗我以三昧法水，自往不复为冤矣。"师凛然，魂不附体，忙掬水洗之，其痛彻髓，绝而复苏，其疮不见。

二日　　晴

晨，诣什锦花园，在瑞鹤庄家，为其检书。

北方人于炎天，每以冰块置热茶内，待其凉而饮。余是日在鹤庄家试尝之，觉入口殊不甚爽。余谓凡遇酷热之时，莫如饮沸茶，既能解渴，又可却暑，否则直饮冰水，使齿牙间凛冽清厉，惟夫不热不寒者，到腹愈使人烦闷不舒。

三日

趋署。日中，到局。晡，归。观书。

神仙有隐于屠市者，大奇。如唐僧悟玄所访之峨眉洞主，其人姓张，在嘉州市门屠肉，命妻烹肉，与玄为馔。谓悟玄曰：游山不食肉，何由得达？但所食之肉，非指凡间之肉，别有隐语，非俗人所知。济师云：一块烂蹄，一壶好酒，若要作神仙，酒肉终须有！

寒山、拾得，为文殊、普贤化身，有人问佛理，止答以随时二字。随时二字作何解，世罕有知者。嗟乎，时之在天地间，最可宝可重者也。凡天下万事万物，莫不有时：女子及时而嫁，英雄乘时而起，草木应时而生。《鲁论》曰：山梁雌雉，时哉时哉！人若悟得时字，造化生身，宇宙在手矣。

寒山子谓李褐曰：先人后己，知柔守谦，所以安身也。善推于人，不善归诸身，所以积德也。功不在大，立之无怠；过不在小，去而不贰，所以积功也。可称名言。

四日

热甚，不可耐，饮茶甚多。晨，观书。晡，出城。夜，与小圃、蕃实辈坐书局庭院中闲谈。

诸人所谈绝妙灯谜数条，录之。仿袖珍本取便舟车，《诗经》一句：缩板以载。重闱红一曲，《四书》一句：推恶恶之心。天下英雄惟使君与操耳，《四书》一句：未可与权。周公执璧秉圭敢告太王王季文王，《西厢》一句：说哥哥病久。又谈佳对。革面所对土耳其。李蘋香上海妓对荷兰水。杏仁水对李义山。檐水无鱼蛛结网对屏山有雀蜡弹珠。斜风细雨对正月繁霜。又针破纸窗风送梅花香一线，无人能属对者。人淡如菊，亦颇难对。有对后来其苏者，有对诗正而葩者，皆不甚工。盖字面易对，而意义难对也。

时凉风袭怀袖，纵谭时几忘暑，夜三鼓，乃各就眠。

五日

晨，驱车出彰仪门，至南河泡。其地在京城西南角，有荷池数十亩，水终年不涸，筑堂舍数楹，围以林树，夏间游人甚多。记于庚辰岁，随先人入都，时居西城十八半截，曾随母姊及戚友来游一次。余方七八岁，今逾二十年矣。是日为方勉甫年伯父子所邀，客来颇夥，半皆同里人，杂坐谈笑。会汪建斋亦至，建斋述其尊人官江西时所理狱案，有可纪者。

有瞽者，控所役工人杀其妻，工人备受拷掠，不肯承，以是三四年未结案。公抵任，传两造严讯。工人始呼冤，既而曰："余不复能忍刑，惟有伏罪而已。"公视工人，体残伤，黑瘦骨立，然貌妪善，似非杀人者。因问瞽者，何由知为彼所杀。瞽者曰："是日也，余挈幼童游市中买鱼肉，付童令先归，使妻治早餐。余与俦辈聚谭于肆。俄童子哭奔而来，曰：家中杀人矣！余偕众友趋至家，则妻死于地，血狼藉，衣物翻腾盈室，检视失去金银发饰数种，他无所遗。时家中别无他丁，惟彼在门外治田，非其人而谁？"公曰："保无有他贼来乎？"曰："余家山居，出入惟通一径，苟有外人至，余在市必知之，舍是不能飞越也。"公于是大疑，命瞽者退，释工人之刑具问焉，曰："汝服役瞽者家几年矣？"曰："五六年。"曰："瞽者夫妇平日睦否？"曰："不睦。"曰："何故不睦？"曰："其妻憎其夫之瞽，其夫病其妻有隐疾。"问："何疾？"曰："溺管裂，臭达于户外，人莫肯娶之，故嫁瞽者，然色甚美，瞽者不能见之，以是相嫌，时闻诟谇声，非一日矣。"公又问："其家复有何人？"曰："有侄孙尚幼。"公忽悟瞽者所言幼童，必是人也，乃慰谕工人使退，密传其侄孙来，不令瞽者知。越日至，引入内室见之，貌绝秀，问其齿，曰：生十四年矣。计瞽者妻死时，方十龄，非能杀人者，问："腹饥否？"儿曰："犹未饭也。"命左右具饮食饷之，儿饱啖既罄，公温言慰之曰："尔毋惧，尔叔祖母之所以死，尔尽知之，我亦尽知之。今日召尔来，欲使尔为证，尔如尽言，与我所闻合，则已；否则，尔不获免焉。"儿神色顿异，目四顾，汗愧不敢言。公曰："汝畏何人？"儿无语，再问之，曰："畏我叔祖也。"公曰："有我，汝叔祖奈尔何？且彼先告我矣，尔如不言，将与彼同受刑于市。"儿色惧，乃尽以瞽者自杀其妻状吐露。盖瞽者持庖中脔切之刀，乘妻不备，自后提其发而断其吭，时侄孙在侧大哭，瞽者亦持其发,叱曰:"尔如妄言,亦犹是也!"遂取妻钗环物,并己身血污衣,瘗院中大树下,阳挈儿出购物,使先归,而己与邻舍、地保等饮酒剧谭。儿至家,则佯惊哭来报,于是诸人随往视果然,无有疑其自杀者,遂坐罪于工人,用心抑险且毒矣。公既得其情,乃坐堂上,传瞽者来。瞽者长跽,夷然曰:"愿明公为我妻伸冤。"公笑曰:"尔妻之冤,今日伸矣。"瞽者曰:"嘻,有是事乎?凶手安在?"公厉声曰:"在堂上!"遂呼其侄孙出,使旁立,依所言言之。儿始犹不敢,公曰:"有我,彼奈尔何!"儿甫发声,瞽者闻之,毛发怒张,攘臂起扑儿,赖役卒拘挽之,力大如牛,几不可制。良久,儿言毕。瞽者太息曰:"吾当日悔不并杀之也!"公曰:"毋多言,尔妻之冤伸矣!"遂以瞽者抵罪,分所遗田十馀亩赐工人,即命其侄孙奉瞽者祀,席其馀产,使工人佐治之,并敛瞽者尸葬焉。

是日,逾午,始设宴,以天暑,陈瓜果冰水,纵人饮啖。晚凉时,始散归。

六日

趋署。晡,诣薇香阁。夜,复宿局中。晚饭后,偕六桥散步于石头胡同,遍游诸妓馆,所见者皆状类牛鬼蛇神。余叹曰:此地狱变相也。兴尽而归。是夜,闻小圃述旧制诗钟二联极佳,录之。鸦片烟与林黛玉:"焦土一丸灰万劫,痴情双泪石三生。"合婚与臂:"唐殿秋星金作誓,鄜州夜月玉生寒。"

七日

晨,复至南河泡,家少川叔之约也。余到时,寂静无一人,荷池吐清香,独坐寡欢,遂斜眠榻上。俄闻呼仲愚声,则少川叔来也。须臾,嘉客骆驿至,有某君者,貌绝美,优伶中无其选。向午,予兄亦至,遂群坐谭笑,或为象戏,或赌骨牌。俄陈酒肴纵饮,嬉娱竟日。

八日

蚤起,先诣官书局,与六桥谈。

前闻人述及,昔时有一女子,行桥上,忽得句云:"独立小桥,人影不随绿水去。"苦思属对,不可得,因之病死。然行人舟泊桥畔者,夜间犹闻有人吟此句,盖女子之魂也。其后有客过此,知其事,遂为对云:"孤眠□艇,梦魂曾自故乡来。"自是其声遂绝,而所对殊不佳。余爱其出句,苦欲对以佳联,十馀年矣,而所成皆似不逮。前夕在书局,偶与仲宣谭及,仲宣云:欲对此者,必据一眼前实物,如电线,如德律风之类,然后可以造句。余因是忽悟及六七年前,在西湖孤山放鹤亭间吟诗,应声自对岸山中渊渊而出,与余声无异,亦一妙境也,遂成句云:"放歌空谷,诗声如应隔山来。"

薄午,至管学张冶秋尚书家,是日诸俊杰大会,盖拟定大学堂规制,将出奏也,故延诸人公议。余谓:果欲行公议之实,必先以章程使诸与议者传阅,限一月之久,使诸人各书所见,粘贴章程内,然后由管学招集会议,折衷审定;若今日者何名公议,仍二三人主其事,无所谓集思而广益也。

闻邻居已简充驻法使臣,乃遄归。俄少川叔过谈,余连日溺后刺痛,知为白浊将至,是晡果来。少川叔教以饮沙斯白腊及果子盐。

九日　微雨

诣少川叔为象戏。晡,归。观书。

南北朝时,所崇奉之蒋帝,至宋初、南唐时,忽自火其庙,自是遂不复著灵应。

华山陈抟尝吟曰:"倏尔火轮煎地脉,愕然神瀵涌山椒。"二语不知作何解。

吕师自遇黄龙禅师后，题诗云："弃却瓢囊摵碎琴，大丹非独水中金。自从一见黄龙后，嘱付凡流着意寻。"余于此殊有所感，大丹既非独水中金，尚是何物？须访明师，方能知之。

十日 晴

诣书局。晡，至南横街，访蕃卿、郁堂。蕃卿为余诊脉，谓余：白浊由受寒，非外毒也。

京师数日内疫疾甚盛，死人无算，皆因霍乱，有顷刻死者，有半日亡者。西人考验传染之故，盖有虫在空气中，故能波及于人。

人有病而善医，则病不为患；人有过而善改，则过不为患。所惧者，护疾而忌医、护过而惮改之人。然而吾见人之能医病者矣，未见人之能改过者也。

俗云：痛痒痛痒。人之视痛与痒若相反者，余谓不然。盖余尝倦眠，有蚊飞余唇上，啮余觉而痛甚，余窃怪蚊啮人身，他处皆痒，何以唇上独痛？因悟他处肤皆厚，而唇皮独薄，薄故觉其痛，厚故觉其痒也。然则痒者小痛也，非与痛相反也。

十一日

至书局，晤建斋，知大学堂支应之差已撤，其撤差之故，因与局中人意见不合。晡，诣薇香阁坐。至晚始归。观书。

程道明云：人心虚明，自能前知。恐有是理。盖尝闻历古坐禅家，有深功者往往能之，不为奇。

尧夫受吕道人口诀，护尸解，此见于《仙史》。

东坡在惠州，初寓松风亭，有苍松三十馀株，长夏忘暑。余最慕之。盖生平最爱松，其次则竹也。

东坡又登眺罗浮诸山，中夜子时见太阳出海，霞彩万变，大是奇观。

程伊川渡汉江,风急舟将覆,举舟相顾呼号,颐独危坐,已而及岸。众中一父老问曰:"当时君坐甚庄,何也?"颐曰:"存心以诚。"老曰:"又不若无心也。"颐方欲与之言,忽不见。此殆亦仙人,盖存心以诚犹是强制之功,故终逊一筹。

十二日　　阴

往吊工部同司于梓生母丧。晡,归,书联赠薇香主人,又为题薇香阁三字。自称梦为蝴蝶生,又称偶游色界之豪杰。天忽大雨,建斋至,小谈去。晚,观书。

张珍奴,吕师所度之伎也,尝曰:自念入此门中,妄施粉黛,以假为真,讴歌艳曲,以悲为乐。可谓道尽此中之况味。

宋蔡少霞梦鹿帻人召去,使书石碑所刻苍龙溪新宫铭,为紫阳真人山巨源所撰。醒而记其文录之,文果映丽可诵。见《仙史》卷十九第七节三页。

宋汴京被攻时,右丞孙傅奏郭京能施六甲法破虏,择年命合六甲者七千七百七十七人,不问技能,自为调度,朝廷信之。盖与今之义和神团无以异也。

十三日　　晴

诣署。时已散直,遂出城,至书局。昳,往贺钱幹臣母寿,在嵩云草堂演剧款宾。晡,归。观书。《仙史》:空同会诸子谭经,各抒所见,极有妙趣。一人名晁迥者,语曰:处世之人,只知昼夜是常,而人如故;出世之人,以生死为常,而性如故。旨哉言乎!

马宜甫梦遇仙人,延之食瓜,从蒂起,怪问之。曰:香从臭里得,甜向苦中来。

观于唐狂僧些能前知,能示寂,而尚轮回于苦海中,以不得丈六金丹之故。

宋王中孚受道后,立愿普化三洲,乃设一榜,随所在悬之。中有语曰:心忘念虑,即超欲界;心忘境缘,即超色界;心不着空,即超无色界。

隆奉梓潼神君,盖唐玄宗时始。

十四日

诣书局,见亦元。亦元云:凡人不但读书博物,谓之学问,即立身处世接物,皆学问也。又云:孔子曰:以直报怨,盖异乎以曲报怨者也。以直报怨者君子,以曲报怨者小人。余以为名言。

晡,归。作日记。

余到京以来数月矣,不见都中有兵燹之象,惟正阳门外廊房胡同一带,略见断瓦残垣,然已陆续起新屋,亦忘其为乱后也。惟月之初八日,余在管学家,闻邻居简使信先归,绕道西安门内,驱车至地安门,一路所见,荒凉满目,其房屋皆遭焚毁,而从前皆人烟稠密之区也。

十五日

诣书局。观书。

春秋二丁释奠孔子,始于元至大年间。

观于萨君胄之事,都会城池,乃在耳中。神仙真无奇不有。

张良是风后转世,刘基乃容成降生,帝王佐命固不凡也。

关公在元文宗时,始加封王号。

《仙史》云:陈致虚自号上阳子,自长春老仙庆会之后,真仙圣师不轻降游,百有馀年。世之欲闻道者,攀跻无路。上阳乃愿累行积功,用是求诸《仙经》,搜奇摭粹,作《金丹大要》十卷。

十六日

趋署。日中,即归。作日记。

十七日　　晴

嫂氏生日,偕希尚至书局。希尚往视藩卿。过午,大雨。晡,雨止。余诣藩卿,希尚已去,因与郁堂等作石头城之游。晚,归。观书。

汉之张子房,明之刘青田,皆以神仙中人降为一代佐命。其后子房从赤松子游,人人知之;青田之佯死潜遁,人不知也。

佛氏所谓四果:曰须陀洹,曰斯陀含,曰阿罗汉,曰阿那含。即是道家所谓投胎夺舍,移居旧位。

明太祖命刘基咏斑竹箸,基吟曰:"一对湘江玉细攒,舜妃曾洒泪痕班。"太祖曰:"秀才气!"基曰:"未也。"续吟曰:"汉家四百年天下,尽在张良一借间。"太祖大悦曰:先生吾子房也!

十八日

诣局。晡,归。观书。

宋末,王鲁斋为其师何北山制服;明初,倪元镇,名瓒。为其师王仁辅制服。

求道之志,惟患不坚,如沈万三之于张三丰,千古能有几人?以渔翁骤致巨富,外丹成,内丹自易为矣。人血中有铁质,则丹中有金质,抑何足怪!

徐天明、胡日星,皆得郭景纯之传,其被杀于明太祖也,亦与郭璞之死于王敦无异。

明人遇元代子孙,颇有恩礼,而本朝于明朝陵寝,不加毁掘,且春秋敕祭,亦天道也。

十九日

趋署。时奉长官命，凡曹掾须习练文书，亲自拟稿，庶可熟谙吏事。是日，余试拟焉，与同僚张君石樵商榷。

日中，至书局，与书衡等闲谈。

今日之政府，所谓以振作为敷衍者也。昔有再醮之妇，嫁续娶之夫，人赠以一联云："又是一番新气象，依然两件旧东西。"可以为今日政府写照。

明太祖因孟子草芥寇仇之说，欲去其配享，以刑部尚书钱唐力谏，遂辍其议。然史称太祖尝命儒臣节其文，凡不以尊君为主者去之，不知其事究实行否。

二十日

诣瑞鹤庄家，晤苏慕东。过午，诣书局。晡，至全浙馆访蕃卿，不遇，归。

未知动趣，安喻静功。震泽小儿之言也，确有名理。

金陵城有聚宝门，盖明初沈万三所筑。太祖忌万三年命相同，而大富，召谓曰："尔家有盆，能聚宝，亦能聚土筑门乎？"万三不敢辨，承命起筑，立基即倾者再三，无奈，以丹金数片暗投筑之，始成，费盖巨万。

以人之始生年月日时所直支干，推人富贵贫贱寿夭，始于唐袁天纲及御史大夫李虚中。

二十一日

诣局编书。日过午，希尚至。余诣江苏馆，赴赵仲宣之约。归与希尚偕至百顺。薇香以有事故避去，二人坐其室中闲谈。晚，登车将入城，过伶人韵芳，招余入，则客坐间所陈设皆西式，极精丽。

二十二日

至局中，观《仙史》终卷。晡，雨。

徐人瑞、程完璞二公，《仙史》中之班马也。以数千年仙人踪迹与人事贯合为一，疑有神助。

佛儿寻父，造乘驾之物，名舟车，上设碧幢油盖，下具转毂四轮，在陆则牵御，遇水则拨棹。其间几床、铛灶、药具、琴书，无一不备，亦可称古今之奇创。

二十三日　　大雨

诣鹤庄，为其签架上书。薄午，归，作日记，观书。晡，孟庚至自上海。

《埃及近世史》云：埃及之租税，古来以尼罗河水量之溢涸定其增减。水量达于二十尺以上者，即为大丰之兆。故水溢酬神，为一国最大之祭礼。

二十四日　　雨

冒雨出城，诣啸霞。晚，宿于蕃卿家。夜，雨声不绝，与蕃卿、郁堂等为象棋之戏。

二十五日

终日在局，与书衡谈。

人动以埃及史所载危险之情状类今日之支那。余曰：不然。支那何敢望埃及耶？埃及之君，曾有英明奋发如阿梨者；埃及之民，有慷慨壮烈如亚剌飞者。以阿梨之苦心经营，师法欧美，变革庶政，乃一再传而后，国权仍不免堕外人之手。以亚剌飞之能鼓动民气，纠合群力，图保种排外，而加佐志庵一役，依然为英军所败，束手被擒。况以支那之求如阿梨为之君，亚剌飞为之民，尚不可得者耶？故观夫埃及之已事，而益叹我支那休矣！

昔平阳先生云：我国幸而不能变法，不图自强，故犹可苟安。使果能变法，图自强，欧洲人必速瓜分之。斯言也，余始闻之，疑信参半，今观埃及史，益信先生之言不谬。请观阿梨将入为土耳其宰相，英人大惧，施计以离间二国一事，则知欧洲人之用心矣。我黄种有日本崛起东方，白人已大震恐，肯许我神州四百兆民之复强哉！故庚子一役，联军盘踞京畿，而和约十二款不闻归政之说，虽以我国今日情势而论，即天子自操大柄，不必能新其国家，然而外人不知也。彼之不请归政者，固存不愿支那自强之心于言外也。支那而自强，于彼必有所不利也。今之谈新者众矣，知此理者盖鲜。

二十六日　　微晴

坚仲归自日本，是日来局谈。

坚仲云：东人饮食极简薄，学生尤苦；非不知卫生也，国贫物力不能赡也。然而野无旷土，国无游民，决非我国所及。又云：梁任公《新民丛报》，新理盈篇累幅，我国人读之耸目惊心，而自日人观之，皆唾馀也，其程度相去悬远。又云：日本宫室甚卑，街衢颇隘，扫除则甚洁净。

晡，入城。

二十七日　　晴

偕梦庚诣局，观书。

西人尝有见他国有义战，挺身往助，不避险难者，如美利坚之拒英自立也，法人多往助之。希腊之拒土自立也，瑞典日耳曼人多捐身赴义者。此皆古豪侠之风。

是日，见《中外报》有论邻居出使事，痛加诋斥，无一确当之语。余晚归，作书致穰卿责之。盖报馆者，主持天下之公论者也，然必访察明确,褒贬中理,然后为善者有所劝,为恶者有所惩。今其所指谪者,皆不根之谈,与实事相反,不知其所谓公论者安在,其所以有裨惩劝者安在也!据外国报律,凡报馆以无凭之语诬人,为人所告发,经官判断属实者,小事罚金数百,大则数千数万,如此其严也。故报馆不敢轻毁人,苟有所毁,必获其罪状之实证而后可。何也?报馆之毁誉,关人一生之名节,名节被损,将终身不齿于人类,故人之视报馆重,报馆之自视亦重也。今我国号称崇效西法,报馆、学堂林立矣,而事事与人相反。人之视报馆轻,报馆之自视亦轻,故其主笔者半皆无赖之徒,或借是诈人钱财,如《中外报》馆,尚其稍杰出者耳。

我国政事之权操于胥吏,议论之权操于无赖,噫!

二十八日　　晴

与梦庚往视坚仲。日中,至局。晡,应叔寅来访,俄梦庚偕坚仲至,谈至暮各散。夜,观书。

欧洲列国政府,于一千八百四十年夺既被埃及化治之叙利亚,还之土国,不许埃及独立,此事大为世人讥议。

我国北方政府为俄人所羁,东南士民为英、日所惑,卒之英、日与俄等耳。彼真助我支那耶?坚仲游日本归,与余言相符,可以为定论矣。虽然,政府之受制于俄,不得已也;东南士民之受惑于英、日,何不得已之有?

二十九日　　晴

诣局,观书。

阿梨王之治埃及也,最留意于农桑之业,所栽植树木过三千万本,又购桑苗一千万本,植于各处。其他于百工技艺,孜孜奖励,可谓勤矣。又埃及之富源,在观察水利之如何,课于富家,役其贫者,纵横而凿运河,通其沟洫。人或讥其出于压制,不知阿梨务收永远之利益,不得不尔。又于富家及有功之士数十人,分与广大未开之地,迫胁而使开垦之,至今称埃及之豪农,多当时被压制而与以土地者云。阿梨又以议院未能遽开,遂招集国中有功及富于学识阅历者,大开会议,名为评议院,以谘询众议。又欲矫官吏之不正,以伸下民之冤苦,哀诉请求,听其自由。设信箱投书,躬亲检阅。忘山居士曰:阿梨王之为埃及改革政治经营计画,可谓至矣。然犹有今日之祸,何也?则以不能及身改立宪,使国民举贤相代己为政,死而委权于子孙,子孙不肖,而国事休矣。是故欲保家天下之局势,惟有宰相公举,委之以政。

晡,坚仲来,与偕至薇香阁,闲谈。

三十日

星期。啸霞过,饭后偕希尚出城,至厂肆,遇连梦惺。俄诣薇香阁。

七 月

一日

蕃卿来,为余诊脉,即去。余诣局,编书,与书衡谈。

笑骂由他,好官我自为,中人以下者能之;笑骂由他,好人我自为,中人以上者能之。

书衡谈及王荆公与秦桧有怨辞,余谓:王荆公之新法,未为善也,其所长者,旧学耳。若秦桧者,以旧理责之,则有罪无功;以新理衡之,则有功无罪。何以言之?盖天下者,非一家之天下,岂必令赵氏独据,始为善耶?就令中原恢复,金人破灭,宋家复兴,然而生灵屠毒,已不堪矣。不如和两家,而使南北之百姓相安也。但秦桧未必见及此耳。

二日

诣局。哺,坚仲过,同饮于致美斋,纵谈。晚,归。默写日记。

《埃及史》云:阿梨之孙亚马斯,以减政费太急,使先王发达之事业中绝,此失之俭矣。而济度、威明斯流二人,又皆优游于欧洲文明之骄奢中,视金钱如粪土,遂堕外人术中,而国民脂膏耗竭,此又失之奢矣。然使埃及世世为君者皆如亚马斯,则埃及尚不至有今日之惨状。仲尼曰:与其奢也,宁俭。信然!

三日

在局,与亦园谈。

编史至春秋时,某国某公卒某公立,某国伐某国,或侵某国取某地,《外纪》皆依《春秋》详书之,始以为皆闲文,无关系者尽删去;及后叙至诸侯中,有绝大事业,如齐桓、晋文者,虽亦略其齐襄、晋献于前,然于襄、献祖父,不叙其卒立,则襄、献二人不知从何而来,为无根矣。楚王谓随人曰:"今周室诸侯皆叛,相侵或相杀,我有敝甲,欲以观中国之政。"今删各国侵伐事,则楚王语又无根矣。盖坊间《易知录》、《凤洲鉴》等书之陋正在此。今欲矫其弊,惟有存此等闲文,万不可删。

四日

仲飔招饮于高庙。高庙者如南河泡,亦一清幽避暑地也。仲飔携眷居其间。是日,约亦园等七八人宴集,余以服药,不暇往,仍诣局,《外》作勾乙终卷。

刘氏《外纪》所采书极博且多,合近日新理。以千百年前耆儒,有此特识,甚奇。如武王欲筑都太行山,及武王之臣不肯为王系袜，按之新理，必须采入，而《外纪》皆有之。可知读书多者，究与凡陋不同。《外纪》所搜之事，皆出于《国语》、诸子，于《左氏传》几不录一字。

晡，诣薇香阁。晚，归。诣高子縠家，观女优。子縠昨日三十初度也。

五日 微雨

与孟庚偕至局。

仲尼称伯夷、叔齐，求仁得仁，嘉其能兄弟让国也。虽饿死首阳而不悔，乃后世妄传其谏武王不当伐纣，因耻食周粟故饿死。梨洲斥为无稽之谈，良是。

周宣王不籍千亩，世传以为大失德事。试思籍曰典礼，不过国家一虚文耳，王不行此虚文，何名失德？故余所编史中删去。

六日

自局归，作日记。是日，晴。

七日 晴

诣高庙，访仲巽，途与之遇。仲巽方跨马欲诣刘襄孙，见余来，遂驰而先返。余车行迟，比至日薄午矣。其地为明李东阳故宅，面城荷池十馀亩，杨柳拂堤，有小楼可眺，见壁间名士题诗甚多。易实甫有佳句云：" 花在叶中成绿海，寺从波底见红楼。" 余与仲巽坐而纵谈。

仲巽性豪逸，举动辄不与人同。其居高庙也，携二马一姬以往，可谓既享清福，又兼艳福。

八日

至书局，见亦园。亦园与余商酌编书法，谓：三代以前事迹，多采诸子书，又稍艰奥，非注不明，宜加注。

夜,观《新民丛报》,梁卓如有《新史学》篇。其论我国旧史之弊,如云:知有朝廷,而不知有国家;知有个人,而不知有群体;知有陈迹,而不知有今务;知有事实,而不知有理想。又云:能铺叙而不能别裁,能因袭而不能创作。皆非无所见。而余平心思之,终觉其有未安之处,一时亦无以难之也。惟所推史家有创作之才者六人,则颇允当。六人者何?一曰太史公,二曰杜君卿,三曰郑渔仲,四曰司马温公,五曰袁枢,六曰黄梨洲。

九日

诣署。日中,到局。眹,访坚仲谈。晡,伯玉亦至。伯玉,又陵先生长子,游学欧西有年,精英吉利文字,为人温蔼善谭。

伯玉云:法人卢骚所著之《民约论》,赫胥黎曾将其书逐条驳之。此为余所未闻。盖卢骚身处君权压制之下,愤世嫉俗,发为言论,不免矫枉过正。施诸法国当日,犹之可也,若据为万世不易之公理,则必有许多窒碍不可通处。赫胥黎所驳语虽未见,亦可臆度而知矣。

精神不可不平等,迹象万不能平等。今卢骚并欲迹象而平等之,宜其说之似能立,而非真能立也。且卢骚所自著书,有自相矛盾之处,如以国家比之人身,谓主权者元首也,法律及习俗脑髓也,诸职官意欲及感触之器也,农工商贾口及肠胃所以荣养全身者也,财政血液也,出纳之职心脏也,国人身全体之支节也云云。由此言之,则人民在国家之中,不过如皮肉血液,为身中之小部分耳,以迹象论之,岂能与元首之主权者平等耶?梁任公知其说之不可通,曲为掩护,始终不能圆其说也。

十日

诣局,观《日本政党小史》。

日本政党分三期：第一期为浅尝西学者所创造，所有主张不外民权民主，然而党中之组织无秩序、无节制，集散离合无常，故谓之幼稚政党，其政党之名，则曰爱国公党、曰立志社、曰爱国社，乃板垣退助等诸人所创立；第二期则自明治十四年诏开国会起，至二十三年国会第一回开会止，党派稍稍进化，于是有所谓自由党、立宪改进党、立宪自由党，层见叠起，虽讲自由而仍尊崇皇室，虽主张民权而不愿急进过激；至第三期，则各政党列为三大派，即自由、进步、宪政三党，互相战斗，虽其间或合或离，或变形易名，而卒屹然不相下，以至于今，其中人物如板垣、大隈、伊惠男松、方山县诸人，运动力甚大，而党会之组织大有秩序节制，非可与前之幼稚政党比也。

十一日　晴

余颇欲改编史法，用纪事本末体例，似较编年为善，而亦园不以为然。

十二日

到局编书，观任公《中国魂》。

以饮冰主人之开敏英发，日以新学新理灌其脑中者，而舌端笔下，犹时时不离中国二字。试问中国之称，其自尊大之辞耶，抑以是为国之名词耶？国而名中，何所取义？若据地形而曰中，则不过亚洲东南之片土，非中也；若对外人而曰中，则是以蛮夷视东西文明国，抑何不自量耶？故余之学识闻见，虽远不逮任公，然而舌端笔下，久无中国二字，每以我国代之，或称我支那。

今日本称我国曰清国，清字实朝名，而非国名也。又呼曰支那，此名却甚古，然亦外国之呼我，非我以此为国名也。我人民素罕知地球之上，更有他洲他国，如此之多，自谓天之下，惟有我所居一统之世界，外此皆蛮夷耳，故自称曰天下。与古罗马盛时，其国民之心事正同。本无所谓国，何必立名？今忽知天下非仅我一种人民，其他种人民在海外各分疆域，各异其国名者，不可胜计，且皆文明富盛，非蛮夷者比，而我人民于是不得不别成为一国矣。既别成为国，不可无国名，旧名既无，不可不创新名，创名惧人不知，则莫如即因外国所呼我之名，以自名曰支那。

晡，偕坚仲观剧。薄暮，至薇香阁。先是主人以他故避去，是晚甫归，遂留余宿焉。

十三日

黎明，至局。日高，衣冠趋署。薄午，诣秉庵，偕出城，饮于万福居。昳，仍至局，观书。

昔有人论演剧者曰：凡剧，有人演剧、剧演人之别。余曰：岂独剧为然耶？凡读书者，有人读书、书读人之别；凡写字者，有人写字、字写人之别。无他，一有精神，一无精神也。推之天下一切事，莫不皆然。

梁任公曰：我国自古号称英雄，震耀千古者，皆一姓之家奴走狗也。然哉，然哉！

十四日　　　终日阴雨

星期无事，拜客归，与希尚等闲谈。是日，沈承俊来。

十五日　　　晴

到局，观书。

饮冰责曾、胡、左、李诸贤，能为国民定乱，不能为国民图治。或解以当时与欧洲交通未盛，故诸公不知西法，不解维新。而任公又以为，图治维新，不必拘拘西法。既知官场之积弊，士风之颓坏，民力之疲困，即当为改弦更张之。忘公曰：任父之说近是，然变法不自设议院、改宪法始,则变如不变。而议院宪法,我国旧无此名,苟不知西法者,断不解也。曾、胡、左、李既不闻欧人政治本原,其不能变法,为国民图治,情有可恕。任父犹责之,毋乃多事。

欧洲大家又论曰:竞争者,进化之母也;战事者,文明之媒也。可称名言。然此为国民竞争言之,非国君之竞争也。国君之竞争,特动于一己之贪欲怨怒,而战死其百姓,吾见血流盈野,尸积山丘,何有文明进化之望。

归时已昏暮,则屋中图书、枕簟一空,询之,皆云已迁至锡拉胡同北洋公所中。饭后,与希尚偕往,遂宿其间,廊宇闳敞,窗几明洁,居处甚适。

十六日 晴

趋署。到局,观书。

欧洲自古有分国民为数等阶级之风,以亚里士特德之高识,犹为奴隶之制为天然公理;以希腊、罗马之文明,而其下级社会之民,动被虐待。至若合众国,当十九世纪时代,犹争买奴兴干戈。佛国为共和政体,贵族之权尚不替。推之亚洲各国,印度分人为四等之俗,至今未改;日本维新以前,犹有秽多非人称号。由是以观,阶级之风,可称万国之公俗。直至今世纪以来,此风始渐渐衰息。独我国民,则向来平等,无所谓阶级。试观两汉以来,白衣致卿相者不可胜计;虽晋时行九品中正法,积弊所至,有寒门贵族之分,亦非立法本意,行之不久,亦遂废辍。迨隋、唐以降,设科取士,平地青云,更无论矣。近世虽有皂隶奴才禁登仕板,然其数甚微,不能目为一种阶级。故我国可谓之无贵族之国,其民可谓无阶级之民,为我国国体与外国一大异点。忘山居士曰:以外形观之,则无阶级之国民似较胜于有阶级之国民,不知此正我国历代民贼愚民之术,巧于欧人者也。梁任父之论当矣,欲求其理,可观《中国魂》。

十七日

晚,自局归,车中观《饮冰室自由书》。

两平等者相遇,无所谓权力,道理即权力也。两不平等者相遇,无所谓道理,权力即道理也。此数语,盖近日物竞世界中,万国交涉之公例。

日本中村正直所著《立志编》,第八序云:泰西人所以有刚毅之行者,由于有刚毅之原质。何谓刚毅之原质?曰:慈也,信也。名言。

立于亚洲,发明公理,洞见本原,切中世弊者,前有我国黄梨洲之《明夷待访录》,后有日本深山虎太郎之《草茅危言》。梨洲之《原君篇》、《原臣篇》、《原法篇》,深山之《民权篇》、《共治篇》、《君权篇》,体例亦相近。

十八日　　晴

昳,与希尚闲游。晚,入城。夜,观书。

孟的斯鸠与卢骚并以法国大儒见称,余谓孟氏尤有功,其以立法、行法、司法分国权为三,使互相牵制,使居民上者不能假权以害民,政治上一大进步也。又禁奴隶,废拷讯,今日欧洲文明国一一行其言,可称地球上转变政界之一伟人。

《自由书》论慧观云:因男女之恋爱,而看取人情之大动机,惟有一瑟士丕亚;因无名之野花,而见造化之微妙,惟有一窝儿哲窝士。此二君,不审为何时何国之人,待考。又云俄儿士蒐唱俚谣,弹琵琶,乞食于南欧一事,亦待考。

德富苏峰之论曰:使高城如彼其高者,有无名之石础为之也;使英雄如彼其大者,有无名之英雄为之也。余亦叹为确论。

西谚曰：天谓众生曰：一切物皆以畀汝，但汝须出其价值。忘山居士曰：所谓价值者，指所劳耗之心与力而言也。

俄国工人于千八百九十六年同盟罢工于圣彼得堡，凡三万馀人，而十万人之土木工作应援之，遂使政府震恐，于次年不得不改布新法律。此盖俄国将来改政体之起点。

欧洲希腊诸国，当千馀年前，各自改元，不能划一。后乃皆耶稣降生纪年。

十九日　晴

到局，编书。晡，至太和馆，观剧。谭鑫培演曹孟德杀吕伯奢一家，事见《三国志注》，非演义所捏造者。噫，宁我负人，无人负我，千古奸雄心事。虽然，天下能反其道而行之者，又有几人？但不肯如孟德之直言不讳耳。惟其直言不讳，所以称奸雄。是日，闻菜市杀盗十馀人。

二十日

至绳匠胡同看屋。日中，诣局，见伯玉略谈。览《新民丛报》。近世文明初祖之二大家，一曰倍根，一曰笛卡儿。倍根之学，以为苟非验诸实物而有征者，吾弗屑从也。笛卡儿之学，以为无论大圣鸿哲谁某之所说，苟非反诸本心而悉安者，吾不敢信也。忘山居士曰：笛卡儿之学，与我国王阳明先生宗旨无二。阳明亦云：苟反诸心而不安，虽其言出于孔子，不敢以为是。而倍根颇似朱考亭，考亭素以即物穷理为主。闻其尝登高峰之上，见群山如波涛，知大地初起时必是流质，不知何时结成定质；又见山石中有螺蛤形，知今日陆地，从前或是沧海。皆其格物之有效者也。

二十一日

休息，谒肃王未见。访岳柱臣不遇。观书。

外国凡硕学大儒,能著书发明公理者,其书出版,世界之耳目为之改变。未几,即实行其说,而于此大有益。如有孟德斯鸠,而欧洲人废拷讯、禁奴隶;有斯密亚丹,而英国行平税法,商务日盛。此两人,皆以立言立功者也。我国之人,何以虽有学术思想,虽能著书出版,而于世界毫无裨补人心,亦不为鼓动,是何故也?则一处共和政治界,民智大辟之时;一处专制政治界,民智未开之时也。故不可同年而语也。

二十二日

诣局。薄晚,与坚仲至薇香阁。是夜,宿城外。观任父《现今世界大势论》。

平权一变而为强权,民族主义一变而为帝国主义。昔之视弱肉强食为蛮野之恶风,今则以为天经地义之公德。盖自玛儿梭士、达尔文两君出,发明人满之患,及物竞天择之理,于是世界上之耳目为之大变也。

今日海西资生界迁变之大势,其资本家与劳力者之间,划然分两阶级,富者日富,贫者日贫。自机器制造之业兴,有限之公司制力,而畴昔之习一手艺,设一廛肆,得以致中人之产者,殆绝迹于西方矣。自托辣斯特之风行,各公司联盟以厚竞争之力也。而小制造厂小公司亦无以自立矣。自今以往,五大洲物产人力之菁英,将为最小数之大资本家所吸集,至此外之多数者,亦非必迫之使为饿殍,而要非摇尾蒲伏于大资本家之膝下,则决不能自存。忘山居士曰:物竞强权之说既行,则不但国与国竞争有强权,而家与家竞争亦有强权,无足怪也。

任父以为大地上物力,全为小数之大资本家所占,而其馀多数尽驱而入劳力者一途,此未来之黑暗世界也。余谓不然,尝读《原富》,所论佣钱赢利厚薄之关系,而劳力者与坐拥资本者孰为可贵,吾必取劳力者矣。盖凡资本家,往往不费脑思,不用筋力,优游坐享,与游民无异。游民者,最无益于其群者也。无益于群,而食群之利,使其人占多数,必为群蠹,而世界退化;今能自趋于少,盖莫大之幸福也。资本家日少,则劳力者日多,于是地球上几于人人以己之心与力自养,而更无坐食之闲民,此正进化之机,何得曰未来之黑暗?

二十三日　　雨

诣署。适值日无长官,复归局,观《新民丛报》,载有蔡公使要求日本警察拘学生始末。此事蔡使与学生当分任其过,盖学生视公使太轻,而公使视学生太重也。

二十四日　　晴

到局,编书。晚,与坚仲共饭于玉楼春。归已昏暮,灯下共谈。

外国学校中所重之德育、智育、体育三大端,不出儒书知仁勇三字。德育以仁教也,智育以知教也,体育以勇教也。

国家者,政府与人民相倚而立也,皆不可偏重。偏于人民者,使人民之权无限,陷于无政府党;偏于政府者,使政府之权无限,陷于专制政体。皆非也。梁任父今始见及此,故其论政府人民之权限,于此理三致意焉。然任父犹稍稍偏重于人民,余则两无所偏。

二十五日

编书事毕,即归。车中观书。

德皇维廉第二,演说于柏灵小学校,曰:凡吾国民,苟不注重体育,则男子不能负当兵之义务,女子不能胎孕魁杰雄健之婴儿。忘山居士曰:非止此也,人之身体壮健,则能操作一切有益于群之事,且寿考康宁,享莫大之幸福。

是晚，与坚仲等饭于德昌。夜，返北洋公所。

二十六日

趋署。日中，至局编书。作日记。观书。

奥大利政府，倚其国权，凌压匈牙利，禁止匈人输入他国之货，专用奥国制造品；而噶苏士竟能联合匈人，反抗政府，不许国民买奥国之货物，以致奥国工商反大蒙损害，政府亦无如何。忘山居士闻此事以为快。

梁卓如论今日不但新其学术、新其政治而已，尤必新其道德。以为我国古圣鸿儒所提倡者，详于私德，略于公德；惟无公德，故不能合群，此今日之最阙点也。忘山居士曰：孔孟教人，实兼公德、私德无偏重，如仁义二字：仁，公德也；义，私德也。忠孝二字：孝，私德也；忠，公德也。报人之恩曰孝，尽己之心曰忠，余论之于前矣。自儒学为法家所乱，历朝君相恃其术以行专制，以保一家，而天下学者亦遂迷瞀暗惑，认贼作子，不知儒术之真，误视公德为私德。即有稍知明公理者，以迫胁于专制政体下，不能行其志，盖比比也。今任父欲昌明公德，以求合群进化之的，其识甚高，其心良苦，余心许之矣。

晡，常伯启、曾幼谷约饮同丰堂，略坐，即入城。

二十七日

到局，作日记，观书。

任父《新民报》议论太多，其中失当者有之矣，如论道德所以利群，而无定理，谓：古代野蛮中，有以妇女公有为道德，或以奴隶非人为道德，后世哲学家犹不敢谓非道德。忘山居士曰：此野蛮之习俗耳，何关于道德！若果系道德，今日何必改变之耶？或曰：道德即条理也，条理有宜于古不宜于今者，故当变。曰：此等之条理，亦不合于道德之条理也；今所改者，合于道德之条理也。

奈端因苹实坠地，而悟吸力；瓦特因沸水蒸腾，而悟汽机。皆在倍根实验学之后，故倍根大有功于学界。

梁任父曰：凡欲为豪杰者，其始当为舆论之敌，其继当为舆论之母，其终当为舆论之仆。名言！

二十八日

休息。日中，与坚仲同至意大利饭肆，饱啖而归。是日，李苻曾在北洋公所宴集诸人。

二十九日

诣局。入见严又陵，略谈即出。编书已，作日记，观书，与书衡等谈。

孟德斯鸠定租税之基本，分国人财产为三：一曰国人不可一日无者；二曰国人有之，得藉此以图利者；三曰即国人有之，亦不必有益于国人者。第一分，政府决不得税之；第二分，则不妨税之；第三分，则税之不妨稍重。盖使租税之额有轻重，以求合于平等。要之从百姓财产之厚薄及有馀与否，以为租税之轻重差。今日泰西征税之法，似已暗行此意。忘山居士曰：今日我国，困弊甚矣，民力竭矣，日后为赔款计，其苛敛于民未有已也。使当局者能本此意以为理财之法，则造福无量。

孟德斯鸠又曰：治民以法，法不善反驱民于恶；犹之治病以药，药不善反因药生病。

梁饮冰学理颇进，彼亦知自由之弊，谓：今之以放纵为自由者，名为自由，实情欲之奴隶，而非真自由也。其说与余数年前宗旨颇合。余尝谓：人之为恶，非生于心也，生于六根六尘。人苟无困知勉行、厉志克己之功，则此惺惺不昧者，终其身为六根六尘所驱使，无所不为，是情欲之自由，非心之自由也。刘向有云：圣人以心役耳目，众人以耳目役心。心役于耳目，为耳目之奴隶，尚得云自由乎？

《战国策》有云：学儒三年，归而名其母。今之谈新理讲自由者，大半躬行实践于此二语。

八　月

一日

到局。与又陵谈。

今日支那有三大奇人。其一曰袁世凯。袁以北洋之练兵小将，洊授山东巡抚，忽于庚子之岁剿拳保境，为中流砥柱，东南半壁赖以安全。李文忠没，骤任北洋大臣，其威望气概，内凌政府，外压刘张，一举一动，皆中外人所注目，非奇人而何？其一曰盛宣怀。为李文忠腋下之物久矣，初不过一附生捐候补道，以善理财，能营干，见赏于李。不意数十年后，举全国轮船、电线所有财政之权，归其掌握之中，非奇人而何？其一曰梁启超。梁一区区书生，当甲午、乙未之交，不过康门小徒耳。自充《时务报》主笔，议论风行，名震大江南北。戊戌政变，康、梁并出走，朝廷降悬赏名捕之谕，几于通国人民皆闻其名，莫不震动而注视焉。然康自是匿迹销声，蜷伏海外；梁则栖身东岛，高树一帜，日积其怨气热肠，化为闳言伟论，腾播于黄海内外、亚东三国之间，无论其所言为精为粗，为正为偏，而凡居亚洲者，人人心目中莫不有一梁启超，非奇人而何？

梁能于我国文字之中辟无穷新世界，余故服之。

佛、耶、回所以有教权者，以言天界地狱，言轮回，使信其教者皆注目于身后之切肤利害,故坚守其教规,不敢违犯也。孔子所以无教权者,以不言天界地狱,不言轮回,使信其教者仅注目于没世无关痛痒之毁誉,故习之既久,渐视为迂腐,莫肯听从,或阳奉而阴违也。此孔子所阙之点也。

二日

作日记。诣薇香阁。薄晚,将入城,大风尘起,俄而雨雷电交作,雨渐大。

三日　晴

作日记,观书。

理者理也,经纬整齐曰理,理与乱对,乱者条段错紊是也。故凡事谓之有理者,必其秩序之整齐而不紊错者也。彼凡执偏驳之论、觚曲之说者,不得盗理之名自居。何也? 其所言,必皆错紊而不整齐。

晡,归。晚,与坚仲、希尚及邻居同饮于意大利饭肆。是夜,眠迟。

四日,访何颂臣于西城屯绢胡同。颂臣,余八年前旧交也,人极磊落有情,工诗。

今日居官者,必不能有为也,混之一字,足以了之。今日讲学者,必不能有用也,消遣之二字,足以了之。

世界虽紊乱,我脑界中不可无条理;世界虽野蛮,我脑界中不可不文明。此世界二字,专指支那言之。

康门之学说,谓三代以前封建井田官礼制度,皆孔子一人捏造。以为古时皆野蛮土番,安有此等文明。故六七年前,梁任父与余反覆辨论非一次,皆坚持此说。余终不谓然。今观其论我国学术思想变迁之大势,亦自变其说,谓周初为胚胎时代,学术精神条理粗备之时,遂大书周公兼三王作官礼,且加注云:近儒多攻《周官》为伪书,盖由过崇教主,视孔子以前之文明若无物焉。是卓如竟自破其前说,足征其学识之进。

西籍有言:凡人群进化之例,必由行国进而为居国,由渔猎进而为畜牧,由畜牧进而耕桑。任父因是疑殷之五迁其都,未脱行国之风。孟子颂周公曰:兼夷狄,驱猛兽。《诗》美宣王以牛羊蕃息。以为殷周以前,尚未尽成居国、成农国,此论不确。

《史记》称邹衍著书十馀万言,其语闳大不经,必先验小物,推而大之。近世奈端、瓦特、茀兰克令,皆恃此术而悟新理、创新物也。饮冰云。

四日　　晴

在局补写前十馀日日记毕,观书。

梁任父分我国古学曰南派北派,北孔而南老。谓北重实践,南重理想,其说颇圆。又谓北之有墨,南之有杨,皆走于两端之极点,而立于正反对之地位。又谓北方政论主干涉主义,南方政论主放任主义。此两主义,在欧洲近世互相沿革,互相胜负,如卢梭放任主义,伯伦知理干涉主义,格兰斯顿放任主义,比斯麦干涉主义。皆近理。

又云:学术与国家不同,国家分争而遂亡,学术分争而益盛。其同出一师而各明一义者,正如医学之解剖,乃能尽其体而无遗也。忘山居士曰:凡学术之支派分裂,互立门户,与政党之意见纷歧,各树党援,无以异也。天下之人,谁能无事?然争学争政,较之争势争利者,其程度相去何如耶?故国家分争而出于公者,愈争而其国亦愈盛。

男女居室,精气交换也;朋友讲学,智识交换也;商贾运输往来,财货交换也。

五日

到局,观报。

秦相吕不韦集诸侯游客作八览、六论、十二纪,兼儒墨,合名法,综道德,齐兵农,饮冰称为千古类书之先河,一代思想之渊海。诚然。

泰西之政治,常随学术思想为转移;而我国之政治,足以转移学术思想。皆由西国人胜天、我国天胜人之故。

外国颁布法律,初载之官报,继而各书店广刻之,以最贱之价,售于全国中,令妇孺贵贱皆得而阅之。而我国又与之相反,宜其不识不知,而多陷于法网也。冯邦幹云。

又云:学法律则可以明自己应行之义务及应有之权利。泰西诸国民之富于权利思想者,以人多知法律之故。又云:吾人之不可不知法律,犹不可不知卫生也。卫生学之细理应委之专门医者,其大则应人人知之;法理之精奥可委之专门法家,其要领应人人学之。皆精语。

孟子舆曰:人有所不为,而后可以有为。西儒谓为曰积极的义务,谓不为曰消极的义务。

晚,诣稚夔,观剧。忽大雨,宾友奔散,罢演。夜深,雨止,乃复张灯奏技。

六日　晴

趋署。归,观章氏《文学说例》。与坚仲谈。

章太炎,余莫逆友也,学贯古今,尤粹经学,为当代鸿儒,其文章取法周秦诸子。然余痛其词胜。今览《新民报》所登《文学说例》一篇,知太炎于文学,新有进步。其言曰:文益离质,则表象益多,而病亦益甚。如近世奏牍关移中案一事也,不云纤悉毕呈,而云水落石出;排一难也,不云祸胎可绝,而云釜底抽薪。皆表象之病也。即《史记》、《汉书》之文,言苛则曰吹毛求疵,喻猛则曰鹰击毛鸷,其病正同。太炎见及此,可谓能自知其病所在矣。忘山居士曰:文章所以用表象者,欲以达难显之情也。善为文者,不得已而用之,非不可也。若专以用此等语为文词之工,则太谬。

苍雅之学,我国文字之根原也。本朝精治此学者,休宁之戴,高邮之王,诸家皆大有功。而近人多以破碎讥之。太炎为之讼冤曰:西方论理,要在解剖,使之破碎而后能完具。金之出矿必杂沙,玉之在璞必衔石,炼钎攻斫,必更数周,而后为黄流之勺、终葵之圭。夫如是,则不先以破碎,必不能完具也。破碎而后完具,斯真完具尔。忘山居士曰:太炎以新理言旧学,精矣。余则谓破碎与完具,相为用也。昔人多专治破碎之学,今人多专治完具之学。完具不由破碎而来非真完具,破碎不进以完具,适成其为破碎之学而已。

七日

在局熟眠。昳,诣南横街,访蕃卿,偕至薇香阁。薄晚,冠带入城,贺稚夔生日。观剧。

八日　　晴

趋署,拟稿。逾午,至总捕胡同,访岳君柱臣,乃皤然一老者,颇研究格致化学及机器制造诸学,曾随醇王襄办军政,建枪炮学校,造就学生甚多。前益斋来书,称其善黄白术,余故访之。夜,偕坚仲共饮于意大利饭肆。

九日

到局,观书,作日记。

凡天下乐事,有肉体与精神之别,即以观剧论之,袍甲雄艳,仪采光丽,所以悦目也;丝竹壮逸,歌讴和婉,所以悦耳也。然皆肉体之快乐也。故善观剧者,必求其形神入化,动合自然,音韵流荡,发于天机,而后满吾之所欲。何也? 不如是,不足为精神之快乐。

求天下之理,有二术:一曰解剖,一曰比较。剖解之术,合者分之也,如庖丁解牛,窾要膝理,无不得矣。比较之术,分者合之也,如樵夫束柴,长短参差,无不见矣。

人不可不治文学,然好文太过,则其讲学也每多穿凿傅会之病,最足害理。

十日 雨

到局,作日记,观书。

兼爱之说,一变而为保种,则爱之不能无差等可知矣。平等之说,一变而为强权,则人类之不能平权可知矣。天下之理,有设想极高,而一时不可见诸实事者,此类是也。

美利坚人,定教育为公共事业。凡一国之儿童,皆有受教育于国家之权利;凡一国之父兄,皆有为国家教育儿童之义务。宜其兴也。

任公曰:现在所行之实迹,即为前此所怀理想之发表;而现在所怀之理想,又为将来实迹之券符。故实迹者,理想之子孙也。信然。

昔虞舜以纳于大麓,烈风雷雨弗迷见称。而西史载英国名将讷尔逊,五岁时常独游山野,遇迅雷风烈,入夜不归,其家遣人觅得之,则危坐于山巅一破屋也。其祖母责之曰:"异哉,何物怪童! 此可怖之现象,竟不能驱汝归家耶?"讷则答曰:"吾未见所谓可畏者,吾不识畏之为何物也。"以五岁幼童,而胆力如此,过于大舜远矣。

晚,顺道至薇香阁,即入城。

雨甚,入夜不止。与坚仲等纵谈。金晓峰至自海上,余因其来突兀,如天外飞来,呼曰飞来峰。

十一日

夜,未明起盥漱毕,冠带登车至西华门外,仆持灯笼,引余步行,穿阙左门出午门,见灯火杂沓,皆执役人伕,暗中不辨多少。又有冠裳拥肿者,群立而语。盖天子于是夜祭社稷坛,余亦奉长官命,随班迎送。久之,钟鸣,众纷纷各就位,整肃以待。俄内传五筹,有黄盖前导,望见多人执灯烛,火光中拥一杏黄舆,冉冉而至。时余与诸人皆跪,俟上过,即起立小待。徐闻坛内奏乐丁冬,约半小时,御驾还宫。余等复跽送。礼毕,各散归,时天色微朗,到家仍就榻眠。

食时出城,诣局。车中观书。

梁任父论我国万事不进,惟专制政治日有进化。诚哉是言!盖君相愚民之术,驭下之法,其工且巧,至今日为极矣。安得不谓之进化?

又考论唐虞以前政体甚确当,曰:君位传继,以禅让为名,实由贵族择贤而立。曰:豪族权限,与君主相去不远。君主称元后,诸豪族称群后。曰:任用官吏,以群后之荐而用之。曰:执行政治,谘询群议而后行。

谓周亡于幽、厉,齐桓、晋文实朝诸侯有天下之共主。论亦极是。

庚子一役,东南督抚有敢抗朝旨、擅与他国立约者,东南浮浅之夫遂认为中央地方两权消长之证,其实不然也。饮冰所见,竟与余同,谓此有特别原因,决不可与汉牧唐镇为比例。

十二日

绕道北城,贺节。晡,到局,作日记。

欧洲、日本封建灭而民权兴,我国封建灭而君权强者,欧洲有市府而我国无有也,日本有士族而我国无有也。市府之制,一市一村,民皆自治,近世欧洲诸新造国未有不凭借市府之力者。日本各藩国中,有所谓藩士,带贵族之资格,与共和国所谓市公民相类。明治初年,讨幕尊皇,开维新之业,其主动力皆发于藩士。夫藩士与市府皆民也,以民之权力破坏封建,较诸专以君权破坏封建者,盖有别矣。此我国与东西各国之所由升降也。

十三日　晴

往贺工部长官松寿泉寿。是日开宴,丝竹娱宾。昳,归。晡,至馀园,少川叔招饮。晚,在公所中庭,与钟笙叔、夏坚仲等七八人,团坐夜话。

十四日

到局。薄午,诣叔寅。俄赴方勉丈之约。晡,归,饭于德昌。以先一日饮食不调,腹泻。故我国庖人所治之馔,不敢入口。

十五日

腹疾少瘥,与希尚诸人谈。

余生平有六爱:一爱早起静坐,二爱赤日之中绿阴之下,三爱夜月纳凉,四爱花香,五爱弦歌声,六爱同心好友促坐对谭。

希尚亦云有四爱:春爱游山看桃柳,夏爱槐阴中听蝉声,秋爱月下闻笛,冬爱雪夜围炉共话。

前闻何颂臣言:近日凡新生小儿,以其生年月日时所直干支推之,上等人多官煞甚重者,下等人多凶险将死于非命者,由是可以觇未来之时势。

十六日

到局,作日记。

欧西古时,学界为螺线形,虽千变万化,殆皆一线所引。我国周秦诸子学界,为无数平行线形,虽问题繁多,千条万绪,无有引而进之者,此西学之所能制胜。

逾午,趋署。暮,过秉庵谈。

十七日

晨,在局与书衡等辨教育法。晡,与彦东、书衡诸人,小饮于万福居。

优人朱桂秋者,乳名小八。余丁酉在都时,偶宴客,召来侑酒,今五年不见矣。是日,彦东折简招其至,与余几不相识,而桂秋面貌亦改,无彦东,余亦不能记认。桂秋善谭,吐属风雅,惜沉溺罂粟,年已二十有五。

余未尝不游戏色界,然取人则以貌不以色,与色美而貌丑,宁色恶而貌美。

十八日

薄午,诣藩卿。俄访厚庵谈。

京曹汉人,所赖以养者,印结费而已。捐纳停废,则印结之源涸,且加税免厘诏下,凡已报捐者多踯躅不前,并此数月之灌输,亦无望矣。不知辇下数万人之浮沉郎署者,何以为生。有某君者,以御史拜外省知府之职,自云濒出都时,欲上一疏,请增加京官禄俸。厚庵云。

我国民自此之后,日益困穷,中户降而为下户,富户降而为中户,优而强者仅足保其生,劣而弱者死亡而已。其所以死有二:年壮不驯者死于枪炮,老羸残废者死于沟壑。哀哉!

日晡,到局,薄暮,归。与坚仲纵谈,闻弦管讴歌之声。

声音之道,最足动人之心,移人之情。无论有何等襟怀,何等抱负,何等感慨,何等情思,皆一一传写而出,与闻者之脑筋适相合。

十九日 晨,微阴

宴同僚于嵩云草堂,堂榭明丽,树石幽峭,桂香飘散远闻。邻居赴颐和园请训,余与坚仲、希尚等相议,是日往送卧具,皆运至西直门外矣。余宴罢,天欲雨,惮途远又不能归宿,遂往视薇香。俄大雨,遂留不去。

二十日 晴

薄午入城,屋扃闭,惟云孙在家,须臾亦他往。余命庖人,治餐饱啖。后驾车诣章霖伯,书馆中静谈,秋声满树。俄与均叔闲话。均叔,夔相孙也,足有残疾,人极精核有条贯,喜读书,识明透过人。

二十一日 晴

诣局,观书。

欧洲自西罗马之亡,所谓黑暗时代也。当此时存一线光明,则耶稣教。我国自秦汉以后,亦所谓黑暗时代也,当此时存一线光明,则孔子教。

饮冰论世上人争自由,分四时代:曰争宗教自由时代,曰争政治自由时代,曰争民族自由时代,曰争生计自由时代。其所论证极合,并列表示人,见《新民丛报》第七号。

欧洲中世之始,奴隶制度一变而为隶农制度,其后南欧市府并隶农废之,于是兴业家与劳力家始有平等之交涉。此为生计自由史上一新纪元。饮冰云。

晡,往谒张野秋,以将送慕韩至沪,乞假两月。晚,归,闻慕韩自颐和园回,是日请训,召对,两宫垂问极详。

二十二日

杭府同人于陶然亭设宴公饯邻居。余与希尚等咸往,酒后流连景物,晴岚如画。

夜,观李提摩著《生利分利之别论》,有云:天下不外二种人,一用心者,一用力者。然用心之人,未尝不稍用力以助其心;用力之人,未尝不稍用心以助其力。

二十三日

诣什锦花园,访瑞鹤庄。又往谒陈雨苍。午归。饭后,至公所。晚,饮于华东。

连日骤寒,余着绵衣不觉暖。风起。邻居择二十九日出都,故僚友纷纷饯别。

余五年前发一论,谓性无善恶,善恶生于苦乐。知天下之有乐境,欲纵其乐,而恶生焉;知天下之有苦境,欲救其苦,而善生焉。今观《新民报》十五号任父所叙乐利主义泰斗边沁之学说,亦以苦乐为善恶之标准。但其说与余小异。彼谓:使人增长其幸福者,谓之善;使人减障其幸福者,谓之恶。虽然,彼所论者为一群而言,余则专为个人而言。夫减障一群之幸福,其发源由于个人逞纵乐之志;增长一群之幸福,其发源由于个人怀救苦之心。则边沁说,与余不俟而合也。

二十四日

诣局,与力腴、东原诸人谈。

东原云:吾粤有陈姓者,名启沅,生有异禀,目力过人,寻常远镜所不能及。常以字典中九千馀字,悉书于摺篷上,其字极细,非用显微镜则笔画难辨。西人考验其瞳人子,与常人殊。

午后，诣绳匠胡同，视夏地山，自日本归来，昨晚甫到。匆匆略谈，即冠带赴颐和园，往见夔相。

晡，陈仲冕约饮于福州馆，酒半，邻居先行，余亦去，遂入城。

官书局东邻有屋，为阮文达故宅，余始欲赁居，是日探知为人购去。

自玛儿梭发明人满之患，于是世界上人皆窃窃然忧之。不知人满之所以为患者，因土地所产货物，恐不足供人之食用也。然今日化学与机器日兴月盛，凡耕与织，皆用新法，使所收获所制造者，皆什倍于既往，何惧不能赡给耶？古人云：耕者一人，食者十人；织者一人，衣者十人。今泰西一人之力，实足以抵百人，货物无患不多，物多则价廉，无患不能养人也。

二十五日　　晴

检书。笙叔约饮于同丰堂。晡，诣书局，与书衡偕至南京截胡同看屋，即徐寿蘅尚书故宅，扉宇整净，有古槐一株高数十丈，绿阴蔽日。余生平爱树有奇癖，故凡遇房屋虽极巍大轮奂，而无树者，必不取。西人谓，凡植物能吐养气收炭气，故林树最于人有益，不诬也。余谓人之得树，犹鱼之得水，且树之颜色尤能养目。

二十六日

晨，诣子毂，晤笙叔。见案头有《新世界学报》，其中议论多袭梁饮冰之绪馀，惟陈介石文章当有可观，且待细读。

凡文章不可求过高，只取不简不繁，达理而已。若有意为文，欲臻深妙之境，文则佳矣，其于义理必有妨碍。

晡，归。见外务部姚某，其人籍江南，而游宦于黄河流域者，颇习北方情变，自言居汴梁久。余问以黄河情形，其人云：河之堤岸，高于开封省城，故居城内者甚危险。若不幸决口，则皆为鱼鳖矣。

治河无善法，虽以朝廷所发帑金尽数用于河防，毫无冒蚀者，亦不能禁河之不决口。然余犹不敢信也。

夜，饮曾敬诒家，坐有沈仲礼。是时，都中有外国马戏新到，往观者甚多。仲礼因谈马戏，谓从前在欧洲所见有极神妙者，一人途中衣单觉寒，马能归家为人取衣，取至又为人披著，复衔板刷，为去其尘。又马能解算学，人告以三五，则以蹄触地者八；告以九七，则触地者十六。人或以银饼数十枚乱掷其前，彼略谛视，即触地数十次，适符其数。

履初，敬诒兄也，善吹铜箫，音韵清逸可听。

二十七日

晨，访仲巽，见陈哲甫。日中，诣王书衡，不遇。至厂肆购书数种，曰《欧洲财政史》，日本法学士小林丑三郎著；曰《宪法精理》，湘乡周逵编译；曰《万国宪法志》，同上；曰《政治学》，德国博士那特硋著，冯自由译；曰《名学》，无锡杨荫杭译；曰《中国最新度支》，无名氏著；曰《财政四纲》，钱洵著。

二十八日

秉庵过，与同至总捕胡同李文忠旧宅，盖拟十月间入都，先借住其屋。又邻居行后，所遗木器，暂贮彼处。过午，归，览《财政四纲》。

课税之法分二种：曰配赋税法，曰定率税法。配赋税者，无一定税率，惟政府豫算支给之所需，而以其数额配赋于全国人民者。定率税法者，先定税品一例之价格，人民营何等业得若干之利，即纳若干税，政府不能豫定收入之金额。忘山居士曰：行配赋税法则便政府，行定率税法则便人民。然政府之立，为人民所公许者也；政府所办之事，求人民之公益者也。但便政府不便人民固非，但便人民不便政府亦非。欲求两便，必参用二法，调盈济虚，使政府无财用不足之虞，而百姓无强派之苦，则得之矣。

欧洲二百年来，财赋社会形态凡三变。其始也，贵贱之阶级分别太严，全国租税专课于下等人民，而贵族僧侣富有财产，反不纳税，于是民间积怨日深。而比例税之学说盛起，欲使一国人无论贵贱，以财产之所得，平均比例，定为税格。自法国民变之后，遂改用此种主义，而贵族平民之阶级已消矣。乃自十九世纪以还，万民同等之竞争渐起，智而强者占先，愚而弱者退后，于是贵贱之阶级转而为贫富之阶级。占先者得利而愈富，退后者失利而愈贫，两相竞，即两相激。富者挟资本而竞霸，贫者结徒抗，于是同盟罢工，社会之骚动又渐起。识者忧之，别出调停税法，以为当今租税，宜应纳税者财富之度，而异其税率，乃得贫富之平。因改比例税法，为递加税法，此法创于十八世纪法儒孟德斯鸠、鲁沙诸人，盖原本于希腊古时梭伦氏之法典，至于近世诸国，仿行殆遍。

二十九日

邻居挈眷赴天津，送之登汽车者多人，皆衣冠楚楚。余过午归，有贩估衣曹姓者来索值，待希尚不至，时余无事，遂与闲谈。先问其同业中公议之规则若何，答云：无甚规则，惟同业之伙侣，如有亏负钱财逃遁，至累其主者，凡同业中不许收用而已。又问：凡初习是业者，其阶级若何？曰：首须能分别货之名色，能辨其真赝高下，某货能得若干价。然价亦无定，以供求之多寡而涨落，要在随时判定，期不亏失，又得赢利而已。又须习裁度布帛，知其长短能配合制衣之用，又须习酬对买主之法，凡言动语默，随机善应，使人忻悦甘心，买我之货，虽沾馀利，不使彼知。余又问其人籍某地。曰：冀州。因详问冀州风土人情，皆一一答余，不啻读一部冀州志也。

晚，希尚归。希尚去岁随邻居作秦中游，余问以秦中情形。答云：西安之城雉，其广廓不及北京，而崇高相等，亦有外郭，如梅花式，作 外｜外内外｜外 ，惟皆土垣。独内城以石砌街衢，房屋与都中仿佛。城南有大小雁塔，旁石碑丛立，凡历科中式者皆镌名其上，由来久矣。东有温泉，依山筑亭廊，水自山灌注成大池，入浴者不寒。又有八仙观，在城西，旁多古碑，号碑林，皆其地名胜。出西安城至渭南，中有灞桥，长数里，即古灞桥也，以石为之，下皆平沙。土人云黄河内泛时，始有水。余又问秦中险要，曰：凡入秦者，道经二关，曰函谷关，曰潼关。进函谷行三日，始至潼关，皆路如羊肠，两山壁立，潼关以内乃见平原旷野。

三十日

诣瑞鹤庄不遇。归检行具。过午，访佑三，复至书局。书衡约饮于广和居。

每于街市见人家屋壁下，多立石碑，刻"泰山石敢当"五大字，不解其故。力腴诸人云：石敢当，古勇士之名。《老学庵笔记》曾考据其事甚详。

晡，至汽车栈，见行具皆自城内运至。晚，啸霞招饮于万福居。夜，宿厚庵家，与夜谈。

人莫不曰学问学问，学者学于古人，问者问于今人。问之功尤大于学也。故人善学，必以善问助之，乃完全学问二字。余日来得十六字秘诀曰：有书必读，逢人必问，学不厌博，问不厌精。

论人与劝人异，论人不妨从宽，劝人不妨从严。

九 月

一日

黎明至汽车栈,即与笙叔同登车。俄少川叔亦至,遂共乘焉。俄车行如电发,未午到天津,闻邻居驻北洋医学堂,因往视,则已他出。遂访筱青,不遇,归。良久,筱青踵至,遂共谈。晡,与筱青偕作北里之游。夜宿于外。

天津交还之后,凡外人所办地方之事,皆由华人接办,而一切悉照外国规制,并未废弛,与京城交还后大异,足见袁慰帅之能力。天津市面极空虚,故外人所运入货物拥积不销。

二日

晡,与邻居等乘汽车赴塘沽。晚,登安平船。同行者严伯玉、刘芝生及希尚、云孙、少川叔诸人。

三日

睡醒时,舟已出渤海,风起微簸,舟中人皆卧,或呕不能起。惟余及坚仲等,起坐饮食如常。晡,登船楼,与缪姓者谈。其人籍台州,问以台州情状,答曰:民间贫富相等,而风气大辟,一百人中必有七十人读书识字者。官绅所设学校数所,学徒极多,外间各种报纸销入者几数万。昔尝闻诸燕生云,吾浙民智之开,以温、台为最,今果然矣。

四日

风静舟平,行黑水洋。

五日

薄午,望见吴淞口。昳,舟抵金利源,楼阁林立,又见海上景象。地方官争遣差弁登舟相迓,并备绿舆,为邻居乘坐,云行辕设在福兴栈。余先小车至西门,入见母及家人,皆无恙。晡,邻居亦至,夜与母闲谈。

六日

访石芝。日中,往视渭东,别七月矣。渭东自云,于色界中实验,大有进步。观其日记,颇见心得。渭东喜作诗,诗多警句。晡,至泥城桥,见王绳伯。绳伯方为邻居别赁高大楼宅,在桥之西,纷纷运集木器,邻居即欲移入也。晚,入城,知叔雅来访,留简云:因母病即夜乘舟南返,舟明日解缆,不审能一见否?余急出城访其踪迹,至雅叙园遇之,在坐皆熟人,有穰卿、彦复、子言、小徐等,因坐而畅谈。闻刘岘庄薨逝。

七日

晨,饮于九华楼,饯叔雅。日中,诣严子均。

八日

访益斋,略论丹房火候。晤傅公雨。公雨谈及都中余所见之岳君柱臣,善黄白术,从前赖此糊口,然不能致富。日中,归,则邻居及荔轩、渭东咸至,闻朝廷降谕,奖厉游学西洋生徒。盖因日本学生、公使相哄一案,故以此慰安之也。余谓学生、公使及政府皆可怜,盖怜学生者怜其无力,怜公使者怜其无能,怜政府者怜其无知。

我国从前虽羸弱,不能自振,然犹有知觉运动,则以魂未去也。魂何在?曰在李文忠公。文忠与外人交涉及一切作为,虽不能振国威,伸国权,然犹有条理界限及一定宗旨,毅然不可犯。故外国人以事与之遇者,莫不惊惮慑伏,不敢略施欺侮之术。文忠死,而我国真为顽蠢之一物。所谓魂者,并前之知觉运动而亦无矣,于是任外人之愚弄窬割,而冥然罔觉矣。

晡,往视简斋,简斋赴江西,将到任,即闻丧归,赤贫无儋石储,殊可悲。夜,仲宣招饮。

九日

益斋过谈,告余以所得之理云:我国素以金木水火土五行,括宇宙之原质,而佛书及西人格致家皆言四行,曰土火水气。然《周易》八卦实具四行,如乾为天,天气也;坤为地,地土也;震为雷,雷亦气也;艮为山,山亦土属也;离为火,坎为水;而兑为泽,泽亦水也;巽为风,风亦气,与乾同也。总八卦所指,仍不出四行。可知四行为宇宙原质之公例。又云:古人造字,风从虫,竟与格物家考验空气中皆微生物之说暗合,岂造字之始,已有所见耶?余曰:思字从脑从心,心与脑合,则为思,较西人专主脑学者尤胜。古人之不可及如此。

日中,与益斋小饮于雅叙园,同访渭东。余授以《周易》、《中庸》之旨,渭东大悟,因解得无上上乘四字。

晡,益斋与余至味莼园登高,是日重九。

十日

饭后,诣小东门外普济公司,俄至源丰润。晡,与邻居游园,遇虬斋、彦复。夜,宴诸友于翠霞阁,履平来自姑苏。

十一日

薄午,益斋过,偕出城至万年春。穗卿宴客。晡,诣贻德里,访春卿,晤菊生。

菊生云:此次所议商约,种种与外人利益,而自绝华商之生计,当局者犹沾沾自得,以为此约所定,我国殊未受亏。不知百姓之受亏,即国家之受亏。彼视民与国离而为二,亦无怪其然矣。

印花税之病民，将来更甚于厘捐。厘捐不过病商耳，而所亏耗，仍取偿于买主，则其病民犹间接也。若印花税行，官府日有人入民家搜查，其病民为直接，而民不胜苦矣。菊生云。是晚，益斋来作夜谈。雨。

十二日

晚，宴集信侪、穰卿、浩吾、小徐诸人于金谷香。

小徐欲以释家相宗之理，推阐哲学，故与信侪断断争论，所论者即原知、推知、比量、现量之别，其实无可争也。原知即现量，推知即比量，原知为直接之觉，推知为间接之觉。道理显然，于何处立异？

凡为学者，必先操练其脑思，使之条理井然，疆界分明，然后足以研考一切学问。故名学、辨学，皆哲学之分支也。若人专治名学、辨学，而不复究他学，则亦等于专治算学、文学者之无用矣。

十三日

渭东为其妹纳采，余往贺，即为款宾。

渭东读《维摩经》，至香积饭处，大有彻悟。余在渭东家晚餐毕，乘车至镜烟楼，谱琴邀饮也。览报，见浙闱榜，夏履平中第八名。俄酒肴罗列，诸伎翩跹来。夜半归。

十四日

张叔和于味莼园设宴，请听昆曲。余兄弟偕往赴宴。

词曲以昆剧为最雅驯，然可读而不可听，盖其音节繁促，转折太多，无延长之韵，故到耳即过，未能深感脑筋，此其病也。

晚，与邻居偕至垃圾桥李宅，观女优。夜深始散。月明。

十五日

出城。车中观书。

西人以立法、司法、行法三部，组织而成国家，使互相牵制，此与我国设官，外使总督、巡抚、布政使及将军等互相牵制，内使军机大臣、六部满汉尚书、侍郎等互相牵制，用意正同，皆所以杜人之擅权也。然而我国则因不能擅权者，遂不能行权，西国则虽不能擅权，而可以行权。

立宪之国，共和与专制同时而并用，立法用共和，行法用专制。共和民权也，专制君权也。

留一尊严不可犯之君，使为一国之代表，而阴削其权，归之于相，故相负责任，而君不负责任也。

予立法部以监财权，予司法部以久任权，予行法部以尊严不可犯之权，所谓不可犯者，君也。君亦在行法一部中也。

晚在邻居行辕，因嫂病，有侯姓之医生来诊视，余为款接。医生两足与右手，皆瘫废不能举动，以左手作字，字颇完整。夜，筱舫招饮。

十六日

出城。晡，归。访益斋，与谈道。

《丹经》所论进阳火退阴符，火与符究是何物，人不能言。而以余猜拟，必实有所指，非空言也。火是真火，水是真水，但其果属何物，我不敢明说耳。

仇注《悟真篇》，言卯酉沐浴甚精细，谓卯酉指门户地位，不可误作时看。

益斋新考验理化学，得一法制染料，能经雨淋日晒，而颜色不变。其法不传一人，将来可以专利。日前在益斋处见傅公雨，公雨云：曾见一人有志求道，其于释典，读之烂熟，而究不解从何入手。公雨戏之曰：从色入手。其人愕然，公雨曰：色即是空。益斋闻其语大喜,盖以染法成就不染法,岂非从色入手耶?

夜,与益斋同来忘山庐痛谈。

十七日

邻居入城。日昳,偕赴菊生之约。晡,与铭舫至味莼园。夜,饮于金谷香。观女剧。

十八日

益斋过,与偕出城,饮于雅叙园,纵谈。

昔吕纯阳曾有黄粱之梦,盖神仙点悟之也。而益斋自云:曾有奇梦,仿佛黄粱。一日在友家坐谈,日向午,厨人进膳饭,甑已陈,羹肴未至,在榻上恍恍惚惚,觉己身在舟中,盖欲赴省应大比也。行数日,始至,遂入场,试竣,待月馀,榜出无名,遂愤然归里。自是绝意科第。越数年,有奉命使西洋各国者,因随往游历,入其学校读书十年,才学大进,复只身回亚洲。行至缅甸、暹罗诸国,遂留居焉。越数年,朝廷闻余名,召返国,任以海陆练兵大臣。余殚尽心力,经营训练,又十年,我国武备遂方驾泰西。会英、法诸国以事与我启衅,天子大怒,授余大元帅,统战舰与列国争雄。海上一战,挫其锋;再战,破其军;三战,而追奔逐北,直捣其国。英、法争遣使请和,我国责其赔费割地,皆唯唯听命。始振旅归,天子大悦,封余一等侯爵,进位宰相,使整理国政。余悉引海内知名之士,分列六部及十八行省,改革宪法,变易官制,兴学劝农,通商惠工。又三十年,国内大治。于是朝野上下,莫不感余之德,颂余之功,屈指自秋试报罢时,至今六十年矣。耄老将退休,朝廷命刻纪功碑,余读其文,典丽遹皇,叹曰:"黄某不意有今日也!"忽有人自旁推余曰:速醒,用午膳!张目见案上肴酒罗列,饭甑中热气犹蓬勃,则一幻梦煞那间耳,而梦中历历有六十年之久,天下事皆可作如是观。

益斋云:"余尝考求音韵之学,以今音证古音,有变有不变者。即如昔人所谓吴语,与今之吴语,殆无甚异。观《世说新语》载有某人作吴语,以手拊案曰:何其罔也。皆不知罔字作何解,今闻姑苏人呼天寒曰罔,始恍然矣。又《齐东野语》载一吴人童谣,两句之尾皆有能亨二字,亦不解。今苏人谓如何曰那亨,始知能亨即那亨之转音。"

晡,同访渭东,见新吾,纵谈。俄至味莼园。晚,渭东约饮于金隆。

益斋论我国拳棒之学,绝于地球,莫能及者。盖一人能举千斤之物,实出西人重学理界外。

十九日

振清来自杭州,过谈。昳,诣邻居。晚,孟威约饮。孟威为陈勾山先生后人,与余兄弟交游十馀年矣。近年在滦州营办矿务,以与外人有交涉事,故来海上。小别五六年,须发尽白,人极和平恳款。有弟字仲彦,以去岁病没,人亦干练,可惜!是日,在坐有子修、斌生及邻居、希尚。

闻范昌士言,仲彦自谓生平并未读书,惟得力于二书:一《广治平略》,一《大清律例》。

二十日

余与邻居及合家人至耀华馆,以次留影,或分或合,用玻璃四五片。

人之形态变而愈老,人之言语过而不留,且必同在一处,同在一时,而后可闻其声、见其形也。自有留声留影之法,而人与人虽相隔数万里,相去数百年,亦能睹其面貌,聆其音声,岂非奇事!虽然,不足奇也。宇宙内原有此理,为人所偶得耳。

《新民丛报》所刊欧洲古贤之像,如倍根、笛卡儿、卢骚、孟德斯鸠、斯宾塞尔诸人,皆去今或数十年,或数百年,倘无留影法,后世何由瞻仰?

都中昔有名伶曰程长庚者,人呼为戏中圣人,其音调浑厚,流传独步古今。凡后来之秀,如心培、桂芬诸人,皆分其一支派,而各自成家者。如颜、柳、欧、褚,皆分右军之一体也。近惟有同仁堂药店周子衡,能得长庚全豹,获闻其韵味者,几谓与长庚无毫发殊。自西人留声机器输入,于是凡精此技者皆大喜,以为吾辈所长,亦可不朽。然而长庚死矣,故子衡每每谓长庚无福。季英述子衡之语以告余,余笑曰:长庚未尝无福,子衡即长庚之留声机器也。季英曰:然。

二十一日　　雨

诣邻居,闻尹新吾来,同车访之。新吾以知府在浙江候补,今年甫引见到省,谈及浙中课吏事甚详。为人温雅,能文章,精医工绘,收藏书画甚多。此次奉差赴温州,查办案件,过此勾留数日。邻居与小谈,即同往视孟威,因偕游味莼园。

味莼园有登高处,南见龙华,东望海关,每重九日,游人攀而上者极夥。而似塔非塔,在跳舞堂东北隅,如角楼然。是日,雨中与孟威、新吾、邻居偕登,见云脚四垂,烟树蒙蒙,水墨烘染之烟雨图,饶有景趣。

二十二日　　雨犹不止

渭东同母女弟,是日赘婿,婿为直隶布政使周浩之子,字少翰。晡,始乘舆入门,鼓乐送登楼结褵。晚,设宴款之,饮尽欢。入夜,宾友皆散,惟余及胡二梅等送入洞房。俗有洒帐之例,盖剪彩包裹枣栗之类,谓之喜果,取以布散帏幕间,且须诵喜词。使余任其事,余枯窘不知作何语,新吾教余宋人洒帐之歌,使熟记,待洒时遂唱曰:"洒帐东,帘幕深围烛影红,佳气葱笼长不散,画堂日日醉春风。洒帐西,锦带流苏四角低,龙虎榜中标第一,鸳鸯谱里稳双栖。洒帐南,琴瑟和鸣乐且耽,碧月团圞人似玉,双双绣带佩宜男。洒帐北,新添喜气眉间塞,芙蓉并蒂本来双,广寒仙子蟾宫客。洒帐中,一双云里玉芙蓉,锦衾洗就湘波绿,绣枕移将琥珀红。洒帐毕,诸位亲朋齐请出,夫夫妇妇咸有家,子子孙孙乐无极!"

二十三日　　微晴

诣邻居。日中,与尹新吾及孟威等共饮于金隆。晡,邻居登舟返杭,余偕缪姓者至味莼园,遇勉斋。勉斋甫自杭州来,将赴都。是日,携幼儿游园,徘徊良久即去。晚,诣石愚。石愚钱朱古微于家中,余往陪饮。古微,新简粤东学使,将履任也。在坐有沈燕传、周企唐诸人。石愚贮藏碑帖甚多,有宋元拓汉隶十馀种,笔画精劲,为后世草书楷书之所从出。

作字之法,宁骨多于肉,不可肉多于骨,字之精神、魄力皆在骨中。

由隶书变作楷书,不知始于何代何人,待考。

篆书心字作 形,今心字作斜月三星,大有意趣,始于汉隶。吾谓变改此字者,必已闻道。

二十四日

益斋过谈。益斋精于天算及理化学,此次考得此法,以助成轩天盖地事业,如有神助。前闻益斋云:庄子曰万物皆入于机,皆出于机。所谓机者,诚不死物,如人及植物动物,虽有生死,而其传种之一物固不死,其不死者,即所谓机也。

俗呼女子稍异常人者谓之白虎,虎固能噬人者也,可不望而生畏。

昔入北洋医学堂，观蜡人剖解，女人子宫中有所谓精珠圆颗颗者，不可胜数。云凡天癸尽时，此珠易堕出，与男子精遇，即成胎，推之动物殆莫不然。嗟乎，是物也关系甚大，生人生物皆赖焉。

益斋平日学问，由实验入手。余则由理想入手。益斋是倍根、朱考亭一流人物，余则王阳明、笛卡儿一流人物。皆不为文字障名誉障所蒙蔽，故能入理精深，获闻至道。

与益斋出城，益斋往视穰卿，余诣渭东。夜，缪姓者约饮于吉祥春。余新购日本新译《李鸿章》。论李之为人，颇得真谛，谓是我国政界中希有之人物。夜，是书为妓人胡翡云所见，攫之去。

二十五日

益斋来。饭后，与偕访渭东。

余所居之屋，开轩面场圃，下临小渠，余尝于其中研求道妙，故颜之曰忘山庐，取见道忘山之意，有年所矣。今将北行，则此屋易主，然大都俗人，与此胜地不相称也。是日，益斋与吾议，将徙居焉。余大悦曰："尔居于是，则吾留忘山庐横额不去，使此屋永为忘山庐何如？"益斋亦喜。

益斋善音律，又通小学，能以古音输入曲中，觉韵味较沉厚，不同凡响。

渭东又新传一人，曰吴少山，为人亦端厚严重，足以担荷。

二十六日

作日记终日。汤蛰仙过谈。晚，与少川叔公宴古微。夜，雨。

二十七日　雨

访益斋谈。

益斋称：尝遇一朝鲜人，自云能以异术读书，任指以某书，其人不必开页，但问书，默念良久，即背诵如流，不差一字，试之屡验。谓其人曰：尔持此术，则欲为博学人易矣！答曰：不然，三日即忘。

又称：傅公雨考得一理，凡人于其肢体上某处最用力，则其处可永久不坏。如舆夫之两肩骨，死后埋土中，永永不腐烂也。

色声香味触五者，惟味与触每每相连。如人食鱼肉及一切植物，皆必取其新且嫩者是也。

二十八日　晴

是日，随母登舟回浙。薄暮，始解缆。夜，舟中与母闲谈，水声括括。

二十九日　晴

舟中观书。或游目两岸风景。晡，过嘉兴。

越中山水，最为明秀，虽岸上所生之野树闲花，其枝干高低向背，皆有姿态，如老画家笔意。

道德者，法律之母也。法律生于道德，而法律之用，正所以维持道德。一家有法律，则一家人悉入于道德；一国有法律，则一国人悉入于道德；万国有公法律，则万国人悉入于道德。荫亭游日本，曾语一人云："我国无道德，奈何？"其人曰："尔国无法律，法律改而后道德生焉。"荫亭以为名言。

天下有劳力劳心之二种人，劳力之功用小，劳心之功用大。使驱天下之人，尽归于平等，势必至皆劳力之人，更无劳心之人。何也？凡劳心者，必其不从事于农工力作，而闲乐多暇，然后能运其智慧，以探微钩深。使均劳逸，壹贫富，则天下人皆必劳力而后足以自养，更何暇用其心？劳心之人遂绝于世界上矣。

无差别谓之平等，有差别谓之不平等。然世界第一次进化，由不平等入于平等；第二次进化，又由平等入于不平等。何以故？盖人之权力幸福,愈进化而愈无差别,此由不平等入于平等者也。人之智慧能力,愈进化而愈有差别,此由平等入于不平等者也。

十　月

一日

平明,舟抵拱宸桥,即登岸,随母肩舆入城。食时到竹竿巷。慕兄犹未出门。

晡,诣撷珊。撷珊新纂湖墅孙氏家谱。我孙氏祖籍富春,迁徽州,再由徽迁杭。然自七代祖楚粹公以上,名字无考,盖先世业农,谋生拮据,无暇留意谱牒,故数传而后,子孙遂不能远溯焉。撷珊草就此谱,只得以楚粹公为第一代,次尚卿公,次浩瞻公,次匡六公;匡六公以下分二支,一为驾唐公,一玉堂公一支,子孙稍多,合余嫡从堂兄弟,共八人,皆玉堂公一脉也。驾唐公之下皆单传,今惟存子香叔父子二人。撷珊此稿,虽不得为定本,大略具矣。

我家故宅,在湖墅曰辉坝,先人及先叔父、先大姑母,皆生其中。乱后屋毁,仅存地基二亩。屋之西北,有桂树二株,为先人读书之所。今其地被族人侵去,然二树犹无恙,高过百尺,蔚然成阴。故我家可自颜其堂曰"双桂堂"。

我家始祖楚粹公葬孙家井,其地濒河,有大树一株;尚卿公葬顾家牌楼,在山麓间,无墓碑,宜修补;浩瞻公、匡六公、右安公咸葬水车兜,补笙公葬蒋家坞。以堪舆家言论之,诸地脉皆擅佳城之最胜处。

二日　晴

偕邻居、撷珊诸人出城省墓,舆中观书。

欧洲大陆所以能改变立宪政体者,以经济社会骤然发达,中下之民多致巨富,故有权力,渐能参与政治,此其大原因也。

国家之机关有二大部,曰司法,曰行法。司法主静,行法主动。盖司法专理国家物质之保护,行法专司国家精神之运行。

晡,自杨家牌楼归,过勤果公祠,登高楼瞻眺甚乐,湖光照人。楼后倚平冈,乱石磊砢,闻将起屋,造高等学堂于此。

三日

晡,谨斋、修甫等公宴邻居及余于花园中。园为修甫家所辟,池竹台榭清丽,秋菊盛开。

四日

游湖上。白叔及蓝洲丈诸人舣舟以待。余与邻居登舟,先泛至平湖秋月,遂舍舟散步岸上,入陆宣公祠观之。因绕道至孤山,见匠作甚夥,方为林迪臣太守造墓,放鹤亭故址改为太守祠。孤山前有林处士高隐,死埋骨焉。粤事起时,杭城陷,有林典史小岩殉难,葬处士墓侧。薛叔云制联云:"大义匹阁公,取谊成仁,青史从今尊县尉;忠魂依处士,补梅招鹤,孤山终古属林家。"今又有林太守葬其地,孤山果终古属林家矣。俄返舟解缆,过行宫,复停棹入观,登文澜阁,贮《四库全书》及《图书集成》。此阁虽难后重修,犹从前规模也。晡,移舟至岳坟,因往游李公祠,盖新建者,犹未完工。文忠于吾浙有克复嘉兴之功也,与左祠邻近。因易小舟,直放蚕学馆,回望红叶满山,秋色入画。舟中有陈蓝洲、潘凤洲诸人。未几暮色苍然,遂复回原舟,缓缓归。是日,同舟中宾朋尽欢。夜,至聚丰园,春卿约。

五日

往谒左泉师,顺道访介轩,遇履平,因至佑圣观巷,拜别婶母。

又诣中学堂,晤潘凤洲及陈仲恕。凤洲曾游欧洲,人极精干,此次继杨雪渔办学堂,颇能整治学政,人咸服之。

昨闻劳玉初言:《新民丛报》中议论,近颇改变,归于平实,甚有益于后生小子。忘山居士曰:凡立言果能出于中正,自然人人佩诵,何有新旧之别耶?

六日

随邻居出城,省视远祖之墓,如六亩荡、塘南村、孙家井、水车兜,皆遍瞻拜。薄晚,至拱宸桥,送者云至。舟放行时,已曛黑。

七日

舟中与稼霖、孟庚、希尚等闲谈。

人之言语皆有根原,余生长燕京,所操语皆京语也。然与内城旗籍人语微异,即城外人之语亦不相类,惟聆家中所用北方女妪言谈则宛肖,始恍然知之言语,从彼等熏习而来。盖幼时寝馈长养于此辈人中,宜习其言语而不自觉也。

夜半,到沪。妻病甚重。

八日

访益斋,知季英来,饭后访汇东谈。

今人动称人曰忠厚,外似赞美辞,实则怜其无用也。无用之人,被忠厚之名,则有用之人,其不忠厚可知。故余尝曰:智者不仁,仁者不智,我国所以不振也。

世间善诙谐者,或称其似剧台上丑角,抑知生旦净丑,世间原有此四种人。演剧时,正假此以形容此四类人耳,非人似丑,丑似人也。

九日

汇东、少山偕来。薄午,益斋过,饭后,汇东、少山去,季英至,纵谈。夜,共饮于雅叙园。

"磨砺以需,问天下头颅几许;及锋而试,看老夫手段何如。"咏剃头联也。"连床倒醉非因酒,满屋生香不是花。"鸦片烟联也。又有医生善属对,然不离医书中语,如"避暑最宜深竹院"对"伤寒须用小柴胡","丹桂香飘遍满三千界"对"梧桐子大每服二十丸"。尚有数联,余不能记忆,皆极佳。益斋云:季英善骑足踏车,虽在肩摩毂击中,能游刃自如,盖熟则生巧矣。

十日

日中,与汇东、少山、琴甫、益斋五人,共饮于雅叙园,皆道友也。瞥见板壁悬一联,作古篆,有万年如意事五大字,款中又有护法二字,皆暗合道妙。饮罢,偕至宝记,共映一图,即题曰如意图。晡,至味莼园。益斋、汇东、少山亦至。

味莼园有大楼,厅名安垲第,规制宏敞,有人云仿佛美总统宫殿。每礼拜日,士女云集,几座茶皿,皆极精雅。凡天下四方人过上海者,莫不游宴其间。故其地非但为上海阖邑人之聚点,实为我国全国人之聚点也。

夜,旭庄、子萱公宴邻居及余在子萱家,季英亦至。季英自易新名曰邵我,号曰二我,顾余曰:"今日可成为完全无缺之我矣。"余曰:"未也,尔不过二我耳,尚非一我;欲求一我,必在常乐我净时。"季英颔焉。余因劝季英求志。季英曰:"我志已定。"问:"志安在?"曰:"利而已矣。""利之后将若何?"曰:"无利。"余曰:"此不足为志也,尚有大于是者。"季英曰:"我今日无志天下。"余曰:"纵君有志天下,能变改政体,富其国,强其民,成华盛顿之伟业,以我辈观之不直一哂。"季英大骇曰:"然则志于何求,盍指示我!"余因告以三种书当读,曰《中庸》,曰《老子》,曰《金刚经》。

十一日

秉庵来自都,盖将随梁震东至美洲。余尝问秉庵之志若何,答曰:惟愿蓄数十万之财于京师中,起造高堂广厦,院中养花木,厩畜肥健之马,出则乘骑,或观剧,或登酒楼小酌,沉醉高歌,乐陶陶也。归则觅一二佳友清谭,终年如此,于愿足矣。忘山居士曰:人之志趣相越,岂不远哉!吾读漆园《逍遥游》一篇有感矣。

日中,饮于金隆。晡,归,作日记。晚,至雅叙园。季英、汇东、少山、益斋、秉庵同来,宴醉。益斋唱《取成都》全出送季英行,季英将北上也。

十二日

闻冠霞来自苏台,招与宴话,坐有汪敏士。薄晚,诣季英谭道。

凡人心不可无所寄,观其所好之物,即知其心之所寄也。然所好不过名利而已,不好名则好利,不好利则好名,然好名之人较好利之人胜一筹矣。高出于名者,惟有道人,苟知道之可好,且淡然于名,何况利耶?

宋儒亦震惊圣人之道之大,然不知其道为何物,误以理混道,不知道自道,理自理,不容强合也。犹佛家之所谓法,亦与理有别,读佛书又误解法为理,皆非也。

以理混道,故人视圣人之道,亦不过空言而已。抑知道有实事,非空言能了此事也。此事为何事?即佛为大事因缘出世之事也。

十三日　　雨

晚,至沧洲别墅,新吾、汇东、景张公宴邻居及余,坐有子展、子梅、竹楼诸人。

渭东题《如意图》成一绝云:"供养香花三界天,欲从火底觅金莲。只愁梦醒黄粱后,沽酒囊无阮籍钱。"余前亦戏题《石头记》成一绝云:"读书观海几春秋,胜友相招最上头。从此华严开脑界,黄粱不梦梦红楼。"

十四日

送邻居出吴淞口,登法公司海舰。送者如鲫。邻居此行,带参赞二人、翻译二人、随员二人,外学生及自备资粮者计十人,馀男女上下又二十馀人,约行三十一日可至巴黎。昔人视行大海乘风破浪为极险,今则如履平地。忘山居士曰:古今人进化相越,岂不远哉!归时已暮,明月在空。闻是夜有雾,恐海舰不能展轮。

昔人观飞蓬,以为车盖,悟造轮之法。今汽舟亦用轮,是舟同于车矣。寻常之车不足载数人而止,今汽车可载数十百人,且在车上饮食坐卧如居室然,是车又同于舟矣。

自有汽蒸舟车,而地为之缩;自有留声留影机器,而时为之缩。

十五日　　雨

宴蕃室、寅伯、昌士、健斋诸人于金谷香,坐有冠霞。

闻寅伯言:益斋考得日光留影之法,能并人物之颜色留纸上,余尚未之知也。然此法西人亦考得,与益斋不倖而合。

人但能勤用其脑思,何理不能明,何法不能精,何事不能成。欧洲人能开立今日之新世界,何一非从人之脑思中发现者耶?

十六日

与云孙觅希尚于妓人张云兰家。晡,访汇东。晚,王寅伯招饮一品香。夜,钱博庵、程介眉皆于伎家置酒宴客,余皆赴焉。上海倡伎不下数千家,沉迷其中者不下数万人,竟别组织一世界。此世界中,亦自有条理、部分、权限,善此世界者,亦别有经济学问。近人有著《海上花列传》一书,即此世界之表象也,文笔闳丽,惜余未寓目。

淫欲者,人皆视为至乐之境,又莫不视为至恶之事。然用之不得其宜,至乐可变为至苦;用之得其宜,至恶可变为至善。何也?戕身败家,非至苦耶?传种保家,非至善耶?

十七日

晨,出城。日中,进城,访益斋。

出世大道,万劫难闻。闻而不信,与不闻同;闻而无力以办,与不闻同。吾道之中,有益斋,盖天生之大护法也。彼积二十年之穷思渺虑,以成高等之理化学,不意正为今日之用,神矣哉!

晡,复出城。雨。往视彦复,见无数人皆短衣西制,闻每礼拜日相集体操。此辈人皆聪慧才敏士也,皆慕为欧美新世界之人,爱自由,又爱特立,皆实不外名利二字。自由,利也;独立,名也。以我辈观之,诚可哂矣。虽然,使彼等不此之爱,更爱何物?不此之慕,更慕何事?人苟无所爱慕,不几成槁木死灰耶!我辈所以能不爱慕此者,以别有所爱慕,过此万万也,安得以此责彼哉?吾但见其可怜而已。是夜,宴集介眉、博庵、云孙诸人于王引凤家。

十八日　雨

命仆人先运行具北行,乘协和船去。与益斋访汇东,汇东适他往,乃共游辛园。园为粤人辛某所造,虽有楼台池榭,而殊少匠心。菊花甚肥,与益斋坐竹亭中共谈。

和尚断婚娶,本非印度之法,盖番僧来中土后,唐太宗虑其种族强盛,乃设此法以限之。益斋云。

本朝冠服之制,如暖帽,系从释毗卢帽变演而来,朝珠则因牟尼珠而起。本朝可谓崇佛之国矣。

佛家所谓自利利他,又所谓自力他力,他字作人也,即道不远人之意。

晡,与益斋同入城。晚,经甫过,谈及南洋公学学生散堂,盖因总办以学生犯过黜退,而阖堂学生不服,哄然要请更换总办。此固近日谈民权自由之弊,而办理不善,过仍在上,而不在下也。盖凡办学堂之先,即宜与众人公议规制,严立各人之权限,使阖堂之人相与承认遵守,有犯规者,然后议罚。大过大罚,小过小罚,则人自知惧而不敢犯。今一切规制,未与学生约定,迨临时横以总办一人之意进退之,宜不能服众也。

专制,君权也;共和,民权也。余每主君民二权兼用者,盖立法须用共和,行法须用专制,万古不易之理。今人于二权之界不能划清,于是主民权者,并行法亦欲用共和;主君权者,并立法亦欲用专制。此大悖也。

十九日　晴

送少川叔行。日中,饭于雅叙园。昳,归作日记。晚,经甫招饮一家春。

经甫虽不能西语,颇通西文,能流览泰西说部,谓其文章之佳妙如我国《石头记》者不少。今观时人以汉文译者,往往减色,可见译才之难。今人长于译学者有二人:一严又陵,一林琴南。严长于论理,林长于叙事,皆驰名海内者也。

二十日

不出城。晚,访益斋。

今日于天下万理,皆可勘透,惟先知之理不能明其故。先知分二种:一曰有心,一曰无心。寻常梦中所闻所见者,往往后有奇验;又或一言一动出于无意,而为他日之预兆。此皆无心之先知也。有心之先知,则如山中习静者,能觉三日未来事;树上鸟雀结巢,能察一年之风。人类、物类皆具此能力,果何理耶?若夫谶纬家能预推千百年后事,相传之《推背图》、《烧饼歌》,皆甚奇不可解。

崇祯帝亡国时,启箧开视遗传之《铁冠图》,竟绘帝之像,被发跣足,作缢死状;且图之表面大书"崇祯若干年开",年号甲子皆符,一若事后造者。

相传《推背图》出于孔子《秘房记》,李淳风见此记,因绘为图。益斋云。

二十一日

到上海以来,终日碌碌,无暇读书,惟与益斋屡共谈论。然益斋近以染料颇畅销,故日夜制造货物,无暇晷,亦不能多见。而余之日记,已半月无只字矣,颇奇窘,乃连日补记。盖不读书,则无新理透现,几至无可记也。幸益斋时举其所得者饷余,故数日所记,尚不寂寞。

在都时,得朱筠青书,谓有日者推余生年月日,以为今年秋冬间,尚有大得意事,至今不解为何事。意者即益斋染料制成之事耶?此非仅余一人之幸福,凡嘉禾派中同志,皆当额手相庆也。

二十二日　雨

观《欧洲财政史》。晡,出访黄石孙。暮,归。夜,观《财政史》终卷。

欧洲中世都市勃兴,市民独立,实因十字军战后所获之功效。且战役中,以实物交易大不方便,遂渐觉使用货币之益,而兑汇银票之一切制度,亦渐发达。

欧洲财政,至近世公债制度、租税制度,皆有进步,然后各国之度支出入,皆足相抵,而无不足之患。

欧洲十八世纪中叶,对于君主专制,则有孟德斯鸠、卢骚等创自由平等主义;对于商业保护政策,则有俄聂波邦、亚丹斯密等创自由放任主义。皆在政治学界、财政学界,放一光明现象者也。自是以后,国家政法及工业、商业,果皆有进步,遂造成世界之文明。然据《财政史》云:晚近三四十年,各国又皆有反动之力,盖因自由平等放任等主义行之既久,复有流弊,故不得不复归于国家社会主义,以干涉保护限制为用。要之,治无定法,因时而变,宽猛相济,古有明训。以世界中岁月之绵长,而谓执一主义可以久行者,无是理也。

二十三日 雨止

诣渭东谈。晡,访草斋、信侪、彦复。晚,与彦复及祁子敏偕诣双清馆,即归家祭。夜,作日记。

前闻益斋云:近日欧洲人发明透骨光学法,其光照人肉如水精,内见其骨,举世以为极奇。余尝见宋人说部中,载有人忽患目疾,其视人皆骷髅也,意者其目因病而改变平常之能力,适合此等光学法耶?

已过莫牵系,未来莫将迎。达人语也。盖其意谓牵系、将迎而无益者,不如其已。然天下有一种人,竟于已过不知牵系,于未来不知将迎者,其人又直谓之不成人可矣。何也?已过不知牵系,是无记性也;未来不知将迎,是无悟性也。无记性悟性,则胸中毫无谋画筹度,如禽兽、如婴孩而已,安得曰成人。

二十四日 阴

日中,饮应震伯于雅叙园。晡,在味莼园,与王寅伯及荔轩、荫亭等茗谈。晚,归。观冈本所著《西学探源》,颇有精理。

鞑靼王帖木尔兰及苏图王藩理俞斯,皆因见蜘蛛张网,屡败不屈,而悟人不可无忍耐之性。盖天下事,非由忍耐不能成功也。荀子曰:锲而不舍,金石可镂。忍耐之意也。

冈本曰:殷勤拒绝,胜于简慢授与。斯言至矣。盖虽拒绝,而能殷勤,则人自谅我而不怪。知此义,则处世之道得矣。

凡人能沉默者,是聪明之睡眠也。欧人伯公语。

二十五日　　晴

肩舆往视城内诸亲族。晡,出城,见石芝。

敬惜字纸,惟我国有此风气,若西人则直用之拭秽,毫不为怪。余始未能断其是非也,今乃恍然于我国字纸不可不敬惜之故。盖外国文字,记号而已;我国文字,能载道,岂可轻视。

晤新吾。新吾素工山水,今兼能画人物,逼近宋元。新吾尝云:善画人之能力,与上帝等,万物随意可造也。

晚,归。饭后,与忆莼商议,入都后所以制驭稼霖之法。稼霖如一悍马,野性不易受羁绊也。

闻益斋、渭东前数日夜间步行庭中,地白如昼,渭东举头唱曰:"月才天际半轮明。"益斋应曰:"早有龙吟虎啸声。"相与哈哈大笑。

二十六日

观篾匠等篾行具。览《西学探源·伦理篇》,载泰西古人孝悌之行及嘉言甚多,录之。索格拉德谓其子曰:"汝若不感父母之恩,则无复为汝亲友者矣,无他,人知其效忠谋之无益也。"富拉董曰:"父母生我育我,其恩无比,不可不尽力报之,事父母不可毫发不敬之言;父母若怒,勿逆其意。"马基顿王亚历山大之母,干豫政权,屡为王累。王远征东方,每获敌货辄献之。尝赠书委政大臣,母后大怒,益肆威福。大臣告王。王曰:"卿六百道书,为母后一滴泪致归无效。"法帝拿破仑,事母致其尊敬,每晨夕起卧时,谒母问安;母欲云云者,帝亲为之,不敢委臣仆。

昔罗马人某,从军有功,会其父在敌军,见虏。王屋大维将戮之。某苦请:"臣父敌王,罪固当死,然臣为王竭力,愿王录臣功,杀臣代父。"王感其精诚,遂并宥之。又法国女子路易,年二十,遇父病失明,百方看护,不离左右。以父乐为己乐,父或行步,身为之杖。遇女伴宴会招集,则辞以侍养无人。久之匪懈,人皆感其孝志。美国博士俄留亚之女尔勒沙,母病卧褥,不能就学,而天资伶俐,年甫四岁读书,又画动物题诗。父母喜其才,欲使就学,无奈资力不给。十二时,有一贵绅见其诗,深赏之,与金二十元,以充学资。尔勒沙初欲买书,一念及母,不能自禁,献金于父,以供母养。有妒其才者,告父废读书,不给笔砚。尔勒沙知而不言,专服家事。数月,心窃愁苦,体亦衰惫。母问之,知所以废学,大惊告父,从事于学,身体复旧,知识日进,遂为世所称赏。此皆发于天性之自然,不待矫饰者也。

晡,与震伯同车游味莼园。晚,渭东招饮一品香。

二十七日

观书。

《西学探源》讥耶稣教之爱重其妻,情逾父子。余于《新约》书亦曾过目,不闻此说,使果有之,则别有深意存焉,非凡夫俗子所能知也。

闻泰顺轮船到,急令人定舱位。嗣闻明早八钟开行,乃改坐海晏。

二十八日

诣汇东,又至招商局。日中,访荫亭。晡,汇东设宴于江南村,余与益斋皆在坐。晚,偕游辛园。"美酒饮教微醉后,好花看到半开时。"邵康节诗也,中含道意,谁则知之？邵子实闻道之人,惟了道与否,则无考耳。史称其幽处一室,冬不炉,夏不扇,据此观之,似道力不浅也。

蜂能酿蜜,猿能酿酒,天赋之能力也。

"大翼垂天九万里,长松拔地三千年。"益斋撰此联赠余。

天下好境界,不曰有味,则曰有趣。味于何生？生于深厚。深厚故有味,若浅薄,则不耐人寻绎,而无味矣。趣于何生？生于新奇。新奇故可喜,若陈腐,则易起人厌,而无趣矣。

二十九日

日中,荫亭等招饮金隆。晚,大宴宾友于一品香。

三十日

晡,诣《中外报》馆,与穰卿谈。

财之于人,犹水之于鱼,鱼不能一刻出于水之界外而生活,人不能一刻出于财之界外而生活。

今日海内号称开化之人,但明新理而已,未解新法。何也？如近日南洋公学学生散堂事,凡袒学生者,皆谓自教习以上须由学生公举,则地球无论何国,不闻有此法也。

夜,观剧,忽厌倦,遂闲步至第一楼品茶。买书二种:曰《吾妻镜》,曰《男女交合无上之快乐》。

《吾妻镜》,通州杨凌霄著。凌霄与余旧相识也。其论人生三乐,与余不侔而合。又谓:凡欧洲自古大人物,强半野合而生。盖野合者,必两情相遂,故其种性精良,造成之人往往不凡。我国男女禁自择配偶,其交合皆属勉强,故种性不精良,而人才罕觏。国之不振,非一原因也。

《男女交合无上之快乐》,日本人著,与《交合新论》略同。其中有云：男子精虫，为山中之金银；女子精卵，为海底之珠玉。皆至可宝者。颇有悟境。

十一月

一日

薄午，与益斋偕出城，饮于雅叙园。石芝在坐。昳，访渭东，观其作象戏。晡，游味莼园。晚，仍至渭东处纵谈。

渭东得句云："零落山田铺破衲，迷茫江雨织重帘。"余又出句云："海底龙珠光照夜。"令渭东、益斋二人属对，皆良久不能对，盖其句浑成雄阔，难得铢两悉称也。

二日

马车出别诸友。晡，在《中外报》馆谈。晚，至杏花楼，石芝招饮。坐久之，益斋来，欣然告曰：昨日之对已属成矣。问何句。答曰："鼎中神药力回天。"余叹赏不止。

三日

连日为北行料检琐细，乘车东驰西突。晡，在石芝所坐谈。余前年自照一僧服像，即与玉蟾阁主合影之《散花图》也，今嘱石芝将余一人像放大，作半身，极端严，拟自题曰：忘山居士前身。

晚，彬甫、少翰、渭东、益斋四人公饯余于江南春。宾友满座。诸伎翩然来集，一时明眸皓齿，鬓影花香，短笛柔筝，丰肴旨酒，色香声味俱备也。

是夕，余又置酒于公阳里胡翡云家，在坐有夏地山、王寅伯、孙振叔、周夔一、汪穰卿、汪继斋诸人。地山于前数日随美使梁震东到海上。

四日

向午,乘车至高昌庙。昳,往视海晏船。晡,诣源丰润,取办途费。晚,觅渭东西荟芳张五宝家。渭东自述其近作,有"孤负瑶台十二层,云浆未饮已成冰"之句。余极赞赏。

夜,在渭东家,与益斋、渭东三人共谭。

张道陵子孙,世居龙虎山,其山所以名龙虎者,因其进路数十里,左山皆蜿蜒如龙,右山皆雄踞如虎,直至上清宫,有二山作最巨龙虎形势,拥卫左右。其宫殿雄丽无比,有法官十馀人居焉。天师别有治所,亦不过一凡人,并无神通,其所以能役鬼神、除妖邪者,恃其祖传之法宝耳。

我国堪舆家言,以西流水为最胜利。曲阜孔氏葬处,有水西流;龙虎山张氏所居,亦有水西流,故其子孙皆世不绝也。盖我国万水皆东去为顺,西流则为逆。夫《易》逆数也,逆来最吉。

是夜,余宿渭东家。忆莼登舟,行具皆运至舟矣。

五日

向午,新吾、渭东、益斋、少翰、彬甫,皆送余登舟。昳,解缆出吴淞口。晚,过南茶山,风起舟荡。夜,风大作,波涛汹涌。

六日

风浪不止,舟震撼甚厉。终日卧不起,亦不食。因忆渭东所述某人诗,有"诗魂乱打浪花中"之句,极佳。又临别时,益斋云:愿君乘长风破万里浪。果遇风浪。

七日

闻仆人言:昨日非但风浪,且风雨交作。是日,晴,风势亦稍息。起,啖粥饭。观书。

商务盛,能使各国中之人民财货互相流通,如血脉互相灌输,联为一体,自然彼此不愿争战。何也？战衅一开,则两国百姓之财产,彼此互有损伤,无论胜负,皆于国人不便。是故商战足以销兵战,确然不易也。彼顽固之徒,斤斤以闭关绝市为上策者,何哉？

日中,散步后舱,始知昨夜风浪甚危险,船尾被击破,米舱几灌水,客人行具半浸湿,舟不沉者几希。

八日　　晴,风止

舟中作日记。行绿水洋面,盖入渤海矣。见远山。夜,四鼓,舟停,知抵大沽口外。

九日

无小轮来。薄午,风又起。晡,仆人曾奎等来迎,仍不能进口。在舟中一日,与稼霖立约规。此次以风浪故,舟中所携食物皆为浪卷去,故饮食简薄。

十日

风息,携随身行具十馀束,挈家属易坐小汽舟。薄午,进口。昳,至塘沽,入旅舍宿焉。尚有笥箧木器百数十束,命仆监运,迟日入口。

十一日

黎明,坐汽车入都。薄午,过安定、黄村,一带白光皓旰,人家、林树馀雪未销,一幅图画。俄入城,至正阳门外下车。仆从备车舆来迎,遂诣总捕胡同李文忠故宅暂居焉。夜,幼珊过谭。

十二日　　阴

诣瑞鹤庄。鹤庄新辟园庭,极闲敞,有花果杂树,隆冬叶尽脱。斋中炽炭奇温,几上红梅花含蕊未放。坐小谈,即行。复过钟笙叔,谭久之,归时日已昃矣。是晚,行具咸到。余居上海八年,今始来都下设立门户矣。

十三日

晡少川叔,招饮同丰堂。晡,至琉璃厂购书。晚,至义善源,戴月入城。

十四日

二我先生过谈。晡,始去。是日,授二我以入道门径,二我快然有悟。

周莲溪爱莲。莲之为物,入污泥而不染者也。佛之称莲胎,同此意。

太极图☯中一阴一阳形状,仿佛二虫盘互。

父母未生前,谁是我本来面目。自古禅家教人参悟,多道此二语。惜人多游心于空虚寂寥,不从实处涉想,故始终不能悟入。

俗以事问人知否,辄曰:汝知道否?答曰:知道。或曰:不知道。又凡事说破,谓之道破。奇!

二我云:闻人言:佛当日乘大车行街衢中,有小儿被佛车轮压伤而死,其父母号哭而来。佛云:毋恐,此儿从我至西天作佛矣。于是闻此语者,家家人俟佛出时,争以小儿置佛车下。由是以观,方知道之不可轻言,轻言则害人。

十五日

晡,出谒城内诸友。薄晚,到大学堂,规模闳峻,见晦若、心父、履初、小沂、仲宣、六桥诸人,闻将于十八日开学,设菜先师,先一日演礼。晚,归,家祭。夜,观书。

世称印书法自东方传来,而蒸汽法则西方所自创。加以邮便、电信之力,而世界上人智识闻见,骎骎日上。考英国人口三千一百万,发兑新报杂志一千六百九十二种,每日发兑一百四十二种,其盛者至日鬻二十四万纸。运搬用蒸汽车,甚急者从电信。邮政往复,亦极繁数。一千八百六十七年,邮书之数七亿八千万馀。八年后,至九亿六千七百万,皆主展写思想言行,所以推扩闻见,交换智识者,无一息之停。德、法虽不及英,而开进之势,日甚一日。要之,刷印、邮便之业大起,而蒸汽、电信助之也。蒸汽、电线、刷印、邮便四者,为万国开化根源,功亦伟哉!

欧人谓:见妇德,知其国文野之度;察其母品行,知其子之善恶。家为妇人贩团,小儿为其属民,母氏品行,铭小儿心中者虽极微,不消靡,及后必发为天下公论,如小木雕字,随长益广大也。语云:训蒙权力,大于政府。信然。冈本云。

德国人谚云:经验者,愚者之主也;道理者,智者之主也。信然。盖天下愚人,非其事经验于耳目则不信有此理。智者不然,虽非经验,而据道理,亦可断其必有此事。

人不可无学,又不可无业。闻美国人教育子弟,先分蜜蜂几尾、鸡鹜几只,使其专心保护饲养;及生儿产卵,乃鬻之得利,托父母以供学习百般之用。得利愈多,乃牧牛羊豕等,使息之,以供婚嫁之资;使自树立,以成一家。是学与业相并,亦新法也。录所未闻。

十六日

晨,出拜南城诸至交。见张少秋、郭春榆、左子异。晡,入宣武门,至甘石桥,谒管学大臣张埜秋,复与小沂、彦东谭。暮,归。月明。夜,观书。

时之可宝,于出世道法已固然矣。即入世道理,凡处己接人寻常日用间,亦处处不可后时。夫欲不后时,无他法,惟有勤而已矣。惟勤,则办事迅速,毫不耽延,于是晷刻无虚掷,有益于己,有济于人,皆不浅也。昔英人斯格的常谓:每日须费若干时间于事务,事务犹行军，前队见沮，变其常度，则后队亦必混乱。故每他人书至，即作答书，不敢稍迟。法帝拿破仑办理细务，无不周悉，常语人曰：凡事不可以睡眠成。赠书其将，有曰：凡事贵神速，不可停顿，致误机宜。又英古王亚弗勒，三分一日二十四小时：初八时听政，次八时为学，终八时休憩。时未有自鸣钟，用蜡烛三条，逐次燃之。富兰格令曰：时间即黄金，欲得黄金，不得不藉时间。马何默得曰：今日之一时，贵于明日之二时。以上皆西国豪杰之名言懿行，可为法守者也。盖自蒸汽、电机发明，而时之愈可宝贵，尽人而知。彼懒惰废时者，英谚谓为百恶之巢窟。不其然哉！

十七日

终日不出，观书。

服官与为学，二者不相妨也。如冈本所述，英人斯格之为诗文巨匠，而终身服吏务。巴墨斯敦博闻强识，及老勤勉过于壮时，尝曰："官吏繁剧者，增益我康强也。"又如近日夏粹卿官祁门三年，而算学大进。故人但患无志，有志则何事足以妨之？

贞洁者，妇女之美德也。然而男子能清静寡欲，不履邪径者，亦可以贞洁目之。美人富兰格令分克己之目为十三德，中有贞洁二字，指窒淫欲而言也。

西人薄辣吉曰：人之食品要多，亦要新陈交代，不可嗜食一种，使胃为之奴隶，否则害荣养。其说牢不可破，此饮食之新理。

欧谚有云：得富则失才智与壮健，贫穷者壮健之友。忘山居士曰：此犹欧人古语，若今日虽富人亦莫不治学问、习体操者，何患失才智与壮健耶？

夜，往谒夔相，未见。坐章霖伯室中，观其从前之随笔杂记。

十八日

晨,起诣大学堂。是日开学,自管学大臣以及总办、教习、学生、各执事人员咸集。薄午,鸣钟排班次,约二百馀人,齐行三跪九顿首礼于至圣先师前。礼毕,学生退至讲堂前,与总教、助教及编译各执事人员行相见礼。日中,各散。晡,归。夜,观书。

亚拉伯人拿伯儿畜骏马,甚爱之。有太伯儿者,欲倾资买之,不听。知拿伯儿仁厚长者,以药涂面,褴褛缠身,为乞人状,以俟其过,谓不食三日,寸步不能行,陈请甚哀。拿伯儿下马扶乘之,太伯儿突起一鞭,夺马而去。拿伯儿大呼留之,谓曰:"汝能夺我马,命也,不可如何,我欲得汝夺马之说,以告世人。否则,今后人皆恐其见欺,虽有真病急者,无复顾救者矣,是汝阻人为善之心也。"太伯儿闻之,忸怩不言,忽下马还之。拿伯儿乃延太伯儿还家,飨之数日,遂为刎颈交。此据德义以格人非心者也,可为后世法矣。

欧洲均贫富之学说,创于法人仓志门,在美人独立时代。其说余曩日颇以为然,近知其非。西谚云:财犹菜圃之肥料,不散则无功。此与《戴记》所谓财散则民聚,正相发也。盖财者,众人公用之物,须散布流通。若壅滞于一处,未有不为灾者。故虽大富家,其财必置诸都市银行中,以供众人之用,若私藏诸家者,久之必遭盗窃,即匿于壁间屋下,亦必被发掘而后出。义和团之起,都中王公贵胄家,被外人掘去金银无虑千百万,可鉴也。

十九日

逾午,趋署。晡,出城。晚,归。夜,观书。

浪费之戒,言之最亲切者,莫如电学始祖之富兰格令,其言曰:人苟买不急之物,旋至鬻有用之物。信然。烟灰别名烟粪。

冈本讥西人主利,以为即仲尼所谓放于利而行。抑知不然。

平民自务本业营利者曰私利,国家振励工商为众人兴利者曰公利。私利、公利,皆理所宜然也。惟佾法以求利、害人以图利者,乃所谓放于利而行者也。

商贾垄断,诚世之所大禁。然良工之造新器,硕儒之著新书,不可无专利之权。其专利虽近垄断,而不可与垄断同日语也。何也？无专利之法,则世界学术工艺难期进化也。

二十日

筠青昨来自天津,薄午过访,同车出城,至同丰堂。是日,宴集泰臣、子毂诸人。晚,诣夔相谒见,略谈数语。夔相明日生辰,有多人来预祝者。夜,归。观书。

德国人黎斯笃言经济学,凡农工商关乎国人生计者,曰经济学。主保护,主自由,应随时适宜。盖谓社会发达,有一定次序：第一曰渔猎时代,第二曰畜牧时代,第三曰耕作时代,第四曰农工时代,第五曰农工商时代。凡邦国在第三时代者,宜从自由贸易,以督农业长进。其达第四时代,农业既进,工业亦将大起者,宜从保护法,以保其国生产。农工商既进,能达第五时代,则宜从自由贸易,大开门户,与海外诸国竞争无禁也。国家命脉与天地无穷,不可与一人百岁之利相比拟,故自由、保护,亦随时而变,此所谓本历史之观察,以为经济者也。其识伟矣。

泰西人多好储蓄,以图异日之快乐。故贷金于人,取利甚微。盖其志在储蓄,不在取利也。东方人富家贷金于人,每图厚利,其志在厚利,不在储蓄也。性情相反如此。

二十一日

晨,诣夔相祝寿。晤子修。日中,归。晡,至大学堂,晤履初、六桥、荟室、性父、仲宣。晚,归。夜,观书。

英国人视变法甚重,虽有弊害,不敢辄改,曰:改而有益,不能偿变法之害。故以习惯法为国宪大本,虽改宪法,亦与习惯法斟酌而行。变法之难如此,是故英国至今犹有守旧党,与维新党对峙者也。

余谓凡国家变法之初,不可不留一半守旧党人,使与新党相敌。盖旧党但知变法之害,不知变法之利;新党但知改法之利,不知变法之害。当局者即各用其所知,使互敌其所不知,于是法可变矣。

冈本曰:法律之进,从人文之进。凡世界上需用新生,愈感法律之不完。忘山居士曰:文字亦然。《说文》序曰:字者,孳乳而益多也。凡世界上需用新生,亦愈感文字之不完。法律者,所以保持天下一切事物也;文字者,所以配合天下一切事物也。

私德、公德之界何由分?曰:一人有德,万人被德,谓之私德;人各有德,互被其德,谓之公德。凡私德与文明而消,公德与文明而进。是故人君不可但施小惠,以行己之私德,当兴教育,设宪法,使国民有公德也。能使国民有公德,即谓为人君一己之公德,亦无不可也。

博施济众,尧舜犹病,故孔子欲求天下人人能自立,而不贵博施。己欲立而立人,己欲达而达人之语,深可味也。

夜深,读古人诗,极有趣兴。故余每临睡时,必朗吟数首,四顾苍茫,情景交感,造化与心通矣。

二十二日

昨夜观《西学探源》终卷。晨起,作日记。

选人之法,犹酾酒然,去其粗者,取其精者,酾而再酾,不厌其精。古雅典法人有选举之权,凡被众人公选,是为受选者。又使法官再审贤否,若不堪任,则从众弹劾之,所谓不厌精矣。

余每主持设议院,当在立学校之先。自谓所见极高。然与人辩论此理,往往词不达意。今见日本当日创议院时,其勋旧建议之语,先得我心。其言曰:我国人民,不学无识,未达开明之域。说者谓今设议院过于早计,宜待民有学有智,然后设之。殊不知欲民有学有智,宜先使有义务,有权利,振起与天下共爱乐之情,审如是,则人民岂肯安其固陋,不学无识,自甘忽己权利,付之度外者云云。诚不刊之论也。

百姓之一举一动,谓之行为,有法律制之,不得违法律也。政府之一命一令,即政府之行为也,有法律制之,不得违法律也。

英国议院亦不能无弊,有所谓公密兄者,似贿非贿,议员所得之花息也。冈本谓其议政诸人,仍不免徇私忘公,需索百姓。余谓言之过甚,议院虽有弊,较诸野蛮专制之国,其百姓苦乐天渊之隔也。

欧贤云:刚勇之人,往往天性温柔和平;外怯懦者,中必残忍。忘山居士曰:是理不难明也。隆冬大寒之时,井水必温;盛夏酷热,则反是。惟人亦然。

太窝善士曰:未开之国,谗者最可畏;开明之国,佞人最可畏。

谈民主者,动主张无君。抑闻美国之法乎?美国人犯罪,无论君民,一体同罪,而特重反逆之罪,谓犯主权者为毁万民护卫。事急,则合众力诛之,不问其原由。

耶稣之说,何尝蔑视君父,冈本未将《新约》书细读耳。要之忠孝二字,固天地之大道,然须活看,为暴君效死非忠,从父之乱命非孝。

欧人于外交分其历史为三:曰服从时代,曰开放时代,曰整理时代。余于内政亦分为三：曰专制时代,曰自由时代,曰立宪时代。

濠洲及加拿大自治殖民地,未尝脱英国羁绊也,而至课税权则由自主,未尝受英国干涉。我国视之,不亦远愧乎？欲增关税,必与他国相商,合地球各国所无。

冈本颇有独到之语,如谓：孔子曰：天无二日,民无二王。言一地不可有二王,犹一天不可有二日也,非万国隶一君之谓也。后儒执《春秋》大一统之义,欲律之于万国,大谬。

罗马帝亚的练,尝筑长城于日耳曼诸国,自莱茵河至大罗勃,长亘万里,与我国秦始皇真所谓东西响应,无独有偶。

薄午,与筠青同车至四眼井,访季英。俄诣长椿寺,共谈。晚,筠青复与余同归。夜,坐论道。

二十三日

晨,绕道地安门外,至西城拜客。过午,诣公所。晡,始还家。车中览《归田琐记》。

服铜末能医骨折,死而剖之,折处有铜结圈,诚理之不可解者。见《归田琐记》。是书福州梁茝林著。

筠青昨为余言：食物中俗呼落花生者,取种埋土中,待其发芽,以渐长大,花叶繁然,花落于地,久而掘土中,得果可食,所谓落花生是也。故名落花生。

次皿为盗,子去一为了,耳门为闻,口门为问,皆字之载道者。

俗语称置千金于虚牝,不知何解,其语自何来,甚奇。鄙意世间俗语,殆皆自上古流传,经千百年不变,决非后世人所能创造也。

俗称妇女之年少者曰花,谓其鲜艳动人也。余则以为非特女子为然,即男子年少者亦可以花目之。盖人自幼而少,为含苞发华之时；少而壮,为华开结实之时；壮而老,为果落叶枯之时；老而衰,为木叶飘陨之时。无论男女,皆一律相同也。故不但女子有发华时,男子亦有之。当发华,皆名曰花。花之名,不可专属诸妇女也。

二十四日

诣瑞鹤庄,小谈,留午食。是日,冬至,啖馄饨,满人俗也。昳,归。车中观《归田琐记》。

制屠苏酒法,用大黄、桔梗、白术、肉桂各一两八钱,乌头六钱,菝葜一两二钱,各为末,用袋盛,以十二月晦日中悬沉井中,令至泥。正月朔旦出药,置酒中,煎数沸,于东向户饮之,可除瘟气。其方出孙思邈。思邈庵名屠苏,故称屠苏酒。

晚,家祭。观《农学初级》,英国旦尔恒理著。

一植物也,而有野产家种之别。盖野产植物,一经人之选择培养,年胜一年,遂变为甚佳之家种,观于田圃间物是矣。虽然,植物改变不能持久,若欲其常得完善之形,必培养之功始终如一而后可,否则家种将复变为野产。忘山居士曰:于是可知天人之交战,非人胜天,则天胜人。

二十五日　　大风

厚庵过谈。薄午,出城,尘起。晤少川叔,又见徐藩卿。晡,归。佑三过。向晚,衣冠诣夒相家,观剧。夜深回,风犹不息。

二十六日　　风未止

昳,姚静山约余看屋二所,皆不满意。晡,诣少川叔送行,将于明日坐汽车至秦皇岛,乘开平局船返海上也。小酌于万福居。夜,归。观书。

天下万物,无论动植,莫不有种子。其种子佳者,则生长发育所成之物莫不精良,种子不佳者反是。故《悟真》云:"鼎内若无真种子,犹将水火煮空铛。"《坛经》云:"有情来下种,因地果还生。

无情亦无种,无性亦无生。"

水火之功用大矣哉,能助舟车之力,鼓荡机轮,使人日行千里。电气之功用大矣哉,能凭一铁线,使人相隔万里外,互通意志于俄刻间。故《周易》曰:水火既济,水火未济。《金刚经》曰:如露复如电。

二十七日　　风息

终日不出门。作家书,寄杭。又寄益斋、渭东书。作日记。夜,诣夔相家,观剧。

"大千春色在眉头,看者番玉暖珠香,重游赡部;十万莺花如梦里,记当日丁歌甲舞,曾睡昆仑。"京都庆乐园舞台上联也,不知何人所作,当是故国遗老手笔。

二十八日　　晴和

晨,诣大学堂,见亦园,力辞编书事。归途访子縠、笙叔。晡,又偕静山看屋,即还。夜,仍观剧。闻仆人来言:今晚所延西医女士来,为余妻疗病者,送之归家,车回至船板胡同,为西兵所扼不放行。适均叔斋中有德国医士毕姓者,余与相识,乞其往为缓颊。毕遂与仆俱去。良久,仆人奔回,言:"西兵竟燃枪拒我,我二人皆狼狈逃散。"问:"毕姓者何往?"曰:"不知,但见其向北去狂走,遗其帽。"余曰是必往诉于德国使馆,无妨也。夜深,余去时,毕尚未归。

二十九日

薄午,诣工部公所。晡,游厂肆,购新书数种。又自翰文斋携得王渔洋《感旧集》及旧板《抱朴子》。归,日西沉。

《抱朴子·微旨》一篇有云:"始青之下月与日,两半同昇合成一。出彼玉池入金室,大如弹丸黄如橘。中有嘉味甘如蜜,子能得之谨勿失。既往不追身将灭,纯白之气至微密。昇于幽关三曲折,中丹煌煌独无匹。立之命门形不卒,渊乎妙矣难致诘。"此先师之口诀,知之者不畏万鬼五兵也。又二山诀云:"大元之山,难知易求。不天不地,不沉不浮。绝险缅邈,崔嵬崎岖。和气缊缊,神意并游。玉井泓邃,灌溉匪休。百二十官,曹府相留。离坎列位,玄芝万株。绛树特生,其宝皆珠。金玉嵯峨,醴泉出隅。还年之士,挹其清流。子能修之,松乔可俦。长谷之山,杳杳巍巍。玄气飘飘,玉液霏霏。金池紫房,在乎其隈。愚人妄往,至皆死归。有道之士,登之不衰。采服黄精,以致天飞。"以上语,世无能解者。

览《感旧集》,余最爱梅村七律,沉雄苍郁,其七古亦温丽独绝。又龚孝升诗,绵邈有风致。

三十日　　阴

长椿寺住持静波过谈。饭后,往偕姚静山看屋,微霰即止。晚,观《农学》终卷。

读书不过明理而已,观迹而已,若欲习法致用,不可专恃读书,非亲历其境、习练其事不可。盖书中所言,皆已然者也,不变者也。日新月异,既非陈迹之可拘;因时制宜,又恃一心之妙用。是故学医者,非仅独医书即可治病也;学武备者,非但读兵书即可将兵也。皆必亲历其境,操习其事,多历年所,乃可成良医、名将,非易易也。

十二月

一日　　晴

观《传种改良问答》,日本森田峻太郎著。

女子所以有月经者,因泡蛋长足时,其内必回触郁激,致子宫积血,内外口俱肿,肿极而微丝管破裂,则经水行矣。此余所未闻,记之。

又云：男女生殖器，其形状虽异，其构造殆同。取男阴翻转向内，即成女阴之形；取女阴翻转向外，即成男阴之形。忘山居士曰：尝见史书载，有女子化为丈夫，或男化为女之事，以妖异。其所以能化之故，于此可明其理。

世界文明之极则，男女自择配偶，以学问为媒妁，并以学问为防限。何也？无论男女，苟有学问，必不与无学问之人忽然相爱也。

过午，诣大学堂，晤书衡、亦园及六桥、郁堂、幼珊等。晚，至馀园，云史招饮。

二日

观《传种改良》终卷。又观《露漱格兰小传》终卷。夜复观《胎内教育》，日本伊东琴次郎著。

忘山居士曰：夫妇配合，宜由自择，欧人之风也。然与苟合有别，何也？盖当未结为夫妇之先，彼此先为朋友，必待二三年之久，互相察知性情之如何，品行之如何，以及身体之强弱，学问之优劣，无不体验周备，然后两情认许，再以父母老成之敏眼认可之，方能订盟结缡，至不易也。若夫苟合者，不过因一时之情欲，苟且而成婚姻，往往有后悔无及者。如《胎内教育》中所载，加曲那之贫妇是矣。见本书第七叶。是故婚姻之事，由父母压制而成者，固不可也；由两人一时之血气热情而成者，亦不可也。必半自择、半由父母，庶得中道。

夫妇合性不合格，往往所举小儿多夭折，此泰西某国博士拍威罗所考证之新理。

希腊柏拉图氏曰：男女婚姻之期，男自二十五岁至三十岁，女二十岁以上，最为适宜。此与我国古制男三十而娶、女子二十而嫁正合。

天下美妇，不在貌，以强健完全为第一，此语吾信之。

三日

诣季英，贺其嫁女。至长椿寺午饭，与老僧静波闲谈。晡，趋公所，即归。观《胎内教育》终卷。

同姓为婚，其生不蕃，此我国古语也。见于《左氏传》。余初不得其实据，今见伊东琴次郎所考得血统婚姻之害，始恍然矣。盖日本人多有从兄弟为婚者，其生子非聋即哑，或身弱，或夭死。观于盲哑学校中，十人有九人，其父母皆血统婚姻者，可不畏哉！伊东又尝试其法于鸡，始以异种相配，一月间产卵十八枚乃至二十枚。春季孵十枚，其不孵化者一枚，孵化后弱而死一羽，馀皆长成。嗣以亲鸡配子鸡，其亲子相配者，每月产卵十七枚乃至十九枚，兄弟相配每月产十四枚乃至十八枚。春季取各卵十枚孵化之，亲子相配之卵，腐败四枚，弱而死者二羽，其雏长成后量其体重，皆减于母鸡百之十三。兄弟相配之卵，腐败三枚，弱而死者二羽，即有长成者，其体重皆减母鸡百分之十一。厥后年年如此，足证血统婚姻之害，由鸟可以推之人矣。忘山居士曰：是理不难明也。观于农学家研究种植，往往用轮种法，盖于一处之地所种物，若历年不易，其地即疲而产物少；易种他物，便能茂盛。细考其故，则因常种一物，必遗毒质于土内，再种此物必受害；易以他物，使得前物所遗之质，不特无害，反有益也。植物如此，动物何独不然？

无论何人，皆有善心之萌芽于中，所谓平旦之气，所谓自然之良心。然须以学问加意养成，则发达可至无垠。若放弃之，则虽有佳种，亦无收成之望也。

西谚曰:小儿者,以乳汁与赞辞二者,助其成长者也。忘山曰:乳汁,利也;赞辞,名也。岂惟小儿,人一生一世,皆为此二字所推挽牵引。

四日

诣夏厚庵。厚庵为其子纳采。晚,至铁老鹳庙,购新书十馀种。夜,归。

磷之为物,不知系何种性。卫生学家言:凡动物皆含磷,如能补身内之磷质,则所积之土性盐类皆能消除,年虽老而身力脑神俱可不衰。惟服磷之剂,易致肠胃皮肤发炎,故无妥法。又农学家言:土内有一最要之质,曰磷养,此质能使瘠土变肥,各植物无不借此质以茂盛也。又云:凡植物若种于多磷养之肥土,食之于人大有益。

五日

饭后,又偕静山至东安门内看屋。晚,观日本饭泉规矩三氏之《修学篇》,蒋震方译。又览泽柳政太郎之《读书法》。

凡人之志与业有别,业者眼前已成之志也,志者远大未成之业也。

诸暨蒋氏曰:西人所称一人万能之时代,乃野蛮之世,法简而事易治,群小而智力粗浅。若世界文明,必以分业协力之,愈繁赜而愈进化。盖合群之内动力,未有不由此起。分则专,专则精,一人之生,必百工给之,而己亦就群内不可缺之一业而执之,故其事不必同,而交相为用,群力之合力乃固。忘山曰:观是,则学问但求专精足矣,不贵兼众人所长也。

《修学篇》云:读书宜融合化解,分类归纳。又云:读书宜时记其所得。盖心之想象,不得言以表章之,则机序不立,而其贮蓄也不能足且备，昨得之而今忘之矣。忘山曰：余之勤于日记，即此意。

法人蒲丰为人好学，尝欲矫晏起习，谓其仆约瑟曰：六时以前能起余者，每度与之银一。约瑟每晓必呼之，仍不醒，即醒，往往一转身而复寐矣。约瑟欲得赏，乃以盘盛冷水，入蒲丰寝衣下，惊而醒，乃起。嗣后以为常，而晏起之习止。忘山曰：余亦病己之晏起，思欲矫其习而未能。

蒲丰平日于事，不论大小精粗，皆秩然有次第。其言曰：有才气而无秩序，四分失其三。

欧贤若克孙曰：财而失，由俭约得以偿之；今日失时，不能取明日之时以偿之也。又日本中村先生曰：时者，产业也，豪杰之积学也、建功也、著书也，皆以之。皆名言。

六日

逾午，出城，随佑三往看羊肉胡同之屋，前为新吾旧居，尚宽绰，有园林，惟残破需修整。晚，绕道地安门，至大学堂小坐。夜，归。作日记。

七日 风

诣访罗华甫，小谈。晚，观《新民报》。

今日号称新人者，非但不肯服不正不善之法律，并不愿服正且善之法律，以是为自由。不但不服世袭之君主，并不愿服公举之总统，以是为民权。饮冰主人讥之，甚是。

边心之《政法论》，谓亚里士多德及孟德斯鸠之立法、行法、司法三权鼎立说，尚有阙漏者，盖即政本之权须在三权之上，有以统一之，庶免陷于政权分裂之弊，而亦未言明政本权究以何人为代表。任父叙述其说，亦颇踌躇，而不能断。以为属之君耶，防其权太盛，或至蹂躏个人之利益；属之民耶，则与下议院有何差别，且势分不尊,意见纷歧,安有统一之权,非边心之本意也。忘山居士曰:此理余思之审矣。天下之事,成于三而止,不得过此数也。是故天地以精气神结合而成人,人以智勇仁结合而成德,皆不过三数。然则人民以立法、行法、司法三权结合而成国,亦宇宙之公例,何必于三者外更议增加,是蛇足也。若虑无所统一,则试观精气神三者,以神为主;智勇仁三者,以仁为主;立法权比精与智,行法权比气与勇,司法权比神与仁,即以司法为主权,兼统立法、行法未为不可。盖国民所以必立君长者,无非欲平众人之争,而为之裁判也。考之往古,立法、行法未创立时,先有司法一职,即为判决众人之争而立也。有司法而后生出行法、立法,见于西国法律家所著书,则知司法于三权中为最重最贵无疑,何不可推为主权?故鄙意议院属立法一部,宰相属行法一部,国君当属司法一部。凡国内立法官由人民选举,行法官由宰相选用,司法官当由国君选任。虽然,使司法官有决事不公者,立法官可排击之,行法官亦可禁遏之。惟遇立法、行法二部互争不相下时,国君可命司法官判决之。余意如此,边氏、梁氏殆皆未见及也。

英吉利、日本诸国,其君世袭,实无国权,权在人民公举之宰相。美利坚诸国,其君皆公举,四年一任,不复设宰相。余意凡国君自宜由人民推举,世袭诚弊法也。然既推举一君,不可不再推举一相,使君掌司法一部,相掌行法一部,庶合于理。或曰:西国例司法官多终身任之,国君亦可终身任之乎?曰:君果贤明,何不可终身任之?若不贤,则随时可公黜之,岂必至三四年耶?

边氏又谓:无论何种政体,其掌行政之大权者,不可不自人民出身;苟非尔者,必为人民之敌。专制君主固敌也,立宪君主亦不免于敌。忘山居士曰:此说不尽然,世固有始虽人民出身,及至为君,忽与人民为敌者;亦有虽非人民出身,而心在人民,不与人民为敌者。要之,立宪国国君虽能统辖人民,而立法在议院,行法在宰相,虽欲与人民为敌,亦不能展其手段也。即行政之首长,欲有所作为,亦有立法院牵制之,舆论稍不协,不能不辞职,断难与人民为敌也。

饮冰所述之布尔特奇之《英雄传》、吉朋之《罗马史》,二书不知日本有译本否。

八日

工部京察过堂于昨、今两日,余是日趋公所。日晡,始竣事。晚,观《经国美谈》,夜深终卷。

是书写希腊齐武国中巴比陀、威波能等一时豪杰,能歼除奸党,修内政,振国威,声震九州,名播青史,可敬可服可羡,为我国小说中所无。

书中分别民政党与无政府党之差异,盖相似而相反者也。民政党如巴比陀、李志诸人是也。无政府党如黑搓诸人是也。巴比陀以其法兴齐武,黑搓以其法乱雅典,利害皎然。中又极论均贫富之非,直可作一部政治书读。

九日

访季英纵谈。季英大有彻悟。晡,至施家胡同聚庆堂,待客未至,先往观剧。观毕始回车,相与饮啖。夜,入城,与稼霖为象戏,亦略见战守机权,颇有趣。

十日 风

起甚晏,终日不出。作日记。

观任父叙述亚里士多德政治学说,始知古代希腊民主制度,与今之民主制度不同。盖彼之所谓公民权者,不过国民中一小部分,自馀则谓之奴隶,不谓之民。按亚氏所生之雅典,号称最文明之国,然当时公民数不过万六千人,其奴隶殆十倍之,据此亦可考见。

亚氏政体循环之说,谓由君主一变而为贵族,再变而为民主,民主行之久而弊生,将复归于君主。盖与孟子一治一乱说正同。任父不以为然,谓政体果变为完美之民主,必无复为君主之理。彼亚氏亦狃于欧洲历史中既往之陈迹,屡有由民主变为君主,如罗马之该撒,法兰西之拿破仑第一、第三者。不知彼所谓民主,一切宪法条理未备,非完全之民主,不得谓之真民主。若真民主,如今日美利坚者,决无虞其复变为君主之一日。忘山居士曰:是说与余意同。余谓凡天下所谓治者,以一人强治万人,使全国无弗俯首下气以受一人之治,此之谓治,稍不听焉,而乱作矣。所以有治有乱,而治乱循环。若今之美国,其执掌国权者由人民公举,其权不啻人民共委之,使为国民之代表,而立法权、财权由议会主之,则与人民自治何异。人民既能自治,则无所谓治,亦无所谓乱,是之谓真民主。

十一日　　风

出谒诸权要。车中观书。

梁任父言:使国中有一学说,独握人人良心之权,而不容有他学说与之并立,若是谓之学说之专制。苟专制矣,无论其学说之不良也,即极良焉,而亦阻学说之进步。忘山居士曰:然哉,然哉!凡世界内,上至国家之政治制度,下至个人之智识才能学问及一切百事,苟欲求其程级日进者,皆不可不遇敌,不遇敌则不进。非惟不进,且日退,故敌者吾之师也。何也?有敌则有所比较,易生我之感情,不得不鼓舞其心思材力,以求进而益上,而无止期;无敌则无比较,稍有所得,即盈满自喜,不更求进。天下事不进则日退,讵有中立者耶?既日退,则并其前之所得者而亦亡之。噫!

十二日　　风止

观旧作日记，温其平日所得者。读《文选》古诗。晚，览日本岸本能武太所著《社会学》，馀杭章炳麟译。

亚当夏娃之说，本是景教寓言，别有妙义，非凡夫所能解。而教中人竟据是以为世界人种所由来，则大谬矣。岂必人种学、地质学、古代生物学昌明，乃知其非。

证生民之始在五十万年以前，此由地质学家据地层中古物考得之理，其说殆不谬也。有探开痕德窟在英国特温舍亚州者，见其最上为石灰层；次为黑泥层；又次为斯他拉哥马衣德层，厚在五尺；次为数寸之烧木层，数尺之土层；次复有第二斯他拉哥马衣德层，深且厚有过十二尺者。自此以下，为赤沙石层，其厚不可测。凡此诸层，其最上层已有二千年遗物，最下至赤沙层，犹见人力精造之燧石器。据地学家言：凡造厚一因知西国分一尺为十二因知斯他拉哥马衣德层，需有三千七百二十年之石灰。则积至一尺，当得四万四千六百四十年；积至五尺，当得二十二万三千馀年。虽其考证者亦不无一二可攻驳之处，然大致可信。

十三日

诣瑞鹤庄。昳，归。作日记。

《社会学绪论》云：人类有各种科学，则有统一之二法：其一欲发见一切科学之原理，而据此原理以综合一切科学者，是为哲学之目的；其二欲测定复杂之程度，而使一切科学从其发现之早晚而排列之，是为社会学之任务。故社会学与哲学，皆称科学之科学也。

自有生民，至有史时代，前此数十万年，其进化之力迟；至于有史时代，而进化之力速。忘山居士曰：世界自有文字图画以后，为第一步进化；自有格致机器以后，为第二步进化。格致机器学所以昌明者,倍根之力也,故第二次进化较第一次更速。

十四日

往谒秦幼衡师。师读书极多,每日早间精究舆地,又作小字数行,颇自期许,盖于书法极用功也。晡,子修约饮,坐有曾履初、易实甫诸人。子修云:有人问经济特科之经济二字,出何书,诸君能言之否?一时皆不能答。余尝阅《归田琐记》,载阮云台在相位时,每于岁除前,用松江花绢方笺篆书天下太平字,分贻知好。潘芝轩阁老以四字所出问翰林诸公,皆不能对。师曰:在《五经》中。乃分属军机章京数人,各检一经,始知出仲尼《燕居篇》云:言而履之礼也,行而乐之乐也,君子力行此二者,方是以天下太平也。世间习见之语,出于习见之书,而人不能举其出处者,往往类此。

晚,归。月明。中途腹痛欲遗,不可忍,遂遗于裤,狼狈至家。

十五日

黎明起,奉长官谕,派至午朝门坐班。此沿前明例,因天子不视朝,故群臣相集于午门外坐守,以示格君之意。今天子日召大臣治事,未尝一日废辍,而犹沿此例,真所谓具文。

日高始归。观书。

《社会学》又云:自太古以至有史时代,各种长物之发见,一曰直立,二曰言语,三曰火,四曰器具,五曰欲望,六曰自己,七曰畜牧,八曰农耕,九曰社会,十曰道德。其所列次序,皆有至理。

大凡人观察力长者,思索力必短。如野蛮中非洲之柏修门人,其视官如望远镜,眹眹不息;亚洲之佉来衣人,于距离稍远之物,他人必重袭眼镜以视之者,而彼能眺见之;柏拉齐尔之因忒安人,能见白人所不能见,闻白人所不能闻;北美之因忒安人,能听声音极幽者,而识别其高下;息兰岛之韦达人,能以蜂之羽音,而知蜂巢所在。其观察力可谓至矣,然皆不能因其观察所得,而演绎其利益如何。又闻柏拉齐尔之因忒安人,凡事非直接躯体者,一切无所动念;达马拉人举数,以左手撮右手之指而计之,故数至五以上则不能举,又以物品交贸,烟草二本易羊一头,倘给烟草四本,令取羊二头,则茫然不解。其无思索及综合之力又如此。忘山居士曰:今日文明之人,其观察虽不逮野蛮,思索远过之,且能以聪慧之力,补其观察所不足,而更超夫野蛮。如制远镜,数百倍者能窥星中之月;设电机,能闻数百里外人语。此岂野蛮人所能及耶?

东文哲学书中,有所谓抽象,所谓概念,余初不解其义,今始知之。盖欲言赤色,则言金鱼;欲言黑色,则言薪炭。金鱼、薪炭为具体,离金鱼、薪炭之实,而言赤色黑色,则为抽象。能抽象,则能综合。何谓综合?离此金鱼,而言凡赤色之物;离此薪炭,而言凡黑色之物。是由综合而得之者,所谓概念也。

凡万物之形色声音臭味,五官所能触也;法度原理物质神识,非五官所能触也。五官所能触者,用观察之力;五官所不能触者,用思索之力。

境遇于社会有关系,曰气候,曰土壤,无机之境遇也。曰植物,曰动物,有机之境遇也。当民智未开时,社会往往为境遇所困。自世界进化,器具机械一切卫生之物悉发明而利用之,可避境遇之害,且可因之以为利。《社会学》云。

十六日

诣胡云楣家贺寿。日中,趋署。晡,诣厚庵家,贺其子娶妇,宾友齐集,观其结缡。晚,至优人二丽家宴饮。夜,戴月归。

十七日　　风

观书。《宋史·刘锜传》:顺昌之役,夜募壮士五百,斫金营。

是夕,天欲雨,电光四起,见辫发者辄歼之。辫发胡制,自古已然,不自本朝始。但不知金人当日亦剃半发否?待考。

元儒许衡言:学者治生,最为先务;苟生理不足,则于为学之道有妨。彼旁求妄进及作官嗜利者,殆亦窘于生理之所致也。忘山居士曰:古之学者,往往半耕半读。又如冈本《西学探源》载美国人教子弟,业与学相并之法,皆是。

夜,诣稚夔谈。闻徐颂阁以私函请托,为其门下士尹铭绶所劾。尹以举发太迟,迹近报复,一并议处。

前朝廷之意,电报改归官办。是日又奉旨,改为官督商办,以有某御史奏陈利弊也。

十八日

晨,诣亦元谈。日中,往视厚庵。俄至啸霞处,午饭。晡,入城。观《社会学》终卷。

社会团结之始,盖为人类生存竞争优胜劣败之自然结果也。何以故?凡与人争斗者,多助者优胜,寡助劣败。劣败者死亡,优胜生存。此人所以不得不去离散而为合聚,以成社会。此自然洮汰说也。忘山曰:较神命、社会性、民约三说为胜。

凡社会以三种系统成立:曰督制系统,官兵是也;曰供给系统,农工是也;曰分配系统,商贾是也。或以士归入督制系统,余谓欲各种系统之进于文明,皆非读书不可。故士也者,贯乎三系统之中也。

督制系统以干涉为利,以放任为害;供给系统以放任为利,以干涉为害;若分配系统,则恐时宜干涉,时宜放任。然未敢以为定论也。

是书引英国哲家陌京齐所列社会性质五说,而皆辟其非。五说者:一曰多元说,二曰一元说,三曰器械说,四曰化学说,五曰有机说。忘山曰:前四说诚有不合,而余独取有机说。何谓有机,人之身体是也。岸氏之辟有机说也,曰:有机体不过一人之身耳手足指臂,离乎本体,则与瓦石等,不能自觉也。社会万人之身所联合也,虽有离社会者,依然人也,能自觉也。且躯体为中阴所存在而保护也,中阴超绝本体以外。若社会之须保护为社会也,不为超绝本体以外之物也。余谓不然,凡社会既合万人之身为一身矣,亦合万人之中阴为一中阴;人之中阴超绝本体之外,则万人之中阴亦超绝社会之外。保护社会者,即保护万人之中阴也。肢体不能离本体而有知觉,个人又安能离社会而能存在。是故社会之组织,与有机体正无异也。且有机体之中阴,曷尝专聚于神经脑髓,而不散布于百体者哉?是故社会中个人虽有贵贱高下之差别,而个人之中阴无贵贱高下之差别也。惟无差别故平等,惟其平等,故能互相保卫扶助,虽万人之中阴,不啻一人之中阴也。惟有差别故不平等,惟不平等,故能互相统辖维持,虽万人之肢体不啻一人之肢体也。

社会之发达与进化,赖有二种之能力:曰情,曰智。情者,欲望也;智者,所以审度欲望之广狭得失也。故互有能动受动之关系,智者所以促其情之进化,情者所有促智之发达。欲望如蒸汽,智识如铁道,人类如车,欲望驱之于后,智识导之于前,而后向方无误。《社会学》云。

凡人类之利用动物,而为渔牧;利用土壤,而为农耕;利用林木,而为宫室;利用矿产,而为货币。皆谓之天然征服。

家族者,利他之学校也。一语可为高言兼爱平等、反失亲亲之谊者下一针砭。

火器日盛,人知战争之害,愈可以保和平。所谓转祸害为福利。

十九日

各衙署封印。余衣冠趋公所。晡,归。是日稼霖生日,呼善讴者至,唱北曲,弦鼓声相闻。俗乐也,听之不倦。

二十日

作书,寄杭州。与忆莼、稼霖为象戏。观《俄罗斯大风潮》,英国克喀伯著。

二十一日

晨,诣西四牌楼善芝樵家。余所看定之新屋,即芝樵产也,在其宅东,隔一墙可通为一宅。日中,出城,至长椿寺。寺僧以蔬饭款余,饱啖,小谈遂行。访高文卿于厂肆有正书局。晚,入城。观书。复赴子毅之约,在东长安街京都饭店,坐有陈亮伯。

《俄罗斯大风潮》一书,言无政府党之宗旨也。彼其意欲得完全无制限之自由,各奉自然之产,家给自足,互相助济,无少缺乏。人人有平等之价值,一切政府威权,地方法治,为人类所连结者,皆废弃不用。又云:人须明自然法律,自然法律之理明,则外来之法律皆可不用。故不但专制之君吏当除去之,即被民选举者,亦当除去之。此学派创于俄罗斯最高贵族巴枯宁,盖目睹夫波兰人民为俄国专制恶政府所荼毒,杀人如麻,有所感愤,而创为此种议论,实出于公心。何以知之? 以其身为贵族而知之,若出于平民,则不可信矣。自巴氏以此宗旨著书流播于世,于是其主张之道理,不但深印于俄人之脑中,即法兰西及瑞士,现今之社会,皆染其印记而不可洗。党与日多,革命之事遂屡萌,动率为俄政府所压止。里昂司之役,被擒者六十六人,而克娄剖特京亲王、法国大著名地学家尔李碎勒克吕、俄罗斯名士拉吾娄夫皆与焉,可谓极无政府党一时之盛矣。然其说矫枉过正,流入古雅典黑搓一流党派,《经国美谈》所载。势必堕入野蛮人之自由,大非世界之幸福也。故余谓创此派之人,其心为救世,非不可嘉也,病其识不足。若从其说,反为害于世。

俄皇亚历山德第二,及美总统林肯、麦金丽,皆被刺客所杀,即无政府党中人也。刺客手段为无政府党第三级变相,盖其第一级即巴枯宁唆众造反之手段,第二级即俄罗斯回国学生创为去而与人民为伍一语尽力感化国中诸少年之手段,既皆无所成功,始变为刺客手段,以杀人流血、舍身成仁为独一法门。不但男子入其党,即妇女亦与焉。如刺死俄将军特累剖夫,为女豪杰韦拉沙;刺死俄皇亚历山德第二者,为贵族女杰薛非亚。

二十二日

作日记。晚,诣稚夔。

人民犯罪,被监作工,此至轻之刑也。而无政府党以为政治社会上之大罪恶,谬甚!

我国旧制,宰相上殿,命坐面议大政。自赵宋太祖代周,而旧臣王质等惮帝英睿,请用札子,面取旨,退各疏其事,同列书字以志。坐论之礼遂废,见《宋史》。

宋太祖以窦仪识蜀宫人镜背铸字,遂叹曰:宰相须用读书人。忘山曰:宰相所以需读书人者,为其能观古今成败之迹,深究本原,然后佐朝廷,用人行政,无或乖失。岂贵其多记诵、备顾问哉?

闻白人国中牢狱皆清洁宽敞,被监禁者无异在家。我国则反是矣,凡犯罪入狱者,无异与犬豕为伍,其苦不可名状。惟《宋史·太祖纪》称,帝尝以暑盛,诏狱吏五日一检视,洒扫狱户,洗涤枷械,相传为美德。

建学置学田,自宋真宗乾兴元年始,从判国子监孙奭之请也。

《宋史》载仁宗时,韩琦为相,与曾公亮、欧阳修,三人同心辅政,百官奉法循理,朝廷称治。忘山曰:朝廷称治四字甚好,能得当日之真相。何也?专制政界虽有仁君贤相,不过朝廷称治而已,天下百姓未必治也,但不十分愁苦耳。较之暴君奸相行虐政时则稍胜。

二十三日

黎明起。是日,我浙同乡京官,集乾清门前谢恩。余趋入东华门,则诸人已散出矣。乃偕至酒馆中饮啖。俄,余诣陈雨苍。午,归。观书。

《说文》:姓,人所生也。又曰:从女生。《释文》亦曰:女生为姓。而不言从女之故。今观族制进化论,始知族制初起时,女系族谱法先起,进移于男系族谱。推其所以然之故,盖上古人民无婚嫁之礼,始皆男女杂处,一女或交数男,一男或交数女,无所谓夫妇也。故女不能专有其男,男亦不能专有其女。其后变为以勇力掠他族为妻,由是妻始为夫专有,相习成风,以为荣耀,而耻妻本族女。久之,各族皆强,彼此不敢争斗,遂而和好,勇力无所施。于是别族女势不能掠,乃变为以所掠外女所生之子女,使别为一姓,如外族然,而本族可纳其女。于是姓之名义始起,盖皆从母之姓也,而女系族谱法立焉。且原人往往不知父子之关系,故只能以母姓为族谱法,此姓字所以从女生也。迨其后智识日开,渐渐皆知母之外尚有父,且父之权力大于其母,故又变为从父姓,而男系族谱始起。

二十四日

终日不出,观《族制进化论》终卷。

马克勒兰所著之《原人婚姻论》及罗博氏著《开明原始论》,多载各洲岛夷嫁娶之法,皆貌为推夺,以掠夺为婚礼,此盖沿从前掠女之风也。故娶字从取女。

掠夺他族之女,而强使为我妻,此野蛮之夫妇。胁制他国之人,而强使为我奴隶,此野蛮之君臣。世界进化而后,变掠夺为嫁娶,变胁制为公举。

观上古原人村族群体之时代,各人无私有产,只同耕共作,而分其所得耳。见《族制进化论》第四章第一节。则知井田法,惟古代始宜用。

日本大化以后之选人法律云:凡选人之法,先尽德行,德行同,取才用高;才用同,取劳效多者。余谓千古选人之法,不出此数语。彼单取德行,或单取才用,单取劳效者,皆非也。

二十五日

观《道德进化论》,日本户外宽人著。

西儒之论进化也,有重智识、重道德两派。如排克尔重智识,克特重道德。其实皆有所偏。智识不能离道德,道德不能离智识也,两者并有维持世界之力。

近日蒸汽电力,功用日大,人尽知为智识进力矣,道德之进化安在?曰:如英国力查一世以后,各国制造武器,遂求不滥与人痛苦而能奏效者。又一千八百六十四年,欧洲圣约,自后战争时,须保护伤病之人,及近日各国禁卖黑奴,皆道德进化之证据也。

二十六日

过午,诣厂肆,购得《何大复集》及《李沧溟集》。归,作日记。

宋吴奎尝言曾与王安石同领郡牧,见其护非自用,所为迂阔,万一朝廷用之,必紊纪纲。忘山曰:使安石但所为迂阔,而不护非自用，其人犹可用也。惟护非自用，则无救矣。自古未有护非自用之人，而能当大事者也。近日言变法者，犹推重安石，大谬。

人每恕安石之用小人，曰：当时正人君子皆不附之，激之使然也。不知安石之与吕惠卿定交，因与论经义多合之故，与诸君子何与？

宋程明道与伊川，闻周敦颐论道，遂厌科举之业，慨然有求道之志，未知其要。彼亦知世界中有可贵重者曰道，但道在何处，未之知也。观其泛滥诸家，出入释老，数十年返求诸《六经》而后得之，则知其终身无所得也。

唐、宋之制，凡国家诏敕或有差失，凡给事中、黄门侍郎等官，可以驳正及封还之。如唐德宗时，将以裴延龄为相，阳城欲取白麻坏之；宪宗时，李藩为给事中，制敕有不可者，即于黄纸后批之。又宋高宗将逐中书舍人潘良贵、中丞常同，给事中张致远不书黄。孝宗将擢张说为枢府，直学士院周必大不草诏，给事中莫济封黄录黄。又谏臣随宰相入阁议事，有所弹劾，可对仗读弹文。如唐高宗时，侍御史王义方奏李义府擅杀六品官，对仗叱李义府退，乃读弹文。中宗时，监察御史崔琬对仗，弹宗楚客潜通戎狄，受货赂，致生边患。宋仁宗时，殿中侍御史里行唐介劾文彦博，缘阉寺通宫掖，以得执政。帝怒，却其奏不视，且曰将远窜。介徐读疏毕，曰："臣忠愤所激，鼎镬不避，何辞于谪。"神宗时，唐坰将劾王安石，至御座前，摺笏展疏，目安石曰："王安石听札子。"因大声宣读，凡六十条，大旨言安石专作威福，曾布表里擅权。至诋安石为李林甫、卢杞，帝屡止之，坰慷慨自若，略不退慑，读已下殿，再拜而去。

二十七日

俞理初《癸巳类稿》外，尚有遗稿，内有《积精篇》，刻本多删去。沈子培家藏抄本犹存此篇，是日借读之，不过拉杂引房中术，别无精义。黄益斋因未见过，嘱余代索，拟觅人抄一通寄之，寥寥数章耳。薄晚，观新出书二种：一曰《二百年后之吾人》，一曰《地球之过去未来》，皆日本人著。

欧洲人类学者帕类，尝发掘葬地，就六百年以来之尸体而概调查研究其脑，知每百年为人脑增大之级。不知可据否。

闻法国有学士某著通俗天文书，述近时于火星表面之数处，有见为三角形或四角形之光点，是恐火星人类与吾地球人类为欲试交际之标帜也。有贵妇人心然之，因以遗产十万佛郎，谋设光灯以答之而不果。此亦近时之笑谈也。

有机物之所以进化，起于争竞。所以争竞者，起于世界上营养物与生齿之不相当。然则人类过庶，可惧亦可喜。

汽蒸之舟车，及一切机器，皆赖有石炭。而大地之石炭有限，采掘将尽，则奈何？曰：将来物理学、化学日进步，必有一物可以代石炭，而取之不尽，用之不竭者，其在电气乎？

二十八日

观《公法论纲》，吴县杨廷栋述。

于公法中，有绝大势力凡六种：曰成例，曰条约，曰法律，曰宣言，曰学说，曰公文。

问：学说何以有势力？曰：一千八百七十年，普法之役所议各事，公法中皆无专条，英、比、荷兰各国公法家病之，于一千八百七十四年创立公法协议会，集各大家设疑讨论，所决定者即备各国政府采用。学说之有功如此。

公法中不但一国政府与别国政府有权利义务，即一国人民与他国人民往来交际，各有权利义务，又与国家相关，故皆为公法所统。

凡两国相争，各引公法以自直，则由相争之国协请中立之国裁判曲直。如日本与秘鲁相争，由俄帝决之。又如意大利、瑞士疆域之争，亦由他国出而裁判之。又英、意新订通商航海条约，载明两国他日有争议之时，即由他国决之是也。

凡不在公法以内之国，亦与各国交通，特订修好条约。凡订修好条约之国，是为公法中不认为国之证据。

二十九日

观《名学》，无锡杨荫杭述。

余初不解东文哲学书中内容外延之理，今始知之。所谓外延者，譬指动物中鸟之一种，而更牵连及于人类、兽类、昆虫类，此外延也。若专言鸟，而更状其喙爪羽翼等言之，此内容也。

名学之书与算学之书对峙，盖一为探赜之法门，一为探理之法门。

三十日

观书。补作日记。

唐玄宗因姚元之奏，请序进郎吏，而不答，曰："此琐屑，不当烦朕。"闻者皆服其知大体。何其后疑吏部选举不公，而欲亲决试判；又既焚珠玉锦绣于殿前，未几复使杨范臣入海南求珠翠奇宝。所谓出尔反尔。

唐王忠嗣为朔方节度使，专以持重安边为务，常曰："太平之将，当抚循士卒，不可疲中国之力，以邀功名。"可谓知大将之体。

唐、宋时往往京官不称职，或大臣犯罪者，辄贬授外任边远之处。此实不于合理。盖使其人系贤而被诬者，则不当贬；若果不贤，边远百姓独非人耶？何辜而当奉有罪之人为官长耶？

唐太宗谓长孙无忌曰:"雉奴懦恐,不能守社稷。吴王恪英果类我,我欲立之何如?"无忌固争,以为不可。使太宗果立英王恪,则其后必无武曌之祸,无忌之争虽出于公,而误人家国之咎,亦何能辞?以视卫瓘之告晋武帝曰此座可惜者,有愧多矣。

唐张公艺,九世同居。宋陈兢,亦九世同居。然兢之九世同居,上下姻睦,人无间言,出于自然也。公艺之九世同居,则不过善忍而已。观其书忍字百馀以进于高宗,可知则出于强制也。

西人有所谓配赋税者,盖量出以制入者也。唐杨晏为相时,曾一行之。

刘晏掌转运度支时,凡勾检簿书出纳钱谷事,虽至细必委士类,吏惟书符牒而已,不得轻出一言。又或权贵属以亲故,晏亦应之,俸给多少、迁次缓速,皆如其志,然无得亲职事。故余于唐人所服者二人:一曰李泌,一曰刘晏。

郭汾阳位极人臣,而人不疾;穷奢极欲,而人不非之。则学问德量,足以信于人也。

杜黄裳对唐宪宗曰:明主劳于求人,逸于任人。可谓善言人君之劳逸者。

是日,厚庵及笙叔皆过谈。

光绪二十九年癸卯(1903年)

正 月

一日

黎明,至太和门内随百官朝贺,时尚早,人数寥寥,因登阶入殿中。纵观无他陈设,惟中列御座,旁有炽炭炉四具,悬一额曰"建极绥猷"。此殿改造殆亦二百年矣。崇闳巍峻,恐为地球各国所无。昔萧何有云:天子宫阙非壮丽无以威天下。盖历朝规制大抵如此。陛上陈乐器两,阶下羽幢旌盖,熙天耀日,所谓仙仗。食时,天子登殿,百官咸集,跪听宣诏。有纠仪御史八人植立不跽。俄乐作,于是百官行三跪九顿首礼。静鞭三鸣,乃各散。余复至各处贺岁。昳归,观书。晋谢宏微为叔混理家政,唐段秀实为马璘治丧仪,皆以君子而有才足以干事。宋富弼行赈饥法于青州,朱熹行社仓法于浙东,皆以君子而有才足以救民。余最爱有才者,尤爱以君子而有才者。

二日

贺岁,车中观书。

唐臣之有功国家者,以狄仁杰、李泌、陆贽、李绛、李德裕为最;宋臣之有功者独有吕端、寇准、富弼、赵汝愚四人而已。其馀正人贤士虽甚多,而朝廷不能竟其用,故不能有功。

以鲧为父而有禹,以司马牛为兄而有桓,以柳下惠为弟而有盗跖。又如以张汤为父而有安世,以谢晦为弟而有谢瞻,以王安石为兄而有安国。他如沈劲为充之子,李泌为繁之父,桓冲为温之弟,王导为敦之兄。由是观之,父子兄弟虽同一血统也,而性质绝无相关之处。惟《交合新论》中所谓:当媾合时,善良之父,一念之私,遂生恶子;凶暴之父,一念慈祥,遂生善儿。可解此理。

三日

不出门,观书。厚庵来。

昨览《名学》,所举种类之别,一类分数种则谓之种,一种又分数类,则种又可谓之类。又举政体之类别有二:曰一人所统治,曰非一人所统治。非一人所统治类别有二:曰少数人所统治,非少数人所统治。非少数人所统治类别又有二:曰众人所统治,曰非众人所统治。忘山居士曰:天下政体,至众人所统治而极矣,决无有非众人所统治者。有之,其惟无政府党乎?无政府之说,但有此妄想耳,余可决其无是事也。

四日

城外贺岁,车中观书。

《晋书·刘实传》:实著《崇让论》,谓除官之法,令凡初除官通谢章者,必推贤让能。一官阙,则择为人所让多者用之。此暗合东西国投票公举之法。

魏太祖分南匈奴之众居并州,而晋武又封刘渊为左部帅,遂启五胡乱华之祸。唐太宗用温彦博策,处突厥降众于幽灵诸州,其后唐室世有戎狄之乱。石晋割燕云十六州于契丹,而中国遂受金元之屠害。《易》曰:履霜坚冰至。

近世凡同岁得科第谓之同年。同年之谊,其风古矣。《晋书·

刘宏传》：陈敏据江东，宏遣陶侃讨之。或谓：侃与敏同郡又同岁举吏，恐侃有异志。宏曰："侃之忠，吾得之已久，必无是也。"《唐书·李绛传》：元义方媚事突厥承璀，李吉甫欲自托于承璀，擢之为京兆尹，绛恶而出之。义方入谢，因言："绛私其同年，许李同除京兆少尹，故出臣廊坊。"帝明日诘绛曰："人于同年固有情乎？"对曰："同年乃四海九州之人偶同科第，情于何有？宰相职在量才授任，若其人果才，虽在兄弟子侄犹当用之，况同年乎？避嫌而弃才，是乃便身，非徇公也。"

晋琅邪王睿，当中原沦陷时，无北伐之志；宋康王南渡后，亦无收复中原之意。二人之用心皆同。

五日

黎明入内，至乾清门外，随同乡京官谢恩，以有诏捐免浙省钱粮也。遂绕道至西城贺岁，车中观书。

《晋书·王述传》：述每受职，不为虚让，其所辞必于不受。及为尚书令，子坦之白述："故事当让。"述曰："汝谓不堪耶？"坦之曰："非也，但克让自美事耳。"述曰："既谓堪之，何为复让？人言汝胜我，定不及也。"后人或有以是讥述，谓礼让究是谦德，述不让，非是。忘山曰：此王述嫉世人多为诈伪，故以直率矫之，不可非也。如《宋史》载王安石自度支判官改同修起居注，辞之累日。阁门吏赍敕就付之，拒不受。吏随而拜之，则避于厕。吏置敕于案而去，又遣还之。上章至八九乃受。此等让法，亦可称美德乎？安石之奸诈，于斯已见。

秦王姚兴尝命群臣举贤才。右仆射梁喜曰："臣累受诏而未得其人，世可谓乏才矣。"兴曰："自古帝王之兴，未尝取相于昔人，待将于将来；随时任才，皆能致治。卿自识拔不明，安得远诬四海？"

又唐太宗令封德彝举贤，久无所举。上诘之，对曰："非不尽心，但于今未有奇才耳。"上曰："君子用人如器，各取所长。古之致治者，岂借才于异代乎？"正患己不能知，安可诬一世之人。

刘宋徐羡之、傅亮、谢晦之废义符，齐王晏、徐孝嗣之废昭业，盖与霍光之废昌邑王、宋赵汝愚之废光宗，其用心正同，但不当弑之耳。如沈庆之不肯废子业，又发柳元景、颜师伯之谋，可谓悖矣！君子所不取也。

六日

诣戴少怀师贺寿。日中，至义善源午饭，遂游厂甸，遇仲宣、文卿及彦东。晚归，观书。汉文帝除收孥相坐律令，魏孝文罢门房之诛，皆不愧为仁君。

魏尔朱荣知代我主军众者惟有贺六浑，犹日本丰臣秀吉知代己有天下者惟有德川家康。

陈文帝旧每寝，敕传更签于殿中者，必投签于阶石之上，令枪然有声。曰："吾虽眠，亦令惊觉。"吴越王钱镠自少在军中，夜未尝寐，倦极则就圆木小枕，或枕大铃，寐熟辄欹而悟，名曰警枕。此虽刻厉之法，然亦太过。盖人虽不可贪眠，精神亦不可不养也。养精神方可以任天下之事。

古今之刑律，至隋始改良。观于文帝初立，即命高颎等采魏、晋旧律，下至齐、梁，沿革轻重，取其折衷，去枭辕鞭法，非谋反无族罪，始制死刑二、流刑二、徒刑五、杖刑五、笞刑五。又制议减赎官当之科以优士大夫，除前代讯囚酷法，民有枉曲、县不为理者，听以次经郡、州、省；若仍不为理，听诣阙申诉，法制遂定，后世多遵用之。见《隋书·刑志》。

隋太子勇亦好奢侈淫乐，即不废立，使勇继为皇帝，亦足亡隋之天下。

王通弟子贾琼问息谤,曰:无辨。问亡怨,曰:不争。余尝读此数语有省。

七日

饭后偕稼霖并挈两女游厂甸。晚归,观书。

古人坐皆席地,故凡作事必跪。《史记》鸿门之会,樊哙拥盾直入,目眦尽裂。项羽按剑而跪,曰:"客何为者?"又《张释之传》:释之跪而为某公系袜。皆因席地坐则然也。今日本人犹沿古席地法,故每客至,必跽迎。

《史记》称秦采六国礼仪,择其尊君抑臣者存之。及通为高祖定朝仪,大抵皆袭秦。故太史公为此语亦有微意,盖不以尊抑太过为然也。

汉高祖踞洗以挫黥布,随以王者之供帐;嫚骂以挫赵将,随以千户侯之封。用不测之辱,施不测之恩,野蛮时驭人之法,非此不可。

音学中有三合音、四合音;化学中亦有三合质、四合质。

八日

观书。饭后,出门贺岁。晡归。夜,复观书。

《史记》称汉文帝除诽谤法,谓使众臣不敢尽情也。又戒祠官,当祭祀时,致敬无有所祈,谓专为一人祈福也。忘山曰:诽谤不妨有法,非但诽谤朝廷也,即无端以不根之语诬人者,岂可无法以禁之,但不必死罪耳。祠官亦不妨祈福,但毋得专为一人祈福,当为万人祈福也。

余谓凡天下书籍浩如烟海,不能尽读,宜择其要者,分为三种,曰:当诵之书、当记之书、当寻绎之书。盖当诵者词章之类,资以作文也；当记者掌故之类，资以考古也；当寻绎者义理之类，资以益智也。

九日

连梦清约饮，复游厂甸。是日观书，作日记。

汉武帝时，患盗贼多，作沈命法曰：盗起不发觉，发觉而捕，弗满品者二千石以下至小吏主者皆死。其后小吏畏诛，有盗不敢发，府亦使其不言，而盗贼愈多。是故罚不贵重而贵当其罪，不当其罪，虽重无益，而反有损，有天下者不可不知。

宋王安石与汉桑宏羊是一流人物，皆欲导人主巧取利于民，以为富强之计，卒之扰害百姓，而朝廷亦不受其益。乃安石犹妄窃变法之名，不知当日法何尝变，但增无数扰民之法耳。谓之增法，非变法也。

十日 风

诣羊肉胡同新屋，与稼霖同车往，归时游龙虎寺，顺道饮于福全馆。

尝见《明史》载严嵩为相时，用赵文华为通政使，疏至必先阅副封，有弹劾者辄屏不奏。当时以为弊法，不知此例自汉已有之。《汉书·魏相传》称：故事，上书者皆为二封，署其一曰副封，领尚书者先发副封，所言不善，屏去不奏。相因白去副封，以防壅蔽。上书用副封，人主所以自障蔽者至矣。

汉相丙、魏并称，二人皆知大体。如丙吉出，逢群斗死伤不问；逢牛喘，问逐牛行几里矣。人或问讯之，曰："民斗京兆所当禁，宰相不亲小事。方春未热，恐牛近行用暑故喘，此时气失节，三公调阴阳，职当忧。"又魏相谏伐匈奴曰："今年计子弟杀父兄、妻杀夫者凡二百二十二人，非小变也。左右不忧此，乃欲报纤芥之忿于远夷。"

十一日

访筠青,与偕诣季英纵谈。季英长于工艺,能电气镀金银器皿,然自悟道后而其术愈进。

晡,游白云观,见所立石碑,知其庙创于元人邱处机,即《西游记》中所谓邱真人,故有邱真人殿。是日游人不多。晚归,观书。

汉宣帝时,盖宽饶上言尧、舜官天下,汤、武家天下。元帝时,贡禹上言天生圣人,盖为万民,非独使自娱乐而已。哀帝时,鲍宣上书曰:"官爵者,非陛下之官爵,乃天下之官爵也。"桓帝时,行过淮阴,有丈人耕于田,驾过不顾。使人问之,丈人曰:"天为万民而设君耶?抑为君而设万民耶?"此等语,两汉人犹多有之。

好名之人往往避嫌。因避嫌,遂至当为之事不敢为,当用之人不敢用,以误天下者有之。如汉元帝知冯野王之贤,而以后宫私亲,不敢任为三公是矣。

汉武帝置中书宦官,遂启恭、显之擅权。明成祖置东厂,令中官刺,遂启王振、汪直、刘瑾之跋扈。

十二日

筠青来,与偕游厂肆,购得《皇朝掌故汇编》。晡归,观书。

才学与才能有别,学可以人力为之,能则由天资,非可强也。故《汉书·薛宣传》称:宣知子惠不能而不教,戒曰:吏以法令为师,可问而知;及能与不能,自有资材,何可学也?

薛宣为左冯翊时,尝得吏民罪名,即告其县,使自刑罚,曰:不欲代县治,夺贤令长名也。马援为陇西太守,诸曹时白外事,辄曰:此丞掾之任,何足相烦?皆得大吏之体。

君子、小人之别,不得以其自奉之奢俭定之。如王安石囚首垢面、衣不浣濯,秦桧不著黄衫,王莽妻衣不曳地、布蔽膝,和珅姬妾日餐粥,皆不能掩其为小人。唐郭令公穷奢极欲,而人不以为非。文信国未起兵勤王时,亦自奉甚厚,声伎满前,何损其为君子。

十三日

出城拜客,诣厚庵,俄归,车中观书。

君子往往忧小人之欺,如汉王嘉受孔光之欺,宋寇准受丁谓之欺,欧阳修等受王安石欺,胡安国等受秦桧欺,皆使人有千古之愤。

《汉书·王莽传》称:莽狭小汉家制度,曰:古者一夫田百亩,什一而税。秦坏圣制,废井田,强者规田以千数,弱者曾无立锥之居。又置奴婢之市,与牛马同阑,缪于天地之性人为贵之义。此等见识,未可厚非。

汉高帝不事家人生产,而光武则性勤稼穑。二人同得天下。

秦二世恶闻盗贼,隋杨广亦恶闻盗贼。田况为王莽进忠言,莽畏恶之,令人代监其兵。杨义臣为隋炀击破贼,炀帝忌之,乃放散其兵,前后如出一辙也。

十四日

诣钟笙叔,即归,观书。

东汉时之窦融,五代时之钱镠,皆一流人物。

阴兴与同郡张宗、上谷鲜于裒不相好,知其有用,犹称所长而达之。盖勋与苏正和有仇,犹陈梁鹄而救正和之死,皆不以私怨废公义也。

《后汉书》章帝诏曰:尧试臣以职,不直以言语笔札。嗟嗟,以言语笔札取天下士,千百年于兹矣。

小人百计害君子,辄思藉端以陷之,而往往成君子之名。东汉邓骘恶虞诩,以为朝歌长,使讨县境群盗,而诩因以立功。梁冀恨张纲,以为广陵太守,使平寇乱,而纲因以服张婴,得南州人心。宋吕夷简不悦富弼,遣使契丹,弼因以拒幽蓟之兵,且却求地议婚,重结南北和好。惟唐卢杞陷颜真卿,使往谕李希烈被杀,虽无所成功而身死,名益不朽。

东汉颍川杜根得罪邓太后,逃窜为宜城山中酒家保,积十五年,太后崩,乃出拜御史。或问根曰:往者遇祸,何自苦如此?根曰:周旋民间非绝迹之处,邂逅发露祸及亲知,故不为也。灵帝时,钩党事起,张俭亡命,夏馥用之叹曰:孽自作,空污良善,一人逃死,祸及万家,何以生为?乃自剪须变形,入林虑山中为酒家佣。观此,则士君子处世虽当峻其树立,洁其操行,而因一己之所为,波及无辜,亦所不忍也。

十五日

薄午,蒋泰臣过。是日不出门,观书。

《汉书·王嘉传》:嘉当成帝时,上疏曰:孝文时,吏居官者或长子孙,以官为氏。其二千石长吏亦安官乐职,然后上下相望,莫有苟且之意。其后稍稍变易,或居官数月而退,中材苟容求全,下材怀危内顾。《后汉书·左雄传》:雄当顺帝时,上言吏数易则民不安业;久于其事,则民服教化。臣以守相、长吏有显效者,可就增秩,勿移徙。忘山曰:此皆专制政界内至当不易之理。

王嘉之死,成于孔光之手;李固之死,成于马融之手。二人皆号称儒者,以通经学古为世所重。噫!

《后汉·刘宠传》:宠尝为会稽太守,简除烦苛,禁察非法,郡中大化。征为将作大匠。山阴县有五六老叟,自若邪山谷间出,人赍百钱送宠,曰:山谷鄙生,未尝识郡朝。他守时,吏发求民间,至夜不绝,或狗吠竟夕,民不得安。自明府下车以来,狗不夜吠,民不见吏。今闻当见弃去,故自扶奉送。宠乃为人选一大钱受之。忘山居士曰:民不见吏四字,竟为秦、汉以下政治家美谈,则吏之如虎狼、如蛇蝎,其为民害,抑可知矣。

汉武帝以游宴置中书宦官;东汉和熹太后以女主称制,不接公卿,乃以阉人为常侍,小黄门通命两宫。此两汉宦寺之祸所由起。

后汉荆州刺史度尚击桂阳艾县贼卜阳,以始破三屯,多获珍宝,士卒骄富无斗志。尚乃诱之出猎,密使人焚其营,猎还皆泣。尚慰劳曰:阳等财宝足富数世,所亡少少,何足介意。众咸愤踊,遂破之。此即项籍战巨鹿时破釜沉舟之意,使人退无所恃,前更有所贪,故制胜。

十六日

连孟清过,为余书春联,晚乃去。夜,观书。

汉灵帝好文学,引诸生能为文赋者,并待制鸿都门下,诸为尺牍及工书鸟篆者皆加引召。宋徽宗亦好艺文,置书、画、算三学,书习篆、隶、草三体,须明《说文》、《尔雅》、《博雅》、《方言》。画学以不仿前人、笔韵简高为工。算学须明《九章》、《周髀》,仍本历算、三式、天文书为本。忘山曰:灵、徽皆亡国之君,而所好者如此。盖不知治天下之本,而专于艺术,亦与好声色狗马无以异也。

《后汉书·贾彪传》:彪为新息长,城南有盗劫害人者,城北有妇人杀子者,彪出案验,掾吏欲引南,彪怒曰:贼寇杀人,此则常理;母子相残,逆天违道。遂驱车北行,先案置其罪。又《唐书·柳公绰传》:公绰知某州一吏犯赃被系,一吏舞法事觉,议罪重轻。公绰曰:赃吏,犯法者也;舞法吏,乱法者也。犯法而法在,乱法而法亡。竟重治舞法者。

俗呼达官曰大人,此风盖已古矣。《后汉书·蔡邕传》:邕对灵帝曰：今道路纷纷，复云有程大人者，察其风声，将为国患。盖指中常侍程璜也。可见彼时已称贵显者曰大人。

东汉末年，州牧之任甚重，亦拥兵与唐之藩镇等。时以天子为曹操所胁制，故各处举兵，皆以讨贼为名。使无曹操，则此辈亦不肯受朝廷节制也。

当兵戈扰攘中，独能修理疆界、安集百姓者，吾见三人焉：东汉末之刘虞，隋末之辛公义，五代时之张全义。

范增之于项羽，田丰之于袁绍，皆以遇非其主，抱恨没世。夫君择臣，臣亦择君，当自咎知人之不明耳，夫谁怨！

《后汉书·光武纪》：帝既定广河，进拔邯郸，斩王郎，得吏民与郎交关毁谤者数千章，帝皆不省，会将烧之，曰：令反侧子自安。《三国志·魏武纪》：操破袁绍，收绍书中得许下及军中人书，皆焚之，曰："绍之强，孤不能自保，况众人乎？"《晋书·刘道规传》：道规击斩桓元子谦于枝江，检得江陵士民与谦书，言城中虚实，许为内应，悉焚不视，众乃大安。

荀悦《申鉴》有云：人不畏死，不可惧以罪；人不乐生，不可劝以善。名言。

十七日

诣新屋，车中观书。晚，过大学堂访李姚琴，遂归。

以诸葛武侯为相，而犹躬校簿书。夫武侯之贤明，岂不知为政有体，大臣不当亲细事耶？然犹不能免者，殆因精力过人，不甘于暇逸也。

《蜀志·蒋琬传》：督农杨敏尝毁琬曰：作事愦愦，诚不及前人。主者请推治之。琬曰：吾实不及前人，无可推。《宋史·王旦传》：寇准尝短旦于真宗，而旦专称准。帝曰：卿虽称其美，彼专谈卿恶。且曰："理固当然。臣在朝位久，政事缺失必多。准对陛下无隐，益见其忠直，此臣所以重准也。"二公皆有伟度。

十八日

出城拜客，还易便服，诣厂肆购书，即归。

汉武帝迫于太后，枉杀魏其侯窦婴；成帝迫于太后，枉杀京兆尹王章；元仁宗亦迫于太后，而舍铁木德尔不诛。是故刑赏出于一人，而不出于公议者，则举措必多掣碍。彼三君者，亦岂得已而然耶。

十九日

是日各衙门开印办事，趋署已迟，同寅集于同丰堂宴饮，余亦往。晡，诣新屋，即归。家中厨内忽失去银饼六十枚，不知何人窃去。

二十日

不出门，补作日记，夜深乃止。

二十一日

晡，出城即归。夜，观书。

梁侯景攻陷台城，入见武帝于太极东堂，以甲士五百人自卫，稽颡殿下。梁主神色不变，问曰："卿在军中日久，无乃为劳。"景不敢仰视，汗流被面，退曰："吾尝跨鞍对阵，矢石交下，而意气安缓，了无怖心。今见萧公，使人自慑，岂非天威难犯！吾不可以再见之。"国初，吴三桂进兵腾越，缅酋执送明桂王致军前。三桂初见桂王甚倨，长揖不拜。王问为谁，三桂噤不敢对。数问始称名。王切责之，因曰："朕欲还北京见十二陵而死，尔能任之乎？"对曰："任之。"伏不能起，左右挟之出，色如灰，汗浃背，后不复见。忘山曰：侯景与三桂，殆皆天良偶发见也。

二十二日

戴少怀师招饮,昳,赴宴。薄晚入城。

耿恭拜井,甘泉涌出,世以为美谈。本朝岳钟琪征青海时亦然。行至哈喇马苏水泉断,一昼夜未得饮食。乃祷于天,甘泉随涌出,一军欢奋。岂果有神助耶?

历朝名臣援内举不避亲之义,往往以父荐其子,或荐其兄之子,未闻有以子荐其父者。惟本朝雍正时,衡郴巡抚汪树举其父刑部司官汪云曰:学问优裕,政事练达,忠爱之性出至诚。诏除知府。此事恐为古人所无,然余读书少,亦不敢坚持也。

二十三日

趋署,诣羊肉胡同。都中房屋虽极潮,旧者一糊裱装饰,则俨然新屋矣。此次所赁屋约在五六十椽,庭院宽敞,林树甚多,春夏间布叶垂阴,必有可观。

二十四日

诣瑞鹤庄谈,即归。检书,将于廿六日移居新屋。

近日世界上机巧日新,几夺造化。前闻季英言:西人有创一脚搭车,能浮海而过,岂非奇事!

二十五日

览柴虎臣著《考古类编》。

天文灾变之说,自新法大明,遂谓果无关于人事。然考之历史所载,亦未尝无征应。如太白再经天,秦二世即位;五星聚东井,汉高祖入关;孝武好兵,蚩尤旗见;黄雾四塞,五王封侯;晋元王吴,四星集牛女;隋炀见绝于天,郊遇烈风;唐太宗以秦王有事,太白见秦分;宋祖陈桥之变,日下复有一日,黑光摩荡。是皆彰彰在人耳目者也。要之,星象自变动于太虚之中,谓专与恒河沙数内一世界、一国家、一家、一人关系,原无是理;然亦间有无心与人事触合,而可引为休咎者,所谓机兆是也。凡机兆,皆于无心中得之。如生日饮酒,碎其玉杯;元旦趋朝,堕其冠顶,人每以为不祥。斯二物者,何预人事?其所以碎且陨者,皆人自不谨所致,何足为异?然适与生日、元旦相值,遂亦往往有验。噫!知此说者,即知灾变之说矣。

二十六日

迁入羊肉胡同新宅,部署一是,大致停妥。

二十七日

出城拜仲华,时已延为稼霖师,择日到馆。日中,至义善源午饭。昳,诣厂肆。晡归,扫除客室,悬名人书画。

书画篆刻、诗赋词曲,皆为支那之美术。精其技者,亦足雄于一时。而诗赋及书法,朝廷竟用以取士者千百年,然而应制之作渐渐精神销亡,故善写朝殿试卷者必病书法;善制馆阁诗赋者必不能为诗赋。盖日习于光整、圆美、恬熟,而古茂苍劲之意荡然无存,安得不趋于卑也。

二十八日

厂肆贩书画贾人来,持名人墨迹示余,留数种试观之。晡,作日记。

禄不足以养人而横欲责人之廉,是犹欲马之健驰而吝其刍秣也。历观古今,两汉及唐、宋制禄皆厚,至明而始较前代差俭,然正一品犹岁千石,俸钞三百贯。本朝则虽贵为宰相,而岁仅一百八十两俸银,其与元魏之无俸者几相等矣。是故居本朝之官,而能丝毫不妄取者,必人人家境殷实如张伯行而后可。

二十九日

趋署。夜,观书。

以书法取人,盖始于唐。唐人选法有四:一曰身体雄伟,二曰言词辨正,三曰书楷法遒美,四曰判文理优长。是故唐人以书法名家者最多。

二月

一日　晴

论古斋又以书画数十种来,有石庵、梦楼、得天诸名家行书。惟梦楼、得天为真迹,石庵一幅疑赝作也。又洪北江篆联款字可疑,惟陈玉方行书、翟文泉隶书颇佳。又陈曼生及阮芸台墨迹皆横幅,似非伪。然余仍以书之优劣为重,而真赝所不计也。

二日

仲华到馆,设宴款接,坐有泰臣、霖伯、孟清、笙叔,及居停善芝桥。哺,各散。

昨论古携来之书画中,又有册页四本:一方兰士墨笔山水,一明人陆叔平着色山水,一陈元复山水,一尤赣夫花卉。皆极精之品,惟元复作稍逊。

凡书画碑板、花木鱼鸟,皆怡情养性之物,与其掷千金于声色弦管中,则莫如以此类高雅之玩好代之,为得真趣。

是晚,仲华案头失去银钞三纸,计十有四两,不知何人所窃。遍搜家人箱箧,皆不见。

三日

昨闻季英踏车过上斜街,车覆伤足,遂往视之。日中,赴恽宽仲之约于同丰堂。晚,入城观书。

凡欲观人之德,于其待人见之;察人之才,于其处事见之;觇人之识，于其出言见之。是故以德取人者，决之于平日；以才取人者，决之于期月；以识取人者，决之于立谈。人焉廋哉！人焉廋哉！

人能兼德、才、识三者，谓之完人。有德而无才、识者，自守而已，不能有功于人也。有德、有才而无识者，可办事而不可论事。有德有识而无才者，能论事而不能办事。若夫有才、识而无德者，其才、识皆不足称也，诡才而已，小智而已，足以害天下而有馀。

四日

桐士过，览日本幸德秋水《帝国主义》终卷。

铁必经火之锻炼而后成犀利之剑，人民必经战争之锻炼而后成伟大之国民。二语虽发于唱军国主义之人，而实确论也，乃主大同之说者往往非之。忘山曰：战争非无益于文明，然利败不利胜。败则民耻之，耻则奋，奋则勤，勤则智术学业不期而自进。胜则民荣之，荣则骄，骄则怠，怠则智术学业不期而退。故吾谓战争非无益于国也，虽然，败者之利也。

非军国主义者，以为世界各国悉捐戎备，不相猜嫌，是谓大同。抑知不然。大同之说有此理，无此事。果有此事，其亦日中之昃乎！盖人无忧畏则心放佚，心放佚则志萎茶不求进。世界上人人不求进，一切政治学术必皆退化，而大乱萌此矣。不观一人一家乎？豪富之子弟必骄淫，不知天下有忧畏事也；贫寒之子弟往往好学守礼，知人生有可忧可畏者也。夫军备为战争设，战争非世界上最可忧畏者乎？然而不敢去者，非祸之也，所以为福也。

野蛮世所号称英雄豪杰，树伟功、成大名者，追考其平日或少年时，强半不修操行、无廉耻、放荡恣肆之人。忘山曰：是不足怪也。野蛮世之英雄豪杰，与盗贼本无异也。其所建勋劳皆私于一家一姓，无丝毫公天下。彼一家一姓者固盗之魁也。屠城掠郡而取天下,强臣服之,迨功成而其下之爪牙鹰犬,皆诩诩然以英雄豪杰自居矣。噫!

均贫富之说,虽知其不可通,然欧人贫富之差,程度太远。富者垄断,致贫者无以为生,此亦大可惧也。苟纵任富民自由而不加限制,则贫民日受压于富户,不为乱不止,无政府党人所由作也。

一国之财利聚积于一部少数人之手,而多数人之购买力极其衰微,固非贫者之利,亦非富者之利也。何也?货物不销,利将焉图?无已,其惟求售于国外乎?此欧人所以竞求于世界上多开商埠也。虽然,不禁垄断,不为贫民计,吾亦知其不可持久也。何也?总世界上富民少,贫民多,富者垄断则富者愈富,贫者愈贫,势必至富者货物专恃富者销之,于是所售日少,而物价跌。物价跌,则亏母财,彼富者能长保其富耶?故曰亦非富者之利也。是故居今日不必言均贫富,要不可不限制富民,使毋得垄断,纵贫民以智力与之竞,夫然后可救其弊。

五日 阴,微雨

瑞鹤庄过。午餐时,与仲华谈吴晓春事。昳,趋署,出城至厂肆购《支那地图》。晚,回寓。夜,作日记。

六日 晴,风起

吹尘入庭院。观书。

《外交通义》云:道德与法律,其性质相近,不易定其分界也。忘山曰:是何难区别也?道德者,治己之法律也;法律者,治人之法律也。处无法律之世界,惟赖人有自治之道德而已,故无道德之人不可出法律之世界。

野蛮世之君主,皆视土地为重、人民为轻,是故夺其地而屠其民者有之。不知无人民,虽获土地,犹石田也,土地虽广大,奚益乎？

　　常驻外交官之萌芽，始于十五世纪之前后，东罗马帝覆没以前，罗马法皇派遣常驻使臣于康斯坦丁怒薄尔及巴黎，虽不过宗教上之使臣，实为今日常驻外交官之起原。自是以后，其制度渐为各国所承认，直至千六百八十四年，惠斯脱否利亚平和会议定各国国势平均、各守境界之主义，而驻扎外交官于各国首府一事，亦同时议决。

七日

　　作日记，观书。

　　日本隅谷己三郎所著《精神之教育》内云：立身之大途有三：一曰谨慎，机会之来，亟注意也；二曰猛勇，机会既至，尽能力也；三曰忍耐，机会未熟，贵利用也。忘山曰：三语诚切要，而所译谨慎二字，于著者原意似未密合，拟易以机警二字。曰机警，机会之来，勿错过也。此为古来英雄豪杰成大功、立大名、享大利之胚胎。如英国水师提督乃尔之海战，拿破仑圣鳖尔拿多之出险，米国鞠兰多将军毡他阿额之战，希腊地米斯多之战波斯，二十万大军皆能转危为安或反败为胜，以能察其成功之密机，复鼓猛勇与忍耐之力助之，安得不奏绩耶！虽然，非特战略为然也。美国人乌安打比尔多审知汽船航海之利益，首创行于纽约，而获巨富；谷商非卜亚尔摩预测立唧孟多之陷落而尽卖其谷物；松爹伊罗察石油为必需用之品，倾产以创之，遂成今日美国斯坦打多之石油社会。皆善乘机会之人也。非特商业为然也，亚尔机米见杯水而发明物体容积之学，额利诺阿见寺院明灯而发明动摇器，瓦特见沸水壶而创汽机，奈端见苹果落而悟引力，他如拉卜列斯之于天文、科仑布之于新世界、弗兰克林之于电气，其发见原因皆绝不关系之事，而由是夺造化，泣鬼神,推辟宇宙,变移天地,功用溥哉?故《易》曰:知幾其神乎!

唧鸦冰有言曰:古之贤智者不待机会之来也,于其未来之先而急捕之。是故善察机会者名为善捕机会,盖无一秒忽间而偶懈其注意也。忘山曰:是与包探之侦盗无以异,故名曰捕,最的当之名词也。

忘山曰:最可喜者,过去已往之事,足为鉴也;最可尊者,现在瞬息之机,至易忽也;最可惧者,未来绸缪不豫,悔无及也。

隅谷己又云:凡机会之出现,无定场之所在,无定时之所限,其来不得而知也,其去不得而见也。罗马古谚曰:"汝勿失机会,机会如怪物。其前毛发垂,其后断然秃。不握其前毛,其逝在倏忽。驷马不得追,警察不能捉。"

八日

诣梓潼庙,即东西陵工程处。日中散,余至东四牌楼福全馆午食。昳,见笙叔,又见泰臣、霖伯。晡,至义善源晤向岷,甫选得陕西常武县,来都引见,昨始至。晚归。夜,作南中信札十馀封。

九日

趋署。晡还,观书。

西书有一故事:某国人名安多乌,曾受顾于霸诺尔化利耶罗家为洗皿之贱役。一日,见庖工误污食案,急取牛酪于其中央作狮子像,以掩其污。既而贵客临席见之,许其灵妙,亟询其人,知为洗皿役所为。此与我国古时点墨画蝇之事相类。

是日,论古斋又持来何子贞篆联。子贞作篆,仍不脱《家庙碑》笔意,苍郁超劲,可宝也。

十日

宴客,坐有亦元、亮伯、莘甫、书衡数人。书衡后至,向岷亦来,延入坐。

有《耿庵诗稿》，著者手抄小行书，不知何许人。后有黄瑶圃跋，称之曰孝章先生。稿中有《甲申国变感赋》，殆明末人，然亦元、书衡皆不能举其名也。又有王荙卿跋，疑为苏州先辈。

夜，观书。古者设官分职，有一职必任一事，无所谓差遣也。自宋始有其名，而与实职离而为二，甚至专以事任差遣，而实职反同虚设，无事可办，非综核名实之义也。

十一日

览《三国志》，作日记。

十二日

诣厚庵，复往视仲华，日中归。子修、晦若过。晡，观书。

法国名儒卢骚，能达十八国之国语，通三十三方之方言，皆于锻冶之暇得之。盖卢公少卑贱，从事锻冶之职者也。是可见人患不好学，不患无暇。

美利坚南北部战后，全废奴隶制度。是役何自起乎？起于波斯顿府木赁宿之贫困二少年：一名便楂星兰芝，一曰维利曼。二人皆发播伟论，登诸新闻，述奴隶之惨状，遂致鼓动国人之脑筋，而成千古不磨之业。

《精神之教育》云：人之生涯，积分秒之时而成者也，故分秒时皆宜贵重。耶利呼巴立尝教人曰："予之事业，如蚁之为垤，蜂之为蜜也。以勤勉、劳苦、忍耐成之而已。盖积一分子之一分子、一思想之一思想、一事实之一事实而成也。"质庸克隐有言曰："山溜穿石，靡风磨铜，无间断也。最可恐者分时，最可慎者分时，惟贵注意而利用之。"波伊楂之歌曰："丈夫造命运，一刻不容肆。分秒之时间，伟业基于是。所以古圣人，兢兢励其志。偶然有怠惰，前功隳然弃。慎之复慎之,毋视同儿戏。吁嗟乎,此日大可惜。吁嗟乎,此日大可惜。"忘山曰:余读是歌毕,为之肃然起敬。

十三日 阴

趋署。晡,观书。

野蛮时代,强权常在少数者;文明时代,强权常在多数者。梁任公曰:得幸福之多数少数,即文明差率之正比例。纵览数千年世运,其幸福之范围愈竞而愈广,自最少数而进于次少数,又进于次多数,进于大多数,进于最大多数。中世之末,贵族与国王争政权。十六七世纪,人民与教会争政权。十八九世纪以来,平民与贵族争政权。自今以往,劳力者得与资本家争政权,皆以多数与少数相争。其初也必诎,其究也必伸。此天演进化之公理,而亦赖有学理以左右之。盖有学理则多数之弱者敢于相争,而少数之强者不得不相让。今日欧美之治皆此一争一让所成之结果也。又云:有宗教家言以劝让,有哲学家言以劝争。两者相剂,而世运乃进焉。忘山曰:名言。

十四日

论古斋又送来三种:一邹一桂画花月,高宗手题诗;一祝枝山行书手卷;一宋拓御府本定武兰亭。皆精品,索价甚昂。

检字画。晚,观书。

自东汉王景治河,导河东行,而河遂讫唐不为患。其故安在?曰:是时河自荥阳入千乘,而德棣之间又播为八,水有所泄而力分。盖即法神禹治水之遗意也。后世治河,无非议疏浚、议堤防而已,毋肯多开河道以分其力。河之所以难治而岁岁为害者在此。

治河宜师王景,治盐及漕宜法刘晏。

十五日

检书。仲巽来，新选江西安远县，两日前始至自上海。余与纵谈。

昔闻王子蕃师之言曰：害人之心不可有，防人之心不可无。旨哉斯言！盖处今日无教育、无政治之世界，苟不思所以防人，则易陷人于恶，非爱人之道也。或曰：防人者是以不肖之心待人也，可乎？曰：人无德育，无克己学问，则不肖之心随时可以起，不问其平日人品如何也。我防之，正所以泯其不肖之心，不使之生，是全人之令德也，庸何伤？又子蕃师之为此言，实合于莘野一介不与、一介不取之义，且与西儒人己两利说相通。盖无害人之心，利人也；有防人之心，利己也。但主利人而轻视利己，亦不合于公。

子蕃师讳丕釐，湖北黄冈人，庚辰进士，入词林，为先君门下士。余从其授读，时方十一岁。师爱余甚挚，至今不敢忘也。戊子秋，师拜云南学使之命，任满回里，以所获廉资分赡宗族，而族人多至相争，反咎师不公，无感德者。师以是抑郁病卒，年不满六十。

十六日　　阴

过午趋署。晡，诣湖广馆，成侍御昌为其父峻峰先生称觞献寿，盖八十有九矣。奉旨重赴琼林，是日召梨园，大宴宾客。

十七日　　微雪

检书终日。

余家所藏书不下二万卷，皆邻居所购置，凡经史子集著名之书几备。邻居比年游宦，无暇读书，皆以之饷余。故余频年坐拥书城，此福不易得也，可虚度岁月耶？

明窗大几，图史罗列，阶前种嘉花，墙外垂绿阴，啸咏其中，觉宇宙间尚有何乐？余今日所处之境，亦人生所希有。仲华曰：人患有福不知所以享。若余者,虽不敢谓独能享福,然视彼不知所以享者差胜焉。

十八日

诣梓潼庙,即归。仍检书。余家佛书二百馀种,余丙申年在海上所购也。皆金陵杨仁山刻本。是时谭复生、吴雁舟同过海上,聚谈甚乐。余之佛经,皆彼二人所代购。而复生死矣,雁舟官云南,久不得消息,不知何若。

十九日　　晴

诣长椿寺,是日观音大士诞也。寺僧每岁为善会,士女多往拜者。余幼记名于寺中,故忆髫龄时年年赴善会,今不到者十馀年矣。故僧清莲,余方外师,没已二年。怆怀今昔,不胜感也。

遇季英,传以服大丹之旨。季英读经固已先有悟也。季英云:"余于斗蟋蟀中悟道。"季英慧根绝人,可爱。

晡,游厂肆,至论古斋观书画,见有国朝名人书札二十册,皆真迹,索价甚昂。又宋李龙眠画罗汉像及唐人写经墨迹合成一帧,翁覃溪跋其后,价千金,诚至宝也。

二十日

检书。

东坡有诗云:"雨昏石砚寒云色,风动牙签乱叶声。"是书斋中好景。昔元魏拓跋珪问群臣:"天下何物最益人智?"对曰:"其惟书乎!"遂降敕求书于天下。忘山曰:读书非惟能广人之智也,且能使人得非常之幸福焉。盖今人与古人相去千载也,不获觌面也,不获交谈也,而读书则如与古人相见,如与古人相语,是何等福乎?我国人与远西人相隔万里也,其政俗风土何如也?其人物何如也?皆不知也。而读书则如亲游其国都,观其形势;如接见其士大夫,聆其论议。且不仅见其今人,并见其古人;不惟知其今事,并识其古事。是何等福乎?是故人之束书不观者,皆有福自不知享也,自蔽塞其耳目,自隘其胸怀也。

二十一日

整治内书房。余所藏先人墨迹尚多,皆零篇碎简,或题赠之诗文,或率笔之纪录,皆珍贮之,虽不获睹先人面目,而见笔迹如见先人也。又先祖补笙公日记三册,诗稿三册,皆手抄小字极精。又先曾祖与伯曾祖析产时所书分拨簿内,有高祖匡六公训言,子孙所当世守者也,亦在余处。又张肖眉先生诗稿一册,亦手抄者。先生谥文节,先人问业师也。太平军陷杭城时,阖家殉难,无后,故先人立主于家奉祀焉。文节颇有墨迹,及所悬之联屏在余家者,余皆慎藏之,别置一书笥,专贮先代遗物。

吾浙人之游学东国者创社报一种,名《浙江潮》。盖仿《新民丛报》之作也。子毅来,未见,留以示余。

二十二日　阴

观《辽史·地理志》。

辽虽偏据一隅,然传五六帝,历数百年,制度文物颇可观。其疆域延袤数千里,五京并列:曰上京,称临潢府,在今巴林南;曰中京,称大定府,在今承德东;曰东京,辽阳府,在今辽阳;曰南京,析津府,在今顺天;曰西京,大同府,在今大同。其官制分南面、北面。北面皆其族人为之,掌其部族及军旅之事;南面使汉人为之,掌治汉人。官名亦仿汉制。虽然,使无元脱脱为之修史,恐中国人无有追纪其事者,则有辽一代之事迹,亦将湮没不彰矣。

读船山诗。船山长于古风,五言尤佳。律诗锻铸太工,反失神韵。

俞理初《癸巳类稿》中《〈唐书·舆服志〉书后》一篇,于妇女缠足之源流,考证极详。谓缠足弓鞋始于南唐,而大盛于南宋。然初犹前锐而向上,其后乃平直,继乃向下,皆确有引据。阅其书自知也。

二十三日

观皇侃《论语疏》,乃何晏、邢昺注疏。

皇侃解节用而爱人句云:虽富有一国之财,不可奢侈,故云节用;虽贵居民上,不可骄慢,故云爱人。余谓深得圣人之意。

《精神之教育》云:工业家以最低之价格、最短之时间而生需要之品;商业家以最低之利润、最廉之价值而通有无之道。忘山曰:工商两家遵是而行,皆足以致富。天下事莫非积小以成大、积微以致著也。

英国显理八世之时,邮书之表曰:汝毋失时,失时即失汝生命。夫失时何足以失生命,而竟有其事见于史传者。如西楂奴,盖世豪杰,得一羽书,未即开读,遂临元老院,毙于刺客之手。前之羽书,即告刺客隐谋者。使当时开读,可免于难。大佐拉尔,军于多连顿,耽博事,得华盛顿渡爹拉河之报,不即开读,而全军覆没,身死。故一时间之顷,成败之大关系也。信哉!

额利林坐废止奴隶之事下狱,常自言曰:患难之友,予有二人:一则良心君,一则愉快君也。

二十四日

观书。过午,诣湖广馆观剧。是晚,汪桂芬演唱《目莲救母》,韵格超胜,孙梦岩谓为宋拓《九成宫》。

二十五日

诣沈子培谈。子培新授江西广信府,将履任也。子培云:广信从前有一奇闻,见于宋人官书中,即浸铁成铜一事。盖某处一地,涌泉成池,铁入能化为铜,今已久不验矣。不知此天然水质耶?抑当时别有秘法使之然也?今其遗迹尚可寻求,到彼当徐访之。

我国数千年来非无独辟新理、创新法之人,其所以不传于世者,以国家无专利之法律也。故往往秘其口诀为自营温饱计,不足怪也。间有密传其徒一二人者,然久之终不免失传。是以世界不能因之进步。子培云。

晡,诣厂肆,见戴文节山水手卷及吴渔山历枯树图。晡,赴惠丰堂宴饮。晚归,观书。

余素恶王安石、张居正皆祖申、商之言,其学术卑卑不足道,而世无以余言为然者。船山竟先得我心,其《通鉴论》曰:申、商者,乍劳长逸之术也。无其心而用其术,孔明也;用其实而讳其名者,介甫也,况令狐绹、张居正之挟权势者哉!又云:申、商家不容掩之藏,李斯发之矣。李斯曰:行督责之术,然后绝谏争之路。申不害曰:有天下而不恣睢,命之曰以天下为桎梏。此皆法家之宗旨也。又云:任法,则人主劳而天下困;任道,则天下逸而人主劳。名言。

《精神之教育》云:谦逊之德,如空气之蒲团,其中虽无一物,而人自觉其快乐。

又云:但问汝心之老少,不问年齿之稚尊。其心少者,虽老犹少也;其心老者,虽少犹老也。忘山曰:人生以八十为上寿,而八十年中岁岁可死,月月可死,时时可死,故人虽少不足恃,虽老不足惧也。但使一日不死,犹可作一日之少年;虽年老,而此心不可衰也。

二十六日　　晴

论古复以书画来,有董香光仿倪山水,价百金,陆道淮山水小品,刘石庵行书,留观之。晡,观毛西河《论语稽求篇》。

西河解为政以德章极确当,谓北辰比德,众星比政。一德既立,而众政具举。譬之天象,枢机在我,而钓轴自运,所谓纲举而目张也。《论语》凡言譬如,皆紧顶上文,未有正言一意,譬语又一意也。此是西河独得处。

二十七日

览《汉书·地理志》。汉之会稽,不在越而在吴;汉之益州,不在蜀而在滇。其沿革不同如此,故治史学者不可不明地理。

诣东城,贺那琴轩嫁女。又访子榖及稚夔。晚归,车中观书。

《精神之教育》云:有如何之才能,必有如何之机智以运动之。苟无机智,虽有才能,不可必其成功也。忘山曰:机智殆由天授,非学问所能成就也。故毕孔尝谓:勉学者学问之功用耳,至于观察所得之机智,虽有良师,莫由教之也云云。然机智与前之机警稍有别。警者,觉察于事前;智者,运用于临时。

又云:机智者,五官外之感觉最速者也,非眼明耳聪之可拟也,有触斯觉,有感斯应。欧洲名将乌伊利马谟之征服英国也,舍舟上陆,误扑于地,彼即握土沙而大言曰:"英国土地入余掌握中矣!"士卒闻之奋勇,转败为胜,彼之机智也。忘山曰:此与我国宋狄青事相类。青征侬智高,将出师,持百钱拜祝于天曰:此行获胜,则钱掷于地,面文向上者过半。掷之,乃一一向上。军士大悦,遂前攻智高,大破之。实则青阴教人铸钱,令面背如一也。日本丰臣秀吉出师伐明,亦持钱祝天,事与狄青暗合。

余素不解常识二字,今始知之。盖常识者,常注目于社会人间之动静,自然而得之智识也。

二十八日

读《论语》,观《汉书》及《通鉴论》。

船山当明末，深恶满人入主中国，故于夷夏之种界辨之甚严，而痛诋娄敬教高帝遣女嫁匈奴，谓自是内地女子妇于胡者多矣，乱夷夏之种，罪不容诛。又云：胡雏杂母之气而狎其言语，驵戾如其父，慧巧如其母，益其所不足，以佐其所有馀。故刘渊、石勒、高欢、宇文黑獭之流，其狡狯乃凌操、懿而驾其上，亦归罪于娄敬。论颇新。

二十九日　　阴

观《论语注疏》。趋署时，闻佑三至，诣访之，不遇。连日城内外人多患瘴疠，不解其故，殆少雨使然。过厂肆，以《郁华集》、《西斋偶得》及《说文通训定声》归。《郁华集》，长白盛昱诗稿也。《西斋偶得》亦蒙古人所著考据书也。归观《通鉴论》及《精神之教育》。

忘山曰：君子之自重自任，正与小人之自暴自弃为反比例。惟其自重自任，故人皆尊之敬之；惟其自暴自弃，故人皆轻之贱之。

隅谷己曰：富者，社会人间所最重者也。人之生命、独立、教育、修德、美术，皆必赖富以哺之，赖富以保之养之，盖进化之阶级也。故文明现出之时，必在物力裕馀之后。雅典之文化达其极点，即雅典之富达其极点之期也；罗马之壮美极其高度，即罗马之富极其高度之期也。

又云：古语有之，无恒产者无恒心。不为境遇所困者，惟圣人哲士能之。普通之人，常因贫窭之悲，而恶力增长。

又云：财宝丰衍非富也，土地广大非富也，人民繁庶非富也。投金钱以恤人，斯为富矣；投金钱以购安宁，斯为富矣；聋者耳之，瞽者目之，跛者足之，斯为富矣。忘山曰：所以贵其富者，贵其有力也。有力而不用，与无力同，则守财虏耳，与贫者奚异？

三十日

观皇侃《论语疏》及《通鉴论》。

自来论盐法者,莫不谓天下皆私盐。天下无公盐矣,故盐宜听民之自煮、自取、自为卖买,公家但收其税而不必专其利。此论盐之最高等者也。船山之意,独不然之,彼谓弃盐利以予百姓,名至美也,实则为豪民富户所擅夺垄断而已。贫者之沾其利,亦仅矣。利归私室,反不如在公家也。公家取其利,尚可以佐军旅、教育及一切行政之需,稍稍有益于众百姓,非一人一家之私利也。使为豪富所垄断,则反是。忘山曰:所见不为无识。

三 月

一日

昨雨终夜,晨起微晴。读《通鉴》。夜,作日记。

隅谷已曰:以劳动为贱业者,腐败小人之寝言也。昔罗马之制度,农夫可为将军,退将军而仍为农夫。合农夫与将军为一,罗马之所以强。忘山曰:农夫者,供给系统之一分子也;将军者,督制系统之一分子也。重督制而轻供给,人将皆趋于督制,于是供给之人日少,供给少而国贫矣。如我国今日贱视农、工、商,任意侵削,而优士曰可以服官也。又听民捐输以入官,于是仕途拥塞,天下人争入于督制系统,而有两官管一百姓之语。朝廷专设官以养游惰,国安得不贫?

又引古人勉志诗云:"前途靡止境,进德无穷期。勉哉尔青年,劳动无失时。一境复一境,崄巇安可辞。崄巇历已穷,荡平任所之。"

诸葛武侯黜李严,而严不怨;巴尔克弹劾翦鞠斯,而翦鞠斯不恨。皆公诚之足以服人也。

二日　　雨

读《通鉴》。是晚,幼珊过谈,至夜深去。

三日　　晴

出城,车中观书。

我国儒书最重德行之感化,如陈仲弓、如王义方,皆卓跞千古者也。欧洲亦重品性,曰品性者最大势力也。西儒卡宁克之言。又云:品格者如春风之驰荡也,被之者无不感化焉。又云:品格者有免危之特权。如法国内乱初起之时,大家小户皆被其祸;孟典闭门不出,无敢扰之者。故有品格之人,暴徒亦敬服。阅古今史乘,以品格免危难,指不胜屈。忘山曰:此类事,我国历史亦多有之。道德感人,东西皆同也。

哥尔别多答曰:国之强弱,视其民之品格何如。品格如金城铁壁,不可破者也。至言。

隅谷己曰:人无品格,如建屋于砂,旋筑旋圮也;人有品格,如筑室岩上,洪水不畏也。

晡,饮于同丰堂。见一同僚者,满人,名福荫,字际云,自云不能茹荤,鱼肉入口则呕,自幼已然,俗称胎素是也。前在海上杏孙家,见一彭姓者亦如之。忘山曰:胎素与天阉相类,一生而不能食肉,一生而不能娶妻,不解其何故。或前生之犯淫杀过重,晚年忏悔转世而得此报,未可知也。

四日　　晴

诣于公祠,乡人春祭。晡,往谒袁慰帅,未见,暮归。

星墀之妻,余堂姊也,嫁三十年,生四子而夭其三,以痛子故抑郁成疾,今年二月间没。然家巨富,夫妇皆勤俭,亲族贫者,赡助无吝色。顾运厄至此,岂无天道耶?余制挽联云:"福德冠姊妹行,忆当时曳佩如云,廿载飘零多沦异物;仁俭负亲族誉,痛此日骖鸾不返,九原怆恨犹为佳儿。"

五日

得澜妹信,知母亲于昨日由杭启行。向午趋署,又往视向岷。昳,饮于致美斋。遂诣佑三,见壁上有木刻钱南园对,极佳。晡,往观剧,暮归。夜,作日记。

西儒机紫曰:失败者,成功之大道也。既经失败,而后发见其虚伪,而后愈求其真点,屡屡经验,始卒底于完全。忘山曰:天下百事,莫不皆然。即以写字作文论,未有不由拙而巧,由劣而优。人不可因其初之拙也劣也,遂自画谓永不能执笔作字及缀字成文也。惟不惮其拙与劣,而优巧之境将自致。若惮焉,是终不能自致矣。

人有平日熟讲兵法,委其治军,一战而覆败。有平日研求吏治,举为守令,而措置乖戾。有平日精究医药,壹为人疗疾,往往杀人。岂所学竟不可恃乎?忘山曰:非也。天下无论何种学,皆分知行二途。讲之平素者,知学也;用之于临时者,行学也。知学所造虽极深,而行学犹浅尝者,安能责其有效乎?故医家必取久临诊者,兵家必取久居行伍者,政治家必取熟练办事者。知行兼进,乃为有学,可信用矣。

六日

书挽联。又为藩卿友心如写七言联,即用陆包山画所题唐句云:"秋馆池塘荷叶后,野人篱落豆花初。"论古斋又以书画来,无当意者。晡,应震伯过,谈久之去。

余女弟澜如之婿张稼霖,名端理,勤果公子,幼不喜读书,娴武艺,好谈兵法,在杭州日与市井无赖往来。无赖亦分数党,曰红帮、曰花帮、绿帮,相仇视,或结群斗殴无虚日。稼霖竟为红帮推为首领,乃阴部勒其党如战阵。稼霖虽勇悍而心慈,遇街衢有不平事,辄为人报仇,有侠义风。去岁余来都供职,偕稼霖俱来。稼霖以父功,蒙恩特赏员外郎。余不愿其骤分部,延师强课其诵籀,使通文义。又限制之,除休息日不得出门。稼霖亦俯就约束焉。是晚,忽告余曰:"某志素定,愿入营伍中统士卒为国效力,不乐就文职。今强我读书,无益也。"余曰:"尔欲为将,亦知为将之道乎?"稼霖纵谈攻伐战守之略,及驭士卒之法,皆有条理。余大惊曰:"尔何由知之?"答曰:"余曾读兵书,故讲之熟。"余叹曰:"贤者固不可测,张勤果有子矣。"乃谓曰:"今以后听汝专读兵书,习韬略,惟亦须明地理,知险要,方可胜大将任。勉哉勿懈,以就汝之志。"稼霖乃大喜。

七日 晴

藩卿过。饭后趋署。晡归,观书。晚,作日记。

忘山曰:行学与知学,其中之程度阶级皆相等,各占学问之半,故不可有所偏重。稍有偏重,则其学不完全矣。然世间往往有偏于知学而略行者,谓知居九而行居一,又有偏于行而略知者,谓知居一而行居九,皆非也。盖知行交相为用,因知而行,因行而益知,阙一不可。阳明先生主知行合一之说,当矣。

初从事于知学者必多疑,初从事于行学者必多败。然因疑而知益进,因败而行益进。

西儒著书,每以删改之次愈多愈可贵。见《精神之教育》二十一章三十二页。《诗》云:"如切如磋,如琢如磨。"不厌精之谓也。今人小有著述,便欲刊行腾布,以钓名誉,往往因其说不精而误人者有之,后虽追悔无及也。

隅谷己曰:忍耐是人生第一良药,可以和怒心,消嫉妒心,制夸慢心,驱断恶诱,远其迫害。又可以佐勇气,和苦痛,增喜悦,凡天下不能成之事,惟忍耐足以成之。如哥仑布之竟得美洲,灰尔德之创大西洋海底电线,皆屡经失败,卒能成之者,忍耐之力。见《精神之教育》二十一章三十四页。

又曰:流转之石不能生苔,变易之人不能成功。

巴尔乌亚曰:忍耐者,征服运命之军队也;心灵者,征服物质之元帅也。

隅谷己曰:凡立言,必直截简明,则易动人心,如水之一时迸射,其势之猛大,莫能御也。

忘山曰:天下万事万类,其初必甚简,久而推演滋生,则必甚繁。庄子所谓:其作始也简,其将毕也巨。宇宙之公例也。是故世界愈文明,则一切事物愈趋于繁,而向之简陋者遂〔被?〕野蛮之讥矣。虽然,繁者简之所生也。繁,子也;简,母也。故天下万事万物虽日愈于繁,而制之必以简。譬诸种树,萌芽时甚简矣,年滋月长,枝叶扶疏,繁矣。而观其根干,依然简也。伐其根,则枝枯而叶槁矣。人奈何贪文明,专尚繁而薄简哉!

八日　　晴

天子奉母后谒西陵,晨刻出永定门外登汽车。余偕稼霖往视,旌旗摇曳,五六里皆姜、袁练军也。左右荷枪排立,直至午门外不绝,殆七八千人,百官跪送者寥寥,车中龙绣黄褥,陈列精丽。

日中,与稼霖饮于魁元馆楼上。饮罢,观剧。晡,余先归,观书,作日记。

忘山曰:汝欲立言,须破文障;汝欲立功,须破利障;汝欲立德,须破名障。惟文足以害言,惟利足以害功,惟名足以害德。

九日

薄午,设宴江苏馆,为沈子培、褚百约饯行。坐有钱叔楚、沈子丰、徐藩卿、胡仲巽、方啸霞、夏厚庵、朱桂卿。晡,各散。因至义善源,回车厂肆看书画,有元赵松雪墨笔山水及本朝张鹜筱、杨子鹤山水册叶。子鹤,石谷门人,工画牛,其山水笔意沉郁苍洁,与陆道淮齐名。道淮亦学画于石谷者也。鹜筱画二十叶,皆题司空《诗品》,画笔雄阔可爱。子昂画未知真赝,然题字秀劲有味,似难伪造。晚归,观书,作日记。

机约爹曰:天才之九分,出于精励也。隅谷己曰:好运者,精勤之结果也。忘山曰:但患不精勤,不患无好运。

马利卜兰西曰:凡一真理,必欲捕之;捕而得之,则必再探索之。此教人运思求理之法。

忘山曰:必积数十年之学问、思想,而后成一名儒;必积数十年之艰苦磨练,而后成一良将。此数十年中,西人谓之潜势力。盖无此力,则必不能有所成就也。故云:潜势力者,一种不可思议之大势力也。信然。

十日

观书。

董仲舒上汉武帝书,深知法家之弊。其言曰:申、商之法,韩非之说,寻名而不察实,为善者不必免,犯恶者未必刑,是以百官皆饰虚辞而不顾实,造伪饰诈,趋利无耻。忘山曰:寻名而不察实一语,中法家病根。

过午,诣沈子敦,吊其夫人之丧。遇天津人胡君,先人门下士。五年前,与余及勉斋湖上饮酒乐甚,今又相见,忆往事如目前也。

晡，至土地庙花厂中，购得海棠四株及杂花数种，因往游陶然亭，与瞽僧谈。瞽僧年六十馀，自云住持其中已四十年。又云是地旧名慈悲庵，康熙间有汉阳人江藻，因监修天坛工时来憩息，遂于寺后筑屋数椽，推窗望西山，饮酒赋诗，陶然乐也，因题曰"陶然"，匾字犹在，号陶然亭，又号江亭。当明时，亭之四周地皆高，与庵址相等，后以修陵庙，尽掘取其土，深及丈馀，遂皆洼下，横经数里，因名下曰南下洼，而是庵独巍然无恙也。此陶然亭原始，姑记之。

日西斜，复游龙泉寺，与僧道兴谈佛。道兴曰：释教至今亦衰微极矣，无人起而振之，奈何！振之之法，亦惟有兴教育而已。前明郁林禅师创释氏学堂于金陵，其后人才辈起，如憨山、紫柏、雪浪，皆其卓卓者也。

晚，赴罗莘甫之约于福州馆，与子毂诸人纵谈。

十一日　晴

看园夫种花，观书。

十二日

论古复以书画来，有丁南羽《松箩晓日图》、王三锡《南山积翠图》及文伯仁山水手卷，皆价甚巨。饭后趋署，车中观报。

康德，德意志人，其学问集倍根、笛卡儿两人学派而折衷一是，为欧洲近二百年来之大儒。其检点哲学分为二大部：其一论纯性智慧，其一论实行智慧。前者世俗所谓哲学，后者世俗所谓道学。而康氏则一以贯之者也。

新会梁氏之赞康德曰：以康德比诸东方古哲，其言空理似释迦，言实行似孔子，以空理贯实行也似王阳明。以康德比希腊古哲，其立身似梭格拉的，其说理似柏拉图，其博学似亚里士多德。其在近世，则远承倍根、笛卡儿两统而去其蔽，近撷谦谟、黎菩尼士之精而异其撰,下开黑格儿、黑拔特二派而发其华。二派一主唯心论,一反对唯心论,皆自谓祖述康德。其政论与卢梭出入,而为世界保障自由,文学与基特调和,而为日耳曼大辉名誉。康德者,非德国人而世界人,非十八世纪之人而百世之人也。忘山曰:惜我辈不通西文,不能亲读其书,仅见其再三译之绪论而已。

康德曰:吾人学问智慧之作用,必有赖于空间、时间二者,如画工之有缣纸,诸种之色相出现于其中。

康氏谓:真学术者,必自考察之作用始。所谓考察者,在观察庶物之现象,而求得其常殆不易之公例也。求此等公例,所凭藉者有三大原理:一曰条理满足之理,谓甲之现象,其原因必存于乙现象之中,彼此因果互相连属也;二曰庶物调和之理,谓凡百现象,恒相谐相接,未有突如其来与他现象无交涉者也;三曰势力不灭之理,谓凡百现象中,所有之力常不增不减也。忘山曰:此三大理,第一条与第二条似无甚分别。盖因果互相连属一句,与凡百现象相谐相接、未有突如其来三句是一意。然而康氏别为两条,说者当自有相歧之处。任公不能深解而强译之,反使人不明。以余意度之,条理满足一句,不得以甲象乙象互相连属解之。盖谓天下庶物,如万树林中,远观之虽蒙密重重,似并作一团,而其中根干枝叶自然分布井井,不相紊乱。所谓条理满足,殆是此意,然后与庶物谐和有殊也。

康氏又谓:凡宇宙间樊然淆乱之庶物,实皆相联相倚,成为一体。譬犹大网罟,其孔千万,实皆相属,一无或离。惟然,故世界庶物皆相狃结,相维系,而无一焉得自肆者,夫是谓庶物一定不可避之理。忘山曰:观于是言,人尚可妄言自由,以害人之自由乎?噫!

晡,诣福州馆,勉丈与厚庵、勉哉公宴百约、子培及钱叔楚,余亦陪饮。晚，入城。

十三日

向岷过，晡去。读《通鉴》。是日得上海电，知母及澜如妹于十五乘泰顺船北行。

昨闻叔楚自言，在广西容县诛巨猾甘木事甚详。甘木者，以办团练为名，纠积三四千人，盘踞某村中，横行无所惮，百姓受其毒害者数十年矣。屡控大府，故省会皆知其人，亦欲按问之，终以其强，弗能制。会黄槐森巡抚广西，而叔楚适以知县候补省中。黄公知其能，乃因容县人复有控甘者，命叔楚往按其事。叔楚，一书生也。年少素未知名，且所携卒仅二百人，故为甘所轻。其未入容境也，诉甘者不绝于路，叔楚尽却之，曰："甘木乃好人，治团兵卫乡里，胡为冤之？我来，办他盗耳。"既至，招集绅耆，密询甘所为，尽得其实。又捕他匪，诛数人。甘始稍忌叔楚，乃布其党，扼诸险要。叔楚邐得之，使人谓甘曰："我来此不胜繁费，粮竭矣，无以赡众矣。"甘乃馈白金二百。又使人告曰："马瘏无以乘矣。"甘献良马二。叔楚阳喜曰："我固知甘君奇男子，今果然。"遂约日趣其来见。甘笑曰："我不敢来，乃鄙夫也。"遂忻然往。从者数百人，皆持兵。叔楚尽止之门外，独延甘入，劳苦如平生，欢谓曰："闻某地有盗枭悍，我兵寡，恐不能制，今欲会足下共擒之。"遂问左右："已完具否？"须臾，卫卒二三十人皆结束佩刀出。叔楚挥之曰："尔等随甘大人往捕贼，不用命者斩，吾手书谕付尔。"遂趋入，又回顾曰："尔辈是何等人，见甘大人独不为礼耶？"于是卫卒并趋前屈膝唱曰："请甘大人安！"忽有厉刃自后飞出，断甘头，甘身扑地血涌。叔楚呼曰："为我出杀贼党，吾已调官军即日来矣！"卫卒踊跃出击，贼众犹抗拒。乃取甘首抛示之，曰："甘木已伏诛，馀党不问，弃兵者良民。"于是门外贼哗然奔散。叔楚遂率城守兵出南门，直捣其巢。沿途遇贼党，尽击破之。而贼老小闻之，潜遁去，守卫皆散，贼所居为空。履视之，见壁垒严整，枪弹火药贮藏其中者不可胜计。叹曰："使调大兵围其村，非十日不能破也。"遂以甘所馈金，赏刺杀甘之壮士，敛兵归。百姓欢呼相庆。亡何，事闻黄公，黄大称赏之，为电奏朝廷。时戊戌秋八月事也。

十四日

往视荣相疾，至门则车马喧然，疑有异，问之，则荣相已于辰刻薨矣。时未携素服，遂不入。往喜鹊胡同见蒋泰臣，又至外部见谢丰镐，绕道正阳门归。部署行具，明日赴天津。

十五日

薄午，偕稼霖诣前门外登汽车，俄而机动轮展。晡，到天津，居长发栈。余即访筠青，不遇，暮回。晚餐后，筠青来纵谈，夜深去。余静坐，观《鹖子》终卷。

凡人悟、记二性，非仅读书之资也，要做一好人，亦不可须臾离此二性也。盖无悟性，则有过而不自知；无记性，则知过而不能改。故《鹖子》曰：知其身之恶而不改也，以贼其身，乃丧其躯。其行如此，是之谓大忘。

许百姓以公举之权，欧西良法也。而《鹖子》语之详矣。其言曰：民者，极愚也。虽愚，明主撰吏，必使民兴焉。又曰：民者至卑，而使取吏焉，必取所爱。十人爱之，十人之吏也；百人爱之，百人之吏也；千人爱之，千人之吏也；万人爱之，万人之吏也。

道也者，混言之也，折其道则有理焉。理者，道之细者也，折其理又有数焉。数者，理之细者也。故《鹖子》曰：有道然后有理，有理然后有数。鹖子，文王之师也。

十六日

访筠青。饭后,雨止。晡,与同游津市。津中自袁慰庭行操切之政,致商务大坏,民间怨恨入骨。慰庭曷尝有害民之心哉,特不知政体,强以威权干涉民间之琐细,欲救之反以害之耳。

十七日　　晴

往谒关道唐少川,其治所即前李文忠任北洋所居也。东偏厅舍毁于火,非复旧观矣。日中,至义善源视向岷,尚熟眠,见余至,始披衣起。余因留午饭。昳,回客舍。晡,复与筠青、藩卿出游。

有雏妓,貌似画中美人,历年所未遇也,名金寿。又有一人,貌亦仿佛,皆津地人。北方竟有佳丽。

十八日

闻泰顺船十九到,乃命仆将行具下塘沽。余仍造筠青谈。晡,坐晚车去,所过郊野,青翠满目,茶花盛开,不减南中龙华也。

十九日

塘沽居一日,泰顺船未至,闷极。夜,与稼霖谈笑成趣。

俗云:忠厚者,无用之别名也。抑知不然,忠厚者未必无用;无用者不必忠厚。盖所谓忠者,不偏邪之谓也;厚者,不刻薄之谓也。世固有至愚、极顽、无用之人攘取忠厚之名,然而其行止偏邪、居心刻薄自若也。又有聪明机变、善用权术者,而观其行止不失为忠、推其居心仍不失为厚者矣。要而言之,忠厚者德也,有用者才也。世但见人之才德不兼有者多,遂疑才德不并立,如物之莫能两大,于是指无才者即许其有德,见有德者即疑其无才。此忠厚所以蒙无用之诬,而无用又足以掠忠厚之美。噫!

人固有以诈行其忠者,如齐武、巴比陀之刺奸党是也;以薄行其厚者,如汉许荆之夺诸弟产而卒归之是也。若而人者,皆通权达变以不失其经者也。

二十日

偕稼霖来天津,闻泰顺船侵晨已到,乃复回塘沽迎候。薄晚,泰顺入口,过塘沽不停轮,又行三里,泊于中流。余与稼霖乃驾小舟溯流而上。时夜黑,星露满天,相携登泰顺船,见母、妹,欢然笑语,盖别又几半载矣。是夜,宿舟中。

二十一日

薄午,舟抵紫竹林,乃随母登岸,皆憩佛照楼。

二十二日

晨,偕母、妹诸人登汽车望北都进发,至黄村,忽遇肃邸来附车行,因坐而纵谈。

肃邸述一友人之言曰:我国百姓之视外人,始终不以人待,贱之则如狗彘,畏之则如虎狼,卒不免自尊自大之习。然哉!肃邸状貌极厚重英伟,惜出言太轻,看事太易。我国难得一好人,而求全责备良难。

晡,到京,乃先归寓所,候迎母、妹入宅。庭院中海棠盛开,余出京时犹未含苞也,以天气骤暖之故。

二十三日

闻佑三于是日早车随振贝子行,盖赴日本赛会也。余因至正阳门送行,冠盖如云,皆争送贝子者。贝子未至,余先去视渭东。渭东至都已七八日矣。与闲谈,渭东云:"子所赁屋,我家旧居。今重来,犹仿佛记忆,西偏园中北向之屋,我读书之地也。时方六七岁,可谓强于记矣。"余亦能记六七岁时事,即三四岁时犹有数琐事印于脑者。记力之迟早,本乎天也。余生于东单牌楼头条胡同,今其地已铲平,多起楼阁居外人,不复可认。余记忆,前巷内有马姓家，门外系一猿以守门。余部中同司惠英堂年五十馀，自云三十年前亦居是巷。以是事询之，果然。又记东四牌楼卖饼者之妇无故逃去，其夫怒而追回。又记随女仆至某家闲坐，忽闭房门禁人出，但闻鼓声锣声喇叭声，自牖窥见彩舆入门，盖其家嫁女也。又记慕兄手执纸鸢，向其索不予。余必欲得之，兄乃奔入阍者屋中置最高处，拍手谓余曰：无矣！此皆三四岁时事也。余亦可谓强于记矣。

昳，访泰臣即归。观书，作日记。

二十四日

命仆备送荣相赙仪。扫除西厢，张书画，有张孝达书横幅，字摹松雪，劲逸有趣致。又慎毓林为张肖眉先生书联句云："不欲诣人贪客至，惯迟作答爱书来。"此高人通病也。论古来，阅其书画，无佳者。余以先人所画团扇面及与人唱和诗手自书者，嘱论古持去，为装潢成册页。又先祖墨迹零笺片纸，亦令装裱，免遗失。是日，补作日记。

二十五日

诣荣相奠祭，绕道访子毂，晤泰臣。因出城诣渭东，已他往。闻其游厂肆，遂往踪迹之，见其车在也。车夫云：向西散步，不知所适。使人遍寻不得。余在翰文斋小坐，遂入城。

都中之有厂肆，犹欧西各国之藏书楼也。文人墨客、好学之士所游集焉。又好古玩、好书画碑板者，亦乐往搜讨渔猎，颇多逸趣。其地在元时名海王村，见《顺天府志》。

二十六日　阴

渭东过谈，自云：来都七八日，日游北里，觉其恶浊，令人生呕。其视南中之芳洁温雅者远矣。余曰：南方人柔媚，多饰情貌，且高自矜重，俯视诸客，其气习亦颇厌人，不若北方之伉爽真率。其款客也,低首下心,恐失人意。虽然,莺啼燕语,尽是哀鸿;鬓影花香,织成苦海。故余有句云:"春生粉黛含愁色,风动弦歌杂怨声。"盖纪实也。

倡妓东西国皆有,然彼皆其女子好淫者,乐为其事,非受人之强逼者。若我国,则皆因贫困,为父母或兄弟所贩买,遂勒使充妓,稍不当意,鞭挞随之,或用非刑,如拷重囚。盖我国妓女之苦,与美国之黑奴几无以异。

晡,观书。夜,与仲华纵谈。

诗根于情,文根于理。情积之久发为诗,其诗足以动人;理积之久发为文,其文足以传世。虽然,动人,非诗也,情也;传世,非文也,理也。无诗其情不宣,无文其理不达。

诗文以情与理为骨,而其饰诸外也,则有声,有光,有韵,有味,有趣。

二十七日

午后,趋署。晡,访渭东,与偕游陶然亭。

凡人有无穷之怀抱、无涯之志量者,每见奇山丽水,则忻然曰:此足以形容我胸中所有也。闻豪竹哀丝,则曰:此足以传写我胸中所有也。彼樵夫、牧竖、歌童、舞女,又奚知?

暮,宴于同丰堂,季英在坐。

二十八日

晨,诣梓潼庙工程所,寂无人,乃至大学堂与六桥、亦元谈。向午,复往工程所,待陈雨苍不至,腹饥遂归,观书。

三代以后,官家所与民交涉之事,以敛赋税、决狱讼二者为最大。而赋税之苛扰良民,狱讼之拖累无辜,所常有之弊害也。欲免苛扰,莫如易繁琐为简便,简便则民少见吏矣;欲免拖累,莫如易迟缓为敏捷，敏捷则不延时日矣。虽然，玩忽以为简便，不可也；武断以为敏捷，尤不可也。臣受职于朝，必谢恩；君受推戴于下，必封赏。皆非也，是皆贪爵位，为己私利，宜其德人之授己也。夫君之擢任其臣，以事托其臣也；臣之拥戴其君，以事托其君也。吾未见有以事托人，而受托者反谢其托之之人。有之，其惟我国君臣之间乎？船山讥汉宣，纪定策功加封霍光，以为失君道。噫！岂特汉宣为然哉，古今多矣。

二十九日　　阴

诣龙泉寺，方勉丈为其尊人追庆百年寿，同乡诸友咸集。恽君孟荦携所家藏南田老人山水画册，苍润劲秀，可宝重；吴子修携来杭董甫先生山水，亦是真迹。

哺，诣施家胡同访渭东，微雨。晚，复宴于同丰堂。

四　月

一日

趋署，署中前有堂期，逢三、六、九，堂司齐集办公，到者颇多，车马盈门。自改常川入署，而每日不过三五人，至多七八人，甚至堂官到署，四司无一人。欲求认真，反不如前矣。盖工部近来实无事；所办者，皆例行之文书。凡朝廷有大工作，皆别拣大员，工部若无与焉。余谓古人有无弦之琴、无字之碑，今又有无事之衙门。一笑。

哺，都水司公宴阖署人于同丰堂。余与鹤庄、仙竹等将往赴约，出门，两从者马逸。至城门，驾车之骡踣，故后至。饮罢，雨甚，遂归观书。

道失而后有德，德失而后有仁，仁失而后有义，义失而后有礼，礼失而后法，至于法而弊极矣。于是救之以道德，所谓物极则反本也。汲黯用黄老为治，所谓对症下药，深得施救之术。而船山诋之不遗余力，何也？且并汲黯之忠直，不以为傲忽则以为泄私忿；反于张汤、公孙宏二人语意之间每多恕词，君子所不取也。

船山褒郑昌之言定律，颇切于今之时势。惟奖高帝之困辱商贾，则与今为反比例。

二日　　晴，风

观《无能子》。《新民报》极称《无能子》一书，以为可与梨洲《待访录》相颉颃。余读之而无以异也，但拾取老、庄之唾馀耳，略无精义。惟彼知形骸自然滞而死者，所以能摇而趋冯于本不死者耳，则颇通死生之说。

衡无心而平，镜无心而明。人能以有心法衡与镜之无心，是谓圣人。

汉昭帝以十四岁儿，能察燕王旦上书之诈，可谓聪明俊杰之主矣。李贽皇云：虽以周成王之贤，犹有惭德，信然。惜也昭帝年祚不永，令闻弗彰于后。使天假其年，岂在宣帝之下哉！

高帝时，商山四皓尝出保太子盈而败如意，欢吕后而杀戚姬。一家之事，何与天下？吾利一人，必损一人；吾生一人，必死一人。四皓亦当自悔其轻出也。《无能子》责其废人全己，殆非杀身成仁，则太过。

子榖过谈，余以邻居寄来巴黎名胜图册示之，皆以光法留影著纸者，观之不啻亲游其地。余谓外国文明已极，人力太尽，遂致夺天地自然之趣，故其风景有不逮我国者。晚，出城观优。夜，宴于聚庆堂。

三日　　大风

诣工程处，归与仲华论神仙。

凡人于耳目所不经见，理想所不能到，即毅然断为乌有，是其人必无识也。天下之物无穷，岂皆我所能见；天下之理无限，岂皆我所能知。故必虚其心，澄其虑，一一加以穷究，不能决者阙其疑焉，夫然后免于自画也。神仙奇幻之事，见于古今载记及流俗所传，为人所目验者不可胜数。今欲以一人尽抹杀之，曰皆妄言也，可乎？昔者干宝不信鬼神，其后亲遇见怪事，始翻然信为必有，而撰《搜神记》。然世间能亲遇者有几人？彼不信者更以干宝为妄言矣。噫！

专信人之耳目而内无以自决者，是以己为人之奴隶也；专信己之耳目而不信人者，是又以己为己之奴隶也。不信人亦不信己，信人亦信己，断之以理，是谓中道。

四日

观书，风止。

斯密亚丹论节俭为增进国殖之泉源曰：惟俭足以奖勤，俭而后母增，母增而后勤者有所借手而致力。盖节俭之家，岁有所馀，区以为母，以养劳力生利之功，一养之后，岁岁无穷，母转为货，货复转为母，一国生利之民皆将赖之，至言也。谭壮飞作《仁学》，痛诋俭德，以为有国者当尚奢。余曾驳其说，盖彼茫然于计学之理，宜持论如此。

我国之军歌创于五代时唐庄宗，见《五代史补》。余所未见，《新民报》中言之。

凡立宪政体中规例：政府遇议院人与之反对居多数者，而犹坚执所信，不肯变移，则所以待议院有二法：小则停会，大则解散。停会者,使议员再熟思其利害也。停会之后,而议员反对如故,则政府谓此不过代议士之偏见,非国民真意,于是解散现任者,而命全国人再选议员,重开议会。使新议员之反对政府者仍居多数,则国民之意向见矣。于是宰相不能不辞职。此一定之法也。日本即惯行之。见《新民报》。

趋署。晡,出城,游于厂肆,观王石谷诸人山水。至翰文斋,遇伍昭裔,见殿板开花纸印《御选唐诗》,极精。是晚,少山约饮。

五日

作书寄南中。向午,驱车出宣南门赴陶然亭。渭东、少山、斌甫、少如皆先在。俄宾朋相继至,约十馀人。始角拇战,又为樗蒲戏。俄陈果肴欢饮。时远山横翠,丛苇摇风,水色澄明,蛙声烦碎。酒半,散步槛外,遥见云光塔影,与林树楼阁成一图画。日暮,各散。

夜,与仲华谈道。

六日

署中改早衙,故晨起即往,长官已散。乃往视渭东,尚眠未起。渭东到京后,日沉迷于赌博,几非是不乐也。天下极聪明人,不能无所耽著,往往明知其非,力不自克。忘山曰:是非英雄之所为也。惟英雄不贵能战胜人,但贵能战胜己。今知非不能改,是不能胜己也,何足为英雄。

天阴,风起,过厂肆,购得《政教进化论》及《土耳其史》。归与仲华谈。仲华观余日记。余日记又间断十馀日矣。乃取笔补记,至夜深始眠。

七日　　晴,风不止

补日记毕。厂肆会经堂书贾携来《顾黄公集》及《空山堂金石考》,又《墨池编》。余皆留观之。

晡,厚庵过谈。论及俄人,以为有古强秦之势,惧其并吞各国成大一统。余谓不然。俄非秦比,各国亦非当日六国比。盖凡国家专制之国易灭,民主之国难灭。民主之国如百足之虫,死而不僵,非尽杀其人,其国终不灭也。岂若专制国,但灭其一家一姓,即为灭其国矣。各国大半民主国,俄之力岂足尽杀各国之人哉。且彼其人皆聪明俊杰、猛毅之士,岂若愚顽疲弱者可易犯哉。俄之可畏,固以其专制也。惟专制,故能以一人喜怒而妄开兵衅。然正惟其专制,而愈不足畏也。何也?彼俄国之民,亦沐欧西之文化聪明矣、俊杰矣、猛毅矣。受其君之压制,积不能平,屡欲刺其君,颠坏其政府,无日忘于心也。使俄之君务张大其威力,以与各国角胜,稍不内慎,而国民叛之,俄之灭亡在眉睫矣。其如各国何哉!

八日　晴

诣梓潼庙,因至喜鹊胡同晤陆勉斋,借其《大陆报》,车中观之。

孔子为我国数千年之伟人,如印度之有释迦牟尼,耶教之有基督,回教之有穆罕默得,希腊之有苏克第、柏拉图、亚利斯度德,人人各自以为生民所未有,卒之不能评定其优劣而轾轩其间也。陆象山曰:东方有圣人,此心同,此理同。西方有圣人,此心同,此理同。以宇宙之大,生民之繁,而谓古今中外惟有一教主,必欲强人以从我,可乎?《大陆报》论儒家之思想,遍列西儒各家评我孔子之言,可取而观之也。其中有极尊敬我孔子者,如飞克氏、那顿氏、爱德根氏、约翰逊氏、亚历山大氏是也;有贬议我孔子者,如酉里大之《哲学史》,乃耳德禄克社氏是也;有且褒且贬者,如雷格氏、多麻斯氏是也。

哺，诣同丰堂，李春卿约饮。闻俄人为东三省事又肆要挟，各国不许。

九日

趋署，又赴水司同僚之约，席散，访吴子修小谈，即往视汇东，与同观剧，晚归。

人与人相群而成世界，所以维持此世界者，曰情与理二者而已。情出乎天，理出乎人。父子兄弟以天合者也，故重以情相感；君臣朋友以人合者也，故贵以理相守。虽然，以天合者非尽忘理也，要不可离情而言理；以人合者非略无情也，要不可背理而任情。

家族，以天合者也；国家，以人合者也。父子兄弟相联而成家族，君臣朋友相联而成国家。后世不明家与国之界，混而为一，遂以家长主义施用于国之政治，而百姓莫不戴君如父，则大悖矣。盖一认君为父，则虽极暴戾之君，亦不敢不为其子，其弊致令独夫民贼无忌惮于天壤间矣。酉里大以是讥孔子，非知孔子者也。孔子未尝以人合混天合也，特未明言耳。孟子特昌言之曰：闻诛独夫纣矣，未闻弑君也。此即孔子之宗旨也。

十日

往谒冯梦华师，复诣署，日中归，观书。

耶稣当日有所谓黄金律曰：以己所欲者，施之于人。孔子则有反黄金律曰：己所不欲，勿施于人。

墨家爱人，一律平等；儒家爱人，有亲疏远近。此儒、墨相争之点也。而西儒拔德拉学派与边沁、巴来及其他群学之争论亦在此。盖拔德拉之说，与儒家同也。有亲疏远近，正是平等。

以分、寸、尺、丈、里推测空间，以秒、刻、时、日、月、年推测时间，皆出于算数，数之功大矣哉！盖天下至精之术莫如数。

天下至大者莫如空际，天下至速者莫如思想，天下至易者莫如责人，天下至难者莫如自知，此希腊索匪思德与马里德斯《圣人问答》中之粹言也。

十一日

母为余三十寿，乃命设丝竹于庭，歌讴北曲，其声乌乌，中有所谓大鼓书、太平歌、莲花落，音节恬荡，颇足怡人。余坐阶下听，至夜深始眠，月西斜。

十二日

趋署，即诣渭东。渭东荒于赌博，俾昼作夜。余婉辞以讽之，厉色以责之。渭东唯唯不能从也。

忘山曰：我于天下人无所畏，我所畏者，惟最爱我之人而已。惟其爱我，则所以责我之过也无所不至，我不敢怨也，惟有畏之而已，惟有谨受其教而已。天下最爱我者，莫如父母，故人子莫敢不畏父母也。其畏父母也，正以父母之责我皆所以爱我而不敢不畏也。其次，则夫妇、兄弟、朋友之间，虽异于父母，而相爱既深，则相责愈甚，苟有过亦不能不有所畏也。

是日，伴渭东至各处闲坐。晚，少如约饮。天微热，解衣摇扇。

十三日

晨，往谒孟华师，谈久之。师丰采如故，已十余年不见矣。又诣吴佩葱。佩葱始服阕，入都供职，暂寓孙梦岩家。梦岩尚眠未起，与佩葱谈。佩葱云：海上两粤士绅又在味莼园演说，为争俄约事，又为粤西抚臣王苟棠将借法款、法兵以平匪乱，亦合电力争，其实并无此事，殊可笑也。俄人要挟，我政府已倚各国势力，坚持不许，俄人恐亦无如何也。向午，往送渭东行，与渭东饮于致美斋，共谈。日中，趋署，新长官崇到任，阖署僚属盛服参见。晡，宴同僚于泰昇堂。

十四日

厂肆书贾以《道藏全集》来售，中有《金丹大要》一种，指陈极为显露，仲华读之不解。余曰：凡道旨苟无师指授而欲妄猜者，则相去日远矣。仲华急于闻其说。余因仲华根器笃厚，聪明内藏，颇欲言之。而犹不敢者，以其性多拘滞，分别相未除也。俄午饭，遂为广譬曲喻，破其分别相。仲华有会。佛家所以教人破除分别相者，非谓无分别相即可以成正觉也，惟无分别相始可以悟道而已；亦非谓竟无分别也，其分别在毫厘几微之间，为人所不睹不闻，其可睹可闻之实相，一若略无分别也。使人于相而生分别，永无入道之路矣。或问何者为分别相？曰：大小也，上下也，善恶也，智愚也，苦乐也，生灭也，净垢也，皆自然反对之相，为人所生分别者也。须知大即小，小即大；上即下，下即上；善即恶，恶即善；智即愚，愚即智；苦即乐，乐即苦；生即灭，灭即生；净即垢，垢即净。所以然者，分别在内，不在外相。如于外相妄生分别，是谓凡夫。

昳，仲华闻余所言之旨，大有悟境。吾党中又多一同志，可贺。

十五日

终日不出，观书，与仲华谈玄旨。

仲华深研于老子学，苦思力索者十年，阴阳消息精微奥妙之理颇洞彻于胸，惜知虚不知实，知体不知用，知理不知事。盖天下虚与实、理与事、体与用，皆不可离而为二者也。

纯阳者为仙，纯阴者为鬼，阴阳相半者为人。凡夫日损其阳，损之又损，阳尽而为鬼。至人日损其阴，损之又损，阴尽而为仙。

神者，气之积也；气者，精之积也。故精、气、神三者是一物，不可分也。人之知觉、运动，神主之也。而神即于精气之中，但有阴阳之别耳。人为嗜欲所摇，神之阳者日以销磨，故形态渐就衰老，将变为纯阴而与鬼近，故必取天地纯阳之物以填我之所阙，使去者复还。虽然阳还而阴犹在，久之仍足以侵阳，故必以法化去其阴，使阴尽变为纯阳而道成。

人，阳也；鬼，阴也。人之中又分阴阳；男，阳也；女，阴也。男女交感而成孕。然当男女交感之时，即人鬼交感之时，是以有转轮投胎之说也。人鬼何以交感？曰：天地凡相反之物，每相吸合。观于男女相悦，由阴阳二电之相感而知之矣。阴不能包阴而能感阳，阳不能感阳而能感阴，彼人鬼亦犹是也。惟人鬼交合而结胎，而成人。故人为半阴半阳之质。

凡人善念之起，阳气之发动也；恶念之起，阴气之发动也。积善则阴消阳长，积恶则阳消阴长。是故成道之人莫不由积善而来也。

气之在天地间，人与人相通也。故神之在天地间，亦人与人相通也。神与气非一非二，故人之气可与我合，即人之神亦可与我合。我之能思想、能知觉之心，佛称为识神。非我真心，即非我真神。虽然，谓之真神固不可，竟谓非神亦不可。但其质为阴阳杂揉，或阴多阳少，而非纯阳之物，故不得据以为我之真神真心，而真心犹在天地间，我未得也。真心安在？曰：《易》称复其见天地之心乎？此真心所在也。我得之，即我之心也，即我之真心也，即我之真神也。

十六日

晨，诣弓弦胡同长少谷家，贺其子娶妇。俄又至徐颂老家，贺其赘婿。婿为张幼亭之弟佩蘅。佩蘅与其兄叔明同至京，叔明主长发栈，是日余亦往贺喜。日中，诣厚庵，闻会试榜出，中者颇多熟友。与厚庵谈久，又往吊万薇生之丧，晡归。

厚庵云：衣食足则自敦礼让。譬诸宴会中，凡预饮者必互相谦逊，未有直坐上坐者。盖坐位虽有差等，而得主人之食则均。其让也，宜哉！

陈孟威过谈，与余谈旧事，抵暮乃去。孟威为陈勾山后人。

十七日

趋署。薄午，访孟威，与饮于万福居。孟威谈及袁慰庭在天津所办之警察，其弊害不可究诘，竟至白昼入人家发人笥箧，攫人金去，人莫敢谁何。慰庭来京，有人告其事，慰庭始恍然，归而撤局长之差。试问今日我国，尚有一事可办否？

铁路初设时，人人以为妨民生业。今创行既久，凡近畿一带穷民小户，其谋食觅食，转易于从前，此守旧党所不及料也。

十八日

诣梓潼庙，即归，观书。

我国欲鼓励其民，每以给奖或赐匾额示宠异，不知皆虚名也。虚名之不足动人久矣，必如西国之许人专利，而后足发人之歆羡心也。

日本人以百姓之卒业于学校者，谓之完全国民，其学而未成者，皆国民之候补者也。忘山曰：我国人民大抵不学之人，皆未成为国民也，宜其无爱国之心也。虽然，朝廷不设学教民，民安从学？是又政府自弃其国民也。今日学校设矣，果有培植国民之心耶？

东西国之教人学也，教人学做国民；我国之教人学也，教人学做官。使人人受学，则人人皆官矣，一国之中不复有民矣！

晚，成子蕃过谭。子蕃所居，即甘石桥我家旧居也。子蕃人极风雅，虽满洲籍，而喜与汉人往来。

十九日

饭后诣廉琴轩贺其娶妇。又往谒肃邸,未见,即归,车中观书。

欧西各国,其出产多,其制造多,而本国之人少,用之数不敌其成之数,故求销于国外。我国地大物博,若盛兴农工之业,则成物必宏富,国内人用之亦必有馀,有馀则溢于外,理之常也。今农工尚未大兴,国民贫弱,骤欲与人从事商战,亦綦难矣,无已,亦惟盗取他人之学问法术以兴我农工,无人则用其人,无财则假其财,农工盛而后以商运输各地,各地丰足,而后可与各国言商战。

西国凡旅居于外国者皆富民,贫者佣于本国工厂耕地而已。我国凡流徙于外国者皆贫民,富者高居丰食,厚自奉养,无肯离乡远游者,与西人为反比例。

重征出口之税,则我国之商于外者受损;重征进口之税,则我国之百姓买物于内者受损。然则如之何其可耶?曰:惟有择其易销之货,无论出口、进口,皆不妨重税。盖出口者,有他国之民代我纳税;进口者,其税虽仍出于我国人,惟取之于无形,较之种种苛敛,使民抱怨者胜矣。难销之货,则无论出口、进口,皆宜薄征或免税。盖重征出口,则货销愈难,商民受困;重征进口,商船不来,关税短绌。此主国计者所当权衡其间,而使之得宜也。

二十日

趋署。日中,至义善源,连日天气忽凉,可御绵衣。昳,入城,过子蕃谈。周视旧居,见西偏园中及后屋已改观,皆焕然装饰矣。晡归,大风。观书,仍与仲华谈。

顾亭林有言曰:胥吏之权所以日重而不可拔者,任法之弊使之然也。忘山曰:是法也,乃法家之法,非立宪之法也。法家之法,创者一人,出于私见;立宪之法,创者万人,出于公议。法家之创法者,自创而使人守之;立宪之创法者,共创而共守之。法家之守法者不能创法,立宪之守法者亦能创法。守法者不能创法,则法不能变,而为死物;守法者能创法,则法可屡变,而为活物。法为死物,故任法不任人;法为活物,故任法亦任人。要而言之,法家之法,但能制人,不能造人,故法立辄无用法之人,法之所以为死物也;立宪之法,能制人亦能造人,故法立而不患无用法之人,法之所以常为活物也。

余始悟性之一字,作何解说。盖所谓性者,是有质之物,非可以空虚之心与理解之。吾于何悟?吾于父子天性一语有会也。

二十一日　阴

往送孟华师行,因访仲华于其家。薄午,偕游厂肆,觅寻书画,因饮于玉楼春。又至工艺局晤黄慎之,见壁上悬王石谷山水,雄浑超秀,不易觏也。俄至彝古斋,见刘石庵小行书,甚精。晚归,补作日记。

二十二日　晴

补作日记,终日不出。得慕兄函,并八妹及慧侄女小像。

佛家称真如,又云妙明觉心,又云大乘觉海。西人所谓以太,儒家所谓一元,道家所谓先天真一之气,即是纯阳,无质而有质,有质而无质,弥漫于空间,寂然不动者也。凡三千大千界中,一切众生,皆具此性,自嗜欲日动,而阳邪耗散。阳日销,阴日盛。阳尽变为纯阴,遂化为鬼。然阴之极而阳生,故鬼以阴感阳,又变为人。以是人鬼轮转无穷,即阴阳互相消息之理。惟圣人能取是纯阳练而成道,故永脱轮转之苦也。或曰:鬼,阴气,当其轮转时,所感之阳由何而来?曰:是阳也,在父母交媾之时,人所禀赋于天之本性,即分大乘觉海中之一滴也。有是一滴,又得父母之精气以结合而成胎。故人当初生时，无不禀是一阳之质。鬼之所感者，即此物也。鬼不借此物，亦不得成为人也。或曰：子既言阴鬼投胎变为人，必借纯阳以为本性，则似性为无知，鬼为有知，是阴为阳之主矣。阴既为主，何又言阴非真心、阳乃真心也？曰：阴与阳本非二物，皆在一片心海中相联属者也。其寂然不动者，阳也，似为无知而为真知也；其发为思想愿欲者，阴也，似有知而为幻知也。盖阳，其体也；阴，其用也。人之死而为鬼也，如人睡而有梦。梦者，即日间妄想变幻所成，非心所能主之。夫妄想属阴，我心属阳。心不能主梦，是阴与阳恐离为二物矣。迨其醒也，而阴阳始相合。鬼之投胎，犹人之梦醒也。当其为鬼时，与阳偶离，虽有知皆幻而不实；必至投胎时，阴气合于真阳，而后幻境皆消，犹人必待梦醒时，妄心合于真心，而幻境亦消也。盖阴与阳本非二物，是故投胎时未有不相合者。然阴鬼究为幻知，阳性乃为真知，阴终不能为阳之主，而阴非真心，阳乃真心也。

或问：据释家言，凡中阴之投胎也，如蛾扑火。盖当男女构精之时，欲火一动，鬼眼望见，不觉身入其中，此一说也。又有临产之时，其家人梦见某人来，或产母恍惚见某人来而生者，此又一说也。究竟鬼之入胎也，在交媾之时乎？在分娩时乎？答曰：以常理论，中阴之至皆在交媾之时。若夫临产而降者，必前生有道力之人，是名夺胎。盖四果徒中人也。何名四果？一曰夺胎，二曰换舍，三曰旧住，四曰移居。夺胎者，夺人之胎以为己有也；换舍者，以法与人互易其体也；旧住者，保其形躯使不变坏而久存于世者也；移居者，遇壮年夭折之人借住于其身中也。余始惟不明夺胎之理，今始有悟。

二十三日　　晴，风

诣梓潼庙，即归。京都之风，尘沙随之。风愈甚，则尘沙愈高。人行街市，对面不见人，亦一奇景也。晡，观《湘报》。

谈变法之根本者，莫不曰民权民权。民何以能有权？曰：非民智不可。虽然，徒智不足以得是权也。盖智而不务实业，则与今日浮浪少年何以异？口能言也，手不能举一物，足不能行一步。集区区小会，仰面求资于人，大抵寒士而已。虽多，朝廷愿肯假之权乎？然则必如何，权始归之？曰：归于富者。民何以能富？曰：务农工商之实业则富。

欧西百姓，凡有选举人资格者，以能纳税金多寡为度。凡国家取民之税愈多者，其民之权愈重。何也？有义务，斯有权利。纳税者，民之义务也；参与政事者，民之权利也。譬诸商人集大公司，股多者权重，股少者权轻。百姓岁岁纳税，犹岁岁买股也。朝廷凡有兴作，事事仰给股东。若抑之不许问事，彼百姓肯源输将耶？我国人民惟贫，故不能纳重税于政府，是以政府视之甚轻，虽岁征其钱，不啻收佃户之租。曰：彼耕我田，受佣于我，奴隶也。且故轻其租以市德，而民更感激之不暇。孰知税愈轻，权愈削。朝廷政令虽有不善，欲出而干涉，难矣。虽然，百姓果堪重税乎？曰：不堪也。奚为不堪？曰：贫故。奚为贫？曰：游惰民多，务实业者少故。

今我国非无富者，然不治田产，不营商业，虽富而国家丝毫不能取其财。即从事农商，而纳税无异平民，亦不能多取也。于是朝廷不得已而开捐例，诱富者出钱而授之以官。夫官爵，国家名器，至重也，而富者有财，足以攫取之有馀，是益见富者权大，可无所不为之一端矣。

我国富者之财，由农工商实业而得者盖寡，往往出于仕宦之家。其祖若父拥高官,临封圻,或宰邑制郡,掌关司卡,而攘取平民之钱,或浮冒国帑以致累数十百万,甚至窖藏于地,不使人知者。国家虽欲税之,恶得而税之?而营商务农者强半皆贫民,赡家糊口之不暇,又何堪国家之重税?此理财之术所以难行,毋怪司农之仰屋矣。有国者诚能于农工商学加意讲求,广立学校,举天下游惰之人,悉驱入三途之中,其贫无力者,听富者假以财,使人人各务实业。又复大兴水利以防旱涝,多设机器以助人力,广开铁路以便运输,期之十年,而民之业农工商者不皆巨富者,我不信也。农工商富,然后科以重税。如是而国用犹不足者,吾不信也。使朝廷仅造就士学,而不造就农工商之学;仅开士智,而不开农工商之智,则虽有人材,武能知兵,文能习律,而财源耗竭,府库空虚,彼人材其肯为我用哉!

农工商者,供给之系统也;士者,督制之系统也。有供给,不可无督制;有督制,愈不可无供给。今国家但望士之有实学,而不望农工商之有实业,是重督制轻供给也。可乎?

余尝论天下之权归于有才者,盖所有才者其力强也。今始知更归于有财者,盖才为虚力,财为实力也。天下之民既富,则人人握财权。财权握于下,则政权自不敢专于上。稍不遂民之意,民且合群中之实力以抵抗政府,而政府之危亡立见。是故民富则不患无民权,不患无公举公议。诚以公举公议者政治之本原,而富又为公举公议之本原也。

二十四日 大风

诣故善将军家贺娶妇。俄绕道至署,即归,观书。

人或以农工为生利,而以商为分利。不知商亦生利之人也。何也?农工之货非商不销。销者多,则货出愈多;销者寡,货出亦寡。无商斯无农工也。天下惟无业坐食之游民,谓之分利。苟执一业,无论何事,皆与生利者有间接之关系焉,举不得谓之分利,而况商业与农工有直接之关系乎?

俗称我国为重文轻武之国,抑知不然。我国非重文轻武,实重士而轻农工商也,重虚才而轻实业也。此我国之病源也。夫农工商为一国之根本命脉,乃贱之如奴隶,而独贵士。天下人稍有才智者自不安于农工商,争趋于士之一途,仅馀顽暗愚钝之人,守农工商之业而已。以顽暗愚钝之人治农工商,而求农工商之进化,不綦难哉?

二十五日　　风止,向午又起

诣长椿寺,工部同僚公祭唐长官景崇之兄薇卿。昳,至厂肆,俄入城。

朝廷所以贵士者,以其备服官之资格也。官之所以设者,以其能督制农工商而使各安其业,毋相争也。故官之与农工商亦有直接之关系,非游民之比也。自官多而有候补者,且有候至十馀年始得补一阙者,此十馀年中,其为游民,审矣。虽然,捐纳未开,惟士可以入官,官犹少。捐纳开后,非士亦可入官,而官愈多,候补者亦愈多,甚至有终身不能补阙者,而游民益多矣。于是而朝廷之官,遂变为游民之渊薮矣。

游民之在天下,犹一身之腐肉瘀血也。腐肉瘀血最为害于身体,游民最为害于国家。

二十六日

未明,赴善芝桥家,为其送亲。盖芝桥女嫁醇亲王之弟。满人婚礼,每在夜中,灯火照路,鼓乐前导,彩舆入门,东方白矣。余归,日未出。观僮仆洒扫,徘徊廊宇间。俄盥漱毕,读船山《通鉴论》。

船山于唐魏元同之请复辟召、杨绾之请复孝廉，皆痛斥之，以为断非三代以下所能行。如欲行之，必反封建之天下而后可。其识可谓伟矣。盖法不能泥，必随时而变。古人之良法美意，有断不能行于后世而必须改者，当其改法时，总因其有弊而改之。如即以唐人论租庸调之改为两税，因租庸调之有弊也。府兵之改为彍骑，因府兵之有弊也。然而所改之两税、彍骑，又不能无弊，然不能因是而复用租庸调，复用府兵，亦势使然也。船山曰：穷则变，未有既变可使复穷者。然哉！

二十七日

诣署。向午，出城，访止潜于杭州馆，不遇。因诣厚庵。午饭即归，车中观书。

船山云：言者所以正人，非所以正已。已有馀而不忍物之不足，则出其聪明，以启迪天下之昏翳，而矫之以正。子不忍于父，臣不忍于君，士不忍于友，圣人君子道不行而不忍于天下后世。忘山曰：然哉！邃古之时，道而已矣。人游于道中而相忘也，自道衰而德见。盖名之曰德，以有不德者与之相形也。不德者多而天下乱，于是圣人不得已出而救民之危，于是有功。不德者多而斯民愚，圣人不得已出而辟民之聪，于是有言。由是观之，立功、立言，皆出于不得已也。出于不忍，非好为之也。使天下无功可建，无言可说，圣人求之不得矣。

二十八日

止潜过，即去。诣梓潼庙，归，观书。

今之谈时务者，莫不曰议院之设，必在学校修明之后。余独谓无议院，则学校必不能修明。故每持先开议院改政体之主见，以为此乃一切政治之根本也。今而后所见又有进步，盖农工商不大兴，百姓无实业，富户太少，不堪纳重税之时，议院无从而设。盖凡民有举人及被举之资格者，必每年能纳重税于国家，纳重税则义务尽，而有益于其群，然后可予以权利，此宇宙之公理也。

二十九日

诣署。出城访濮，又至湘乡馆，亦元病，未见，见其同乡陈君，遂归。

泰西人世爵与选举并行，养兵与征兵互用，殆皆有互相关系之微意。余尚不能详考其利，故不能深明其理。

洴澼子曰：兵法中善守而后善战，但守法不独守城、守垒、守炮、守阵、守队，而守时、守拙，尤其要事也。忘山曰：是之为善言。守非但兵也，天下百事莫不皆然。盖战者，力与天争也；守者，善顺承天也。必有忍耐之性，而后能守。

三十日

趋署。诣子涵未见。至喜鹊胡同见泰臣。诣鹤庄，不遇，见其子，因观其新辟之园，筑屋三楹，前后窗棂明豁，园中遍种嘉卉及果木，有井可以取水灌润。

五　月

一日　阴

子涵过。子涵出言如悬河，记力亦强，谈一事辄能穷源竟委。

余新购得成亲王小说帖，行书，劲逸可爱。又唐子畏《抱琴归去图》，超秀苍挺，的是名画家笔墨，以十二金得之，可谓廉矣。又杨龙友、唐岱二人山水，真赝莫辨，惟马坦者尚佳。

与仲华、稼霖出平则门，游农圃间。俄傍城行，垂柳依依，遂径至船坞,有御河中通昆明湖,两岸亦植杨柳,水清漪不殊西子湖,下车徘徊久之。又诣酒肆中酌酒食麦。薄晚,入西直门。归见森树绕廊,葱郁苍蔚。坐庭院中品茶,谈间佳趣,胜车尘马足中。

二日　　晴

论古来,购名人画扇四页。观书。

船山论第五琦、刘晏二人,专竭东南以供西北,于是东南民力日困,垂千年未纾,而养成西北游惰之性,以致沟洫不修、蚕桑不事云云。是说也,亦不尽然。盖刘晏等当日所供之财赋,皆以给官府以养群吏,以赡国用,西北之百姓固未尝享其利也。即百姓亦待养于东南,必出财以易之而后可。然财力有尽,岂能持久?吾见西北之人多俭朴无华,衣帛食麦皆仰土产,其餐稻被丝者盖少,似未尝有赖于东南。至其安于固陋,由风气未开,国家无以提倡之,曷尝因东南者足以骄之耶?谓东南民力之殚,固矣,然数千年来饿死之人多在西北。东南虽纳重赋,而衣食赡足者尚多,实未尝因之而困也。是何也?税敛愈重,愈足导民于勤,民勤则富,赋虽重无所苦。船山论事,仍不免文家积习,非精确之语也。

晡,诣厂肆看书画。见王石谷大幅山水,有恽南田题跋。又戴文节及南田两人之山水册页,皆臻极品,出神入妙。

三日

诣署。出城至义善源。昳,往视子涵,坐谈久之。子涵案头置有唐宋十三家名人墨迹,如王右军、赵松雪、黄文献、杨铁崖及宋之张魏公,皆说帖题咏,零篇断简,装成长手卷中。又有唐人手写经,亦是真迹。又一手卷,为余忠宣写《庄子·齐物论》。余前日来此饱观而去,子涵未在家也。是日,又见乐志先生《夫妇写真图》。乐志二字,为门人私谥。先生原号雪城,但其姓名则未考出,大约明末国初人。其后钱南园、朱竹垞诸名人题跋,称雪城以书画名家,晚年怡志泉林,不慕荣利,高风足仰。

晡,诣梓潼庙,见陈雨苍。时酷热,汗如雨下。

四日

诣署,即归。观书。

船山先生云:三代以下,选举渐变,而科目专以文取士,亦不得已之故也。盖谓以文取士,而得伪饰之文;以行取士,而得伪饰之行。然而伪行之害甚于伪文。且设科以取士,必授之以式,文者言治而要之事,言道而要之理。即至骈偶声韵之文,亦必裁之章程可式者也。行而务为之成法,则孝何据以为孝之程?廉何据以为廉之则?不问其心,而但求其外,非枭獍皆可言孝,非盗贼皆可云廉。极其弊,委之守令,而奔走于守令之门;临以刺史,而奔走于刺史之门。以声誉相奖,以攀援相竞,乃至以贿赂相要。以行取人之收效,不到此地位不止,不如以文取士之为得也。抑非谓以文取即可得真士也,设取士之科,止以别君子野人而止耳。虽有知人之哲,不能于始进而早辨其贤奸也。取之以文,正以觇其读书与否而已。文学既优,虽其心不可知,终胜于野人。迨至明试以功,论定后官,而贤不肖、智愚、勤惰、忠佞、贪廉,自有秉宪者执法以议其后,但有明君在上,严其赏罚,精其察别,何患?不患不能得人。船山之意如此,亦可谓有闳识矣。

五日 晴

闻夔老拜武英殿大学士之命。文华殿自荣相没,不授人,武英遂为首相。饭后,余往贺,兼贺节。晡,出城观剧,未晚,归。

六日

趋署,午归。余到部已八年,尚未奏留。以在京供职日少,故现前后割合年月,甫满三载,遂呈报学习期满,例捐纳者奏留之先,长官面试论一道。余以荫生出身,遂获免考。月杪可以带领引见矣。

惟大智者能受人之小欺,惟大勇者能受人之小辱。察察为明,睚眦必报,其人必不足以当大事。

船山云:人之善疑也,盖有二种:一刚而责物已甚则疑,一柔而自信无据则疑。两者异趋同归,以召败亡,一也。刚不以决邪正,而以行猜忮;柔不安善类,而以听谗诿。是为两失。

圣人之用机权,与奸人之用机诈,相似而非也。盖圣人之用机也,必待人之机良而后以机应之,偶用也,非常用也,故谓之权,非经也。且奸人之用机也,唯恐人知;圣人之用机也,唯恐人不知。

以机应机者,如以毒攻毒、以杀止杀也。

七日

诣署,与同僚诸人往吊王步亭。日中,群饮于广和居。晡,诣止潜谈,又拜庄干卿,即归。是日风甚尘起。观书。

孟子曰:得乎邱民为天子。船山以为,此三代之馀风教尚存,人心犹朴,直道不枉之世乎!后世教衰行薄,私利乘权,无不可爵饵之士,无不可利讠匈之人,邱民又恶足恃哉!盗贼可君,君之矣;妇人可君,君之矣;夷狄可君,君之矣。且与之食,而且讴歌之;夕夺之,而夕诅咒之。恩不必深,怨不在大。忘山曰:由是以观,则民权之未能骤用,抑可思其故矣。

民权之不可骤用,有三原因:一贫民多,富民少;一愚民多,智民少;一邪恶者多,方正者少。惟其贫也,愚也,邪恶也,故不能尽一群之义务,斯不足享一群之权利,此世界之公例也。

西人教育其民,有所谓德育、智育、力育。梁任公亦曰:国之本在民德、民智、民力三者。忘山曰：惟其邪恶，所以无德；惟其愚，所以无智；惟其贫，所以无力。

德、智、力必兼备而后可，阙一则其资格不完全，必不能尽义务、享权利也。

八日

诣署，见同司中有新自日本游学归者，曰长寿卿，人极开敏，其脑中已灌注无限新理想。王石孙与之友善。是日，石孙约余与寿卿及晋锡侯共饮于泰昇堂，纵谭。

寿卿云：今日之游学日本者，多主张革命排满，或立会，或演说。吾虽满人，决不斥以为非，引以为忧。独患学生中有误会自由说者，往往出言无信，任意妄行。或立楼上溺人之顶，或入人园中作践人花草。人或责之，则曰：吾自由也。是则可忧矣。

九日　风

观书。晡，往谒陆凤石，即归。风甚，尘沙蔽天，白昼晦暗，室中燃灯，乃能观书。

城破陷于敌，守土者死之；军败卒溃，大将被擒，亦不屈而死。此我国旧名义，非是不足表其心、赎其罪也。而西人则不然，城邑不可守，则当避去，徐图恢取；战不胜而为人所获，则速降，不足为耻也。忘山曰：是说也，行于有文治教化之时代则可；顽野之国一闻此义，则可守不守、弃而先逃者有之矣，可战不战、委军而先降者有之矣，尚谁为捍疆圉、除寇暴耶？

射人先射马，擒贼先擒王。故我国用兵，军中之统将每不敢身临前敌，惧为矢石所中，则全军溃乱矣。西国则不然，为将者未有不躬亲战阵者也。其出而与敌交绥也，每储副贰数人以随，一将死，一将起而代之；又死，更有一将继起而代之。故将之死生，不系于一军之胜败,是故西人之军不可破也。

西人之国家亦然,彼其君一身一家之存亡,不系于一国之存亡。纵能捣其都,擒其君诛之,不得谓已灭其国也。彼虽失一君,更立一君。如幻术者,斩其一头更生一头,屡斩而头屡生,人其奈之何哉。是故,明英宗土木之变,被虏于也先,明人更立景泰帝,使人谓也先曰:赖社稷神灵,国有君矣。也先于是不敢肆其要挟,而仍归英宗。然则一人之存亡,且无关于一家之存亡,况一国乎?

晚,侯正亭约饮于庆寿堂。夜归,风息月明。

十日

趋署,见石孙略谈。午归,观书。

学问之益人,大别有三:曰增多闻见,曰滋长智慧,曰炼锤能力。

人之闻见,以探赜而日广;人之智慧,以穷理而日辟;人之能力,以习法而日充。不探赜,则闻见不广,不足以察理;不穷理,则智慧不辟,不足以习法;不习法,则能力不充,虽学无所用。

习法之学别为二:一属于养生之用,一属于卫生之用。属于养生者则为三:曰农学,曰工艺学,曰商学。属于卫生者别为三:曰医学,曰法律学,曰兵学。

人以圆颅方趾处于抟抟大地之上,苟欲有益于其群,必于此六种学问中,因其性之所近而各专一门,专则精,精则足以致用。

十一日

延庄干卿课二女读书,是日入学。

都中自正月以来无雨,即雨不过数滴而止,故近畿一带苦旱,麦苗尽槁。天子虽屡屡虔诚祈祷,亦不应也。但应以风,往往吹沙扑天,日光为隐。于是有诏,命顺天府尹陈璧诣邯郸请铁牌。闻此颇有验,牌到必有雨。昨闻沈仲礼言:前年山西旱,命委员至邯郸请牌,牌出邯郸界,雨随之行,以至山西省城大雨如注,地方官吏迎者皆冒雨而跪,衣履透湿。迎至龙王庙,满城文武皆齐集礼谢,自是连日雨。迨派人送牌还邯郸,亦一路冒雨去,可谓神矣。

十二日

趋署。向午,出城答拜邵伯䌹及陈叔通,皆今科新进士也。日中,诣龙泉寺,厚庵为其曾祖及余胞姊莲仪唪经。晤叶揆初。晡归,补作日记。

昨与仲华谈:人莫不有趋利避害之心,即莫不有虑。同一虑也,而有远近、大小之殊。其虑愈大、愈远,其人愈智;其虑愈小、愈近,其人愈愚。

余最长于穷理之学,探赜之学次之,独习法之学茫乎未能也。

今欲奋其志,果其力,以从事于习法学,且欲专择其属于养生之用者而习之,盖惟此足以致富。

养生之学,以农工为要。而从事农工学,必先从事算学,再习格致学。但习算不习格致,则算学无用;但习格致不习农学及工学,则格致又无用。

十三日

晨,揆初过谈,即去。补作日记。晡,厚庵来。晚,作书寄上海、杭州及南昌。

十四日　　晴,风

与仲华谈:记、悟二性,皆有得诸天者,有本乎人者。凡一书过目而即能记,终身不忘者,此属于天者也;必苦读熟温而后能记,而后能不忘,此属乎人者也。一理入脑而即能悟,顷刻能决,此属乎天者也;必穷思力索而后能悟,而后能决,此属乎人者也。虽然,与其有天而无人也,宁有人而无天。何也?过目能记者,其如不读书何?入脑能悟者,其如不穷理何?而苦读熟温、穷思力索者,乃薄有所长矣。

晡,访常寿卿,询及日本官制及一切法度,寿卿述之甚详。

十五日

趋署,始闻户部治所于昨日失慎,烧去房屋百馀间。向午,至义善源,因访止潜,不遇。见履平,遂诣琉璃厂。又访林勤南,不遇,入城。

昨闻常寿卿云:日本之官制,有亲任官,内阁总理大臣是也,天皇自择而任之。有敕任官,内务、外务等诸省大臣及各处地方长吏是也。有奏任官,大臣所用之佐贰是也。有派任官,则又次于佐贰者。一切任免,天皇不问。百姓纳税于朝廷,则于村町之间公举一人,使代各家献应纳之税于官,而由民间别酬以薪费,故赋敛虽重,而永无苛扰之虞。

天皇虽无责任,而遇事有裁可之权。盖宰相提议,议院协赞,必得天皇裁可,然后宣布。否则交议院重议。学校林立,无论大学、高等学、小学,皆分官设、公设、私设三等。

十六日

扫除书室,整齐几案,不许有秽杂物置前。惟陈古砚、奇书、名画,觉胸中豁荡,无纤尘之扰。

十七日

晨起,观书。过午,出城至隶古斋物色碑板,自汉、魏及唐人楷隶刻石拓本甚多。余于魏碑中最爱《吊比干》,取其瘦而劲,多骨少肉。前在仲华,见一拓本尚精,故亲至厂肆觅之。

访长伯启、郑幼谷于译书局。俄遇子毅,谈久之,入城。

或问:《道德经》云:虚其心,实其腹。作何解?答曰:真空不空。又问:弱其志,强其骨。作何解?答曰:少用识神之意。此一解,问诸孙仲华。

十八日

诣梓潼庙,绕道至喜鹊胡同王宅,贺稚夔补鸿胪寺正卿。是日,晤蒋泰臣及均叔。

荣相既没,邻居赙以白镪四百两,自海外寄交泰臣,泰臣嘱予亲送去。是月四日,以银钞来,余藏诸刺囊内十馀日,几忘其事。会闻恒和银肆倒闭,泰臣询余藏有恒和钞否,答曰无之。又问荣相赙物,余愕然曰:犹未送也。泰臣瞿然曰:是亦恒和钞,奈何?既又闻人言,恒和行且开。乃与泰臣议,姑缓以俟之。薄晚,余登车去,车中发刺囊,见银钞犹在其中。

十九日

趋署,出城诣揆初谈。日中,同饮于广和居。午后,与肯哉同车至厂肆,肯哉下车为揆初买书。余至论古斋,见沈石田山水画册,雄秀苍洁,价直六百两。又赵文度山水,陈眉公题跋,书画皆臻极品。又至彝古斋,见刘石庵行书册页,亦真迹也。

二十日

晨,探刺囊,则银钞已不在,不知为何人窃去,抑遗失于外?幸恒和闭肆,得者亦无用也。乃使人告泰臣,令托人往恒和检其号数,遂挂失票。即恒和复开,偷物者亦不能持此取银。

晡,稚夔来,沈兰秋师过。薄晚,出城至同丰堂,童杰三约,坐有吴佩葱,余胸间结辖,不能饮食,先归。

前闻张伯讷云:日本人之心术与智慧颇有逊于我国者,独其法度优胜,遂能措其国于治平,而与白种人抗。虽然,语其法度亦无甚奇特，不过应有尽有，顺其自然耳。忘山曰：自然有二种：一天行之自然，一人为之自然。我国未尝不自然，特有天行而无人为。譬诸田园，任其芜秽，无整理之者；宫室任其颓圮，无修葺之者。夫物久必敝，此天行之自然也。知其必敝，故时加整理，时加修葺，此人为之自然也。彼日本有人为之自然，我国惟有天行之自然。

我国朝廷无政治，士夫无品行，盖为极不完全之国，极无教化之国。独商民颇重信义，为泰西人所称许。

二十一日

终日闲。昔人有语云：人惟有品始能闲。盖无品之人，必日日奔竞，日日征逐，其精神之所注，耳目之所营，无非求名利，涎富贵，遂不惮劳其筋骨，屈其意志，以游媚于要人，虽重烦苦，甘之如饴也。若而人者，欲其领会闲适之味，恬淡之趣，难矣。是犹加猿猱以衮冕、强鹿豕使听琴瑟也。惟有品之人则不然，其胸中豁然无一物之染，朗然无一事之滓扰，故能有馀暇以流连鱼鸟，啸傲琴书。天子不得臣，诸侯不得友，自号闲人也，世间能有几人乎？或问曰："子为此言，毋乃誉己已甚也？"曰："余恶能闲，特作此想耳。"

二十二日

趋署。出城至义善源小坐，俄访佑三，谈久之。赴万福居，沈仲礼约饮。

仲礼自述庚子之役，在张家口羁縻外国兵事，言之可笑。盖非人力，实天助也。是年八月，京城陷，两宫西奔，于是各国选劲旅数千人追驾至张家口，会先驱之将士，半皆前受雇于中国教练自强军者。仲礼曾在江南统自强军，故与之相识。既见仲礼，相与道故。仲礼因问："追两宫何为？"答曰："非敢加害也，将请尔国皇上亲政，惟太后则处治之如前拿破仑之法，放于海岛，为之建宫室，厚供赡,但不许问国事耳。"仲礼佯作感谢,因使介绍遍见诸国将。诸将争指仲礼曰:"此中国之好人也。"时九月初间,塞上早寒,漫天冰雪,军中战马有冻死者。会西北风大起,仲礼知明日必作奇寒,乃谓列将曰:"尔所携战马几何?"曰:"约数千头。"又问:"自何方市来?"曰:自印度。又同曰:"价直几何?"曰:"每头直银五六百两。"仲礼愕然曰:"炎方产,奈何入寒地?不数日毙尽矣。"诸将未之信。翼日,马死加多,乃大忧,急召仲礼问计。仲礼曰:"是马皆不堪用,惟有速牵归北京,闭之于室,藉之以藳,庶几不死。"诸将怒曰:"无马何以进?"仲礼曰:"无忧也,塞外有不畏寒之马,我为尔购之,价廉数倍。"诸将大喜,于是尽驱其马回京师,更责仲礼为其买马。仲礼使人至塞外取之。俄马至,亦数千匹,皆羸瘠不堪驰骋者。诸将大怒曰:"尔诈我,行将斩汝,用此何为?"仲礼笑曰:"此方产大都如是,殊少佳者。"诸将相对蹙额,良久又问曰:"闻尔在江南练自强军,所用马皆塞上来,何以肥健如彼?"仲礼曰:"健马固有,非精择不可。欲得良好马,费时日矣,价亦稍昂。"诸将曰:"可也,尔以马来,我自选之。"仲礼遂分命人往各地求马,阴教其濡延,及马来,又羸多健少,选已更选,如是月馀,得马寥寥。诸将忿极,自遣人出塞求马,数日归,亦仅得五百头,乃相议西进,风雪又大作。仲礼进曰:"诸军欲深入,绘行军图否?"曰:"已绘。"仲礼又曰:"雪甚矣,行军图何用?拿破仑前事犹记忆乎?深入俄都,为雪所败,不如且俟晴霁未晚也。"诸将曰:"沈公之言是也。"乃止。未几天晴,又欲前进,水草乏绝。盖仲礼已潜令数百里内居民空室而行,无可掠夺。河道又皆南北流,去河略远,即不得饮。诸将计出无奈,乃使人往报瓦帅,以实告。瓦帅大怒曰:"两宫已至西安矣,汝辈犹未入晋境,自问应得何罪?速引还,不须前也。"于是诸军返旆,久之而和议成。此沈君自述者也,已有人笔其事。予为重记之于此。

二十三日

诣梓潼庙,复至大学堂晤于晦若,即归。观书。

都中自请铁牌后,略洒雨数点,即风吹云散,犹亢晴。天子日日派人祈祷,或亲自行香,终无效应。闻龙王庙由官设坛,僧道连日诵经,有人嘲以联云:"两班恶道淫僧七打八敲,呵退风云雷雨;几个赃臣污吏三跪九叩,拜出日月星辰。"

二十四日

趋署。日中,至江苏馆,同乡公宴濮紫泉、朱子涵及钱叔楚,到者甚多。是日天气酷热,新科进士皆在保和殿殿试。晡,席散,天色微阴,与履平同车作狎邪游。

履平与余谈及王著之《玉磬兰》一书,非可以寻常陈腐之作视之。盖凡摹写一社会中人物,必曲尽其状态神情,使人人不同,一闻其语言,一见其举止,不问而知为某某人。《辛酸泪》一书,即以此擅长。而是书有过之无不及也。凡此等书,皆为上智者设,愚人观之则味同嚼蜡,真所谓造孽也。余于小说所见最少,不得不急取读之。

是晚,与履平在去年旧游之薇香阁中共饭。履平先去,余亦入城。夜,大雨。

二十五日

醒时雨声浪浪,披衣起,持盖著油履,始得至前书房。过午,微晴见日。庭前树木,葱翠欲滴。晡,与稼霖同车出城,至厂肆购物,因复登车行,途遇李亦元。天色忽阴暗,雨又大至。俄到同丰堂,雨甚。余是日宴客,坐有张叔明昆仲及子涵、佑三,诸人陆续来,宴罢,佑三始至,与子涵谈久之去。夜黑入城,泥躏不堪,行到家,更深矣。

二十六日　大雨

作日记。过午，微晴。

二十七日　阴

趋署。日中，至东昇楼，贩衣贾人曹姓者约饮，坐有子涵、啸霞，饮罢，至广和楼观剧。晚，啸霞设饮于天福堂，坐有紫云，则梨园老子弟矣，久不登台。又有月琴、华云、桂凤，皆在坐。紫云与子涵，十馀年前旧交，欢然道故。桂凤驰名殆二十年，赏鉴殆不乏人。然或老而死，或少而壮，或贱而贵，不知经几度变移，而桂凤神姿之妩媚如故也，举止之婀娜如故也，年已三十六七，殊不觉老，即卸装时笑貌举动，仍宛然一妇人。庄周所谓神动而天随者，非耶？

二十八日　微晴，乍阴

趋署。薄午，出城，因昨日介石来访，答拜之，不遇。遂诣杭州馆，见紫泉之郎君。是日，浙省同乡在越中先贤祠团拜，演剧设宴。余亦往观剧。到者约五六百人，皆浙人，多不相识者。复有外官数人，即紫泉、子涵等皆居客位，剧所演极精妙，入夜尤胜。其《战宛城》一出，写得曹孟德军容之盛，如火如荼，虽在狭小剧台上，而有千人万骑之势。及其战张绣也，戈矛飞舞，金鼓动地，忽然夹出张绣婶母一段，龙争虎斗，变为莺歌燕语，使人耳目一新。其后醉典韦，盗双戟，写曹操自卧闼中奔窜，狼狈情状，真堪发笑。夜四更，犹未息鼓。余先归，到家东方明矣。

二十九日

署中司员首领数人设宴源丰堂，款饮同僚，余亦往陪饮。过午，诣喜鹊胡同，盖王均叔于昨日病没。余昨在越中先贤祠已闻之，是日往送殓。均叔人极明白，喜读新书，脑中颇文明，出言有条理，惜幼年不慎，致成残疾，股间又生疽，溃烂不结口者三年矣，体遂弱，血不华色。庚子之役，合宅皆遁，惟均叔病不能行。追敌兵入城，均叔设法求外人保卫，宅中竟获安全，以是见重于夔老，而他人莫敢轻视之。又命掌家中度支，而声势遂赫然相府中矣。今春住医院中月馀，西人尽力疗治无效，乃归。数日前，又患痢，不能饮食，遂不起。夔老为大痛，身后殡殓皆从优焉。

闰五月

一日 雨

作日记。

人亦众生之一也，与一切众生同处于世界上，而最灵者莫如人，此不易之论也。或以为不然，众生之中有同时与人并在世界上，而聪智灵敏或与人不相上下，或竟胜于人者，彼亦自谓在世界上为最灵之一种也。在彼则不知有人，在人则不知有彼，两不相知，遂各夷然自大。亦犹我国当三五十年前，自以为天下地上最文明、最尊贵之一种，而更无起与我相抗者。孰意海禁大开，万国交通后，竟有声名文物倍胜于我之国，列东西岛陆间者不可算也。由是以观，则人为最灵之语乌足恃乎？忘山曰：吾有一言折中之，盖穷人目所不能睹、耳所不能闻一切种类而言，则不敢知矣。若就人目所能见、耳所能闻之种类论之，人为最灵之说可信也。何也？人所能见能闻者，大而至于禽鱼也、牛马也、虎豹也，小而至于虫蚁也、蚊蝇也，种类甚繁，求其知觉技能有能逮人者乎？乌有也。即偶然蚁能治兵，蛛能结网，蜂能酿蜜，猿能制酒，不过天生一偏之技耳。以视人之全知全能者，盖百分不及一、千分不及一、万分不及一也。且庶物稍有所能，即受役于人，而为人用。如牛能犁田，而人用之；马能健走，而人用之；犬能守户，而人用之；猫能捕鼠，而人用之。不闻庶物有能用人者。是知人之智慧与能力百倍于庶物之铁证也。虽然，吾特就人所能见能闻之物论之而已，若出乎此，则吾不敢知也。

二日 雨

余以饮食不慎患痢，日遗三四次。

林木者，天所以乐鸟也；而人筑室于绿荫之下者，与鸟同其乐矣。江湖者，天所以乐鱼也；而人弄舟于波涛之上者，与鱼同其乐矣。虽然，人能乐鱼鸟之乐，而鱼鸟不能乐人之乐。

余前在友人家，见案头置一纸，方广尺许，黄色如胶，死蝇满其上。问之则曰：一月所积，故多至此。然蝇殊不畏，犹飞跃游戏于死蝇之间。余叹曰：甚矣，蝇之不智也。使以人处此，虽至愚极顽，见其同类骈死，未有不魂折胆战，望望然去之，乃犹敢嬉怡飞集相率以蹈人覆辙耶？然则彼谓微生物之中有灵智胜于人者，过矣！

余素能擘窠大字，惟不善小楷，盖挽力虽大，而指力几不知所以运，今乃习运指力法，作小字，甚苦。

寒甚，着两重夹衣，为往岁夏日所无。今年始终未遇酷暑，余葛衣从未着身也。

三日 晴

郁堂过，俄陈介石至。介石亦新科进士，由燕生相知也。余前约其今日来谈，盖年馀不见矣。须臾，郁堂去，介石遂留纵谈。

人当境遇极不平之时，而议论愈平，其德器必有过人者。如宋燕生是也。境遇不平，而识见议论亦愈不平，如章绛、蒋自由一派人物皆是。

今之人但从事于智育,不崇德育,其弊害甚大。

介石问余曰:张之洞创议停罢科举为是耶? 非耶? 余不能决。介石曰:学校兴办不善,科举岂可骤废。科举废,天下更少读书人矣。今之学校,非强有力者、广通声气善钻营者,往往不能入。此种学校何益天下? 使并科举废之,而天下寒贱之士觖望,将皆废书不观矣。

曰自由,曰强权,皆新名词也。介石云:二义甚善,而造名词者下字未稳,故与实义不能密合,令人易误会而多弊害,宜思有以易之。

四日

痢犹未愈,饮啖如常。薄午,趋署,即归。观书,作日记。

唐佛尘云:天以六十四元质配合成物,犹人以二十六字母配合成文,错综变化,孳乳益多,物与文一也。

万物微点皆合元质各点而成。而元质合成微点,又皆有不易之率,差之毫末即不能成。如西国一种油母微点为炭轻所结,其炭四分,轻四分。若炭四分,轻三分,即不成油母。又我国有一种宝砂,为铅养所结,其中铅二分,养二分。若铅二分,养一分,即不成宝砂。推是可知凡物皆然。

五日

晨出城,诣尹芝田谈久之。往送止潜行,不遇。诣厚庵,见揆初、履平、砚孙。过午,携得明人著作即《玉磬兰》一书归,观之。

是书写得一人无恶不作,厥后种种恶报。盖与《石头记》近似而非也。语云:差之毫厘,谬以千里。从《石头记》之所为,即君子得之固躬;从《玉磬兰》所为,即小人得之轻命也。

六日 大雷雨

七日 晴

诣署。访泰臣；又往视友三。即入城，车中观书。

我国女子种种装饰，无一非导淫之具。惟有变改服制装束，使与男子无甚殊异而后可。盖服饰既同，则男女相见，彼此相忘，阴阳二电不易感动，则淫风庶几少息。

男女天生之形貌，自头、面、耳、目、发、齿、鼻、舌，以至于手、足、臂、指、腰、腹、项、肩，一一皆相同，所异者，胯间之一物耳。有衣以蔽覆之，其物不可见，则男与女之外状有何殊别耶？乃女环其耳，缠其足，粉其面，脂其口，矫揉造作，种种与男子作分别相，使人一见，即觉其女子，吾不知其居何心？

八日

作小楷，颇悟用笔之法。余平日长于挽力，而短于指力，不知运指之法，故作小字异常劳瘁。

是日，肯斋过。肯斋，厚庵之子，履平之弟。

九日

趋署。闻友三有腹疾，往视之，途遇龚景张。是日盛暑，景张戴西人白帽而行，盖白色最能敌日光，故西人用之。景张居永光寺西街，与其弟怀西偕来京。散馆，怀西授职编修，而景张降为部曹，与余在都下犹未觌面也。无心偶遇，下车相见，欢然道故。昳，至友三寓所，友三疾小愈。晡，诣广乐园观剧。

十日

子涵过。子涵皤腹睅目，啖饮无节，口如悬河，日以骂人为乐，然人无怨之者。盖人虽遭其恶骂，而遇有急，向其告贷，亦肯周给，故虽骂人，而人不恨。

黄石公《素书》六章，宋张商英注。余爱其二语曰：吉莫吉于知足，苦莫苦于多愿。余拟为易二字曰：乐莫乐于知足，苦莫苦于多欲。多欲之人，求乐得苦。其乐愈浓，其苦愈烈。是故至人尚恬淡，而后有真乐。

《素书》又云：同志相得，同仁相忧，同道相成，同义相亲，同美相妒，同智相谋，同巧相胜。忘山曰：是故凡民有才而无德者，必不足以合群。何也？德同则相为利，才同则相为害，自古然矣。

十一日

趋署。出城诣厚庵，午饭。昳，往视景张，谈久之。遂访介石，与纵谈。薄晚，偕游长椿寺。

唐人林慎思虔中著《伸蒙子》一书，其后骂黄巢而死，书遂传。余读其书，亦无甚精义。子书中类此者甚多。惟其中有《刺奢篇》云：一树之花人争盼，一株之棘人争忌焉。人皆爱花之鲜妍，不知鲜妍能诱人为骄奢之患矣；人皆忌棘之伤害，不知伤害能诫人行正直之路矣。故花为祸人之根者也，棘为利人之本者也。数语尚可取。

十二日

诣署。因往吊均叔。均叔于明日出殡，在齐化门外。我国俗：凡人死，必纸构人马车轿焚之，并构房屋，谓之阴宅。又种种衣服器皿皆以纸为之，甚精巧，逼似真者，价亦不廉，所以媚死人也。死人有用与否不可知，饰生者耳目而已。此法不知始何时？或曰：即古人明器也。曰：不然。明器所以殉葬者，此仅供焚化，与明器有异。

十三日

日中，自署归。晡，亦元来，小谈即去。

《说苑》云：善夜居者不能早起，盛于彼者衰于此。忘山曰：是为晏起者之通病，其人未有不善夜居者也。

桓谭《新论》曰：圣人何不学仙，而令死耶？圣人皆形解仙去，言死者，示民有终也。

汉王充颇信命相之说，其著《论衡》一书，有亡命不可勉也，智者归之于天。又曰：墨家云，人死无命。儒家云，人死有命。历阳之郡一宿化成湖，白起坑赵卒四十万，此并有命耶！命者曰：命当溺死，故相聚于历阳；命当压死，故相聚于长平。犹沛公初起，相工入丰沛之市，云多封侯人也。

十四日

往送子涵行，见夔一、吉斋。是日热甚，蝇飞满屋。啖西瓜。

我国人以霜雪雾露属之天文部，近日格致大明，始知属之于地，不属于天。然此理王充《论衡》已早言之。《论衡》云：霜雾雨雪皆由地发，不自天降。夏则作雾，冬则作霜，温则作雨，寒则作雪。

《风俗通》云：牧守长不宜数易，按尚书有考绩。孔子曰：如有用我者期月而已，三年有成。郑子产从政三年，民乃歌之。贤圣尚须渐进，况中才乎？数易岂不纷错道路也。忘山曰：是理本易解，无如今之长吏，多因缺之肥瘠，欲思调剂属员，其所以不能不数易者，势也。古者为地择人，今者为人择地，其宗旨异也。

光武车驾徙都洛阳，载素简纸经凡二千辆；董卓荡覆王室，天子西移，中外仓卒，所载书七十车，于道遇雨，分半投弃，卓又烧燔，观阁经籍，尽作灰烬。所有馀者，或作囊帐。先王之道，几湮灭矣。见《风俗通》，应劭著。劭，三国时人。

十五日

作日记,热甚。晡,与稼霖偕至高庙。去夏仲巽避暑其地,余曾往与纵谈,今一年矣。莲叶田田花未放,壁诗犹在也。疏柳拥高轩,斜阳返射,品泉踞坐其间,乐甚。迤南有园,畜一鹿,见人亦不避。

十六日

为明日赴颐和园预备引见。是日,诣署演礼。日中,同僚约饮泰昇堂。昳归,观书。

《抱朴子》载鹅鬼、猕猴鬼二事云:吴景帝有疾,召巫觋。帝试之,乃杀鹅埋于苑中,架小屋,施床帐,以妇人履著其前。巫云:但见一白鹅,不见妇人也。帝乃重之。又云:余友人胶永叔尝养一大猕猴,以铁锁锁之于床间,犬啮杀,经百日许,鬼见者云:承尘上有猕猴,被疮流血。忘山曰:观是则知万物死皆有鬼,不独人也。

周生烈子云:辞者主之弓弩,教者君之机关。今日本称行政法曰行政机关。机关二字确当。

仲长统《昌言》曰:父母不好学业,恶子孙学之,可违而学也。父母不好士,恶子孙友之,可违而交也。忘山曰:人苟不背于正,虽父母之命可不必尽从;虽不从,不得谓之不孝。

小人之称不必皆恶人,但资禀鲁钝不学,无远志,仅可为凡民者皆是也。故魏子曰:天生君子所以治小人,天生小人所以奉君子。无君子则无以畜小人,无小人则无以养君子。

任子曰:一人之智不如众人之愚,一目之察不如众目之明。宋王信伯曰:凡民离而听之则愚,合而听之则圣。皆是此意。

十七日

热甚,与仲华等调冰纳凉。晡,乘车出平则门,向颐和园进发,薄晚，至海甸，因绕道六郎庄，亦一村落也。高树成林，人家甚多，溪流曲折，使人尘氛一洗。未几，至工部公所，堂宇高爽，屋后有荷池数亩，瞻眺平阔。时同僚咸集，夜共宴饮。黑云四起，风吹雨至，稍凉。

十八日　　微雨即止，犹阴

是日，工部长官带领引见，盖三年期满奏留也。与余同奏留者有吴君敬寅，名曰曰华，广东人，亦主事分部者。平明起，整冠服，迓见诸长官。食时，排班入宫门，先有峨冠博带者十馀人坐而谈笑。余等亦遂植立小待。须臾，侧扉启，乃鱼贯而入，见巍然西向者，仁寿殿也。逐队前跽，背诵履历，诵毕即退，不敢仰视，故未窥见天子之面。向午，返公所易便服，与诸人共饭，饭已，遂归至家，日未晡也。

十九日

趋署。出城访介石，谈及章太炎在海上被获入狱。或云自诣官投到者。著书一生，穷愁潦倒，致陷此恶果，岂不哀哉！日中，仲华约饮。晡雨，遂归。观书。

汉末有管秋阳者，与弟及伴一人避乱俱行，天雨雪，粮绝，谓其弟曰：今不食伴，则三人俱死。乃与弟俱杀之，得粮达舍，后遇赦无罪。此人为是耶？非耶？孔文举以为是，荀侍中以为非。事见《傅子》。余亦莫定其是非，天下事竟有一时难决其是非如此类者。

《大易·系辞》曰：君不密则失臣，臣不密则失身。孙毓《成败志》曰：密者天地之际会，成败之机要。阴阳不密，则寒暑不能以成；栋宇不密，则九层不可以庇身。是故佛家有秘密藏，而国民有秘密社会。密之时义大矣哉。忘山曰：凡成大业者有三可宝：一曰时，二曰信，三曰密。

徐伟长《中论》云：君子不恤年之将暮，而忧志之有倦。至哉言乎！盖人之老壮，不以年而以志。志衰，虽壮亦老也；志不衰，虽老亦壮也。

又云：辩者别也。言其善分别事类，非谓言辞捷给而凌善人也。

又云：取士不由乡党，考行不本闾阎。多助则称贤才，少爱者则谓不肖。忘山曰：此汉以来之通病。

二十日　　大雨

在义善源与蔚亭为象戏。因诣泰臣，俄访许稚筠。稚筠堕马伤面，养疾于家十馀日矣，谈久之。冒雨至荣相家。又访鹤庄，遂归观书。

仲尼曰：小辩破言，小利破义，小义破道。忘山子曰：言者辩之大者也，义者利之大者也，道者义之大者也。尼山教人毋以小害大而已。

凡人有可原之过二：一曰不知，一曰无心。虽然，二过可原而不可原也。可原者在临时，不可原者在平日。何也？必其平日懒惰，于一切事物不加考察，而临时则自诿为不知矣；必其平日疏忽，于一切事情不加谨慎，而临时则自诿为无心矣。夫懒惰与疏忽二者，最足败事。余尤患此病，书此以自诫。

或问曰：天下何者最强？答曰：有道德之人最强。

今人或得科第，或进爵位，或嫁女娶妇，凡在朋俦故旧，无不往贺者，独有一事当贺而人无贺者，则病愈是也。盖病不问大小，皆足以死人。故凡病愈之人，不异再生之人也，然而人不贺者，何耶？

二十一日　　晴

宴同僚于长吴馆，在正阳门外长巷三条胡同。盖因奏留，答谢诸带领引见者。晡,至厂肆论古斋饮冰梅汤,色醇味清美,且沸水制成,饮之不病腹也。见伊墨卿行书遒劲,携归。

二十二日

昨有法人妇人来访见澜如妹,谈久之去。盖自巴黎来我国寻其夫同归者。邻居有家书及木笥一具,嘱其携至。自云三五日即回国。余因偕澜如往答拜。其人婉秀清丽,能作英国语。询其海上行几日,答曰:否,坐汽车由西伯里亚东来,非由海道也,仅行十八日,可谓速矣。晡,往视稚夔,即出城。晚,宴于清华楼,介石约饮。

二十三日

不出门,作日记。

风雨动鱼龙,仁义动君子,财色动小人。此《韩诗外传》所载,仲尼语也。人能不为财色所动者,其庶几乎?

孔子曰:道有时而后重,有势而后行。故今人动称曰时势时势。

《说苑》载仲尼之言曰:弓矢调而后求中焉,马愨愿而后求其良焉。人不忠信重厚,而多智能,如此人者,譬犹豺狼不可近也。忘山曰:人但有智育、力育而无德育,是亦豺狼也。

颜回之信、子贡之敏、仲由之勇、子张之庄,皆贤于孔子,而四人皆事孔子,何也?盖回能信而不能反,赐能敏而不能屈,由能勇而不能怯,师能庄而不能同。惟孔子能信、能反、能敏、能屈、能勇、能怯、能庄、能同,是谓圣人。亦见《说苑》。

二十四日

诣署,无人来。下车,遂出城,往谒幼衡师。日中,在厚庵家午饭。厚庵传到御史入台阁矣。晡,赴友人李君之约。登车行,忽大雨如注，仿偟于宣武门外觅全福馆，久而后得之，盖即财神馆旧址也。新筑堂舍数椽，极开爽，小坐即行。至厂肆论古斋观书画。俄履平亦来。晚，至同丰堂，在坐有芰孙、介石、班侯、伯䌹、叔通、履平。夜，钱叔楚招饮于谢家妓院，镫烛灼铄，觥斝交错，围而坐者十三人，皆露腹摇扇，汗如雨下，乐也奚如。

二十五日　　微阴

自城外归，观《新小说报》。

称其人曰聪明者，谓其无所不见、无所不闻也。若天资高而惮读书，是自塞其聪、自蔽其明也，恶得谓之聪明。

《新小说》出报已久，余今始得观之。其种类分为五：曰历史小说，曰政治小说，曰科学小说，曰冒险小说，曰侦探小说。属历史则有《东欧女豪杰》，政治则有《新中国未来记》，科学则有《海底旅行》，冒险则有《二勇少年》，侦探则有《离魂病》。

二十六日　　晴，热甚

观《东欧女豪杰》，此书专写俄国政府之下虚无党人事。盖苦俄人专制之压力，欲起而破坏之，而纳国人于大同平等，亦办不到者。然而党人孜孜，志不稍懈。为首者一贵族女，名苏菲亚，屡只身往来演说，因是被囚系，于是同党人百计思有以救之，大略如此。

二十七日

作日记，天气酷热。晡，微阴，将往游高庙，不果。

二十八日

观《新中国未来记》。

今日旧党之顽固无论矣，即号称新人者亦无人不顽固。盖执一不化，即是顽固。旧党之顽固者，不知法之当变也；新党之顽固者，不知法之不能变也。始也，旧党以顽固而主排外；今也，新党以顽固而主革命。同一不度德、不量力也。或曰：梁任公，新党之领袖也，其人为顽固否乎？曰：任公非顽固者，但处众顽固之中，又欲藉笔舌以自存，不肯直作不顽固之语，然其心曷尝不知变法之程度太早也，革命之无成也，破坏之无益也。顾直言之，则使人心灰意消，且不免众顽固之讥诽，是以毅然作《新中国未来记》。然于黄、李二人辨驳之中有微意焉，其论今日之时势，正如燃犀照怪，无微不见，且说得虚空粉碎，而中国之必亡，黄种之必灭，虽有拿破仑、俾士麦、格朗乞、华盛顿复生于中国，亦不能救其万一，何况现今之政府与现今之志士耶？故《新中国未来记》者，乌托邦之别名也，不能不作此想，而断无此事也。其书所出，不过五六回，方在黄、李自西伯里亚回国之时，吾不知其此后若何下笔也。吾恐其从此阁笔矣。何也？凡撰书如演剧然，必密合于情理，然后读之有味。演中国之未来，不能不以今日为过渡时代。盖今日时势为未来时势之母也。然是母之断不能生是子，梁任公知之矣，而何能强其生乎？其生则出乎情理之外矣。是书何必作乎？何也？子可伪也，母不可伪也。梁任公，天资踔绝者也，岂肯为无情无理之著作乎？故吾料是书之必不成也。或曰：然则任公何必强下笔乎？曰：任公，新党中最狡狯者也。彼岂不知是书之难成乎？然不得不以是媚诸新顽固者，而又恐被有识者之讪笑，故其书处处自为矛盾，且笔墨闪烁，使人不测。观所撰《李鸿章》一书可知矣。

晡，与稼霖及仲巽、干卿游高庙避暑，作象戏。晚归，闻义善源、宝聚源于昨夜失火，烧去三家。

二十九日

热甚。往佑三，眠未起。细询失火情由，皆不知火所从起。时善、宝两家皆移他处，账目皆未毁失，惟伙友衣物及字画陈设皆灰烬耳。日中归,料理南行。

晡,卧窗间观《海底旅行》。读书之乐使人于脑中多开无数世界。余是日居然随欧鲁士、李兰操等游海底矣。海底各种动物、植物奇形异状,皆为陆地所未经见。并有高山峻岭,奇花茂树,与陆地同者。至若大鱼、巨鼋之类,多不胜计,无待言矣。余观书正神往间,忽狂风骤起,天地阴晦,俄大雨如注,雷电交作,阶下成池。薄晚晴,瓦上见残阳。

六 月

一日

女病危。访介石,又往视仲宣,所居有高树二株,亭亭如盖。仲寅出见,与谈久之去。诣尹芝田,遂至厂肆购全年《小说报》,因至义善源取行资,午归。晡,观《二勇少年》及《离魂病》。

西人小说每处处作惊人之笔,使人不可猜测,而又不肯明言,须待人终卷而后了悟,此实叙事之常例也,即中国小说何独不然?但中国人喜言妖邪鬼怪,任意捏造,往往不合情理;西人亦往往说怪说奇,使人惊愕不定,及审观之,皆于人情物理无不密合者,此其所以胜我国也。

观西人政治小说,可以悟政治原理;观科学小说,可以通种种格物原理;观包探小说,可以觇西国人情土俗及其居心之险诈诡变,有非我国所能及者。故观我国小说,不过排遣而已;观西人小说,大有助于学问也。

初二日

女久病,长热不退,服药数十剂无效。是日,班侯来诊,亦谓难治,惧成童痨。日中,厚庵来。厚庵新传到御史。是日,天热如故。又来二医视女疾,所开方药皆不同,卒服最后来陆医药。

三日

乘早车赴天津,向午到。行李运至佛照楼。余先访筠青谈。西人凡子女年过二十有一,则父母听其自立,此即古越俗子壮出分之法也。盖人至是时,大都学成,足以自赡,不复仰给于父母,故可离父母自营家室,不取父母丝毫之财。盖自是而父母养子女之义务尽矣。使父母不遵此限期,而欲修身养之,反至害子女不图自立,盘乐怠傲,成我国纨绔之习。且子女多,父母之财有尽,岂能遍养?何如立之限,使彼急图自养,而以不养为养乎?或曰:父母不终身养子女之理,既得闻命矣,然子壮出分之后,或不免视其亲如路人。父母既不养子女,子女亦不复养父母矣,岂非离父子之情乎?曰:不然。凡子女二十一以后,父母养子女之义务尽矣,子女养父母之义务未尽也。子女既壮,父母可不养子女;父母年老或家贫,子女不可不养父母。父母尽养子女之义务,在子女年幼之时;子女养父母之义务,在父母年老之时。盖年老之不能自养,与年幼同。子女幼而受父母之恩,则当报父母于年老之时,理之常也。且子女之身自何而来?所报之恩,非但幼时豢养之恩,其当尽之义务较父母尤重。谁谓行此法,即离父子之情乎?

晡,与筠青同至佛照楼,遇季英纵谈。季英谈格致之理甚多,记之。

季英云:余得一千数百倍显微镜,用之照极小之物,奇妙令人喜愕。然人为之物不足观也,惟天生之物则最有趣。无论动物、植物,如蝇之一翅、花之一瓣,照之虽不窥见全豹,而据其一隅已足使人惊叹。盖其构结之精巧密丽,有为百思所不能到者。甚矣,造化能力之大也。

形之小者，能以法放之使大，足补目力之不及矣。声之小，亦能以法涨之，使大补耳力所不及乎？曰：有之。外国人能设机于耳，使人闻蚁斗声如千军万马之势。

凡钢铁银锡之类，皆能以重力压之使变为真金，惟须造三千几百吨压重机器始得，人安能造此？

是日宿佛照楼。晚，质斋来谈。质斋前月到京，曾晤一面，即来津，犹未赴沪。是夜，余及质斋、季英复谈音律之学，季英高歌，声出金石。

四日

晨，质斋来，季英已他往。久之，筠青过。余约质斋、筠青将往西式酒楼，行过长发旅舍，望见上一女子向余招手，即上海旧识伎金月梅。乃与质斋等偕登其楼，欢然道故。遂邀其同往游饮。月梅人极伉爽，善应对，落落有丈夫气。时余行具已上新丰轮舟，故饮罢偕质斋登舟一视。闻舟明日黎明开驶，遂复下，坐小车北去，至估衣街询佑三。晚，车始能到。乃随筠青等闲游狭巷。薄晚，复至紫竹林酒楼，仍招金伎至，质斋约饮也。夜，诣小白楼浴身，浴毕，质斋送余登舟。佑三夜半后来。

五日

舟鼓轮行，余犹眠未起。薄午，抵塘沽，待潮。晡，始出大沽。见佑三榻上有泰西说部丛书之一，皆包探小说。取而观之，情节离奇，夜半阅毕。

六日

补作日记。食时，舟至烟台，停半日。闻烟台水灾，毙人甚多。晡，鼓轮行。晚，过成山，月明。

七日

黑水洋一日风激荡，卧而观书。

知人之术自古为难，人岂能遍知哉！故人君惟精择夫相而已。相精择列卿，列卿自择僚佐，然后人君执简以驭繁，而所用人无虑不当。使不知此术，而于大小臣工必一一自观察之，劳而少功，抑何益哉？故孔子对卫出公曰：人君所虑者多，多虑则意不精。以不精之意察难知之人，宜其有失也。用人者，其识诸。

《孔丛子》载子思之言曰：与圣人居，使穷士忘其贫贱，王公简其富贵。忘山曰：人苟能闻道，知道之可乐，则无论处贫贱、处富贵，一也。

凡一国之人，精神不可不平等，而形迹不可平等；思想不可不自由，而行为不可自由。盖形迹平等，则不能联合统一，而团体不固矣；行为自由，则道德法律破坏，欲保治安难矣。夫团体不固，治安难保，则并精神之平等、思想之自由亦不可得矣。

西儒黑智儿与瑞林格同时以哲学名。瑞氏之学务与康德、费息特相反对；黑氏则以论理救正之，而自标新义。黑氏之宗旨，以为主观与客观无差别，心思与事物亦无差别。有一名言曰：物即非物，二者为一。又有一根论曰：相反者常相同，如有与无相反也，然物不能自有，借人思想而后知其有；亦不能自无，借人之思想而后知其无。无论有与无，皆现于人思想中，故有与无无差别也。又有名言曰：凡物莫不相异，而相同之故即在于是。此诚哲学之美论，永不可驳者。要之，黑智儿，怀疑派也。无所谓心，无所谓物；物即是心，心即是物。忘山曰：其说之是否不敢决，姑存一种学说录之。

黑智云：身体之老为衰颓，理想之老为成熟。不易之名言也。

八日

晡,到上海,舟不能傍岸,遂坐小舟上陆。命仆携行李至义善源。余因访石芝及渭东、少山。

馀杭章炳麟,一布衣耳。而政府疆臣至以全力与之争讼,控于上海会审公堂。清政府延讼师,章亦延讼师,两造对质。无论胜负如何,本朝数百年幽隐不可告人事,必被章宣播无遗。盖讼词一出,俄顷腾走五洲,满人之丑无可掩矣,章虽败亦何恨?昔饮冰主人撰《李文忠事迹》曰:甲午之役,西人皆谓日本非与中国战,乃与李鸿章一人战也。以一人敌一国,鸿章虽败亦豪哉!今章炳麟亦以一人与一政府为敌,且能任意侮辱之,使不复得伸眉吐气,炳麟虽败亦豪哉!

夜,留宿渭东家,见其案头有《迦因小传》,取观之,仅半部,盖写男女二人私情也。是日微阴,南方多雨。

九日　　晨,晴霁

访益斋,仍坐忘山庐纵谭。益斋悬一联云:"掬水月在手,弄花香满衣。"新吾赠也,有道意。

益斋亦长音律,学汪桂芬甚肖。桂芬与鑫培皆长庚之后起者也。季英云:益斋之于桂芬,犹周子衡之于长庚,盖号称神似者。忘山曰:审曲与观画,皆极难事,必以能寻其味为上。曲之味从一字一字出,画之味从一笔一笔出。

在益斋家午饭,饭罢小坐,即出城回义善源。闻佑三往苏州,诣送不及,因访芝生,不遇。复诣渭东,与作象戏,负一局。去视石芝,留宿焉。会章茞生来,与畅谈。

十日

访荫亭、丽轩,遇伯良、仲绍昆仲。

荫亭云：我国腹地出产颇丰衍，人民亦富多贫少，故不患无财，患无理财之法，患无完善之法律，不足以维持官民，调和上下，遂使政府与人民情意不接，血脉不通，故民虽富而国之贫如故也。荫亭是说，亦实有所考据，非空言，故余不敢不信。

天下之理有三：曰道理，曰事理，曰算理。道理，其大纲也；事理则精矣；算理则尤精。故但明道理、不明事理者，未为可也；但明事理、不明算理者，犹未可也。故必先由道理而事理，由事理而算理，皆无不通，夫然后谓之精于理。

访浩吾于《中外报》馆，遂至雅叙园，待益斋、莅生、石芝，未至。

余此来，实为富阳典中司饰房之胡国琳舞弊亏去银数千圆一事，虽已函告管总徐蕊林严捕惩办，始终不获其人。故潜身南下，欲有所整厉。海上勾留，不逾数日，将返杭也，是日在雅叙楼上，忽仆人来报称：富典犯事者被徐觅到，在大东门外郎家桥源泰纸栈中，促余速去。余闻之，急披衣下楼，坐小车飞奔而往。见蕊林略谈，仍返雅叙，则石芝等已到。余小坐即匆匆回义善源，具衣冠，乘肩舆入城，拜上海县汪瑶亭。既见，述颠末。瑶亭允出差往捕。余辞归。薄晚，蕊林来，询知胡国琳已被捕入县署矣。余固为是事来，不意神速至此，且能在海上缉获，非所计料也。

晚，仍与益斋饮雅叙。夜，宿宝记。是日，微发热，以昨夜感寒故。

十一日

闻友三自苏州归，往视之，尚眠，未得见。归途过严筱舫。有刘仲维者，直隶通州人，久居福州，工绘事，善鉴别书画，是日所携石谷山水册页，浑雄苍润，确是真迹。又黄君鞠工笔园林图极佳。筱舫亦出所藏名人墨迹甚多，无一可取者，盖受人之愚，所费金殆不赀也。日中，留饭，余胃气塞滞，饮食不知味。昳归，腹泻。晡，访芝生，相见谈久之，同至福安楼茗话。晚，雅叙园见益斋。益斋昨晚随余至宝记与石芝谭，发抒名理甚多，石芝疑根忽为之破，其功甚大。

是晚，董质甫约，坐有陈公坦、余执业师聘臣先生之子，久不见矣。其人善胡琴，是晚与益斋二人合奏技，各尽其妙。

十二日

拜上海县归。日中，诣芝生。晡，偕游愚园，纳凉园中，有猩猩人面似猴而非，铁索系池阑边，与之食则食，食状与人同，惟终日贪食不知饱也。遍体生毛，无尾，足指能拳曲如手，形稍与人异。又观稚虎闭铁笼内，形似猫，大十馀倍，爪牙腥浊，日食牛肉，是日感病疲卧。闻园丁云：无病时触之则能发威，颇惧人。忘山曰：猛如虎，狠如狼，终为人所制。勇而无谋者，其可恃哉。

薄晚，游味莼园，遇余翼斋。俄芝生归，余访渭东。

诗、文、书、画，为宇宙间四蠹。颜习斋先生之言也。忘山曰：四者引为陶情怡性之具则可。若于其中求名，则虽诗如子美，文如昌黎，书如右军，画如六如，而我犹耻之。

晚，雅叙园，坐有质甫、公坦、益斋、少山。夜，仍与益斋在石芝处谈。

十三日

买书，访缪医。日中，芝生过谈，俄徐汝霖亦至，知胡国琳已起解。盖按县换差，到富阳须七八日。余亦于午后偕汝霖同下船返杭。薄晚开行。夜，月甚明，舟中热甚。

十四日

侵晨，过嘉兴。日中，至石门。晡，到拱宸桥，肩舆入城，下榻竹竿巷张第。

十五日

向午,访星墀。星墀病湿,夜不成寐,时犹眠未起。余坐以待之。与青儒谭。杭州连日晴,盛暑逼人,余袒露挥扇,犹汗下如雨。缮寄巴黎信。薄晚,入见星墀,则秉烛坐黑屋中,户坚阖不通空气,闷极。时日犹未落也。星墀以此为卫生养病法,焉得不病。

十六日

拜高子韶,代仲华投信,访毛子丹。子丹房宇闲敞,有高树,树声满屋。又诣荫村。荫村与仲华叔侄也。新筑屋数椽,庭亦有花树,颇得生趣。薄午,诣佑圣观巷见婶母及擷珊,谈及国琳事,群谓天网恢恢,疏而不漏。昳,访春卿。春卿之妾去年死,欲续娶,因儿女幼,抚育无人。春卿与余谈久之,出西瓜饷余。晡归,顺道访翰香,不遇。

十七日

荫村过,翰香亦至,略谈去。高洁丞来。洁丞,余富典中之稽察人也,行将与余同至富阳。逾午,补作日记,观书。

昔孔子高游赵,与邹文、季节相善。及将还鲁,文、节送行,流涕交颐,子高抗手而已。既分背就路,子高谓其徒曰:"始也,谓此二子丈夫,乃今知其妇人也。人生有四方之志,岂鹿豕也哉,而常聚乎?"其徒曰:"凡泣者一无取乎?"子高曰:"有二焉:大奸之人以泣自信,妇人、懦夫以泣著爱。"节录《孔丛子》。忘山曰:泣有出于天性流露,不能自已者,虽丈夫曷能免焉?惟大奸之人,亦可以伪为也。若见人之泣,即谓其非大奸即懦夫,殊未尽然。或曰:丈夫而泣,不几妇人、女子乎?曰:英雄肝胆,儿女情肠,必兼有之,乃称丈夫。

西儒曰:赋税者,乃人民义务上所应纳之股分金,以为一群中办理公事之费用。是言也,与余意中不谋而合。故尝论欲得民权,先务实业;实业兴盛,则民富足;民富足,则可多纳股分金;股多自然有权,即无权亦有力与之争。是故富者为政治上根本之根本,不刊之论也。

余读《英国工商业发达史》而知十七、十八两世纪间,英人工业之进步有二原因焉:一西班牙强盛,蚕食佛郎达斯。佛郎达斯,欧洲制造之中心点,为各国所仰给也。既被西班牙之侵,相率迁入英国,英国制造业不独免佛郎达斯之竞争,又吸取其迁居者,大新国之工业,其富忽倍于昔时。一法王路易十四行扑灭新教之策,国中之新教徒萃工业之精华者尽逃于英国,英国受之以振兴工业,时绢业、玻璃业、纸业,一时大起,尽出于新迁外国人之力。由是观之,一社会之盛衰兴败,虽曰人力,岂非天运哉?人力不尽,天虐之;人力既尽,天成之。恃天者必有赖于人,恃人者必有待夫天。以人造因,以天结果,其庶几乎?

十八日

诣赵衙衕,见少川婶母。又往拜陆德生,代仲华投信。日中,访谨斋、月笙,留午饭。与谨斋纵谭。会罗矩人来,盖月笙家中患病者三人,延矩人诊视也。杭州城内,时疫流布,几于无人不病,大都发热头眩,热退则四肢发红斑,然死人甚少,非如去年疫气之盛。晡,复诣荫村,询及仲华筹款事,知子韶已允百金,陆处则无消息也。仲华由主事改知县,因选缺无期大悔,欲醵金报捐员外郎,而价昂,非二千五六百银不办,其南中所筹集不过得千馀金,但足恢复主事而已。下晡,至同吉典内晤绅斋。

十九日

终日不出，与蓉生作象戏。梅孙过谈。

梅孙精数学，能推测未来事。盖以六壬法贯穿《易》理，所推颇有验。庚子之役，群谓必亡国，而梅孙犹以为未也。其后和约果成，列国兵解。余因问满朝廷将来如何，梅孙曰：尚有五十年国祚。我辈皆不及见也。但欲其兴起，则无望。日薄崦嵫，光线愈短而已。又问那拉及当今如何，曰：见龙不久将跃渊矣，惟西山老佛福根颇大。闻龙兴时，亦有一雌皇持衡其间。此语不知何所考。以此始，以此终，殆天数也。且此人不过粤西一家婢耳。一暮得志，遂压六宫，朝四海，诚上应天运，岂偶然耶？又问杭地如何，则云：二十年内可保安堵，过此不知也。都下可居否？曰：无他警变，拳祸必不再起。况尔以官为家，但黯然溷迹于庸俗人中，又何患？晡，梅孙去。晚，陈震权来，大雨雷电。

二十日　雨止

金云孙来，即去。逾午，诣塔儿巷。昨晚得仲华电，是日覆之。往与荫村谈，仍往视星墀。晡，访翰香，不遇。至丰乐桥，独坐楼上酌茗啖麦。时盛暑，楼间风来颇爽。下临河，隔岸亦有茶楼，杭人善谈者聚集于此。北望有山一角，色酣翠，不知何名。余冯阑徙倚久之，薄晚归，作日记。

余日记不能每日笔录，必隔三五日或七八日、十馀日然后补记一次，所记皆实，无虚词也。余立日记规则三条：一每日所作事，无论邪正善恶，皆直书，不得稍有讳饰。一日记中不许訾议人，亦不许无端赞美人。惟已没世者不在此例。一凡用他人之论说，精粹者亦可笔诸日记，但不得攘己有，须冠以某某人曰字样。以上三者，为作日记之金科玉律，不可不严守。

二十一日　早阴

陈震权来，约余游湖上。会䌹斋过，范桐士、翔士亦至。俄䌹斋去。余命剃发匠整容毕，遂偕震权及桐士昆仲步出钱唐门，至张祠，雇舟直放高庄，在苏堤之西。时天光晴霁，湖波荡漾，群峰拥翠，舟中三四人笑语忘形。俄顷，舟泊花港，乃从容登岸。过于忠肃墓道，不数步，已至园中。竹树依然，池荷半开，廊榭回曲，惜园墙太峻，不能收外景，为高氏一家林囿耳。坐久之，遂返舟，游彭祠，旧名三潭映月，西湖最胜处，在水中央，有九曲石桥，荷香远闻。四围长堤，皆种杨柳，柳外众山合抱，盖揽一湖之全景焉。欲至彭祠，须由圆洞门入，行竹径中，乃得至退省盦。登小楼，四面可望。湖迆东有闲放台，用高常侍"圣代休甲兵，吾曹得闲放"句意。其后垣临湖，皆高竹，萧森幽茂。迆西即彭公祠殿。彭于吾浙无战功，忽于其游息之所建祠，抑无谓矣。日中，腹微饥，泛舟至楼外楼恣意饮啖。饮罢，游蒋祠。蒋祠建立早。记己卯、庚辰之间，余随先人由闽返杭时，方六七岁，曾来游。山石亭榭如今状，时祠已兴筑七八年矣，尚无所友祠彭祠也。登数峰阁，拜明末诸贤主，遂下。步至俞楼，虽狭小，而颇曲折。坐久之，相率登舟，放入里湖，往视李文忠祠，盖新落成者，犹未竣工。殿宇巍峻，然无可游观，遂返舟入金沙港。一路乱山耸翠，草树杂沓，荷芰盛开，天然图画。须臾，至蚕学馆，绕道步行游唐庄，实唐姓家祠，堂宇整丽，其后辟地十馀亩，遍种荷花，造曲廊临水。日晡，风起，最宜避暑。且面北高峰，山势雄兀逼人。余及震权、桐士、翔士坐廊间品茶吸烟，良久始议归去。至张祠，日犹衔山，忽雷声殷殷。震权云：雨将至，速入城。相率急步而行，未至相台分司，风雨交至，余衣尽湿，奔至一人家小避，俟雨势稍缓，乃持盖蹩躠归。桐士昆仲亦狼狈殊甚。

二十二日　　大雨终日

昨晚蕊林自富阳来,仍为国琳事,欲缓解富阳,在钱唐暂押十日,如能尽偿所亏蚀则已,逾限不偿,然后解富惩问。余允之。是日饭后,冒雨乘肩舆往拜钱塘县郑瀚生,告以颠末。瀚生许诺。余遂归,观书。

二十三日　　阴

作日记,终日不出。

二十四日

观《新民报》。是日国琳解到。蕊林已回富矣。

无竞争者无进化,此宙合之公例也。若强欲免世界之竞争以求大同,无论必不可得,即幸而有成,而世界之退化已萌蘖于此矣。

罗普《政党论》云:人类相约而成人法,既相约成法而公认之,则不可不授以强判之力,而彼此俱从其命云。试问但立法而无人以守之,执行之,彼法自能强制人耶?皆守之者有人,执行者有人,则彼苟无专制之权,不能办也。譬诸司警察者,见人遗溲于路,当时即拘入警察署矣,是非专制之权乎?故居今之世,人人骂专制矣,吾独谓专制不可尽废,当与共和并行。立法用共和,行法必用专制,不易之论也。

饮冰主人撰英名物格朗讫传谓:英人当二百馀年前憔悴呻吟于虐政者,与法国革命前无异,犹可言也;谓与中国数千年历史之怪影无异,则大谬矣。试读中国历史,果系何朝何代有贵族平民挟兵力与上争立宪如约翰之故事乎?又于何年何代有豪杰如西门者,引兵战胜王家扶立民权耶?然则中国之程度,较之英国二百年殊无影响之可及,何得妄用为比例?饮冰之论事亦太疏阔矣。

二十五日

谒左泉师。师病卧在床,一家皆染时疫。余至房中见,谈久之始去。访介轩,纵论时事。日中,在婶母家午饭。晡,诣谨斋、月笙,又至中学堂晤潘凤洲,俄造星墀,与谈片刻,即归,观书。

英人既为立宪之祖国,而近百年来,其待属地之法又逐渐改良。吾意地球将来苟无一统之日则已,有之,必英人也。

吾始也,谓黄种虽不能自立,亦不必灭亡。或与白种人媾合,另化出一种人在黄白之间者,亦未可知。今乃知其难。盖读观云《中国兴亡一问题》内有云:优种人与劣种人结婚,往往能失优种人之性质。吾恐西人入我国后,有鉴于此,遂悬为厉禁,使黄白人不许为婚,则化种一说亦无望矣。虽然,我国人究不得全谓劣种,其聪智能力有突过西人者,或冀西人之不之禁也。是日作书催蕊林来。

二十六日

连日盛暑,挥汗不止。观报。

英人贵族之制:由血胤贵族进而为功劳贵族,又进而为财富贵族。或曰:功劳列而为贵族,宜也,财富何得亦占贵族之位?曰:不然。欧人之有财富者,皆由务本业所致,往往其家愈富,所纳税金愈多。夫国家本以百姓为股东,税金即股分金,纳税多即股分多之人,自然应享权势,应列贵族。

薄晚,偕球拊、蓉生、子瑜四人步至盐桥,登鹤扬楼酌茗闲谈,昏黑乃归。

二十七日

少亭来自富,云:蕊林染病,急切不能到杭。余告以蕊林不能不来之故。俄宇涵过,少亭即去。会有杨家牌楼坟亲吴云普来,问余何日谒墓，答以出月。晡，观书。

言语不同，历史不同，风俗习惯不同，断不合成一国。此世界之公例也。然自轮舶、铁路大通，万里之人渐相亲狎，则风俗习惯化而为一，必有此一日也，则此后国界亦可渐泯矣。

《新民报》二十八期《政界时评》云：俄今皇尼哥拉第二，现已许国中宗教信仰自由，且谋扩张自治制度，并救助农民压制之劳动。同时，美国议院新定法律，凡杀害大统领及大使、公使者，处以死刑；谋害未遂者亦定处死；无政府党人严禁其行入境。噫嘻！以专制国而扶植自由主义，以共和而采用禁压政策，可谓咄咄怪事。忘山曰：此等议论，确是无识之徒所发也。夫以民主之大统领，苟有罪，公黜之可也。以一二人之私怨杀害之，可乎？且公举之君与世袭异，既全国人戴仰之，必其贤明能任一国之大事业，能保持一社会之幸福者也。今忽死于一二人之手，是不啻全国人被其伤害，乌可不处以严刑？此何得与专制禁压政策相提并论也。且无政府党尤为世界无理之党派，虽此派萌芽时亦有激而然，顾流播已久，竟自视为天经地义，不知过犹不及，其弊患与独夫民贼之祸世界同。美国文明政府，岂可听其受此党人之害乎？若执是犹以为压制，是纵天下人为恶，坐视其害善良也。《新民报》乃有此等语，亦报之污点也。

二十八日　　阴雨

过午，往谒雪渔，未得见。见其子剑心。晡，诣星墀即归，观报。

欧洲列国，衣食不给、朝不谋夕之贫民甚多，无政府党即此种贫民之渊薮也。凡人所以致贫苦，不由于懒惰即夙罪使然，何所用其不平，乃必藉此为名，以害社会之治安，其罪更重矣。

凡一国中之思想议论不患其歧,但患其同。愈歧则真理愈显,愈同则真理愈晦。庄子曰:异端曲说蜂起,道术将为天下裂。此大谬不然之说也。然当印刷、邮便、铁路、轮舶未通以前,人之见闻智识不能日日增长之时,诚有此弊。盖各守一家之言,不能相通故也。今则一日之内可见无数人之议论,所见多,则人人皆能折衷集益,何患真理不出,而道术之将裂也?

欧美人有所谓保护动物协会,虽一鸡、一犬、一虫、一蚁,苟有以非理虐待者,必加惩罚。仁哉!

二十九日 微阴,颇凉

观书。

《新民报》杂俎,载小儿科医生某云:小儿之生长,全在睡眠中。容有是理。

所谓倚赖者,无一业而专仰食于人之谓也。若与人分执一业而交相换,交相助,是不名倚赖。

今世之国民,不许女人有政治权,竟欲使降男子一等也,而偏许一女人据其国之王位,此最奇之事。弥勒约翰《女权说》云。

西谚曰:必然者,创造之母。希腊哲人玛里特士以必然为天下之强力,谓其可以捍百难而不顾也。信然。

是日,以昨夜稍寒,手足重滞不舒。薄晚发热,因饮姜茶,覆被眠,汗出。

三十日 晴

疾小愈,胃闭,喜食甜物,食他味皆觉苦。终日与球拊谈。

七 月

一日 晴，热甚

胃犹闭。不出门。薄晚，月笙来谈。

观《新民报》说希望云：自古之伟人杰士，类皆不肯苟安于现在之地，其心中目中，别有第二之世界，足以餍人类向上求进之心。诚哉是言。但彼等之所谓第二世界，与吾所谓第二世界大不同耳。

法王路易十四亦有求不死药事，与秦皇、汉武同。此余所未闻。

千七百七十二年，有佛礼儿，法兰西人，亦哲学名家。其宗旨以为：欲救治社会之罪恶，则莫如先自救其罪恶。救治之道，莫大于克己。又以为：倡一学说，欲世人行之，则莫如先自行之。其学以躬行率物为先，颇近于我国之儒教。

《蜕庵法言》云：语法律之宗旨，则曰划人人权利之界限，定人人义务之分量，务令各得其平。忘山曰：权利既有界限，义务既有分量，自由云乎哉？夫人所以不可不爱自由者，对无公法律之世界，强凌弱、富欺贫，使我弱者贫者不得自由而言。故平民群起议改革，必以恢复自由为名。既有公法律，则人人当守法，人人不得自由。惟人人不得自由，而后人人自由矣。

又云：野蛮自由之极，其终必成一强权。强权生而自由死矣。名言。

二日

晨，肩舆出钱塘门，至张家园谒墓。松楸无恙，惟槐桂根老，宜加肥料。薄午，又至蒋家坞谒祖墓。日中，在坟亲家午饭。余发热后胃犹结辘,饮茶觉苦,遂索糖茶解渴,略有味。坟亲吴云普引余至屋后游观,高竹数亩,攒云拂日,竹外有山,山多细石,流泉淙淙,清澈见底。顷所饮茶,即取诸此。余谓田家人果有福哉!饥食自然之蔬谷,渴饮元质之泉水,浑然不知世界上事,而一家之中,兄弟怡怡,妻子嘻嘻,日相对于岩壑间。彼居城市喧嚣之境者,安能及哉!

三日

热甚。观书,作日记。汝霖来自富,商议办国琳事,夜深去。

四日

作日记。晚,少亭来云:国琳允先出三百银圆,馀二千圆乞人作保,限年拔归。余谓事无不可,惟将来如国琳不肯还,须保人代缴也。

国琳在牢狱,每每与余通信,余亦作书答之。国琳有病,余为延医疗治,其饭食亦余任之。旁人或谓余仁厚。余曰:此非仁厚也。惟我如此待之,彼尚敢抵赖,则余终治其罪,彼亦不敢怨也。办天下事,无论大小,必须恩威并用,乃足以服人。我之为此,乃机权也。以仁厚视之,误矣。

我有天生两只手:一刚、一柔也。我有天生两副面孔:一慈祥、一严厉也。忽刚、忽柔,忽慈祥、忽严厉,皆随机应变,运用在我。

五日

饭后,至佑圣观巷待撷珊归,纵谈。余盛推章枚叔文章在梁卓如之上。盖卓如之文,枚叔能为之;枚叔之文,卓如不能为也。且枚叔偶然降格为卓如之文,其气味渊雅,远在卓如上,故枚叔真不可及也。卓如文章,人人优为之。虽然,此以文论文也。若发人之蔀,浚人之智,鼓动风气,则卓如一派文有用,而枚叔之文,人不能解也。

晚，访星墀，留饭。夜深归。

六日

洁丞过谈。俄宇涵偕国琳之弟国荣同至。国荣始欲觅其表叔周琴孙作保，而琴孙病。因别请徐君德华保任。余曰："德华余不识，非汝霖保德华不可。国琳不能偿，德华偿之；德华不能偿，汝霖偿之，则可许也。"于是国荣去。晡，微阴。国荣偕汝霖至，德华亦至，岸然年长者也，慨然欲为国琳保。余曰："德华先生余初识荆，尚须蕊林担此重任，蕊林能允乎？"答曰：不能。遂各散。夜，余作书致蕊林曰："德华，余不知何许人，且家境非充裕，何能为国琳任巨款？国琳狡猾，非解富严比不可。我明后日即拜县起解，毋须多言。"

七日

晡，国荣又来乞缓期。盖见余昨日致汝霖书惧，遂欲别觅饶于资产者作保，求展限二日。余曰："果得其人，三日亦不妨。"国荣感谢拜舞而去。薄暮，球拊来自家中。球拊足底生疮，前日在书馆内一夜宛转哀号，惨不忍闻，盖奇痛也。昨日归去，延医刘姓以刀割去腐肉，痛始止。今日来，余与闲谈，道及国琳事。余忽警觉，向球拊曰："即有身家殷实保人为国琳保，此二千圆分五年十年拨还，然天有不测风云，人有旦夕祸福，万一保人于三五年中有变故，我向何人索钱？我此时仅得国琳之三百银圆，则馀款虽保如不保也。"球拊曰："是亦难料也。"余因丐球拊速遣人召国荣明晨来，我别有计议。球拊允诺。

八日

晨，左泉过，为仲华筹款事，左泉允百金，俄去。国荣来，余曰：

"我已稍有更变矣。尔如觅得切实保人，非先垫付一千圆不可。并尔所出，得一千三百圆，然后馀款可缓数年拨归，尔须三思。如事必不成，速告我，我即解富，毋延时日。"国荣再四恳情，余终不允。国荣曰："有缪仲美与余兄友善，我电召其来，或彼允代出，未可知。"遂去。薄晚，蕊林又来，坐久之去。余独坐观报。

今日之守旧者非守古人之旧，守现前陋习之旧也。若果欲与反古，必笑为迂矣。故《浙江潮》社说中有二语云：语以古则讥为迂，语以今则骇而走。确论也。

西人有恒言：劳动神圣也。彼视职业无上下、无贵贱，而惟以劳动为最尊贵；而惟以自食其力、不食于人为最尊贵。其所贱则怠惰而食人者也。忘山曰：此与余前谓最可敬者勤劬务本业自给之人，最可贱者盘乐怠傲无识无能之纨绔子弟，语意正相合。如前所见之坟亲吴云普，彼真最可尊贵之人也。彼于一年四时之中，或受佣于人，代人耕种；或入山樵采，卖薪于市；日得数百钱以养身命，以赡妻子，无求于人。吾欲五体礼拜之，呼曰神圣。

我国福建、上海、苏州、杭州驱疫之法，诵经礼佛；日本神户、东京、新泻驱疫之法，栅居毁屋。然而日本有效，而我国无效。盖我国以疫为有疫神，日本以疫为有疫虫。虫耶神耶，孰是孰非耶？

九日 微阴

游湖上，与子瑜、蓉生偕泛舟，先至南屏山游净慈寺，老僧饷以蔬饭。昳，复游高庄。晡，至彭祠，啖藕粉，夕阳在山，从容返棹，舟至钱唐门，登陆步归。

十日 晴

晨，少亭来。晡，国荣亦至，云："缪仲美今日始由上海行，明日可到，当与商之，乞再展几日。"余允之。国荣去。薄晚，汝霖又至，与小谈。

凡居人上有权势者,不要使人畏,但要使人服。服之一字,非恩威兼至者不能。以仁厚为体,以严猛为用者,君子也;以狠毒为体,以善柔为用者,小人也。君子、小人之辨,微矣。

余生平无他嗜好,惟见人有不平之事,必出而干涉之,扶其善者,抑其恶者,以是为消遣。又处事接物及与人谈论,但问理之是非,绝不知避嫌怨,此余之特别性也。

十一日

晡,微雨即止,作日记。

今日号称开智之人,动以我国富户爱从事典业盘剥小民之利为诟病,不知典业实我国之小银行也。其利济贫民甚溥,设并此无之,则贫瘠下户遇有缓急,何以为生?人但知恨富民之得利,独不为贫民计耶?

以支那比印度,为近世通时务者之常谈矣。余独谓:我国不可与印度同年语。盖自开辟以来,皆以本种人治本种,独自晋至隋,中间数百年,北方受异族之管辖,南方犹自治也。直至元代以后,始全受别种人之压制。然中间明人犹恢复自治之权数百年。非如印度,当古初时代,即被阿利安人种侵入,凌压土人,分为四种阶级,而其后又屡易其主,或属波斯,或属马基顿,或属回部,或属蒙古,或属阿富汗。其土人从未得有自治之权者也。若论支那将来或为印度则可,而印度从前之历史断不能比支那也。

十二日　　晴

徐左泉过,交来银饼一百三十枚,盖助仲华者。

薄午,诵汤虞樽《金源纪事诗》。晡,星埠邀饮。晚归,观书。

俄人近亦变其政治之侵略,而为经济之侵略。观于去年十月中,俄大藏大臣威第巡视东亚而归,盖即经济政策发动决意也。

欧洲侦探家皆有换形术,能屡变其状态,虽与之至熟之人,对面不相识。此较之我国隐身术,能力更大。

十三日

诣左泉。杭州俗例:凡人死在一年之内者,遇中元节,亲友皆来拜其灵。左泉时丁父忧,犹设灵座。余遂便服拜之。俄诣星墀,留午饭。晡,诣撷珊。暮归,观书。

《说苑》曰:圣人以心役耳目,众人以耳目役心。《吕氏春秋》曰:物也所以养性也。今之惑者多以耳目役心,以性养物。皆所谓颠倒而失其轻重者也。室大则多阴,台高则多阳。

《吕氏春秋》解天圜地方亦极有理。谓精气一上一下,圜周复杂,无所稽留,故曰天道圜;万物殊类异形,皆有分职,不能相为,故地道方。

忘山曰:师弟者,人合之父子也;朋友者,人合之兄弟也。人合往往胜于天合,故师弟之相规,有过于父子;朋友之相爱,有过于兄弟。

十四日

终日不观书及报。

《吕氏春秋·尊师篇》云:义之大者莫大于利人,利人莫大于教;知之盛者莫大于成身,成身莫大于学。忘山曰:然哉然哉!以教为利人之大者,以学为利己之大者。然则人以数十年之光阴生在世间,无一日不教,即无一日不学;无一日不利人,即无一日不利己也。仲尼曰:学而不厌,诲人不倦。其斯之谓乎?

变法之本在立宪,立宪之本在财赋,财赋之本在实业,不易之论也。故日本维新之际,士族皆改业工商。今我士夫稍开明者,动好为大言,谈民权自由,不务实业,有愧多矣。

十五日

球拊来书馆,足疾已愈。晡,荫村来谈,道及馀杭人之陋僿云:人人惟知痛诋章炳麟,语及学校则动色相戒,以为此最坏人心风俗之事,无非教子弟皆效章之所为而已。忘山曰:枚叔所为过激,然彼固以鼓动风气自任者也。孰知适足塞人聪智,阻人之开明,始愿不及此也。噫!

晚,观书。

上德之士最重报恩,既受其恩,即不能不报,不问其人为何如人也。是故士夫立节,必自不轻受人之恩始。轻受人恩而不审择其人,虽君子将不免为小人所羁刺而无以自脱也。是故爱旌目宁饿死,不食狐父之盗之食,义之正也。蔡中郎不能以死拒董卓,遂致堕其牢阱,辱没以终,岂亦未闻斯道欤?

《吕氏春秋·谨听篇》云:人主之性,莫过于所疑,而过于所不疑;不过乎所不知,而过于其所以知。故虽不疑,虽已知,必察之以法,揆之以量,验之以数,则是非无所失,举措无所过。

十六日　雨

云孙来谈,相对饮酒为乐。

观《理财学纲要》。忘山曰:人在世间,凡居处饮食,衣服器皿,及一切养生卫生之类,无一物不需钱买。其不需钱买者亦有之,在天则日光与空气是也,在人则心思与气力是也。心思与气力二者,既不需钱买,而人能善用斯二者,即足以致富。故人但患不勤。

聚无数人民,各执一业,交会于商界竞争场,其百货价值忽低、忽昂、忽平,随时变动者,由于一社会中供求相副之故,非一二人力所能为也,亦听其自然而已,如海水然,谁能禁其无风以作波浪而常使平如镜耶?故商业竞争场可名曰商业竞争海。

十七日 雨

天骤凉,衣皆重袭。观书及报。

忘山曰:人不可无忍辱之能力,忍小辱足以销大患。世间固有以不忍小辱,而激成大祸奇变破国亡家者。楚卑梁处女与吴边邑处女戏于桑下,卒致两国构兵,杀人数十万。鲁季氏与郈氏斗鸡,遂使三家叛乱,昭公出奔,社稷几危。甚矣,星星之火可以燎原,涓涓不绝将成江河,小辱不忍,必召大乱,如是夫!

万物之面积,以度量之尺寸表之;万物之分量,以权衡之轻重表之;万物之价值,以金、银、铜之钱数表之,万物无遁形矣。

《吕氏春秋·任数篇》云:耳之闻也,藉于静;目之见也,藉于昭;心之知也,藉于理。名言。

十八日 微晴

观书。

凡人处天下之事,其能使我可信者,理也。故君子必据理为断,不专信心,亦不专信耳目。信心,防为心所欺;信耳目,防为耳目所欺。非不信也,不专信也。昔者孔子穷于陈蔡,七日不尝粒,昼寝,颜回索得米而爨之,几熟,孔子望见颜回攫其甑中而食之,少选食熟,进于孔子。孔子佯不见,起曰:"今日梦见先君食,洁而后馈。"回对曰:"不可。向者煤入甑中,弃食不祥,回攫而饭之。"孔子叹曰:"所信者目也,目犹不可信;所恃者心也,心犹不足恃。"

西国侦探家,往往能窥人言语动静之微,衣物琐细之故,即了然于其人来历及今日所为何事,言之一一符合如神。此种能力,我国古人亦有之。如东郭牙察管仲之容臂口态,而知其将伐莒;齐夫人察桓公之行步气志,而知其将伐卫;周苌弘察晋使之色貌,而知其将有戎事。当时皆惊为圣人。在今日西国,直侦探家之惯技,不足奇也。

辨学之不可不讲也,以为出言立论之条理规则而已。虽然,辨学中确有谬误,不可不审,盖于词似顺、于理实非者。如西国有某律师,忘其名,一人执贽为弟子,与约曰:今先纳脩金半数,俟学成助人争讼得直,然后偿其半。师许之。亡何尽得其所长辞去,数年不闻其助人讼事。师怒,乃讼其弟子于公庭。既相见,师谓之曰:"今日不论尔讼之曲直,终需偿我金。讼而曲,尔服官之谕令偿我宜矣;讼而直,我之教也,如约偿我矣。"弟子曰:"今日不论讼之曲直,皆不偿尔金。讼而直,是官谕我不偿也;讼而曲,有约在,如之何其偿尔也。"我国古时有事人者,所事有难而弗死也,遇故人于涂,故人曰:"固不死乎?"对曰:"然。凡事人以为利也,死不利,故不死。"故人曰:"子尚可以见人乎?"对曰:"子以死为顾可以见人乎?"又秦、赵相约曰:自今以来,秦之所为,赵助之;赵所欲为,秦助之。居无何,秦兴兵攻魏,赵欲救之,秦王使人让赵王曰:秦、赵约相为助,秦攻魏而赵救之,此非约也。赵王使平原君告公孙龙,公孙龙曰:亦可以发使而让秦王曰:赵欲救之,今秦王独不助赵,此非约也。以上二事,皆见《吕氏春秋》。如此类事,皆辨学中之最堪发笑者。

十九日　晴

云孙过,与同诣丰乐桥小酌,食鳖,尽饱,乃登悦来阁茗话。逾午归。是日,欲游吴山不果。晚,国荣来云:已假得房屋一所,作抵值一千圆,明日可往观也,在上羊市街。余诺之。

二十日

晨，同程震权往观羊市街之屋，朽弊不堪，不过值五百圆。怒国荣之作妄，坚不许，遂归。薄晚，撷珊来谈，会国荣又来，再四恳乞。余勒其再缴五百圆，并屋合一千之数则可允。国荣曰：屋实值一千，有契可验，契在绍兴，明日取来，观之足证也。余因听其取契。国荣去。余夜与蓉生商之，蓉生献三策，余纳其上策。于是国琳之事始议定。

二十一日

访季中谈。是日，晤蕊林，告以昨夕与蓉生议定之策，蕊林无辞。日中，诣星墀，因函告球拊，已许国琳房屋抵押，作八百圆算，馀款仍立据，分年缴归，但须于数日内将房屋交涉事办成，则可了案。球拊允诺。晡归。晚，范昌士过谈。

昌士于去冬奉肃王之命，往香港就学堂教习之职，到彼半年馀，学堂犹未成立，遂辞归苏门，至是来杭应秋试。昌士自云：在香港虽未办一事，而于南洋情形颇研究，知其崖略焉。

华民之寄居于香港者，人口五百万，资产七百兆，不可谓非既庶而且富。其地之政权在英人，而商权在华人。华人与英人有平等权利，非若支那别口岸华人动受西人之欺压，仰其鼻息者也。彼民皆自视其地为乐土，非不系情宗国，而断不敢言归，盖感于政治法律之不若彼也。噫！

康、梁之在海外，声名扫地。盖自私自利之见为人所窥破，虽其议论有足取者，而卒不信其人。

邱菽园者，亦饶于财，始与康合。汉口之役，暗助其军械。既闻事败，又背康，求媚于政府。其人盖进退失据者也。

夜，微雨。昌士去。

二十二日　晴

作日记,震权来。

二十三日

步诣塔儿巷与星墀谈,晡归。球拊遣其子炳之来议国琳事。余约以二十四日将房屋成契,则可释放国琳。且非屋主任姓者到场不办。炳之晚去。余更约高洁丞明日来此。

二十四日

晨,震权来。未午,国荣、炳之及任姓者到,洁丞亦至,集议于张宅之客座。炳之等欲先释国琳出,然后成契。余坚不许,要其先成契立据,听国琳在待质公所画诺,然后议释放。相持不下,彼等乃创变通法,成契画诺皆从命,惟契成置之堂中案上,彼此不取,请往释人,人到则人契互换。余与洁丞等允之。会炳之为馀款券上立名画诺事,小有抵牾。余大怒曰:天下事往往有功成八九,而因一二无足轻重之细故,足以败裂大局者,此类是也。炳之怫然去。逮暮,父子偕来,愿如约。遂于灯烛下缮写契券,有多人襄助,契成已二鼓,不及释国琳。始议契件由球拊收据,俄球拊欲归,任姓者曰:不如径交居停。乃将新旧契据及粮串户贯租约等物一一点交,余收来藏于箧中。

二十五日

国荣、炳之来。余命仆持新契据偕往待质公所,命国琳画诺讫,然后以余函达钱唐请释放。钱唐不许,曰:"非具禀文不可。彼由上海解富阳之犯,我中途放之,亦须备文书通告两处,岂得据空函轻释耶?"仆归,交出已画诺之契据,乃令速具禀入。日暮,不得音息。晚飧后,仆归云:钱唐始终不敢释放,因富阳控案尚多也。须移询富阳,待其覆文为断。久之,球拊偕其一党人至,势汹汹,争诉钱唐无礼,并索还契据。余婉言却之,与球拊约,俟明日亲拜县归决定。众始散。

二十六日

往拜钱唐,未得见。探知国琳仍决解富阳,盖已有他人控告之也。归而大雨。诣塔儿巷星墀家,招球拊来谈,峻辞拒之曰:无论国琳放出与否,契约必不可还;若欲还者,俟到富请县官公断可也。球拊无辞,久之去。俄又来,强余书国琳欠款销案不再追问之笔据。余即书以予之。晡归,撷珊先至,因与谈。会日暮,球拊又来,强余再往拜县为国琳缓颊。余因冠带肩舆往,又不得见。因传其阍者出,谕之曰:"闻国琳仍解富,如专为我家一案,则案已销结矣。倘因有他人控案,我不能过问也。"阍者曰:"国琳富阳控案犹多,解富非为君家一案也。"余即归告球拊。球拊失色,仓皇去。

二十七日 阴

肩舆诣洁丞,因与偕往富阳。出候潮门,四人昇余行。自杭至富阳八十里,一路山溪回曲,林壑幽深,如观数十幅名人山水画。每行一里许,辄变幻境界,使人心中辟翕幽朗,无有疲厌。盖富春山水,名甲天下久矣,而其佳处,尤在竹树之多。是故画山水者必先画树。树木者,山水之精神也。无树,山减其秀、水失其润矣。是日也,中途遇大雨,雨景殊胜。晚,到富阳,已上烛。

人生纵不能周历五大洲,亦须遍游支那腹地好山水。盖山水者,天造之园林,以娱养人之心身者也。人有自然之福不知享,乃专困缚于城市中,抑何愚耶?

余尝得句云:"丈夫一身托天地,奇山丽水便为家。"天设之山水,专以供高人志士游息之所,非为凡庸设也。惜今日民贫盗贼多,山居每多危险,故以居城市为宜。

二十八日

卧未起,闻国琳解到。俄闻球拊语,知与其世兄炳之及国荣、小园等咸来。起与谈,令汝霖速具销案禀。初觅人代拟,以未妥适,令洁臣为删易,薄晚始就。汝霖亲往投县中,犹未肯释放,必索保人。并云:尚有外债,虑人续控也。是日,炳之来典晚饭。

同一救人也,救善人则有功,救恶人则有罪。同一杀人也,杀善人则有罪,杀恶人则有功。卜式对汉武帝曰:治天下如牧羊,去其害种者而已矣。《天演论》云:治天下如园丁之治园,其于园中植物也,择种留良。故扶善锄恶,宙合之公例也。

是夜,与洁丞共拟典章十六条,夜深眠。

二十九日

外间有浮言云:国琳一日不放出,通义典事一日不了。余闻而大怒,乃延球拊告之,且谓曰:"通义事有何不了?岂非君族昆季欲与我为难乎?"球拊曰:"无之。"余曰:"如此甚好。君在杭,要我书笔据;我亦要君书笔据,云无论国琳在富如何,凡其亲族,不得向通义典及徐汝霖滋扰。如有犯者,听我办理。"球拊乃举笔书之以付余,遂偕其子侄散去。午后,令洁丞与汝霖议弥补亏空事及议典中新章,逮暮犹未定。盖善后事宜,决非一日所能措办也。余因欲携所定新章回杭,令诸亲友详议之。

八 月

一日

洁丞行。晨往拜王建威,抱病未见。午后,登贯山瞻拜南屏老人。盖此次余所办事,皆暗有南屏维持,余不胜感谢。晡归,沿江干行，山水明丽。以次日将返杭，晚餐后，集同人嘱咐数语，始寝。

二日

肩舆自富阳行，天清日丽，溪流山色，树影云光，堆入眼里，如行画图中。薄暮到杭。

三日

晨，诣洁丞，与商典中各事。日中，造撷珊谈。

国琳舞弊盗物被拘，彼胡氏族中以为辱其门第，乃从而袒庇之，是大误也。夫宗族众多，岂能人人尽善。有一人为恶，当驱逐出族，不认为族中人，与门第何伤耶？若袒庇之，则是合族人助其为恶，反自辱其门第矣。不然，以柳下惠为弟而有盗跖，以司马牛为兄而有桓魋。彼盗跖、桓魋二人者，能为柳下、司马门第之累耶？

凡一人办事，断不能无过误。过误者，精神不到之处也。有过误，必有人指摘，是在当局者善能省过、认过、改过而已。能如是，则虽有过而人谅之。人既谅之，则不生阻力，而事无不成。

晡，诣星墀谈，留晚饭。

四日　　早阴

过午，与球拊、震权及子瑜三人游湖上。舟至彭祠登岸，岸上一卖菱女子艳甚。因缓步行九曲石桥，见残荷覆水。时天晴，日光浓射，因穿竹径，入至闲放台坐谈，唊藕粉。晡，返棹向涌金门进发，俄至临水之仙乐园小酌，饱唊鱼虾。晚，仍自钱唐门进城。夜，与蓉生谭。

人能不说人之短，不眩己之长，至矣。虽然，在二三知己前亦不妨略言之，然皆当留馀地，不可尽也。说人之短太尽者谓之刻，说己之长太尽者谓之满。

五日

晨命仆运行具出城。日中,访孙耦耕谈。余之持论与今日新人异。后生少年发为言论喜激烈,而作事平平无奇。余则谓言论宜和平,手段宜激烈。

访星墀,方设酒款客,余亦与焉。昳,复访昌士,因出城至拱宸桥,登舟赴上海。

六日

舟中默日记。南方陆路风景,胜于舟行。舟中窗左右望,不过竹树人家,亦平平无奇也。惟陆行,则溪涧林麓,变动移换,景趣横生。富阳之游,犹令我追恋不置也。夜,到义善源,无闲屋,乃下榻阜丰公司楼上。

七日

访益斋,知已赴苏台,又至杭。彼此相左,怅然。盖益斋曾梦人教至灵隐相待,授以外丹术,因欲践梦中约,故至杭也。出城诣石芝。闻筠青在此,不知居何所。又访渭东,渭东病,登楼相见。

八日

诣石愚小谈。访王子展。盖撷珊有所托于子展,余往为代达。日中,至雅叙园独酌。此次到海上,益斋、少山皆不在此,又不获见筠青,殊败清兴,怏怏欲速赴都。晡归,作日记。

日内与荫亭论废科举。余谓:以今日政府及督抚手段,虽停科目,而学校亦必不能养育其才。何以故?以办学务者不得人,故学生程度稍高,必不肯低首下心,甘受无礼之压制。于是动遭嫉疾,不免无故被斥。如浙省大学散堂事可鉴矣。充此以往,则凡国聪达才敏一派,必不为学校所容,而舍此又无进身地,不驱而之乱党几何哉?不如暂留科目,使草野通儒志士得藉此上进。盖科目中多一明白人,即宦途中多一明白人。明白人通显者日多,终为国家之利,科举奚为无用耶?荫亭始不谓然,辨之良久,终服余之说。

九日

晡,游味莼园,遇石愚。归途访渭东,筠青在焉,相见大悦。

余不解围棋,颇工象戏。自谓得"先为不可胜,以待敌可胜"之秘诀。在都时,与仲华、幹卿战,到杭又与蓉生战,屡以是获胜,颇自负。然一与渭东角辄败。盖渭东善攻,百守不能得,因叹象戏虽小道,犹有无穷之奥妙焉。

十日

晨,筠青过。俄峻斋来,盖至自苏州,谈久之去。与筠青访石芝。日中,同饮雅叙园,论道。

筠青云:凡天下九流百家,无论何种法术,能稍稍显神奇,皆当避女色。惟其中有一门可以不避。夫其所以不避者,乃不避而避者也。

石芝根器极厚,天资略逊,故始终不能悟入。自谓持静功有年,并做小坎离工夫。筠青问其避女色乎,答曰:有时不避。筠青曰:"凡持静功者,非绝女色不可。尔既不能持静,何益?"石芝爽然。

筠青举动颇不凡,有仙器,年五十馀,神趣似二十许人,饮食起居皆健强,无老态。其于鸦片烟也啖吸可至无量,然一月或半年不食,亦殊不思,此绝大本领,余远愧矣。盖余于鸦片实不敢近也。

晡,游伎馆二三家。晚,峻斋约饮一品香。

十一日

访建斋,途遇,问所之,则至日本医馆。因随至其处,纵谈。

建斋问余都中情形。答曰:"不知。余身居京都,不啻在深山中,耳更无闻,目更无见也。"建斋又问:"闻汝兄保人才数人,有之乎?"余亦茫然。盖余在南几两月馀,一切无所闻。日中,诣子均。

我国人之与外人交接也,始则骄倨自大,不肯与之讲理;继又怯懦退缩,不敢与之讲理,而国事民事俱不可问矣。如上海租界中,华西交涉案件有种种华人直、西人曲者,而华官畏怯,不敢与争,致使我国民含冤抱恨者多矣。其实西人非不讲理,其如我国之自遁理界外何耶?噫!

晡,访筱青于江宁公所,登楼见其抱疾卧床上。会渭东以车迎之,遂同诣渭东。久之,峻斋至,纵谈即去。晚,访芝生,与同至一品香夜饮,峻斋在坐。是夕,又赴子均之约。

十二日

过午,肩舆进城,先诣谭受钦,又诣莲孙家。晡,访张经甫小谈,遂出城易车至宝记。晚,与芝生饮江南村。夜,游五凤楼。凤皆妓名,有五人皆以凤称,同居一楼,以五凤呼之。

十三日

晨诣渭东。筱青数日宿其家,病小瘥。会少山至自江宁,相见甚乐。

少山人极伉爽,笃信道术,慷忾自任,彼与益斋、季英三人皆担承绝大责任,将来三家相见,为吾道中养成实力,可预贺也。

晡,与筱青偕游园。遇芝兄,以昨日有约,故茗谈久之。筱青辞归,余与芝兄饮金谷香。夜,芝兄代余购食物,备带京馈遗者。是夕,又至五凤楼,有雏妓乖捷灵秀可爱。

十四日

出街购各种新书。自东国游学途辟,东学之输入我国者不少,新书新报年出无穷,几于目不暇给,支那人脑界于是不能复闭矣。

日中归,修函致仲骥,述所办国琳一案,并筹善后事宜。薄晚,筠青过谈。

余有意联一佛社,严定约规,庶有志学道者皆可互守,庶不至将来以各怀意见,阻道德进步。筠青以为然。晚,赴一品香,严筱舫约饮。

十五日

晨,入城往视益斋,犹未归,筠青已先在待余。因同出城诣芝生谈。遂访少山,与偕至雅叙园饮,甚乐。晡,共游凤窟,楼空无人,知诸凤皆飞去礼神鬼矣。待久之,始一一归。余坐楼中剃发。薄晚,又至谢清香家小坐,俄出,散步街市,天微雨,共饭金谷香。是夕中秋节,在凤楼中设宴,集友朋畅饮。诸伎纷集,笙歌迭奏,惜天阴无月色。是日在凤楼中,一女仆持神签示余辈,中有"一粒金丹吞入腹"之语。

十六日　阴

为芝兄料量汇款事。过午,同游味莼园茗话。园旧为张叔和产,今赁与西人,月得银千两。西人于园中筑高台临池,上下以车,车作⊃形,轮行铁路,用机关运动。人出小银圆二枚,则许乘车登台,即坐小舟自台上推下,投入池中,舟颠荡若甚危险,其实无妨也。西人喜之,乘者颇众;华人胆怯,多不敢尝试。是日,余与芝生二人乘坐一次,始大悟此戏可以练胆。

夜,在渭东家谈。要朋友何为?所以彼此劝善规过,为进德修业之资,此第一等之朋友也。若有无相通,急难相助者,尚属第二等。下此,则酒食征逐,以势利相联合而已。势衰利散,觌面不相认矣。余与渭东相交,时时规其过失,知无不言,言无不尽。盖相爱之深,不自觉而出于此。

人必推诚待人,而后可望人推诚待我。诚能动物,是言不虚。

凡朋友相处,遇有小不合,可谅者谅之,不可谅者直言规之。若貌合中离,互藏意见,是最为败群之毒药。

人能善知己之过,是为大智人;能善改己之过,是为大勇。董子曰:自知者英,自胜者雄。

人谁无过,能自知自改则过日少,不能自知自改则过日多。圣贤何异于人,善改过而已矣。

十七日 雨

购船票。晡,诣渭东谈。筠青来,谭笑为乐。余决乘新裕船北行,闻是夕开行,行具已运入舟,遂于饭后偕筠青同车先至丹穴话别。夜深登舟,始知明午放洋,乃与筠青仍诣凤楼借宿。睡眠中,有凤来仪,余因行借炉铸剑之法。

十八日 晴

复至阜丰公司,与荔轩、荫亭作别,急登舟。闻舟夜间始开,于是仍诣渭东,因得拜其母寿。筠青亦在焉。共谈昨夜事,以为是天缘也。晡,与少山、筠青步游松柏园及愚园。愚园构造亭屋虽多,然颇玲珑曲折,且四围有高树大林,造者殊费心机焉。余三人坐池上水阁中,茗谭久之,逮暮从容归。夜,设宴共饮,石芝在坐,饮罢,余高吟古今体诗章,悲感苍凉,声出金石。

夜半登舟,即解缆驶出吴淞,轮声震震。

十九日

风作,舟动荡,终日卧眠不起,倏忽又入夜。

二十日 风平,晴

同舟者孙勉臣,荫亭之共祖兄,人极朴谨,与余谈极合。

忘山曰:凡人器量之大小,视其心之虚与不虚而已。心愈虚,器量愈大，无所不容。

在上海，闻有人讥欧阳石芝，谓其接待人之礼貌，不无于贵贱贫富微有区别，遂呼曰势利之俗儿。余曰不然。此人之常情，不足为异也。所谓势利者，平日交好，一旦骤富贵，骤贫贱，而待之忽改其常度者是也。若夫漫不相识之人，酬接之间，岂能一律平等。

勉臣人极方正，在寿州本乡，公举为总董，乡人咸推重焉。

舟中默日记。是日行黑水洋。晚，过成山，舟折而西。

二十一日

哺，到大沽。西人登舟验病，凡坐客之男子，皆至舱上排立，西人来审视一周。余仆云秀，在杭患病多日，已愈，犹未健复，面有病容，被人验视再三始释之。余与勉臣即换坐小轮进口，至塘沽宿一宵。尚有行李在新裕船，命仆留押，俟船到紫竹林，再运入都。

二十二日

晨，与勉臣坐汽车入都。日昳，到正阳门，家中已遣车来迎，遂至羊肉胡同与母、妹相见，皆无恙。阅慕兄迭寄手书及平阳先生书。又闻慕兄于六月间条陈时政，保举人才，颇不称上意。所保者陈宝琛、黄绍箕、杨文莹、樊恭煦、黄遵宪、张元济六人。条陈中所言不一，中有请饬宰相大臣坐而议政及改官制二款。慕兄自谓十年学问阅历，举在此折中，亦可谓敢言。

庭前海棠叶颇肥大，盖屡经大雨遂得活。天气已渐寒，窗纱皆易为纸矣。

二十三日

在家终日观积日《大公报》。

二十四日

晨起，访季英谈。季英道力坚固，自闻不二法门，无毫发疑。

近又考究新法可助道力者,秘不宣于人,仅与余言之。盖其所以生信心者,信其有实理可据,是平地起屋,非空中楼阁可比。俄访厚庵,论及慕兄各陈。厚庵嘱余往谒夔相,余诺之。日中,独酌于致美斋。午后,诣泰臣,绕道地安门归,车中观《续包探案》。

西人文字与言语不分,聆其言语,即可觇其文学。如《鹅腹蓝宝石案》内,亨利培克往见福尔摩斯时,吞吐风雅,用字犹谨,足证为饱学之士是也。我国人多不治小学,每于文字间尚用字不谨,无论言语。

余最喜观西人包探笔记,其情节往往离奇俶诡,使人无思索处,而包探家穷究之能力有出意外者,然一说破,亦合情理之常,人自不察耳。

二十五日

趋署,知虞衡司掌印瑞君调署,节慎库桂君芝圃署虞衡司。晚归,与仲华谈。

人之性质各有所近,余平素亦无书不读,无学不研究,然必以义理为归,是余性质之所近也。盖余之学问,以明理、修身、救世为宗旨,故于名理之书,每酷嗜之,不厌不倦也。

我国人之大病在自以为是,但知责人,不知省己。无论新旧两党,皆易犯此,是何以故?曰:阙德育。凡有德者,其心必虚,虚则不耻下人,能下人而后可以居人之上,而后可以由人。

余每不解,今人动喜讥议人,虽小过,无不指斥。及观其自己,则于立身敦品之法漠然不讲也。何其重人而轻己耶?夫人不注意于道德克治,而谓可自然寡过,能之乎?

二十六日

晨,驱车赴颐和园,至工部公所,易衣冠往谒王相,谈久之,辞归。一路看山，山势雄壮，非若南方之幽秀者。中途风起，过海甸，下车饱食，复行到家。风甚，落叶满阶，吟陶诗"门前多落叶，慨然知已秋"之句有感。

夜，与仲华共观张菊生《中英商约驳议》，一若持之有故，言之成理，而按之实情，有未尽合者，可见下笔之难。故人每曰当局者迷，旁观者清。吾则曰：当局者清，旁观者迷。

二十七日

谒陆凤石，出城访花农，纵谈。花农罢官，复隐迹王城，种花课子，以自娱乐。所居屋多树果，皆手自植者。座间悬圣祖、高宗御笔匾额，皆赐其先代徐公讳潮之物。花农颇谈时政，余唯唯。日中，访藩卿，留午食。又谒方勉丈。晡，诣同丰堂，新掌印桂君约饮。

余昨赴颐和园，在车中观书，为同司潘经世所见。是日，经世谓余曰：车中观书，最伤目力。而余殊不觉也。虽然，混迹京曹，苟车中不能看书，则无限光阴销费于道途中矣。

新译《哲学要领》，日本井上圆了著也。谓讲求各种事物之原理，皆名曰哲学。故有政法哲学、社会哲学、道德哲学、审美哲学、宗教哲学。余平素治各种学问，皆深究其原理，则余所治实哲学也。西人谓哲学与理学有别。理学是实验有形质者，哲学是论究无形质者。理学为事物中一部分之学，哲学为事物中全体之学。

二十八日

诣印结局，又访子縠，留午食，纵谭。

我国近年办事人不患无才，而患无德。无德则统驭措置之间不足服人，既不能服人，有何事可办？虽有才，将奚施耶？且也无德之人，非第不能办事，并不能从事学问。盖学问之道，最贵虚而能受。彼无德者,何以堪此。是故东西人皆极重德育。

晡,往谒陈瑶圃。瑶圃,慈溪人,现官户部侍郎。

二十九日

往大学堂晤于晦若,又至什锦花园访瑞鹤庄,不遇。日中,饮于福全馆,绕道正阳门归。

九 月

一日

趋署,新任长官溥莅任,合署僚属皆齐集。日中,在泰昇堂午饭,因出城访勉臣。勉臣居寿州相国家,相国适归,遂得进谒。是日阴,俄雨。晚归。

我国非无法律,而不能使人一一遵守者,以法律组织之始,不过出于一二人之意见,非一一揆合乎人情物理之适宜者也,其后又不能随时变改,故法律中有许多难行者。若事事依据,必于人有大妨碍。是故善守法者不能不于法律外变通行之,以求合乎情理之中,然而于法律则背矣。虽然,是不得咎人也,法律未善故也。夫立法律而使人可背,安用法律为哉?且人之初背法律也,不过于可背者背之,浸假将于不可背者而亦背之矣。是故有国者之定法律也,必先使法律必可行,而后能使法律不可背。

二日　晴

观书。过午,诣夔相。夔相之第四子在杭州,于是日完娶。

人之行为,称曰品行。品者判其优劣,别其贵贱。如入博览会,百物罗陈于前,一一可品定其性质与价值也。故廉正之人,虽处末僚,而人贵之;邪曲之士,虽居高位,而人贱之。其所以贵且贱者,出于自然之品定也,故谓之品。

今我国人被白种人呼曰三等下贱之国,非以国势之削弱、国权之不振而然也,由于我国人民侨居海外者品行大卑劣,故为外人所轻贱。曰:此支那人普通之性格也。既贱其人,安得不贱其国乎?嘻!

忍辱与知耻二者,似相反而实相成也。不知耻,则志不立;不忍辱,则事不成。

三日

诣梓潼庙,归而读报。报纸于数月来腾言曰、俄将有战事,然余卒断其必无。虽然,俄、日果启衅,无论孰胜孰败,皆非我国之利。

粤西土匪之乱,法人之前驱也。始任王之春,继任岑春煊,始终不能奏功,岂非天数耶?朝廷虽系苏元春,欲杀之,于军政何补?闻苏部下数千人,皆从匪矣。

商部虽设,恐于商政未必有进步。盖国家无财,不能实行保商之权,则商人不能受国家之益,又安能有益于国家?徒为上增消费,为民增扰累耳!

四日

晨,诣长椿寺,又至花厂购菊数十种。盖菊之种类最繁,各异其名。时全浙馆难后重修,已竣功矣,因入观之。复诣厚庵,留彼午饭。肯斋甫归自汴。晡,访冯润田于恒裕金店,俄绕道琉璃厂购书,即归,车中观《哲学要领》终卷。

泰西哲学,自古希腊以来,迭演迭变,约分数派:曰物心二元论,曰唯物无心论,曰非物非心论,曰无物无心论,曰唯心无物论,曰有心有物论,曰物心同体论。大抵理化家言多持唯物,宗教家言多持唯心,而调停两家者又云有物心二元,持一元论者往往非之,于是门户相争,莫衷一是。余则谓皆非中正纯粹之说也。盖物心二者同时并有,非一非二,相依而立,离物无心,离心无物。人以物有形质可见、心无形质不可见,遂强分为两,不知心亦有形质,物即心之形质也。但以灵敏活动之作用言之,谓之心;以形相质点之排列言之,谓之物。此由人之思想計虑强为分别,其实不可离为二也。心与物既不可离为二,又谁能妄臆其孰先孰后,而偏主唯心、以为物由心造,偏主唯物、以为心由物生乎?又谁能平列心物,以为有二元乎?

或曰:子以不主唯心,不主唯物,又不主二元,则以物心同体论为是矣。曰:不然。彼主物心同体论者,以物心二者归于同一,谓之理想之体。理想属于心,是犹偏主唯心论也。吾则谓心物本是一体,当无始来,产于恍惚窈冥之中,所谓太极分阴、分阳,化生万物,称之曰不可思议之妙道,殆近之矣。

人之智识,以经验多而增长。然我之生也,不过数十寒暑,其经验能有几何?故不可不读中外古史古书,取数千百年古人之经验以为我之经验。又不可不读并时名人著作,取他人之经验以助我之经验。经验愈多,智识愈进。

五日

晨起观书。昨所购菊花送来,置之檐下。毛实君过谈。是日,阴。

饭后,趋署。自余南行后,同僚中多纳新妇者,而部中右堂张燕谋亦于十一日续娶。

六日 雨

终日不出,作日记。朱桂卿过谈。

忘山曰：世界以上，无论何种事业，但属人为者，皆可以工名之。如士能著书造论，组织学理；农能垦土耘田，培壅植物；商能运输货产，流通财币；官能理人民，断狱讼；兵能除寇盗，捍边圉。凡此诸业之人，其平日各尽其职分所当为者，或用心思多于气力，或用气力多于心思，莫非工也。故工之一字，不可专归诸执锤凿运斧斤之一类人。

人不读书则不明理，人不阅世则不明势。不变者道理也，屡变者事理也。道理不随势为转移，事理则屡随势为转移。是故明理不明势者，谓之明道理可也，谓之明事理未可也。

道理不明，不可以律己；事理不明，不可以知人，不可以论世，不可以御物，不可以处变。

凡学人辨析推测天下之理，当如治几何学者，其于直线、曲线、三角、方圆，比较量度，不得有毫厘偏差谬误，夫然后可以著书，可以立言。否则察理不精，盲发论议，生心害政，其罪至大。

七日

仍不出，寂坐观书。

篆文日字外作圈，中有黑点，即所谓日中之黑子也。日中黑子，究为何物？泰西天学家聚讼久矣。《群学肄言》载诸家之说，以韦理森为最先。其说曰：太阳外轮，自发光气，犹地之风轮，再下则为云轮，以裹日体。不发光、不透光之凝质与大地同。日面见黑子者，外轮光气震荡，震荡故有襞积，襞积故有绽裂。黑子者，以绽裂而露内质者也。是说，维廉侯失勒极主之。缘古人多持星球世界之说，意日球可住，等诸地球。维廉之子约翰，绍家学，精过其父，驳曰：韦说虽足解黑子形，然据全力常住之理，曜灵光热二物，必当有所从来。韦说无所发明，是为巨谬。今按太阳全体，乃极热流质,能自发光,而自元始来,光热二度不甚减者,由以摄力吸取本天散质,时时射入日体之故。其外轮纯为光气,布濩涣溢,乃诸金散气所成。是说也,与世界本始为陧普星气之说合。然而黑子究何物乎?嗣德人克齐卡佛以为:黑子者,外轮金气拼结成云,由其质稠,故隔光景,至种种变相,因日轮自转甚驶则然。合而观之,似于韦说进矣。顾黑子变相,与云气不伦,克氏之言犹未得实。于是法费辰进曰:太阳外轮,诚能发光,内质则非凝非流,乃极热气而无光彩,外轮震荡绽裂时,内气冲罅而出,遂见黑子,非他物也。然有不可通者,日面黑子常现洄漩之状,又极热,光气虽不自发光,然不隔光景,使近处见罅,对径之远处犹明,不应见黑,其说未圆。最后,约翰侯失勒折衷群言,断以己见,论日体有决无疑义者,全体神热,非人间一切诸电诸火所可方拟,一也;金气腾上,化为光轮,苞举全体,煊赫照耀,二也;日球中衡左右,若地员之赤道、温带,常有大力斡旋,成羊角飓母之属,三也;当回旋处中心成虚,压力外楞,质点内吸,以其轻虚,热度骤减,气凝洭,遂能隔光,四也。以此四理,黑子情形,冰融雪解,而一切柳叶、洼陷、罔两、暗虚诸相,皆有真因可言,黑子之说庶几论定。然犹有疑者,盖用约翰之说,凡有黑子,当尽旋形,而实测又不尔,岂为旋较微、远难测耶?抑约翰之言尚未尽耶?然则日中黑子,至今尚有疑义也。右皆录严几道译语。

斯宾塞尔著《群学》,皆发明一社会之内,其人情风俗习惯所组织而成之原因结果,层累委曲甚多,非深研精察,未易了然。欲以一二人之力,于旦夕间发令施政,求适合于民之性质程度,必不得也。忘山曰:是说也,益足证专制之必不可行矣。盖专制政体者,收一切地方之政权于政府,无论其幅员疆域若何广大,断不许有地方自治之权,皆以政府代治之,是其术未有不穷者也。何也?譬诸一家,其子弟仆婢虽受制于家长,然个人饮食衣服纤细切身之事,必个人自理,必非家长所能代之理也。今欲一切禁之,曰:尔个人不许自理,皆当禀命于我,我一一代尔料量之。于是家长不胜其劳矣,然而一家之人非特不感也,且怨生焉。何也?众人之心意,家长岂能尽知也。不知其意而强干涉其事,其凿枘不合决矣。今以政府一二人,而尽揽诸州郡地方之政权,是何异家长强代理子仆婢个人之私事也。吾故曰:群学不难,以一人治之则难,听各地方自治则易。

八日 晴

访邵季英谈。季英云:人之相交,有愈疏愈亲、愈亲愈疏之理。余以为然。晡归,车中观《爱国精神谈》。

欧洲行军之用轻气球,盖始于一千八百七十年普军围巴黎之役。当时满城粮食乏绝,诸道为敌所阻,电线、铁路皆断,于是法人专注力放轻气球以保交通之道。有名刚伯者,单身乘轻气球脱重围,至浪华河上招募军卒,励以克复大义,遂攻取阿耳伦城,与麦趾军相应,合击普军,大败之于坚城之下。盖自是年九月至翼年五月之间,以六十四轻气球及通信鸽三百六十三只,赍各国文书报纸三百万于巴黎,其气球落于敌手者仅五枚而已。以故法政府专设学校,征工兵下士为学士,以研究此术。至千八百八十四年,大尉克埒伯及卢拉遂发明一新轻气球,可以东西自由者,其术益精。忘山曰:将来列国,必有以气球载军队,与敌人在空中斗胜之一日。

九日 晴

驱车出南西郭门,至唐家花园,旧名小有馀芳,园内瓜田菜畦,秋水半塘,水边皆垂柳,迤西有土垄,可以登眺。是日方勉丈为重阳登高会,邀集同人,如花农、厚庵及王引之、潘安涛、陈幹秋皆集,乃相率看菊花,游步柳堤上,又登其土阜望西山,山容明瘦,无纤尘障翳,所谓秋高气爽,使人有健翮凌云之意。日昃,始设宴于花圃东偏斋中,酒肴丰衍,饮尽欢。

前在善芝桥家,见刑部奏案中有一奇冤事,盖本生父强奸已嫁之女,女抗拒不从,致其父颠踬,误触物伤头,流血身毙。刑部终以亲女致死生身父,有关服制,难从末减,以斩监候定拟。忘山曰:是案也,苟以情理论之,盖大不顺者也。其女本无致死其父之心,其父自有取死之道,女岂特无罪耶,当赐旌表彰其贞节,独奈何犹欲抵死?岂以父所为固善,女不宜拒之耶?昔者包慎伯尝论雪一案,仿佛近此。盖以翁强奸媳,媳拒不从,时方治针黹,情急以剪刺伤翁臂,事白于官,翁受薄罚,妇反获重惩,以其犯尊长也。慎伯驳之曰:当翁行强暴之时,翁媳之义已绝,安有所谓尊长?斯言当矣。

十日

往贺张燕谋,因诣泰臣。车中观书。

西国医师常言:多食肉类之人,其忍耐劳苦必不及多食植物之人。缘多食肉类,激动过甚,血液运行过速,非特身体不能强壮,且易致病。故肥养身体,以植物性为宜,视肉食者远胜。盖尝考察身体最伟硕、气力最勇猛之人,大都由植物性滋养而来也。忘山曰:是言极有根据,非臆造之说也。试观贫贱下等之人,日日蔬食,多健壮;富贵之家,日日肉食,其疾病夭折反众,可以悟矣。

水之益人也,非徒疗渴而已,常混合于食物之中,而入人体。一入人体,则混合血液,渗浃筋骨与肉组织之内,于各生理上大施作用。作用既毕,由肺脏及皮肤之毛孔排泄水蒸气而出之。见《家政学》。

晡，至同丰堂，约勉臣、桂卿、仲华、幹卿、笙叔等晚饮。

十一日

观书终日。

查疫验病一法，行之于西人，本国内亦颇有所苦。斯宾塞尔《群学》中言之，但其所指为三十年前事，不知有无良法能救斯弊。

凡居上者施一政，行一令，而百姓因之受无穷之毒害者，每每然矣。既受其毒害，则莫不怨其政府，曰：何为害我也？岂知政府之意，方且以为利之，曷常欲害之也。然则其害之也，非知而害之也，彼实不知而害之也。夫知与不知，其心虽不同，其害人之罪正等。盖既身居政府，无论何事，皆当虚心体察，可安于不知耶？不知而犹为之，是强不知以为知，其罪大矣。

斯宾塞尔讥其本国考官发策试人之非法，曰："吾尝闻一律师言，尝见考试律学题纸，设以问彼，必将饮墨。又闻一古文专家言，国学前番试题，非己所能悉答。福劳特，近世史家眉目也，于安得禄之会，对众自承，某校所发史学问题十二条，所能对者仅两条耳。又不侫亲闻路益斯言，文部词章诸题，己若就试，必曳白也。而路益斯为撰述老宿，国人所共知。汇前事观之，吾有以知今之试士者，其发问之题，初未尝为就试者地，以诚验其学之治否浅深也，将以自张其多闻耳。"忘山曰：然哉然哉！凡人之为学也，各有心得之不同，其于古人之书，岂能尽记。譬诸两人共读一书，亦各就其所心得者而记之，不必同也。若互相难问，彼此皆穷矣。今日考官之发策题，几于无所不问，更有喜出冷僻之题以难人，而欲人之一一尽对，且入场时不许有所怀挟。噫！似此则凡应试者，非读破四库五洲之书，而逐字逐句一一尽记者不可，岂非强人所难耶？且即能逐字逐句记之，亦有何益？夫学问所以致用，原不在记诵之博，而在心得之精。彼强于记忆力者，必短于推理力。故记诵博者心得必少，无心得则不能神明变化之，虽学将奚用耶？观于斯宾塞尔所言，可知东西有同病矣。

十二日

诣芝田谈。又访勉臣，不遇，遂归。晡，郁堂过，小坐去。薄晚，亦园来访。

天下无论何事何业，必须有精理贯注其间。昔有人问雄名画家阿畀氏殆欧洲人曰："君画之精如此，以何物混入彩色中乎？"氏应之曰：脑也。名言。

十三日

趋署。晡，出城观剧。

十四日　阴

观《群学肄言》。

斯宾塞尔曰：凡人之目有视差，在近则大，在远则小；当前则晰，遥望乃蒙。虽然，岂徒目视有差哉？惟心亦然。琐细之变，出于乡里，则为惊心非常之故；见于异国，置若罔觉。忘山曰：是人之常情也。吾尝见人于切肤之利害莫不明晰，而能远虑者盖寡。非心差而何？亦犹目之明于当前而蒙于遥望也。

推往古蛮野之世，其祭神也必用人，其殉葬也必用人。征之旧史，历历可征。其后文明渐开，不忍于用人之虐，无已，则象形以易之，此刍灵作俑所由起。而祭祀则易人而用牺牲，皆改良旧俗，不得已而然也。

今之谈新者，每笑我国人守旧好古，不知西人何独不然。如斯宾塞尔所述，不可以更仆数也。详《物蔽篇》。二十三、四叶。

十五日　　晴

作书寄巴黎。午后仍读《群学肄言》。

英国号称立宪之祖国矣,其百姓公举议员参与政事,自古有之。当斯宾塞尔著《群学》,成书在一千八百七十三年,其时宪法之组织,愈益完密矣。然据书中所指陈,则官府吏胥犹不免营私舞弊,或侵蚀公帑,或损害百姓,甚至援例断狱亦可上下其手,而民隐不尽上达者,则大可异矣。夫为治,至于开议院、布宪法,亦已极矣,而官吏弊窦犹不能尽去,甚矣其难也。但此皆三十年前情形,西国之进化晚近最速,不知今日能有法改良否?

斯宾塞尔曰:群制必依乎民品而立,群制高于民品者废,民品高于群制者优。名言。

忘山曰:余始有悟,盖一社会内苟无普通之道德教育,专恃完善之法律以相维持,必不得也。

一群之变,有二教常为之进退。二教者,一为人之教,即宗教家言专主利人也;一为己之教,即物竞家言专主利己也。民之德慧术知,二教实糅而成之。盖为己太过则损人,为人太过则损己。损人、损己,皆为群害,故二教当并用,常使相副而得其平,不可偏胜也。此斯宾塞尔之说也。忘山曰:今日新译书中所称权利义务四字,即是兼用二教。盖权利者为己之教也,义务者为人之教也。

人心、国俗、世运之转移变化,苟不能时时设法防其过不及而听其自然,则屈伸相报,盛衰相嬗,一彼一此,迭为消长,迭为盈虚,周流循环,如昼夜寒暑之无穷已。《易》曰:无平不陂,无往不复。天道固如是也。几何家画曲线,任作何长短,必与原点相遇而成圆形,天道本圆也。

忘山曰:一社会中,道德与法律互相维持。道德者内导之用也,法律者外导之用也。外导与内导,阙一不可。

谈新者莫不曰:畏服人之心者,奴隶性质也。虽然,民德未完之社会,此性质不可一日阙。苟一无畏服人之心,则将纵欲妄为,无所不至矣。何也?人莫不有欲,能防欲之过度者,惟有畏之一字耳。畏能克欲,如水克火。

十六日

谒秦幼衡师,师以工部郎中记名御史,前蒙召对,问答至数刻之久。盖痛陈时政得失、人才贤否,及外忧内患之关系,语语沉挚,两宫颇为动容。师自谓:当入对时,初无意有所建白,迨揭帘入,猛见二人并坐,俨然孤儿寡妇,情殊可悲,遂不忍不言,故就所知,一一言之,殆发于至诚也。

东三省事日亟,闻俄、日在东京协议,俄要日本云:满洲事汝不得预闻。高丽则南境归日,北境归俄。日本不许。忘山曰:夫俄岂不知高丽者日本所有,俄不能与争哉!其所以故溢其权力于高丽者,所以防日本干预满洲事也。必如是,则日本保高丽之不暇,安能与俄争满洲?神哉!俄之外交手段也。

十七日　　早,阴

观报。午后,作日记。

外交之机变,如围棋斗胜然。今日俄与日两国争角,投子之时,俄人在亚东所注目惟有日,日人眼中惟有俄。若我国与朝鲜,适为彼两国之棋盘,供其投子而已。曷尝视为有人之国哉!今之谈者,动责政府,以为当坚持不画诺,当极力抗拒。噫!是欲棋盘起而与人抵制也,其可笑孰甚焉。

二十世纪中,黄白二种交争,世界上黄种之强者惟有日本。一黄孤立,安能敌诸白?日本其危哉!

当一千八百九十四年,俄、德、法为我国索还日本所得之辽东地时,西报纷纷言此为世界上黄白二种胜败之机关。盖白人素忧黄祸,至是乃获高枕焉。

十八日 晴

作日记。风起,木叶几尽落。与稼霖同车往游护国寺,购得《西湖图志》一书。寺中游人寥落,以风故。

人但知空气最能养人,人离空气则死;不知此外尚有一切要之物,日光是也。日光能助生物之健康,人久不见日光,则身体薄弱。尝闻矿穴中之役夫,因不见日光,颜色常青,此一证也。忘山曰:凡一年内之寒暑温凉,皆日光为之。故虽盛暑,阴雨时必稍凉;虽隆冬,晴霁必稍暖。地球人物,倘非日光时时注射,则皆冻死,安有生发之机哉。

居今日而欲谈名理,以多读新译书为要。盖新书言理善于剖析,剖析愈精,条理愈密。若旧书,非不能说理,但能包含,不能剖析,故常病其粗。

闻俄人在奉天练胡匪为兵,会胡匪无故劫掠地方,东边道袁大化派兵剿之,禽斩无算。俄人大怒,遂藉端要挟,勒令我国诛袁大化,政府不允,俄人因进兵占据奉天省城,以兵围将军署。又因我国与美、日秘定条约,将奉天、安东二地开作通商口岸,不知照俄人,因是决裂。

十九日 风止

闻荣华卿入直枢府,那琴轩调外部尚书,因往贺。过大学堂,访晦若,谈及日前两宫召见袁、张,即为俄事,袁有镇静观变之说。日中,诣喜鹊胡同晤泰臣,知外部奏定西班牙驻使事归驻法使臣兼理。晡,趋署即归,作日记。

《心理教育学》云:心象之汇类,古来颇有区分。要之,不外二分法、三分法。二分法之元祖,乃希腊巨儒亚里斯多德,分心象为智、意二类。至十八世纪中叶,德国之心理学家德颠斯及冥甸鲁梭二氏,悟二分法之不可,始提为三分法,曰智、曰情、曰意,其说复康德氏之修正,几为近世学者所公认矣。忘山曰:人之脑界中亦如国家之三权鼎立。

斯宾塞尔谓:人之知觉力中,有直视元素、复现元素。复现元素盖即记忆力也。人无记忆力,则不能错综纠合其所观察之万事万物,而运动其推理力。

西国哲学家有言曰:人者有言语而后有思想,如离言语,则思想亦无发生之地。忘山曰:观是,愈悟心物为同时并有,且本是一体,不可分为二也。盖言语物也,思想心也,言语与思想可相离乎?

心理家言:教小儿,宜先养炼其概念之能力。概念者,于天下万事万物纷罗错杂之中,能自区别其部类,而寻觅其纲领者也。余谓我国教小儿常用属对法,凡相对之事物,必求其同类者,此亦养其概念之意也。

哲学家谓:语言文字之力,可以变人之心痕脑印,胜于貔貅百万。又云:凡古人书籍中含有多少之毒物,贵人能自取舍。忘山曰:语言文字最能益人,亦最能害人,不可不慎。

二十日 晴

访邵季英。又至源丰润银肆。午后归,作日记。

美国不允调停,俄外部又推诿,谓一切东方总督阿拉克塞夫主持,国家无力节制。于是支那之祸无已时矣。三省根本地葬俄腹中,则英于长江上下,德于山东,法于云南、广西,皆将调兵占据,瓜裂之事成矣。我生不辰,逢罹百忧,如之何?如之何?

目今之祸皆酿成于东南之争俄约,使俄约早画诺,用李文忠之言,各国虽欲效尤,不过暗分权利而已,何至有今日。余已于前年日记中论辨之甚详,赐言不幸而中。噫!

报纸言,俄人在奉天勒令各厅署皆腾让,纵兵占据一切,电报文书皆为俄把持,音息不通,不知确否。忘山曰:俄人之举动素强横,是言殆非虚也。

二十一日

诣瑞玉如贺其娶妇,车马阗咽,宾友如云,皆衣冠丽都;入游其绣闼,严饰雅静,陈列多东国物。盖玉如甫游日本归也。时衾具未尽到,合婚在夜,余不能待,遂往喜鹊胡同视泰臣,并欲谒夔相,适因其侧夫人病笃,未得见。

东省事枢廷极秘,不欲宣播,致外间谣诼纷纷。泰臣云:决裂可无虑,俄人多恫喝,然白山黑水必久假不归矣。榆关内外有英、日及诸国兵扼守,防其内侵,京师不至摇动。

二十二日

观《群学》。斯宾塞尔曰:宪法之立也,立于民品既隆之馀,然后有以存而不废。使民品既污而强尤效者,将形具而精神亡,虽立犹废。因举某铁路公司事以证之。盖公司之当事者,为众股东所推举,又于当事中推主座,主持公司诸事有年矣,一旦不与众股东商议,直将其路转赁他公司,既已成议,路已在赁者手中,始集股东于某所,使各具诺;而众股东既至,无一人致议及当事此举之是非者,悉依言署诺而已。夫以股东之众而举当事及主座,设所行非法可以废,不任职者,可以更也。顾法虽具,终莫有申而用之者,号虽共治,权常操于一人。且股东非蚩蚩之民,皆经向学,为殷商法家,为牧师田主,彬彬有文者也,顾所为如此。然则学校虽兴,宪法虽改,谓民即能享自由之福、用自主之权者,抑未尽然。见《改惑篇》第八页。

忘山曰:甚矣,政理之难穷也。吾始谓共和立宪苟成立于社会中,则上下之情必通,而发令施政未有不悉当于民心者也。今乃知民品未优之国,虽强为尤效,而所举代议者一不当,其病与专制同。盖有平时取媚于众以求充选,逮一握议政权,即反其所为,而曩日之举主亦无如之何也。观于斯宾所述英国三十年议院之弊亦甚大,至于今日殆尽祛矣。非仅法制之善也,抑亦民品之进也。

斯宾塞尔曰:徒尚自由之法制,而不尚自由之实者,今日言民主之通病也。虽占据非平政也,虽代表非民权也。凡此皆其所由而非其所止。忘山曰:止也者,谓所行之良法美意而有实效之成立也。由而不止,譬如耕而不获。奚为不获?曰:有形式而无精神故不获。精神奈何?曰:民德、民品是也。

二十三日

访季英。季英方踏飞轮东行,与余车相遇。问何之,曰:往菜市。余遂驱车至其宅,季英亦归,坐而谈询,知东事无甚变异。日中,诣厚庵。

俗之诋人者,有曰打官话。官话二字作何解?人不能细辨也。余曰:凡理论之不密合于情与势,而但依国家一成不变之法律,及迂儒固执不通之知识所组织而成者也,是名曰官话。

迂儒动曰:天不变,道亦不变。道诚不变者也,而理则屡变。盖理随情与势为转移,仅执其不变者以言理,其堕于固执不通也必矣。

斯宾塞所谓民德、民品,非彼迂儒固执不通之智识所能范围者也。曰品,曰德,大有变化。

祈报相反，祈者不至，至者不祈，往往一法既立，所不求者常过于所求。《群学》中言此理详矣。论者遂欲执此以破因果之说。抑知不然，凡结一果，莫不有因。但所谓因者，不在祈者求者之心，而视其行事之何如。其心甚善，而所行不如法，谓之事与心不相应。事与心不相应，则据其事以为因，心徒善而因未必善，所以其果亦未必善也。其心甚善，其所行如法，则谓之事与心相应。事与心相应，然后可据其心以为因，于是其因善，其果亦善矣。斯宾塞所谓祈报相反者，殆皆由事与心不相应而然也。

二十四日

晨，诣汪伯唐谈。伯唐任外部参议，其于国事流涕而已。问之，亦不肯言。薄午，访勉臣，同饮万福居。饮罢观剧。晚归，得梓潼庙来文，称奉陈雨苍侍郎教，遣往惠陵驻工。

家中更夫三人以争财斗殴，余归时，已逐出矣。

二十五日

访尹芷田，惠陵督办也。询以驻工时所当行事。又至施家胡同。昳，趋署。归检先代遗墨，贮一箧中。余家中无他长物，书籍外，惟御赐物及先世遗墨而已。今年略购书画，亦不能盈笥也。然所陈庋之木质器物及皿具极粗重者甚多，一有变乱，自随身重要外，弃之如敝屣，亦深悔去冬席卷来都之左计也。虽然，天下最累人者莫如物，物去而人脱然轻举，且可缩小其局势而度支改良，岂非莫大之福耶！前与季英谈及，季英大然之。

二十六日

余自谓往驻东陵一月，大可专心读书，因携地理书及各种新书甚夥，检入行笥中。芷田过谈，闻同差者为田君东芳。晡，东芳过，面约至通州齐集同行。

二十七日

先以骡车载行具,命仆监运至通。晡,余坐汽车出京,抵通已暮。是夜宿通州北关外旅舍,俗名栅栏店,店舍在郊野路畔。晚间灯火杂遝,寒星满天。

二十八日

乘骡车进城访吴石腴,石腴时领州事。阍者云:尚眠未起。余至其斋中坐待。暖日射窗户。须臾,石腴出,因纵谈。日中,出肴酒对酌。晡,石腴他出,余步至偏院中,见有高坐堂皇者,前跪二人,左右吏役分列。盖州中发审委员方听讼也。余自旁静听之,迨讯至三四案。有因钱财细故者,有因中途被劫获盗求讯者。盗犯三人,问之不肯承,乃施鞭笞,宛转呼訾,犹坚执如故。晚,回客舍,田君犹未至,余亦不复待。

二十九日

黎明登车行。石腴以差役二名护送,因前途三河境内不靖也。弥望荒郊无人烟,塔影亭亭在州城内。渡潞河二十里,至烟郊小憩。饱食复行,过一村落名柳河屯,有浅港,垂柳数株摇曳。不数武,遥见林树蔚然,又一村落名大柳河屯也。余则驱车东行,又二十里,至夏店。夏店亦一村镇,甍宇峻整。三十里,至三河,县城狭小,迤北多山,皆作土色,童然无草木。过三河行十里,有大渠阻路,水浅涸,结草桥,车行其上。又十馀里,至岭上,一山村也,多碎石碍轮,是晚宿焉,土舍数椽极敝陋。

三十日

晓行,日光射尘,迤东土山尽,渐望见蓟州之盘山,在州西北,层峦叠嶂,峛崺嶙峥。二十里,至帮军村,停车暂憩,车夫秣马久之。复行三十里,至蓟州,穿城市过,有高阙,南向洞开,题曰古迪阳。城中廛肆闲静。过蓟州数里许,一碑矗立道左,下车视之,则明臣欧信墓碑,刻谕祭文,此外无一物,林树皆斩艾净矣。俄车入乱山中,南北峰峦起伏,多石少树。又行二十馀里,日斜西,投濠门旅舍宿焉。濠门背山面田,人家三五,寒树槎枒,田畔有浅渚,残柳依依水边。余步行柳间眺瞩,远山耸列,暮色苍茫。风起,急入旅舍饱食。食罢,观书。夜深眠。

十月

一日

晨起未行,见壁上悬长白庆某书横幅云:"旅馆无聊,忆及江南风物。每当春夏之交,一叶扁舟,烟波无际,岸草摇绿,白云在天。问渔翁买鱼数尾,烹以下酒,醉后推窗,看六朝山色。以视眼前之四面童山,两洼干泥,半段残桥者,景物孰胜?"

早餐毕,登车行。一路寒山雄瘦,岚光射日,冻河冰结。十里,过马林桥,杨柳夹道。又行里许,车夫以鞭指曰:此吴可读墓也。视之,短松缭绕,葱郁成林。可读当穆宗上驭时,以尸争立嗣,自欲依惠陵埋骨,故葬于此。又行二十馀里,山峦愈多,溪流汩汩,颇有南方景味。俄至石门镇,停车午餐,尽饱复行。考顾景范《方舆纪要》云:石门镇在蓟州东六十里。后汉中平五年,渔阳张纯叛,诏中郎将孟溢,率公孙瓒讨之,战于石门,纯败走。宋宣和五年,辽萧斡败宋兵于石门镇,遂陷蓟州,寇掠燕城。其地山峡崭绝壁立,其中洞开,俗呼石门口。余车过其间,形势宛然,果为用兵扼要地也。口外迤北,半山中有石如人形,植立不动。自是去东陵仅十五六里。车折而北,久之,遥见松柏苍翠,甍阙壮丽。车夫曰:是也。俄绕惠陵前过,弥望皆长松,萧森蔽天日。自松林中看山色,尤多妙景。晡,到马兰峪。凡言峪者,在群山洼陷之中。东陵驻工者皆居此,亦一小城镇,人家数千,屋宇栉比。余至工所下车,始知田君先一日到矣。堂宇宽洁,可以安居。

二日　　晴

余在工所扫除一室,陈列图书,俯仰自乐。午餐毕,与田君并车至惠陵。陵前有御河,跨以石桥。春夏之交,水流涨盛,冬日则干涸。桥之北有石坊。又北则宫门巍然,东西列朝房,门内旧有殿,曰隆恩殿。殿朽坏,已撤去重修。今来监工者,即此也。殿后有门三座。再进有楼,曰明楼。楼后有宝城,梓宫在其内。陵外缭以宫墙,有守陵之郎中、主事,六年瓜代。其地四围皆山,周回八百里,种松柏无虑数百万株,蓊郁蟠拏。诸陵皆参错列峙,其间相离或三里,或二三里。惠陵者,穆宗陵也。此外曰孝陵,世祖陵;景陵,圣祖陵;裕陵,高宗陵;定陵,文宗陵。又曰昭西陵,在龙门口,余昨车行未至石门,已隐隐望见。盖龙门口两山洞开,在石门之北。余前误为石门,问逆旅人,始知昭西陵制度稍狭,盖世祖太后陵也。又曰孝东陵,世祖皇后陵。更有端慧太子陵,及诸妃陵。凡帝后陵殿瓦皆黄,妃陵独青色。余是日先入观惠陵,殿基栋柱未立,构高架,先欲择吉悬梁,以明年方向不利,故又至工作场周视,其执锯凿操斧斤之匠役几数百人。俄往拜守陵之郎中、主事,去此约五六里。行过孝陵及景陵、裕陵,其规制皆如惠陵而略高大,前列石人、石马,惠陵所无也。孝陵尤宏壮,有两石桥,牌楼峻丽,自楼至陵门,路二三里,长松老柏,干霄拂日,一望无际,蔽卫诸陵,车行其间,涛声震耳,苍郁满眼,山势起伏,其际名画不能到。余至诸处拜谒毕,归途望见景陵碑楼,下车往视,双碑并立,高二丈许,一刻满文,一汉文,题曰大清景陵圣德神功碑。碑楼左右,华表四柱。余直步过石桥,至其宫门前,徘徊久之乃还。登车复行四五里,回马兰峪。

三日　　晴

观地理书。晡,作日记。

余自通州来,一路车中观《泰西学案》。

苏格拉底尝诵特尔佛之格言曰:"余丝毫无所优于人,唯自知其无知者也。"忘山曰:夫唯自知其无知,则其心虚,心虚而脑界乃愈大,宇宙万象万理无不可苞罗其内。

苏氏之宗旨,在使人赴善如流水,独未明言善为何物。其后弟子各以私意解释,往往有所偏注。

我国历古学派之传演,往往弟子不如师,每况愈下。泰西则弟子往往代过其师,如柏拉图之学过于苏格拉第,亚里斯多德之学超过于柏拉图,显露柏罗都之学又过于裴司塔若藉氏是也。所以学派愈演愈进。

柏拉图以为,人之感觉变化无常,独观念则常住而无变化。不知谓观不变则可如释家之止观,寂然不动,寂而常照是也。若人之念,亦每日随万事万物变化无穷,何得谓其无变化。

柏氏云:人类为世界精神。洵哉是言。盖世界无人,则皆天行无人治。天然之物,虽自有妙境,然无人之精神灌注其间不可也。譬如山水,天然之物也,必有人为之种树木,筑亭桥,辟蹊径,而后山色泉声皆增佳趣,此特其一端而已。

柏氏有名言曰:犯过失而不受罚,其耻甚于罚也。忘山曰:有过而受罚,如有病而服药。

泰西近世史中有哲学二大派:曰英国派,倍根倡之,主实验;曰大陆派,笛卡儿倡之,主心得。两派对峙,不能调和,于是又有康德出而集其大成。康德所以能为晚近哲学底柱者,彼盖尤重德育。其持论以为:道学者哲学之本,必有道德而后哲学有所附丽。诚千古之卓识也。

康德曰:我之真我,我之道德性最当自由。忘山曰:然哉然哉!自由之幸福,非道德性莫属也。盖有道德性者,其智、其仁皆能满其量,故可以不为社会上祸福毁誉所拘缚,而独立特行,是所谓真自由。真自由者,即勇之谓也。

是故道德性之真自由,决不畏专制之压力。凡受压力而损其自由者,非道德性之自由,乃肉体之自由也。肉体本当受道德之范围,苟不合乎道德,则不可自由;惟合乎道德,乃可自由。是自由者,仍其道德性,非其肉体也。世人误认肉体离道德性亦可自由,谬矣。

仲尼曰:三军可夺帅也,匹夫不可夺志也。是道德性之真自由矣。又曰:从心所欲不逾矩。自由之化境矣。

所谓道德者,亦非拘守绳墨、固执不变之道德也。必本于其智、其仁,锻炼变化而成其所谓道德性,此道德性可以自由。

或问曰:自由必有界,道德性之自由有界乎?无界乎?曰:既云有界,何得称自由?自由有界,指肉体言。故肉体决非真能自由。何也?以有界故也。惟道德性之自由为无界自由,如佛欲普度三千大千世界众生,其志愿之自由,安可限量?谁能为之界耶?

忘山曰:道德性不完全者,亦不可自由。何谓不完全?曰:仁与智阙一即不完全。盖道德固以仁为主,然智不足以辅之,误用其仁者有之矣。故必仁智皆满其量,而后称完全之道德性。完全道德性可以自由。

或问:人如之何能致道德性之完全乎? 曰:必由学也。读书阅世,虚心积理,以浚其智,以养其仁。《戴记》曰:博学明辨,审思笃行。其庶几乎? 其庶几乎?

忘山曰:今之东西人,莫不曰爱自由。爱自由矣,吾则谓宜爱道德性之自由,不可爱肉体之自由。

四日

作日记,观书。

余五六年前曾发一论,谓善恶由苦乐而分界域。知天下之有苦境,欲解救之而善生焉;知天下之有乐境,因纵肆之而恶生焉。其后观西儒边沁学说,亦以苦乐为善恶之标准,但彼则谓增长其乐利谓之善,减障其幸福谓之恶。似与余说相反,而实相成也。盖救人之苦,苦变为乐;纵己之乐,乐变为苦。边沁之所谓苦乐,即余所言变境之苦乐也。

公德私德之说,亦出于边沁。彼谓道德专以产出乐利为目的。其乐利关于一群之总员者,谓之公德;关于群内各员之本身者,谓之私德。

边沁又为苦乐计量之法,谓取大乐去小乐者谓之善,取小乐去大乐者谓之恶。亦与余旨不悖。

忘山曰:人但知有乐,不知有苦,未有不陷于恶者也。益乐之极,则往往因己之乐而被他人以苦,或耗财损身,失名誉,罹刑罚,而致己于苦。是苦也,皆从乐生。苦从乐生,即名为恶。或曰:然则如何谓之善? 曰:其惟知苦乎? 何以证其为知? 曰:苦在人者生悯怜心,苦在己者生退悔心。悯怜则思拯救,退悔则思改过。二者皆由苦乐之机也。由苦而乐,乐从苦生,是名为善。

是故自古鸿儒大哲,争性善性恶不已,不知人类自无始下等动物演变而来,惟有好乐畏苦二性而已,无所谓善恶也。善恶由苦乐之大小广狭比较而生。所谓大小者,何也?盖两乐相形则取其重,两苦相形则取其轻。人能取大乐去小乐,取小苦去大苦,斯之谓善;其或取小乐去大乐,取大苦去小苦,斯之谓恶。所谓广狭者,何也?好乐畏苦,不独我有,此心人人所同也。人能推己好乐之心,而无损害人之乐;推己畏苦之心,而能悯怜人之苦。其所推之界愈广者,如由家及亲族、朋友、乡党、同种、异种、动物。斯谓之善。反是而其界愈狭者,斯谓之恶。虽然,知苦乐中大小广狭之界域者,必由学问。人当遂古獉狉颛蒙无知学界未开之时,任天而动,虽所行近善近恶,而不能判断其为善为恶也。何也?彼不知其为善,虽善不能加以善名;不知其为恶,虽恶不能加以恶名也。故曰:民性之初,无善无恶,唯有苦乐。

五日

大雪,檐积厚数寸,中庭皓白。饭后出游,山陵松柏间,好一幅图画。归,观地理书。

人皆知慕富贵,不知有精神之富贵尤可慕。博学多闻,广思积理,精神之富也;崇闳道德,砥砺操行,精神之贵也。

凡至人之心量如海,学境如山。天清气澄,万里浩渺,海之所以大也;岩幽溪曲,探索靡穷,山之所以深也。

六日　　雪霁

游汤泉,其地在马兰峪之东北山麓间,福泉寺之侧。方池水满,泉自下起,气蒸如滚沸。前有流杯亭,池水流至亭中,盘旋曲折,遂出墙外,入荷荡中。当其自石隙涌出,以手触之,热如已烹之茶。殆其下去地心之火近,四时熏煮,故终年成沸水也。后有塔碑,刻《汤泉记》,明戚继光撰;又有圣祖仁皇帝题诗碑,盖其胜迹由来久矣。

七日 晴

游马兰镇,出长城缺,眺览塞外,皆大山环拥,城水关为山泉所冲,致颓圮。其残砖旧石,堆砌硕硕者,盖几千年物。甚矣,秦政之愚。西人称支那长城为古今大工作,如埃及古塔墓,然工虽巨,无益民生,不足贵也。试观今日地员上,电丝铁轨纵横贯联数千万里,山可洞,海可填,其工之巨大过此远甚,而为万国所利用,古今人可相及耶?

八日 阴,微风

诣惠陵,因往游大红门。是门为诸陵之总,路前有石坊,极高峻,面银杏山。迤右望见龙门口,又西皆重峦巨岭,环而北,数百里不断。时雪未化,山皆衣白。晡归,作日记。

亚里士多德之论音乐也,曰:无事时可发扬自然之精神,涵养德行,使不为恶;有事时可鼓舞军士之勇气,使奋往直前不畏死。噫,古人制乐之精意尽此矣。

法国毛塔耶尼教育之法,不贵文学,痛诋当时修古文学如罗甸、希腊语者,及专修记忆与记诵之教授法。由是观之,专修词章记诵之学,凡社会未开明时,自然之习惯,东西所同也。毛塔耶尼生千五百三十三年,盖在三百年前。毛氏又痛诋当时鞭笞学生之恶习,谓宜待以宽大。又谓教法宜使学生自思自悟。又谓为学非学他人所言之事,应学自己为人之事。

近世欧洲小学校教科书,多加图画,盖创始于廓美纽斯。廓氏生千五百九十二年。

卢骚有云:凡人当种种情欲扰乱时,须以道德思想自整理之。可称名言。盖卢骚少年时,颇不羁,尝犯欺诈、窃盗、淫佚等罪,其后改行,遂为一代巨子。

道德之学,以情操为本。此言出于卢骚,至言也。是故我国儒书论道德,必推至诚。又曰:诚意所到,金石为开。盖不本于至诚,虽明理,无益也。斯宾塞尔亦谓,德盲必因于情感,徒恃理想,仅增长其智慧而已,无裨于德行也。然《楞严经》又曰:想多情少者飞,情多想少者沉。忘山曰:释典之所谓情,乃指情欲而言,非道德中之真情也。所谓真情,即是精诚,孔所谓仁,佛所谓慈悲。

斯宾塞尔所谓人之议论理想有人差之病,可于裴司塔若藉氏及佛罗卜尔二人论教育之异点证之。裴氏倡言,幼儿教育宜在教庭,委任于母。佛氏则云,世之为母者多不暇任教,故送诸幼稚园为宜。盖裴氏父早亡,尝受育于其母;佛氏则母亡而受继母之漠视。其所经历各不同,故所见有异也。

九日

阅旧日记,观书。

显露柏罗都,德人也,学于裴司塔若藉氏,为教育学大家。裴氏矫正欧洲古来空读谙诵教授之弊,发明实物教授,重五官锐敏及知觉炼习,其结果不过多知鸟兽、草木、金石之名而已。显氏之新教法则曰:知觉之所以可贵而有益者,不仅在见闻与接触之物,而在心中之融会其知觉,以通其条贯也。忘山曰:裴氏之学,主格物;显氏之学,主致知。

显氏又谓:人之精神有二:一良知,一意志。良知所以分别,意志所以决行。良知与意志相均相和,谓之诚意。与我国儒书所谓"欲诚其意者先致其知,知致而后意诚"暗合。

报善之心曰报恩,报害之心曰复仇。此人群内天理之原则也。其后因复仇之事多弊害,遂改良其制度,变复仇为刑罚,使凡受害之人诉于官长,由官长代为罚之,不许私相报复。惟报恩之事,仍听民之自便。

经济学中分业之说,始于柏拉图;财产共有之说,亦始于柏拉图。顾分业之说,至亚丹斯密而发辉光大之,遂为社会上应用实理。共产之说,其弟子亚里斯多德即破之,虽后世有圣西门、弥勒约翰诸人主持,而于今之社会,尚格不相入也。

孔子论人之德有三:曰智,曰仁,曰勇。柏拉图论人之德有四:曰知,曰勇,曰节,曰义。节者,言有节制。当服从理性之命令以制其情欲,故谓之节。忘山曰:今人称妇人守贞,谓之守节。节者,即节制其情欲之谓也。故余谓男子寡欲不犯非礼者,亦可谓之节。

《戴记》称仲尼曰:大道之行也,天下为公。不独亲其亲,不独子其子。而柏拉图主持共产之说,至谓妻子皆宜共有,斯其论达于极端矣。

柏氏云:人人宜各专一职业,终其身从之。若有多材多艺出众者,为众之害,当屏之国外。忘山曰:凡多材多艺者,所治之业必不精。业不精,则无益于其群,徒使人眩其多材多艺之名,皆思旁骛,不肯专精一事,其屏逐也,宜矣。或曰:然则从柏氏之说,人人不必务博学矣。曰:学有二别:一闻见智识涉于虚者,不厌博也;一材艺职业涉于实者,贵专精也。柏氏所谓,专指材艺职业言之,岂欲并人人闻见智识而限制之乎?

十日

观书。

斯宾塞尔谓,群治当随民品以为高下,此理自柏拉图已发之。

亚里斯多德,哲学大家,亦政治学大家也。其言曰:集多数人之财产可以胜富族,集多数人之聪明可以胜一贤者。名言。

亚氏主意以为，寡头制之国易起革命，民主制之国亦易起革命。惟斟酌于二者之间，施适当之手段，成立宪政体，乃可以保存国家于永久也。是理极为中正，万世不易。亚氏当日已见及此，可谓远识。

霍布士者，英人也。其学之宗旨，谓人人皆以利己为心，其后知非利人不能利己，遂不得已思与其群互相保持而契约起，因组织而成国家。然其始，实萌于利己之一念，非以与人相爱而生也。故谓人决无所谓道德性也。此其说与荀子性恶之说不侔而同，而其终也卒归于专制。盖谓人若识见不高，心志不壹，或破契约，势必肇乱，故必用威力保护之。而此威力，必归于全权之君主。或问曰：权既尽归于君，设君主妄用其权，国民能以法夺之可乎？曰：不能也。使众人一日能复其权，则君权终不专，而契约不能确定也。时霍布士为英王理查第二之师，大见尊宠，或讥其为是言者所以献媚一人。忘山曰：霍布士非献媚也，其学术使然也。彼以为人无道德性，惟有强权，苟不归于专制，其说不圆也。是故荀卿之学派，流为李斯，创我国数千年专制之政。言性恶者之流弊如此。推霍布士之意，盖谓人决无忧人之心，其平日发为道德仁义之言者，皆因自处于贫弱而望有势者以如是待之也，无非爱己而已。故一旦居高位，握重权，未有不自私自利，即小有不善，断不肯屈于公论而让权于人。倘其权可见夺于人，是其权仍不固。权不固，则无威力以保契约矣。是故在霍氏意中，非不知专制之弊，终以为无善法也。不知霍氏没后百余年，竟有美利坚之华盛顿，当战胜功成、诸将拥戴之际，忽自解大权，辞职归里，遂使美国得组织良法，成百余年立宪共和之治，是霍氏所梦想不及者也。

陆克，英人也，创劳作自由之理，以为人有所谓劳，即有所谓权。是权也,可以自由。忘山曰:然哉然哉!能享自由无界福者,其惟道德之性与劳作之力乎?盖以劳作自由虽有时因劳作而侵人之利无罪,此工商业竞争所以方兴未艾也。

陆氏又谓:一人徇其无厌之欲,积而不能散者,其罪与掠夺同科。忘山曰:苟以劳作而致富无厌倦,亦不能非之也。但所积之财,当流通于市间,使人得藉其财以为劳力之资。若藏贮家中,既不肯贷人,又不置诸通商银行,是真与掠夺同科。何也?因其财不流通,遂绝贫占劳作资本,是与禁人劳作无殊矣。夫因己之劳作侵人之利可也,因利在己并侵人劳作之力不可也。盖劳作者,自由权所在也。侵人劳作,是侵人自由矣。

或曰:今之富商往往垄断求利,是亦合于劳作自由之利。忘山曰:不然。垄断最阻人劳作之力,亦与掠夺同科者也。盖所谓劳作自由之一大部分,专指商工业家中等富户而言,其力但能劳作,不能垄断。垄断者,必出于巨富之家,彼不自劳作,恃其多财,一切托人为之,即可垄断,以垄断而绝人劳作之路,其罪至大,断不能自附于劳作自由。盖彼既可不假劳作,则其自由已出于劳作界外也,非陆氏劳作自由之义也。

劳作自由与道德自由,虽皆称无界之自由,亦不得谓竟无界,即以道德与劳力为界也。盖在道德与劳力中则无界。

陆克又曰:父权与政府权异。父权由自然责任而生,政府权由官民之契约而生。又谓父权可暂,不可久。忘山曰:当野蛮世,父权与君权本无所谓分别,以国家之成立本起于家族也。世界文明,而后知君权与父权不同源之故。陆氏又谓:专制国其君主视民如寇仇,民之视君亦如寇仇,举国上下隐然在战斗之中。其后孟德斯鸠亦谓:专制国所谓太平,其中隐含扰乱之种子。

以柏拉图、亚里斯度德之明识，而不非奴隶制度，以为此天然法也。陆克始首破之，谓人人皆当平等，万无以一人压制他人之理。自其说出，复经孟德斯鸠诸人之阐发，而奴隶制度至今几绝迹于地员上。

陆氏又谓：革命之乱，因官吏破坏契约，自启衅端，故不得责百姓之悖逆。

说者谓：英国之陆克，法国之卢骚、孟德斯鸠诸人，皆能以学理变易一世之心思耳目，而国家政法因之改革，遂造社会幸福，其功匪浅，过于孔、孟远矣。吾则谓：孟轲未尝无功于后世，考其学术所主持，有二宗旨：一尧、舜禅让之义，一汤、武征诛之义。禅让之义，谓庸暗幼弱之主不宜拥天位也；征诛之义，谓昏暴之君当受诛于天下也。厥后，汉高灭秦，李渊灭隋，皆法孟氏征诛之义。即至有明及本朝，咸以平中原之乱而得天下，虽开国之初，小有杀戮，不及汉、唐，谓之征诛，亦无不可。又若曹丕代汉，司马代魏，赵宋代周，如此之类，虽皆以强臣夺国，然其所事之主，类皆庸暗幼弱，代为天子，理所宜然，何愧禅让之义。惟南朝刘、萧诸人，每于禅代后辄杀故主，灭其宗族，是则不可耳。要之，孟氏之二主意已实行于后世，不可谓无功也。

孟德斯鸠三权分立之说，始于亚里斯度德氏。卢骚氏民约之说，始于姚伯兰姬氏，在一千五百七十七年。亚丹斯密分业之说，始于柏拉图氏，皆各有所祖也。

卢骚学说多有自相矛盾处，如谓：既联民约，当人人平等，不得有君主臣庶之别。又云：凡一国中主权者，元首也；法律及习俗，脑髓也；诸职官，意欲及感触之器也；农工商贾，口及肠胃所以荣养全身也。由是观之，则君主、臣庶之等级仍不能不分，正与伯伦知理有机体国家之说暗合。顾伯伦知理主持君权者也，故其说如此。卢骚专言平等，何其言与之同。可见公理本如此，虽结契约，断不能无主权之人，固不可如霍布士之专制，亦不可效无政府党之所为也。

卢骚欲使主权在国民，又云：主权合于一而不可分。夫以若干国民持主权，使不推一代表者，则意见纷歧，乌能合于一乎？有代表者，即不能不以主权归之，然后能一。

卢氏又谓：立法权决不能使代，我必躬任之。盖不以代议政体为然，此则万不能行者。一国既地广人众，各有职业，或营商在外，或游历他方，岂能尽抛弃本务而悉入议政院。且人之智愚不同，学问各异，岂能人人胜议法之任。是皆其说之短者。

凡法律，不可不随时修改。此学说出于卢骚，甚有功。其言曰：凡握权之人，当议定法律后始终不许变易者，政治之罪人也。

卢骚亦知其平等之义不可无分别，故又以说自解曰："吾所谓平等者，非谓欲使一国之人，势力财产全相均，而无一差异也。若是者，决不可行之事也。但使有势力者不至涉于暴虐，富者不致倚财力压人，则于平等之义斯已足矣。"

良知之学说，在我国发之最早者，南北朝时之陈遵明，宋之张横渠、程明道。迨明之王阳明起，始大阐发之，成一种学派。在泰西，则此说发于笛卡儿，最有功于世；而孟德斯鸠继其后，遂本之以论治体。

孟氏论自由，亦曰：必不背于公议之法律，乃可以自由。而今之谈者，非之曰：使人人服从法律，非真自由，因法律或未尽善而有背于自由平等之理者，则不服从也。忘山曰：法律设有不善，倡议修改之可也。未修改之先，不可不暂时屈从。何也？人倚法律为生命,苟因其小不善而任意背之,则并其善者亦可背之矣。如此,则法律可以不立矣,又何必争言法律神圣世界耶。

今日各国皆实行废拷讯、设陪审、宽刑律,孟氏学说之功也。

孟氏又曰:世界文明则每以恶名之暴露为谴罚之极点,故刑法不妨从轻。其后白加樟祖述其意,著《刑法论》。

亚里斯度德亦经济大家也,其所论货币价格及分业诸理,皆为亚丹之先声,惟以为货币不能滋生货币,凡斥本取息者等于掠夺,其说颇眩惑后之学者几数千年。

亚丹斯密喻泉币为地上之道路,钞币为空中之飞轮。故我国唐宪宗时有飞钱之名,即今会票是也。

马尔达创人口增加之说,谓地员上人口之繁殖,每二十五年辄增其倍,而产物之增加不能与之比例。谓人口之增加为乘数,食物增加为加数。故谓社会今日虽甚治,迨人口既增,食物不足以养之,未有不乱者。忘山曰:据斯宾塞所推生灭相抵之说,则人口以物竞天择,亦无过庶之虑也。

理查,英国人,亦当时经济家。尝有名言曰:人类之自利心最重,物体以引力而左右,水依高低而运动,人心之依利为向背,同一理也。忘山曰:所谓利者,不必专指财币而言,即人之好名誉亦包括在利中。理氏所著最驰名之书,曰《地代说》,与马氏《人口论》并传。

十一日

饭后游普陀峪,即西太后之万年吉地也。修筑多历年所,今以其颓坏重修之。往瞻定陵,即文宗陵,地势颇高,在山腰间,立宫门前,俯视群山,气象雄阔。

十二日

与东芳偕登迤东之小山,有石塔高矗,塔前有碑刻记称:明万历二十年,有陕西王西涯名通,以参将来守马兰,因其地形势似舟,故能载甲士。然舟必有樯,始可稳涉波涛,乃请命于总帅戚继光,筑塔于堂子山上,以象舟之樯焉。塔中祀摩尼佛像,今犹存。塔之迤西北有药王庙,余因入游。殿后有堂宇三椽,轩窗闲朗,可远眺。老僧献茶,坐久之归。

十三日

观地理书,作日记,并览旧日记。

内典称:佛有他心通之能力,凡众生一念,悉知之。又云:于一念顷能知万里外所降雨点之数。又云:能于一念顷能分身遍至三千世界。余谓佛有大神通力,人亦有小神通力。试观博学多闻之士,闭户不出,而能以心游历五大洲,览其山川,观其形势,察其风俗人情,盖与身往游历无异,此其神通力为何如耶?

十四日

得家书,知室人于初五日亥刻生一子,家中皆安。余与慕兄皆艰于生男,慕兄有五女一子,余有四女,殇其二,今始得一男,余拟命名曰用勤。

十五日

连日寒甚。余又往堂子山。晚,观书。

余乙未年在海上与燕生谈,即发明文学为见道门径,数学为见艺门径,燕生颇嘉许。今见严译《群学》载斯宾塞尔论治群学先治三科,首玄科,即名学、数学。名学,西人谓之辨学,又谓论理学,即文学是也。与余所见不俘而合。但斯宾氏于玄科之后有所谓闲科,如声、光、化、电及水、火、质、力诸学。又有所谓著科,则天文、地质、医学、动植、法律、心灵皆是。

我国习俗，凡古人书画及古器物多赝为以欺人取利者，西国亦然。如《群学·缮性篇》查塞律者，法之硕师也，而不知所收奈端、巴斯噶尔诸手迹为极易辨之赝物。

斯宾论专治玄科、不治闲科之弊曰：譬如声学，声行气中，求其速率，奈端以数理求之，其数与实测者劣六之一。继而拉不拉斯考其相差之因，则谓以声力入气生浪，浪有排挤因而生热，热生而原力耗减，所以行迟。忘山曰：于是可知天下学问无穷尽。

斯宾又曰：凡智者，冥思渺虑，其标一义，而风施一时者，大抵与时相得，而去人不远者也。使其超俗迈时，邈焉先觉，则虽有甚精之义，将莫之举而遂亡。忘山曰：于是见著书立说之难。

十六日

与东芳偕赴陵。夜，观书。

《群学·述神篇》云：民德、民智，厘然两事。智育求之于理想，德育发之以感情，终之以行习，徒有感情，犹无益也。必自感情施之有事，夫然后能由勉强至于利安，至于既久，寖以为习，则行其所无事矣。忘山曰：由是观之，则锡兰、耶露二教派，专以天界地狱警戒群生者，即所以动人之感情也。斯宾以为教未可厚非者，即此意。

孟子曰：亲亲而仁民，仁民而爱物。故仁民、爱物必自爱其亲始。所谓亲者，非但指父母而言也，凡家庭之间，自父母、兄弟、夫妇、子女，何一非亲。若于所亲尚不能爱，安能爱及疏者。是故西儒有言曰：家庭者，利他之学校也。又斯宾塞尔之言曰：激发民良之功，莫捷于为父母，其克己，其敏事，其图将来，皆缘其爱子之情而遂挚。其摩炼德性也，盖时使之。弃当前之可欣，以为其所生谋久远。然则减其自利之私,而趋于利他之仁者,必自慈利始矣。观是,则知康广夏欲骈立育婴园以夺人父子之恩者非是。

群学家新旧相推之理,余于去岁夏秋间已悟是理,时犹未读斯宾塞氏之书也。

十七日

观地理书。夜,观《政法学报》。

外国法律有二源:一基于罗马之法律,一基于英国之宪法。盖罗马法与英国法差异之点,即私法、公法所由分,私法多出于罗马,公法多出于英国也。所谓公法者何?即维持治人与被治者交互间之权限也。所谓私法者,维持被治与被治者交互间之权限也。故公法又名宪法。私法别为二:曰民法,曰商法。

欧洲近古以来最文明之举动,莫过于普鲁士民法草案公布一事。盖当其编纂也,开委员总会议者数百馀次;及其脱稿也,又公刊草案及理由书,自一千八百八十四年至一千八百八十八年,四年之中分六次之公布,广征公众之意见书,不仅征诸普国境内,又广征诸德意志全国,及澳大利之大学校、裁判所、法学家、辨护士、政事家之批评。于是,爱国之士莫不披陈意见,其意见书已盈箱累箧,一为编辑,得三十九大卷之多,传为盛事。厥后普国草案修正,据以为粉本者不知凡几。迨修正告竣,始颁为法典。溯自编纂伊始,已垂费十三馀年之岁月矣。是故现今各国中称为法学之泰斗者,莫德意志国若也。

欲望之在人,犹水之行地也。水性趋下,人之欲望趋利。善治水者因势利导之,善治人之欲望者亦因势利导之。盖不因势利导而从事壅遏,则欲望之溃决泛滥,将无异于洪水也。自古善治水者莫如神禹,其次则汉之王景;而善治民之欲望者,厥惟经济家亚丹斯密氏。

地理与文明有关系。汪衮父《史学概论》称埃及人所以夙明几何学者,以尼罗河每岁变其国土之形,非借精确之测量,则土地所有之争讼不能定也。印度人所以确立宗教之基础者,以印度河流域之丰穰,唤起其赞美自然之思想也。使罗马人去意大利之半岛,必不能扩张其帝国之伟业。使今之英国四面不环海,内地不富石炭,必不能辉其国旗于日所出入之处也。

十八日

饭后,与东芳往游抚军山,在马兰峪迤北。余登山肩未及顶,已俯视雄阔。山下有公输庙。晡,往视鹿圈,有鹿三头,皆去角。夜,观书。

治理化学者,以粲然之万物为其实质;治政法学者,以过往之历史为其实质。

法律者,国民生命财产之所系也,故与经济学相为表里焉。法律者,又国民行为风俗之所系也,故与道德学又相为表里焉。

美国儿童最乐谈选举大统领之事,与支那人艳羡胪唱时之状头无异,辄自豪曰:他日吾必被举。

泰西古时法律与经济二学未尝分科,直至德国财政家邱尔谷出,始将两界中离,各成独立之学。见《无逸经济学·范围论》。

外国人之在本国得享有私权,始于一千七百六十一年。法国与西班牙结约,取国际交互主义。交互主义者,两国视相待之厚薄,互交换其利益也。迨法国大革命后,大昌博爱主义,国会始宣言有自由之法。国宜广开国土,使各邦人民同享人生固有之权。自是以往,外国得享有私权,为文明各国之通律。至于公权,则除本国有公民资格之人外,一毫不以假人。

考地质学者，知上古有所谓石期世界、铜期世界、铁期世界。盖因其所用器皿而别之也。今世界上货币之制，由铜进于银，由银进于金，亦可分曰铜期世界、银期世界、金期世界。

社会共产主义非不美善，将来或有此一日，然必本于生存竞争自然之趋势而成，不可强也。

十九日

访葛军门谈。军门名振全，字福庭，直隶饶阳人，善谈论，极儒雅。

夜，观书。是日心得之理颇多，记之。

东西各国晚近三百年内之勃兴，盖有二原因，曰：以学理辟公智，以强力伸公权。

群制随人德、人智、人勇而进。昔饮冰尝称民德、民智、民力。吾改曰人者，以民字偏于在下之人，不如言人较能该括。

荀卿以性恶学派流毒我国，使国人德、智、勇性格数千年不进。是故群制万不能进。

笛卡儿以良知学派促欧洲进化，王阳明以良知学派促日本进化。良知者，无善无恶，良而已矣。

野蛮国人颛愚狠戾，非仰赖其君之威爱，不足以合群。若社会进化，则君无所用其威爱，但为专决，但为守法，以整齐之而已。

国虽文明，亦不可一日无君。盖法律虽由百姓公议，而无专决者，则筑室道谋，纷纷莫定；法既立而无执守者，无施行者，则法律亦同虚设，以无实行之强力也。夫君者，即统一决法、执法、行法之三权者也。或曰：西国三权鼎立，则三分其权可矣，何必统之以君？曰：权分为三，惧其相争，不能不以君统之，特所谓君者，必由全国人公举而后可。

今日虽称法治神圣时代，人人守法，似可无待于君也，不知无君则法律不能坚定，以无执行之强力也。夫法律至于不画一、不坚定，则有法与无法同。国无法，则人群不能组织成团体，将溃败散裂，无以自立矣。是故虽曰有法，不可无君。

君也者，所以组织人群者也。父也者，所以连续种类者也。欲求人群之相安，非有君以组织之不可；欲求人种之不绝，非有父以连续之不可。故君也，父也，社会上一日不可离也。

人之所以能生生不绝者，赖有父母以生之，父母耦数也；人之所以能相安不争者，赖有君以统之，君奇数也。

君、父，自然责任也。人当野蛮时，当受制于君；人当幼稚时，当受制于父。

自由者，生机活泼之谓也。然不可太过，太过则自窒其生机矣。

观于各国民智之开，能联合有强力者，皆以多数胜少数。我国地大人众，欲一时开通之、组织之，甚难。

欲求无君、无父之极点，非化众色身尽入觉海不可。否则，断不能一日离君与父也。

佛为教化众生，故现色身。

教化众生，化字可细参。

葛福庭云：近陵一带，山中时有野火。其故因犯禁斩伐树木，以火焚之，则痕迹销灭矣。余始叹我国无事无弊。

人之善忘，以不注意故。

练记性者，先从事物琐杂起，于琐杂中生自然概念，然后融会贯通之，则永不忘。

随处留心，则一事一物皆饷我学界。

学问有博与陋、深与浅之别。博者指闻见而言,闻见多为博,反是曰陋。深者指思想而言,思想邃入为深,反是曰浅。今人多混视之。

二十日

观书。

日本各地方别置裁判所,始于明治六年,创于江藤新平。新平,佐贺藩士也。

外国实业同盟胚胎于英,发见于美。盖当十七世纪之时,英之煤矿业者,组织团体以定煤价,是为实业同盟之一种子。越百八十年,美国设立石油同盟,遂为实业同盟之始。

凡人之购买物,喜贪廉价者,皆坐生计之困乏。苟富足,则自可不求价廉,但求物美。人人不贪廉价,但求物美,则实业同盟之法可以革矣。

今日欧洲,凡劳动工人,皆减少时刻,多得利益。又道路之宽阔及居室之旁,必绕以花园,务极光丽优美者,皆实行德麻司摩克之《华严界主义》。华严界者,哲人意想中之一虚境,其书出版于英伦,距今三百八十四年以前。其后又有加菩提之《加尼亚旅行》,是二书皆为社会党人之原动力。

各国官制,大都参用事务官、政务官二种。政务官,视其才识可以随时迁调,如有时为文部大臣、有时为内务大臣之类。事务官,往往终身其任,有劳绩则加俸而不迁官。其行政也,又参用官治、自治二种。官治云者,国家直接使官吏治理,以达其行政目的之谓;自治者,国家以地方事务一部分使地方人自任之,而间接以达其行政目的之谓。

外国又有行政裁判所之设,专司关乎行政法上之争议,此则余所未闻者。

欧美商贾之大资本,曰诚实,而金钱次之。名言。

亚梓法《治国论》云:徒知有权利者,则无协助之公共心,是谓放弃公德;徒知有义务者,则无自营之独立心,是谓放弃人权。名言。

西国兽名曰狮,猛兽也。其猛烈之气不得伸,则跳踯不止,故与以毬,以消磨其气。终日弄毬,而跳踯遂忘矣。日本机外剑客以文人之弄文,学士之好学,何莫非弄毬类。忘山曰:昔秦皇以焚书愚民,而汉武又以求书愚民。经学、词章、八比,又数千百年于此,何莫非弄毬类也。

二十一日

时惠陵殿柱犹未竖立,以明年方向不利,故先构木架以备供梁,择期在明日巳刻。晡,李秀莹、白仲谦同来。盖由承修大臣遣二人来监视供梁也。

二十二日

供梁礼成。

二十三日

李、白二君黎明返都下。

昨夜,闻白仲谦谈者中旧事一则,记之。仲谦云:京师富户治典业者甚夥,有范姓者,名华,字华甫,为人长于理财,善治生。在都数十年,掌典业二十馀家,凡所擘画措注,皆条理精密,局势恢廓,人服其才。以是,股东皆倚赖之,身亦因致饶富。庚子前数年,有祝姓家典,在崇文门内,亦范所管业者也。一日薄暮,见一人持翡翠花瓶求质,典中人始犹狐疑,不察真赝,会华至取视之,曰:真也。价直银三千两,今质价减半。乃以银千五百两付之,书券而去。逾日，道路纷纷传说，某日祝姓典所质之瓶伪也。此瓶自外国贩来颇多，在杨梅竹斜街某店出售，价极廉，约银十数两一枚。华闻之骇然，急取瓶于日光下谛审，果赝物。因驱车出城，迹访售瓶所，果见罗陈累累，光色绚发，与所质无异，大悔而归。叹曰："我代人经营数十年，无毫发差失，今以一瓶故，使我英名堕地，吾休矣！"遂向各居停辞职。或欲强留之，华不可。既而曰："吾虽以是去，吾之心迹昭然，不可不表白，使众知之，且深愿凡业是者，以我为鉴。"遂择日于某所，大集同事数百人暨各居停宴饮，酒后慷慨谭自陈辞职之由，且出其瓶使众观之，皆曰是诚赝物也。华曰："我之悔不可追矣，诸君其慎诸。"又顾祝姓者曰："我负居停一千五百两，我自偿之，是瓶即以属我，何如？"祝姓许诺。华乃取瓶当众碎之。众大惊。华曰："我用此瓶何为？聊以泄我忿耳！"有顷，饮罢各散。逾二日，忽有人持质券并千五百两银钞及利金来典赎其瓶。典中人惶急往召华，华至，视其质券标曰某字若干号数，因问其人曰："尔之瓶自有记认否？"曰："有之。"遂遣人持券入内寻之，须臾，抱一瓶出，使来质者自认之，果其瓶也。其人惶恐，揖谓华曰："吾服子之能矣。"言毕，狼狈遁去。事闻诸居停，皆大愕喜，乃群集赞颂其事，复邀请华管业如故。仲谦曰：华卒于庚子后一年，寿七十馀，吾犹见其人。拳民之乱，其所管典业皆毁于火。华盖以是郁郁而死。

李秀莹云：庚子之役，有营官某甲，率兵数百逃而东行，沿途大肆淫掠，百姓怨忿。会有法兵踵至，百姓往诉之。法人怒，使人探知某甲驻某村，乃于深夜潜以兵围之。天明，数百人皆就缚，一一以枪毙之。又云：美国兵入都，画驴马市以南为美界，其兵纪律严明，秋毫无犯，为各国最。亡何，和约成，奉其本国令撤兵，百姓扶老携幼，垂涕挽留，美兵官恻然悯之，为暂留七日。忘山曰：观以上二事,可谓从古未有之奇闻。

二十四日
观书,无所记。

二十五日
葛福庭约饮。葛有幕友二人：一朱姓,字俭卿,上海人；一李姓,字方甫,与葛同县。葛以游击前驻江南吴淞十年,朱已佐其幕中,后随至台湾数载,又历广西、安徽、山东数省。其后葛驻天津北塘,又自北塘移驻马兰峪,朱皆相从,前后二十年。朱为人伉爽,与余谈台湾风俗颇详尽。是日席散已入夜,主人殷勤倍至,张灯送归。

二十六日　　阴,微雪
赴陵侧工场周视。夜,观《自助论》。

俗人动夸门第,以出身卑贱为辱。不知人之荣辱,在能立志与否,岂论地位。古人之坚苦卓绝,立功显名,其起于卑贱者十之八九,方诸世家官族,荣誉尤过之。观于英国比约瑟弗伯洛巴敦为萨尔福德之民委员,尝于议事时自述其少年时在轧花厂备尝艰苦情况,一坐起敬,斯可知矣。

《自助论》云：田亩财产,祖父可传之于子孙；学问才智,祖父不可传于子孙。是故人贵自勉。

富与力之界说,富可以生力,力亦可以致富,互为子母者也。

蒸气机器之理,当纪元前百二十年已有人察得之。其人名希洛,亚历山德里亚人,明算学及气学、水学,始研究蒸气之力,制为器具。厥后事虽不成,精理名言永存于世。迨萨代礼牛国民惹迷士瓦德、高礼不的尔斯敦数人起而继其志,述其事,而震世骇俗之机器,乃有大成之一日。

二十七日

作日记，观书。

《自助论》云：福祉实其慧眼，常随勤勉之人而行。西儒戎福士他曰：发心火之光之力者，即英才。蒲丰曰：英才者何？忍耐。忘山曰：嗟乎！人但恃聪明而无忍耐之力者，安得有所成就。

勤勉之人有化万物为黄金之能力，有化光阴为黄金之能力。至言。

仲尼曰：曰圣与仁，则吾岂敢，亦惟学而不厌、诲人不倦而已矣。西国制炼家达尔东曰：英才之称则吾岂敢，吾之成吾业者，勤勉之功，积累所致耳。

西谚曰：习逸性成，一事难为；习劳性成，万世易作。习劳如何？曰：反复而已矣。譬如读书，看了又看；譬如习艺，精益求精；譬如投食物釜中，以火煮之，煮了又煮，何患不熟。所谓功夫，所谓火候，为学之道当如此。

法人卢骚、英人撒母耳德留，皆少年不修操行，无恶弗作，其后折节改行，读书勤学，遂一为政治大家，一为文学大家。可见人能自勉，虽失之东隅，何不可收之桑榆。

英人伯拉温，见蜘蛛之丝缕缕，当所行之路，因悟造铁悬桥之法；伯路涅尔见蠹船小虫钻细孔，缭曲窈深，更以如漆之物涂四方上下，而居其中，因悟造河底地道之法。此皆受教于昆虫之微类者也，故圣人学于万物。信然。

发明电学之理，人但知有弗兰克林，不知与弗兰氏并称者尚有戛拉法尼。戛氏少时本无学，偶置二种之金类于死蛙之股间，蛙跳跃如生，因是遂发明二金交感之理。

奈端之于重力，已殚思竭虑，果实适触其机，遂发前之秘奥；学士雍之于光学,已真积力久,碱水适感其思,遂成旷代之学家。盖最新奇之学,莫不得之最陈腐之事。信然。

西国自古有名之工及创制新器之人,皆不自工业学校而出,大抵起于穷困。故曰:穷困者,创造之母。

德至而名归之,业精而利归之,此自然之势也。虽然,古人之修德非为名也,其修业非为利也,顾何以好之、慕之、孜孜不倦者,彼盖视此有自然之真乐,觉天地间更无他物足以易之也。

善画者以万象为师,善学者以万物为师。

《自助论》曰:风俗习惯,纷华声利,非降伏吾辈之主人,实吾辈为降伏此等之主人也。是故人贵立志。

法帝拿破仑、俄将士活娄,皆欲于字典中删去不能、不知等语,曰:此我一生所憎厌者也。人患不学耳,学焉安有不知、不能。

威灵顿之所以过于拿破仑者,拿破仑所志在荣名,威灵顿所注意在职分。西人尝称:威之为大将也,勇决神速如拿破仑,如古雷武;及为相臣也,智虑周密如格朗乞,纯粹诚实而高尚如华盛顿。

是晚,得都中工程处信,知下月停工,不派驻班。故余与东芳商议后日回京。

二十八日

检书理行具。是日,观《自助论》终卷。

当一千八百五十七年印度榜葛喇之土兵叛乱,英人之在印度者,自文武官吏兵卒,下及平民妇女,无一人战缩畏栗,莫不尽力抵抗叛兵。纵或受围困,死伤相继,无一有请降之心,于此见英人精神之强壮、教养之完备矣。

英人厚亚德创改革狱制之说,不避劳苦,不顾危难,以期其说之必行。及身后,而英国狱制果为之改良。其他文明诸国效之,自此罪人无瘐死者,厚氏之赐大矣。

创废奴隶制度之议者,有陆克、孟德斯鸠诸人,而实行其主意者厥惟沙伯。沙伯当十八世后半纪代实力救拔黑人,并援律法以与政府抗,尝创设废奴公司,盖生平以是为目的也。其后,格拉克孙维伯、福斯勃古斯敦及伯路翰等后先踵起,卒脱黑人奴隶之苦,其功伟哉。

西儒律敦曰:理财之事,切勿轻忽。金钱者,品行也。忘山曰:金钱与品行最有关系,不善理财者,足以堕陷其身于非义。慎之!

《自助论》曰:人欲保护其品行,不可不尚节俭。节俭者,非吝啬之谓也。盖节俭则衣食有馀,有馀则能慷慨而具义侠之心肠矣。忘山曰:人所当爱惜者三:一曰精神,二曰光阴,三曰金钱。

人苟不能节财,不能节欲,则种种品行之不良由此而起。故柏拉图四德之中,节制居其一。

西国大将那比尔之言曰:不言则已,言则必信;不借则已,借则必偿。此二者乃德行之大者。有德位之君子,必当慎守此也。

二十九日

黎明登车,与东芳偕行。俄日出,过龙门口,路皆大石子,荦确难行。回望陵宇,苍蔚在目。薄午,至濠门小憩,风起,冷甚。饱食复行,日未落,至蓟州宿焉。夜,有某君与东芳相识者来谈,痛诋其州官之暗劣。州官姓古,名铭猷。

三十日

未明,自蓟州行,三十里至邦军,日始出。又二十馀里,至段家岭小憩。午后,复行七十里,至烟郊,已昏黑矣。风甚,客舍中炽炭取暖。

十一月

一日

日出始登车,行二十里过潞河。又十里,至通州西门外憩焉。东芳善射镫覆。余一路车中无事,所得覆甚夥,到旅舍,辄举以难东芳,录其佳者亦颇助趣致。太皇太后不得干预朝政。射古人名:孙权。隔壁戏。射《四书》二句:吾闻其语矣,未见其人也。武备学校教习,带作医生。射《论语》二句:使有勇,且知方也。一数。射《中庸》一句:语小天下莫能破焉。断屠四十一日,又断屠四十九日。射《论语》一句:三月不知肉味。

昳,由通州行,去都仅四十里,到东便门,日已沉西,抵家昏暮。昌士来京,下榻余家,相见甚快。

二日

在家终日,会计度支出入。

三日

晨访季英,询以东省变态若何,季英云:"都人士皆漠不为意,酣嬉如故。虽然,病深矣。此间不可久处。余遇事颇能先知,往往有验,故明年解冻,复决志移家南去。"余闻之不置一词。薄午,往视啸霞。盖啸霞中风不语者一月,近略瘥。啸霞事父孝谨,勉甫丈年七十外矣,精神矍铄,老兴颇浓。闻近来潜作北里游,不使子知。然啸霞则暗中多方调护,务悦其亲,勉丈亦不知也。啸霞年亦五十馀。晡,自署归。

四日

余新生子明日弥月,先一日设宴款客。是日,女客来贺者甚多,厚庵父子及桐士昆弟亦至。晚,与昌士谈。

五日

笃甫及斡卿过。晡,季英来,仲华亦至。

露、日启衅之说,腾播都市。余终谓不可据,果尔,是出我意度外也。

昌士云:外国刑狱最重,凡听断时,须有陪审官十馀人,皆地方之公正商民,两造辨难既久,虽胜负显决,设陪审有一人怀疑者,即不成信讞。

公法中有私万国公法、公万国公法之别。盖公公法者,各国国际法权也,私公法者,各国治外法权也。

六日

作致邻居书。前为新生儿命名曰用勤,以犯舅祖讳,改名用恒,字伯专。

饭后,与昌士谈。昌士论我国磁器与西国磁器异质之所在,盖我国磁虽破碎可以法补缀,以质坚厚,受锥凿而体不裂也。外国磁则不能。

七日

前见邻居书中称:法使馆中有翻译官穆文琦及苏馨、甘嗣东,皆甫自巴黎来我国京城,命余往拜,藉可联络外人。余是日遂往见之,皆一一晤谈。穆华语甚工,盖居我国久。日中,在子穀家午餐,晤仲华。晡,往观工部新署,在王府井,屋宇宏整,大门及厅堂皆欲撤造,已兴工矣,明年五月可以迁入。

八日

与昌士、稼霖偕至琉璃厂工艺局晤季英,与往观制景泰蓝及织绒毯之场所。景泰蓝者,以铜为质,范形成皿器,以铜丝盘裊粘切其上，作种种藻饰，然后加颜料煊染，以火烧之，其工尚不难。独织绒毯之法颇神妙，盖不用算法、图样，亦无机关，惟恃心手变化，自成各式，五色花纹皆匀整，无少参差。甚矣，我国手工之巧。

季英在局充教习，不取薪，别辟斋屋为其坐卧地，余数人坐谈其中。昌士与季英论养蚕之法。季英云：我国丝业所以渐逊者，以养蚕法不精进，渐失其传。盖蚕在桑叶上，必常使稀疏，俾得饮吸空气，舒转自如。若蚕太多，则拥挤受病，往往致死。又云：养蚕最畏蝇。蝇来飞集，辄遗子于蚕脊上，因之蚕受奇累，致作茧时工力亏损，是皆不可不知者也。昌士云：吾杭设蚕学馆，三年仅成就一人，姓梁，名有立，字立群。其人年三十馀，于蚕学殆得其三昧，屡出新法，为人育蚕，颇获奇效。

九日

余移书斋于客堂耳室之内，炽石炭稍温。盖窗壁严密，冷气不易流入也。堂中之书架榻案亦易置方位，略宽舒。

十日

子用恒择是日薙胎发，季英来抱，桐士亦至。晡，阴。季英与昌士各述庚子被难时种种颠顿情状。且曰：人不受劳苦，不足以言学问也。晚，大风。

稼霖谈一案云：有兄弟二人，各娶妻，承父遗产，同居。会其弟暴病卒，越数日，弟妻举一男，盖遗腹子也。既弥月矣，久之，其兄宴客，有弟妻之父在坐，饮罢已昏夜，欲往视其女，伯兄从焉。房中灯火微荧，甫及阃外，瞥见一赤身男子闯然而出。其父大怒，骂："贱人安在？"妇方酣睡，惊觉，仓皇抱儿而起，不知所措。父因指床前坐具上男子衣裤曰："此何人物？"妇色变曰："不知。"父大骂曰："贱人辱吾门矣！"其兄婉言曰："老人息怒，丑也何播为。虽然,我有一策,弟妇不能守明矣;盍令更嫁,此亦人情也。"妇勃然曰:"我必死,终必一见官以白吾志。"其兄许诺。翼日,以状白邑宰,遂同往就讯。既见官,妇怒若不可遏,自陈曰:"我夫死未久,有遗腹,将抱是一块肉终天年,遭是不白,安望生为?然此心皎若天日,愿明公一洒之。"官曰:"尔欲雪耻不难,顾此男子何为在尔房中,尔竟不知乎?"曰:"不知。"官曰:"尔平日一人独居乎,抑尚有他人乎?"曰:"我与婴提及女仆三人而已。"曰:"是日女仆安往?"曰:"已归家。彼自归乎?"曰:"我给资教之归也。"官曰:"何为教之归?"妇不能答。官怒曰:"尔之情见矣。"妇忿极,袖出剪自刺其喉。役人急自旁夺之,幸无伤。官大疑曰:"然则必有隐情,盍直言。"妇赧然曰:"我夫在日,终岁远出营业,罕归家,夫妇相见甚难也。女仆之夫亦然。今闻其夫适归,我故令还相见,盖人有同情,推己以及人耳。"官默然。因问其兄曰:"尔弟死几日矣?"曰:"半年矣。""葬乎?"曰:"葬矣。"妇怒骂曰:"吾夫实未葬,停棺某所,何面谩为?"官曰:"既未葬,大善。"遣役数名往取棺。因退至后堂,潜召妇入询以夫死时情形。亡何棺至,乃复出集众启视,尸骨露肉尽化,惟肚无恙,满贮水银。其兄作色谓妇曰:"我尚不知我弟死于尔手,今获发觉,天也。"官笑曰:"以吾观之,此人非死其妇之手,死其兄之手也。"兄大哗曰:"何以知之?"官曰:"汝弟实未葬,汝伪言葬何为?妇果害其夫,反肯以实告乎?害弟之命非子而谁?且我闻妇言,其夫死时居别室,已不在侧,比晓来视气绝,被枕皆易,情弊显然,尔何所逃罪?尔谋死尔弟,复设计诬尔弟妇之不良,尔居何心乎?速吐实,免罹苦!"兄犹抗辨,乃用刑,久之始一一服罪。盖其人与弟平时素不睦,弟又最钟爱于父。父未死时,已为析产。弟所获最优,兄妒甚,欲杀其弟而夺之久矣。一日,弟自远道归,因妇将妊子,故别居。是晚,兄进粥,调以水银。弟饮之尽,眠至夜半,腹绞痛,不久而毙,七窍血出污枕褥,兄惧事觉,急为易之,并浴其尸使无迹。侵晓报妇知,托言暴病。妇固疑焉。未几子生,兄又使人诱弟妇,使更嫁。妇坚不可,因设计择女仆归家之夜,贿佣工,乘妇睡熟时,抱衣裤裸身潜入妇室伏焉。约曰:"闻人声,则挺身而出。"即于是日约妇父来饮酒,因偕入妇房,使触见之,必含羞逼其女自尽,或令改嫁。于是兄以代养孤儿为名,可尽收其产,他日即暗戕儿命,亦无复知之者,其用心抑巧矣。天道恢恢,一朝败露。然非官之明断,又孰能为死者复仇、为生者雪耻乎？其后兄伏法,妇卒教子成立,守节以终。

十一日

终日不出,观报,作日记。

西儒有言曰:真正之荣威,自暗中克己而生。假使无此学问,即战胜攻取,不值锱铢,特为私欲之奴隶耳。至言。又曰:怠业之人,伯仲于弃财之人。不观蚁乎？夏而备粮,秋而敛物,其智可师。又云:勤俭之人手可造富。又云:富人不有德行,则光耀之赫灼,适以著其人品之卑劣,露其丑行而已。

人当幼稚时,虽不能不受他人之教育,及至少壮,须恃自己教育。西国凡各种学问艺术之著名者,皆得自他人者少,得自自己者多也。

于学问之暇,作劳动之事。如是,则身体心灵俱受教养,为最善之规则。

医师洛敦之名言曰:天才英敏,乃光阴与劳苦所结之果实也。

《自助论》曰:学问之益,不在读书之多,在运用之熟。又云:读书必量力,定规则。亚伯尼西之说曰:吾心有容受事物之分量,逾其分不能容受,必致溢出。又云:自敬者,生人最贵之衣服也。

西儒戎斯打林之说曰:稗官小说,最害心志未坚之青年,更甚于疫疠。

西国凡童子时为钝物蠢才,强壮以后为大人豪杰,显名于世者,自古迄今其例不少。如奈端、拿破仑、威灵顿及机器师之瓦德,其最著名者。

《自助论》曰:人间万事莫非习惯,即德行亦习惯而成,习惯能自造也。一事当前,竭蹶以赴之,奋厉以抗之,始而觉其难,继而觉其易,终则泠然与俱矣。故人不可不勉。又云:品行者,乃小事之顺理而行所集成者也。

十二日

作日记。

《自助论》曰:凡人相与讨论商榷,有所建白,当和气愉色,委婉以陈,万不可出恶言,肆激谈,伐独是,弹众非。盖我闻他人所言论,即以客气争心乘之,则徒见其异,不觉其同。诚能降心相从,精其擘画,虽有与我相歧异者,徐徐俟之,终必大同也。昔威尔士之讲道者曰:我尝昧爽冒雾行深山中,遥见动物,迷不可辨,视其形怪,谓魑魅也;近而观之,乃行道之人也;尾而视之,则吾弟也。妙哉,喻言乎!

又曰:君子者,以仪范自铸其身者也。人之称有爵位、有权势者曰君子。君子之称,含温厚、和平、善良、纯雅数义。盖谓有位者必当有德,故用此为贵者之通称。又曰:君子必自尊敬其身。自尊敬奈何?曰:以己之目,察己之品行;以己之心,规己之阙失。

观于一千八百五十二年英船排肯汉笃沉没亚弗利加海岸事,使人肃然起敬。盖此船载男子四百七十二人,妇稚六十六人,沿海岸行,忽触暗礁洞裂。时值昧爽,众犹酣眠也。水汩汩来,舟子击大鼓,召集舟中步兵如操练状,以救妇孺。俄而步兵舢板若干艘,引妇稚登之,鼓棹而去。男子之能泳水者,欲跳入舢板,加比丹来的曰:舢板小,人多必覆之道也,不可。舟中人乃止。是时舢板尽,亦无他船过此援之者,然众人心平气静,植立不少动,无一怨怼语,无一号哭声,徐待葬身于波涛之中。于此见英国人民之英雄侠烈气象,以舍己救人为乐,盖亦习惯成风俗矣。

十三日

趋署。晚归,复与昌士同车出城,赴罗笃甫之约。夜,访东芳,东芳邀至伶人佩仙家饮。

昨闻昌士谈及江南盐务中情形曰:凡督销局所职掌,在督盐之销行。各路商人运盐至则呈验,验已放行。然局所之开立经费及委员巡丁之利润,皆赖商人之夹带私盐。如商人运官盐五百包,又夹带私盐三百包,则于每百包中提二十包作为局所费用,又于商人额外所夹带者提十包,以五包充委员司事之私人,以五包分给巡丁焉。故官盐之许夹带,几等于明认矣。

又云:盐枭之贩运私盐,每年二次。其沿途河道中虽有厘卡重重,然赖有巡丁之得钱卖放,故毫不能禁遏。今日官盐加价,则私盐愈畅销。私盐销则官盐滞,所加之价空无所著,何益于国课?

十四日

是日阳历元旦,诣法使馆穆苏绪君所贺岁,因诣稚夔。

车中观《哲学原理》,有云:宗教以信仰为本心,哲学以究理为目的,理学亦然。故哲学可以称学,宗教不得称学,仅目为教也。忘山曰:观是,知教与学界域所由分,盖教家尚信,学家尚疑。

理学中有讨论学、实用学之别。如物理学、纯正化学、天文学,属于讨论学；器械学、制造学、航海学，属于实用学。哲学亦有此二种之别：心理学者，讨论学也；论理、伦理学者，实用学也。

哲学中有所谓物、心、神三体，然其所谓神，非宗教之所谓神，实以物、心实体谓之神体也。

哲理中之三断法，可以囊括古今学派分合之故，及其发达所由然。详《哲学原理》第二十五页。

十五日

诣后孙公园，访勉臣。俄游厂肆，携《骈体文钞》及《西域考古志》归。

十六日

作日记，观报。勉臣及景周同过。晚，仲华来，昌士及桐士偕至，夜谈。

我国人有业之民，约十四种：曰士，曰农，曰工，曰商，曰官，曰兵，曰丁，曰幕，曰书，曰差，曰僧，曰道，曰倡，曰优。尚有无业之民二种：曰纨绔子，曰乞丐。合成十六种。尚有不在十六种之内者，则江湖无赖之人，约分八种，彼中人自称曰八行：曰经，曰皮，曰李，曰瓜，曰风，曰火，曰除，曰妖。所谓经者，如拆字、占课、相面、算命，及卖春联等，约分九类，属于文墨者也。所谓皮者，如贩卖药材、行医及伪神仙等，分十八类。所谓李者，如变戏法等，分四类。所谓瓜者，如挥刀舞拳卖艺等，分三类。以上四行，知者颇夥，盖所操技业多为王法所不禁也。若风、火、除、妖四种，皆显犯国宪，踪迹甚秘，故罕有知者。何为风？即绿林大盗，分七类。何为火？如冒充官长、私刻印玺，及假造金银等，分八类。何为除？即诈骗讹索一流，分五类。何为妖？即惯用邪术，以色诱人者，分六类。此八种人，大抵无业游民，遁而入此，彼中各联小社会，有急相助，大有共产主意,故其群能久而不涣。然其宗旨,不外诈、骗、劫、夺四字。是故人称江湖无真,黄金无假。此八行中,又分南北二派,各有所用言语,互不相同,所谓行话是也。南曰春,北曰典。习春语,不得混以典;习典者,亦不得混以春。

江湖中又有所谓九流,非《汉书·艺文志》所谓九流也。一流居士,二流医,三流丹青,四流推,五流地理,六流相,七僧,八道,九琴棋。

我国又有秘传之针法,能医百病最效。余友黄益斋之叔石坪,擅此技。昌士前患头风,即此公为之治,针已即愈,久不发矣。闻其术得之于巨盗。先是,石坪父某以武职官山东,膂力过人,尝捕得一盗,技勇超群,赦之使给使左右。盗感激,自念无以报,因出其秘术,欲以授人,黄公遂使子石坪习之,十年始精其术。石坪至今尚未传一人,尝欲授昌士,昌士却之。然失今不传,恐从是将失传矣。

十七日

赴喜鹊胡同陪吊,吊者云集,盖夔相之侧夫人治丧也。晡,至厂肆翰文斋小坐。晚,诣天福堂,居停善芝桥约饮。芝桥是夜大醉。

十八日

薄午,至天寿堂,盖义善源以新屋落成,大宴宾客,演剧侑饮。

十九日

趋署。

俄、日决裂之说久腾报纸,闻日要俄三款:一朝鲜权利,两国共享;一满洲开放,万国通商;一限俄三月撤东省兵,否则决以兵戎相见。又闻英人多有自告奋勇,来亚东助日本战者。又闻俄人国计空虚,战费难筹者。又闻俄军中有自由党布散社会主意者。又闻我政府与俄、日使臣定约云:将来两国启衅后,无论如何不得侵犯我国内地。两国皆允诺。以上皆见于连日报纸,不知可信否。

近日凡自奉天来者,无论官商百姓,皆谓俄虽驻兵不退,然地方颇安静,保护较前尤周密。

邻居邮寄条陈内政摺稿二分,折中分四门:曰用人、行政、理财、练兵。其子目中有去跪拜之礼、尊议事之臣、重兵部之权、改官制、设银行、整齐币制、奖励商业等约十馀条。

二十日

赴寿州相国家,与景周、勉臣同诣醉琼林,饱食毕,遂作北里之游。晚归。

都中自振贝子被劾后,有密旨,欲将所有城外倡伎尽行驱逐。又云:如有官员人等私作冶游者,许巡警者捕送惩办。于是韩家、石头一带,无复呼卢歌管之声矣。伎家皆白昼闭门,旧日游客多裹足。即有来者,亦潜迹匿影,不敢公然为之。往往有鲜衣华服者,受土棍所诈索,不胜其苦。又近日城南盗贼风起,大半无赖之民,平日仰食于北里中者,今生涯寥落,遂去为匪人。噫!欲兴商业,而禁女闾,是谓不知政体。

二十一日

诣夔相家贺寿。晚,笙叔约饮福全馆,有昌士及莘甫在坐。

练兵处新设,所奏调多汉人,往往加副都统衔,此亦破格之举。又东省之呼兰厅程德全,当庚子年俄人入据时,尽力防御,颇有能名,为人所密保,今亦升受副都统之职。盖本朝从无以都统职加汉人者,今忽有此举,其有化合满、汉之意乎?

袁督所拟练兵处章程,设科分职,各有所司,几尽夺兵部之权。

然则兵部实为赘疣。

邻居前有书来,云:既欲练兵,则袁宜授为兵部尚书,掌管天下军政,岂宜以直督兼辖,一人精力有限,而兼任如许之事,保无颓越乎?忘山曰:我国士无专学,官无专政,欲强其国,难矣。

二十二日

终日不出,观书。

今日朝贵亦纷纷欲有所作为,如商部工巡处及练兵处等皆新创之政局,似有意变革者,然而纲领条目不画一,权限不分明,为之决无效也。是何也?以当事者其才、其德、其学皆不胜任也。虽然,天下事未有一措手即能完善者,安知将来无改良进步之时乎?然余卒不之许者,则以改良进步之决无望。何以知之?曰:于当事诸人之德、之学、之才知之也。

盖凡德、才、学兼备之人,其于事也,亦不能一措手即期于完善。然而其心虚,其智周,其力果,可由不完而渐达于完,由不善渐抵于善,仍谓改良也,进步也。如日本革政之始,几年变、月变、日变,无一时不求精进,遂有今日之美盛。今我国衮衮者,不过剽取泰西一二事,勉强趋步,而用人理事之条贯冥然不知,徒縻金钱,张官置吏,豢畜无数坐食之夫。至于立法之善否,成效有无,及如何改良,如何进步,殆无有过问者也。且号于众曰:吾变政也。嗟乎!以是言变政,不如不变。

二十三日

偕景周、勉臣及昌士、稼霖饮于阳春居。晡,观剧。夜,观书。

《白山黑水录》一书,叙述俄人在东三省经营布置情状颇详。盖俄国西伯里亚铁轨,自尼布楚开多洼分支,南过旧托罗海,转东超兴安岭下雅儿河水域,于齐齐哈尔西南六十里胡拉尔溪渡嫩江,为一直线。又于呼兰城西六十里之处,渡松花江,以达预定停车场哈拉宾。哈拉宾者,在阿勒楚喀之北,呼兰城之南,位松花江南岸,俄人新辟之都会也。铁轨至此,歧分二线:其一则由阿勒梵喀过掖河三岔口,至尼古里斯克驿,以达乌港。其一则横断松花江,走长春、开原,经铁岭、辽阳、海城、盖平、复州、金州以达旅顺。其间路工或有已成者、未成者,而要其形势,大略如此。俄人又于各处大兴建筑,一切兵房场所逐渐兴立,不啻视如己国之版图,乌有奉还我国之一日哉。俄人心迹,路人皆知,乃梦梦者犹望各国代我争之。夫各国亦岂不知俄人之志,固已默许之久矣。今日本怒,裂眦攘臂,与之抗者,非为满洲,为朝鲜也。使果为满洲,则何不亟出而仗义责言,乃坐视其经营布置,于今日始思与争雄哉?噫!

二十四日

勉臣来别,以将赴汴,后日行也。

满洲全地广袤六万三千馀方里,土壤肥沃,物产丰盈。然据日本人考查,其既垦之地约一万六千五十方里,不过全面积四分之一。此外,未垦之地尚多。嗟乎!地广大荒而不治,坐使膏腴废顿,盖与暴殄天物之罪同。今也入俄人掌中,代为经营,以物竞天择之理衡之,何悖之有?且也万国公法有云:凡荒废之地,无论何人,能入而垦辟之、经理之,地虽终据为己有,不得谓之掠夺。人奈何犹怨恨俄人乎?当自怨恨耳。

据《白山黑水录》云:满洲之红胡子所由来,盖即桦太岛俄国流放之罪人,超答答海峡入乌苏里,以无恒业,投入马贼之群,或自集徒党,遂有红胡之名。不知是否。

二十五日

诣厚庵,不遇。往视啸霞病。又送勉臣行。晡,造穰卿谈。穰卿病卧不能起。

《墨子》云:战国时人,有学儒三年,归而名其母者。今日东南年少出学西法,数月辄归,而凌其父。穰卿为余述种种可笑事,太息良久。忘山曰:我国民太愚,又失教化久矣。今日欲辟其智,亦须渐引。若骤进以高明之说,反足害之。如久饥者,骤得饱食必死,其理正同。

二十六日

与昌士谈。饭后趋署。是日,观《万国商业志》。

商业之发达,经五阶级:一曰陆路贸易,二曰河流贸易,三曰沿海,四曰大洋,五曰大洋、铁路兼用。

京师运煤,多用骆驼。此物产于北方,南地无之。然据商业史载,亚剌伯、埃及、印度,当太古时,陆路贸易专使用之,盖因贸易之区域日广,远路深林,旷原漠野,经历辛苦,何止千万。又以盗贼猛兽害及商人,故商人中团结一气,使用骆驼,整列队伍,立一定之时期,在各地贸易,所谓队商贸易是也。

西国之商业,起点于腓尼西亚,而迦太基继之。与迦太基同时并起者曰希腊。迨两国衰微,罗马兴起。然罗马人但出资本,专用外国人为商业。其后罗马渐衰,南方威尼塞及福罗连司,北方之汉折市府,皆以次兴盛,遂成中古之市府同盟,商权极大。亡何,葡萄牙、西班牙二国发明东西洋航路,商权又归二国之手。而和兰、法兰西等国相继效尤,终达英伦之三岛之地。英、法交争,英胜法败,至近代欧洲全盛,忽一跃而波及北美洲,而今日又为英、美竞争之商界也。

商业者,组织社会之中心点也。盖社会之进化,莫要于富。何以致富?莫不曰农也,工也。农者,所以生物也;工者,所以成货也。虽然,农之物,工之货,非但以供一人、一家、一乡、一国之用也,所以供全社会之用也。苟无商以运输之,交易之,则农工无可图之利,而其业荒矣。是故富之本虽在农与工,而其枢纽则在商。有商而后一社会之物产财货可以流通,可以均平。惟其流通均平,而人与人之所以能合群,国与国所以能缔盟在是矣。故曰:商业者,组织社会之中心点也。

今人动曰民权民权,不知有商权而后有民权。商权者,民权之基也。吾读欧洲史,知中古世商业市府之发达,皆因十字军之役,王侯贵族借饷商人,许之特权以为报酬,而商人因之构结团体,保卫公利,脱封建诸侯之压力,渐渐干涉政权,遂为今日立宪之根基。是何故耶?盖天下万事倚财为命,财之权握于商人,国家求财于商人,商人不能不求权于国家,国家以权易财,商家以财易权。是故有财权不患无政权矣。今我国士夫高睨大谈,不营实业,不求商权,不握财权,而妄希民权,是未弹而求炙雀,未卵而求时夜也。不其难乎!

二十七日

终日不出,观书。

商家最忌作伪。古时腓尼西亚人致败之由,即由货物出入,伪造居多。害人即所以自害。又如我国,从前丝茶最畅销于各国,其后因商民作伪之故,遂致失败。

汇兑银钱及银行之制度,始于古迦塞基人及希腊人,而发达于罗马。罗马银行制度,区分为三:一曰国立银行,一曰私立银行,一曰借贷银行。借贷银行为借银于贫民,有物作抵,与我国之典业仿佛,但不取利息,则稍异耳。盖当时以借金取利为背人道,众皆禁之。

领事馆之设,所以考察商务,判断纷争,皆所以保商也。其制度创于古希腊人,罗马人因之。

以军舰保护商民,始于意大利之威尼塞,而后世遵用之。

古希腊时,斯巴达人好武,尚节俭,废各人私有之私产为国家共有,无贫富贵贱之别,粗衣恶食,举国共之,爱国之精神人人所重。是真所谓社会主义也,而商业因之不能发达。夫商业不发达,国家安能进化?是知社会主义之能生妨害也。

二十八日

观书。

自古强大之国征伐四方,为兼并囊括之计者,鲜不用其压力施诸新附之国土。如秦政、铁木真、亚历山大诸人皆是,独罗马则不然。盖罗马人虽以战争统一四邻,然其每征服一国也,皆以极宽缓之法治之。宣战媾和之大权则握之手中,馀则听其自由,绝不干涉。即有自作法律以自治本土者,莫不听之。是何也?则以当时本国亦共和为政,异乎专制之君,故其待他国亦若是也。

罗马人善于修路,每征服一国,必使之修大路,与本国首府联络。其路广大洁净,一石之广五英尺,大小不同,接合甚巧。平滑如镜,下敷地层,厚三英尺,以粗石细砂作之,平地稍高。云当时修造大路为罗马侵略人政策,如今日各国侵略人国用铁路也者,盖商业因之便于输送,今其遗迹犹存。

驿传邮便之法,创于波斯王赛拉司,罗马人用之,又将此改良,限以时刻,定以规则。盖与修路之事,同有益商业者也。

希腊之学人多出于商家,罗马之武将多出于农家。是故学人有躬亲商业者,将军有退为农夫者,此古希腊、罗马之特色也。我国三代井田时,兵农不分;泰西中古市府盛时,兵商不分。

二十九日

薄午,诣惠陵工所,阒无一人。因至西式酒楼午饭。晡,出城,往视穰卿病。夜,观书。

欧洲古时不知有蚕业,其法传自东洋。因偶有波斯僧侣竹干中藏以蚕子,密输入君士坦丁,于是欧人始知养蚕。

卖买黑奴之法,创于西班牙人拉司沙司。盖彼时西人虐待新地土人,使之开矿。土人不胜其苦,多死亡者。拉司沙司悯之,于是将阿非利加之黑人移此代之,而黑奴之贸易遂盛行。

欧洲第十八世纪之末,工商之业为一大革新者,即发明各种新机器及创轮舟、汽车也。发明之人多系英国子弟,故其国至今为世界极强富之国。考瓦特发明汽机之后,发明纺绩机器者为哈格里布司。汽车之发明在一千八百二十五年,汽船之发明在一千八百三十八年,而电信邮便之交通机关皆陆续完全,于商业盖大有影响者也。

博览会起原于法国。其初不过国内劝工之博览会,既而为万国博览之阶梯,其后各国踵行之,遂成盛典。

保护政策,大国行之,有利无害;小国行之,有害无利。盖大国地广人众,货物畅销于国内而有馀;小国地狭人少,不能不求销国外。若生各国仇视而效尤焉,则所损甚大。如我支那,则腹地辽阔,人口浩繁,利行保护政策,乃课税之权不能自操之,惜哉!

十二月

一日

与昌士、稼霖及笃甫、桐士共饮于致美斋。晡,观剧。晚,访寄吾于工艺局谈。

美国南北部战争在一千八百六十年，人但知其为争黑奴而起，不知尚有一绝大原因，则以北部制定保护税则，而南部不服也。盖北人业制造，故利保护；南人业农，故不利保护。保护制行，则制造之物价昂，而农家不便。于是两部轧轹，酿成剧战。至黑奴一事，特为导火线耳，非其所争之本旨也。

二日

探知金价骤落，因以银易金，待价涨时售之，冀得重利。晡，又访二我谈。

三日

趋署。归，补作日记。

同一商业之国，有自动与受动之分。自动商业者，本国物产国人自贩运于国外，与世界交通焉，如英、法、德、美诸国是也；受动商业者，本国物产国人不能收其利，坐视外人为之，取其大利焉，如支那、印度等国是也。

四日

昌士迁至东城工程局，与稼霖约，每星期必一至。

人有才与智而无德者，但能自用其才、自用其智而已。惟德、才、智兼备之人，不但用己之才，兼能用天下人之才；不但用己之智，兼能用天下之智。盖有德者，其量大，量大则不妒人，天下人之才皆为其所用；有德者，其心虚，心虚则不自是，天下人之智皆为其所用。

文、学、才、德，人之四柱也，缺一则非完器。理明辞达，是谓有文；博闻精思，是谓有学；机警明决，是谓有才；心虚量大，是谓有德。

五日

访子蕃,即出城,晚归。

欧洲古时,有息借贷悬为厉禁。直至十字军后,市府兴起,始解其禁。盖彼时始渐觉货币运用之利益也。

国家设立财务省,统一财政,创始于英人,各国效之。至今日,制度改良,益臻完善。

欧洲自十八世纪以来,财政所以渐理者,以公债制度与租税制度之进步也。公债之进步者,以设定总合基金;租税所以进步者,以加收所得税。然半因自由宪法之成立,而募债收税之法逐渐改良,人民与政府组织而成一体,其国之日臻安富,宜也。

六日

诣工程所,车中观书。晡,在王相家观人围棋。

七日

终日读书,足不出户。

余十年来为学之功,偏于积理观迹,于习法工夫未一问津,故终觉目前少实用。今欲略屏哲理诸书,一意趋于征实,再加十年攻苦,庶几有效。

人之记性,不可不练习,而练记性之法,宜从地理起。

地理也,文学也,算法也,皆吾人学问所必需之阶梯。不通地理,不能观迹;不解文字,不能察理;不明测算,不能习法。

八日

观书。

日本德川氏霸业,成于关原之一战,而征长一役,遂使数百年幕府威声一朝堕地。甚矣,霸力之不足恃也。虽然,有文德者亦必待武功扶之,然后能置身群强竞争之间。是故平阳先生云:文弱之卒,不能当武强之兵;武强之兵,不能敌文强之师。自古英雄创业垂统,大抵武强而已。今日民族国家崛起,渐跻文强,如日、英、美、德诸邦皆是。惟俄国尚染武强馀习,吾恐其与日本战,将一蹶不振也。

《汉书·刑法志》有云:爱待敬而不败,德须威而久立。二语可称精理。

九日

趋署。晡,诣厂肆,为稼弟购得《曾涤笙家书》。稼霖近颇有志向学。

日本德川族中之最著名者,前有光圀,后有齐昭。光圀好文,齐昭讲武。斯二人者,皆于日本今日文明之治有绝大影响。英雄造运会,信然。

日本维新以前之先觉者,推渡边登、费长英及佐久闲修理数子。而在当日,咸负重谤,如我国郭嵩涛一流人物。

汉武帝时,卜式自输家财佐军费,上大悦,赐爵褒美,欲以风厉天下,百姓无应者。盖与近日南洋华商张振勋献银二十万,赏侍郎衔者无异,此后亦无踵效之人,前后如出一辙。

前闻昌士言:商部中近有一事,差强人意。盖旅居上海外国人某乙,假我商人某甲金,期满已偿还之矣,忽控某甲于会审公所,欲索还所偿。华官竟逮某甲至,勒使缴出。于是商业中动公愤,电达商部。商部闻之,即电告两江总制,先将某华官免职,然后派员秉公审理其事。忘山曰:观此,则商部之设,亦非无益。

十日

澜如生日。澜如,余第六妹也,即稼霖妻。

十一日

诣厚庵,见履平,留午食。与厚庵谈国事。

闻外部侍郎伍廷芳,对俄、日二国宣言:满洲为我国疆土,若有假其地作战场者,则一切官商产业必被蹂害,将来须责承两国赔偿。闻各国公使皆深赞其言。

我国今日惟以守中立为无上妙策。或曰:何不助日?应之曰:以何物相助?兵精耶?饷足耶?且助日,是明与俄决裂,俄人将于未战日本以前先据京畿矣。

凡人论学能不作门面语,论事能不作官话,其庶几乎?

一两之白金,放债生息,逾一百年,可至万馀两。故《原富》云:人不可不务节俭,以培益母财。

遇笙叔、子榖于施家胡同。俄访季英不遇,昏暮入城。

十二日

季英过谭。余稽核家中度支,今年自春月起已用逾四千馀两,不堪骇然。

人养于财中,如鱼养于水中。水必浮于鱼所赖以养者,而后鱼得翛然乐其生;财必浮于人所赖以养者,而后人得从容遂其生。若无所浮,仅仅出入相抵者,一朝有不虞,必至告困,此理财学之公例也。今我家非惟无所浮,且有所阙,年亏月累,将至受窘之日,奈何?

理财法有二:一曰开源,一曰节流。源之开也不易,流之节也良难。

晡,昌士过,晚去。与约后日偕至肃邸处吊丧。

十三日

昨夜大雪,晨起庭院皆白。观书终日,阴。

美国十三州之联合而共认中央之主权也，实感动于弥尔敦、佛朗克所发之杂志。英国自由贸易之盛行也，因亚丹斯密《经济学理》之编入蒙学书。甚矣，书籍、报纸足为社会运动之机关。

《宪法精理》云：法律者，含制限与保护之意。制限者，制限侵人之自由；保护者，保护被侵之自由。故曰宪法者，自由之藩屏也。

外国诉讼之事，有法问与事问二种。法问者，断其适于法与否，其权属于法官；事问者，问其事之虚实有无，其权属乎陪审官。陪审官之制度，英国号曰如力，盖诉讼中极良之法也。今日欧洲大陆皆仿行之。

十四日

诣昌士，与偕诣肃邸所吊奠。晡归，闻方啸霞捐人世，愕然。

十五日

诣方啸霞，甫大殓毕，厚庵、履平皆在，为之襄理丧仪。勉丈垂暮丧子，实人生最难处之境。余归而撰联语挽之云："决囚一日，殚极贤劳，记曾深夜旋车，薄寒中人成不起；赍恨重泉，未终孝养，忍视高堂洒涕，暮年思子最堪悲。"

十六日

趋署。

日人已停邮船不行，专用以载军士。其各师团皆结束准备，静待令下。俄人于西伯里亚铁轨亦停止输货及行旅，惟供运兵。且储偫军粮，并购置煤斤食物。虽两国未撤公使，无决裂显状，然已有万木无声待雨来之势。

俄、日果有一剧战，是出我意计外也。余初拟日本与俄不过满、韩互换而已，未必出死力与俄战。然中心无日不盼其出于战也。观今日情势，不战不休，使我大喜过望。

日本而胜俄也,东三省必为万国公地;俄而胜日本也,英人必出而助日,战无已时矣。俄人欲在东方逞其大欲,盖綦难哉!

俄、日二国财力,皆不足久持,即开衅,略见胜负,必有他国出而调停之。

日人幅员生齿,不过我国四川一省,然而兵强国治,峙立东海波涛中,虽俄人犹畏之如虎也。

十七日

终日不出,观书。

文章佳妙,曰理真,曰境真,曰情真而已。前闻昌士述一妇人病危,对其夫及子自撰挽联云:"我别良人去也,大丈夫何患无妻,异时重结丝萝,莫向生妻道死妇;儿从严父哀哉,小孩儿终当有母,他日□□□□,四字昌士忘之。须知继母即亲娘。"

《说文》甘字从口,含一。一者何物? 其道乎? 古人云:味道之腴。

外国宪法中亦有回避之例,如日本市会规制:凡父子兄弟不得同时为参事会员。如与市长有父子兄弟之关系为会员者,照例辞职。

《宪法比较论》曰:南北美洲独立国凡二十,大抵皆共和国也。然能谨守法律、享和平福者,惟米利坚合众国而已。馀皆内乱不止,大统领有时为囚房。反是则政府强横,被举之代表人,或据其位,数十年不去。要之,人民奔走戎马抢攘中,殆无宁岁,所谓平和自由,荡然无遗矣。及观其宪法,无一不模合众国者,抑可异! 忘山曰:斯宾塞尔有言:群制必随民品俱进。彼合众国民为杀克逊种,其陶冶于礼教文化之间非一日矣,故一朝据新地独立,遂能有是文明。其他十馀国,蛮野气习犹未尽泯,偶然脱葡、西羁縶,因欲慕效欧米,袭取体貌,精神不完,虽有良制,复何益耶?

十八日

往视勉丈。

直督袁慰庭欲仿德国兵制,招募常备军,而军律严酷,所招军士多乘间逃亡者;即有追获,未久复脱去。袁怒下令,凡逃人犯逾三次,照临阵脱走例处斩。犹不能禁,乃变计,使往汴省招募。夫曰常备军者,必取本地有业居民为之,今忽借用他省人,非常备之本意矣。

闻本朝故事:户部于每年进款内提银百万两,解至奉天,谓之固本银。盛京将军受之,更于某山中掘窖,取银熔合,使成巨石,藏窖内埋之,年年如此,所藏殆数万万。今其地为俄人监守,我虽欲取之,亦不能也。此事余是日始闻诸金肆冯润田,亦为本朝掌故之一,而竟无知者。奇矣!

十九日

稼霖二十初度,演影剧。余赴惠陵工所,又趋署。归则莘甫及昌士昆弟皆在。夜,饮尽欢。

二十日

坐汽车往天津,暮到,寓椿元客舍。夜,访筠青于矿务局,相去五六里,中隔大河,有新筑铁桥,坐小车黑夜往返,灯火繁密。

二十一日

在筠青所午餐罢,偕出,同至《大公报》馆访英彦之纵谈。因以邻居条陈时政摺稿示之,英允登报。时窗外雪霏微寒甚,屋中盛炽炭。彦之慷慨论东方事,谓俄、日必出于战,然无论孰胜孰负,我国未有不受亏者。余以为,若蒙天之福,因俄、日决斗,诸国调和,使白山黑水不为露所独据,则亦我国之转机也。要之,我国今日不恃人,恃天而已。天而未欲骤瓜分中国,吾侪犹可偷安旦暮也。

晡,与筠青为曲巷游。闻春间在津所昵一伎名玉福者已嫁,怅失久之。是晚又得一侍,丽姿,貌不亚玉福。

二十二日

访筠青谭。饭后,偕出游步,有杨姓者同行,亦筠青友也。

天津之外国居留场,自庚子乱后,远胜于上海。盖纵横曲直,高楼峻宇,皆西国模制,无稍稍闲杂。殆与游欧洲街市无异,上海所不如也。盖上海惟黄浦滩及律师路一带稍洁净,此外则闠嚣庞杂,不免厌人,但道路略平坦耳。

天津阛阓间家家窘迫,有江河难挽之势,而外形似尚隆盛,中实单尽。欲苏其困,非假财外人不可。但需袁为肩保,袁不肯为也,盖其力仅足破坏之而有馀。

津地城垣,庚子之役,外人堕之,就其基址开马路,颇宽平,甚便居民,是所谓化无用为有用。

袁之治所,在河北旧淮军公所屋,闳规巨制,过文忠当日十倍。

二十三日

晨,登汽车回都。昳,到。以城郭宫阙之壮丽论之,恐五洲之大,无与支那京城匹也,但尘杂嚣浊亦甲天下。晡,书春联,自题其门曰:"尘浊即净土,朝市如深山。"

夕阳西下,图书满屋,自春间迁入,又一年矣。流光如箭,问胸中增几许见闻,长几许学识?

余大脑极丰强,小脑最瘠弱,故短于记,长于悟。虽然,所短者亦以不练习之故,苟勤加练习,则弱可为强,瘠可为丰矣。自今伊始,日日练习小脑。

八年来无他异人,惟日记不间断,既自课,亦自遣也。

稼霖自获昌士为伴,稍稍慕文学。自惭腹空洞无物,不足厕身缨佩之间,日来看《曾涤笙家书》,余为譬解,渐能领悟,略生趣兴,不似前之视书册如寇仇矣。

读书之时,冬宜深夜,夏宜昧爽。

二十四日

阅报纸,见俄、日各布训令,撤还驻使。耸然。

二十五日

驱车将出正阳门,途遇一日本人,以小纸塞入车帷中。取视之,则《顺天时报》社号外急报也,载要电二:一东京特电称,昨日下午,在韩国仁川港外,俄国兵舰克列悉号被日本兵舰破坏,该兵舰之水兵多就擒虏。又烟台电称,今早四点钟,俄国战斗舰二只、巡洋舰一只,在旅顺口被日本水雷艇击沉。此事确系英国轮船昆仑比亚号之所目睹。余为之跃然,喜曰:日本果出于战耶,非我意度所及也。有此剧战,无论胜负,足以挫俄锐,使不得庞然夷然逞志于东陆。此一战也,日本而果胜,即为黄人抗制白人之起,端使欧洲碧眼黄髭之徒,不敢正视我亚东。日本哉,日本哉!馨香祷祝之,愿一为黄种伸肩昂首也。

晡归。夜,补作十馀日日记。

二十六日

向午,阅报,日、俄两国宣战,明文已见。盖日本前照会俄国要挟数事,俄人延缓二十馀日尚未答覆,阴修战备。日人不复能忍,因撤退公使,下哀的迈敦书。俄人宣言,日本不待我覆书,竟作此举,是曲在日本,衅由彼开,亦遂告庙出师。噫!当我国岁阑时,彼等竟以弹雨炮雷助我年景。昔人有诗云:"爆竹声中一岁除。"作如是观可也。

俄人在满洲所布电线，迩日多为马贼所毁。闻其通本国线亦断绝矣。

《时报》云：俄国水师之阙点，无良好船坞，其一耑也。再，战陈之间，一有折损伤亡，更无预储之兵卒足补其阙者，故每战一次，辄减其锐。日本则反是，无二者之虞。

外国人最喜观战。此次俄、日决斗，英、美人往作壁上观者殆不乏人。盖鏖战之场，本天地间绝妙丽景，如剧台上看撕杀，其乐奚如？

逾午，趋署。诣稚夔，时日光埃曀。薄晚，狂风大作，尘起。

二十七日　晴

为方啸霞书挽联。晡，昌士过，闻俄人在旅顺被日本击沉战舰九艘，又商船二艘。俄人避入船坞内，日师会攻之。又俄人某处有大铁桥，亦被日本鱼雷船所毁。又闻日人蓄志撤俄人东省铁轨。久之，成子蕃至，亦来刺探消息者。有顷，汪穰卿至，自云：适自《顺天时报》社来，俄、日战争无确信。

胜负军家常事，小败勿忧，小胜勿喜。日人虽入手颇锐利，然尚不足恃也。

闻近日我国政府颇镇静，已有廷寄电达各省督抚，声明守局外之意。

使日本为俄人所败，则如之何？昌士曰：英人必出而助之。然余尚未敢信。即英果助日，法、德必助俄。如是则将牵动欧洲大局，战祸无止期矣。

穰卿去，子蕃、昌士留晚食，纵谭。夜深，子蕃始去。

二十八日

大雪飘萧，飞洒庭院，俄顷皆白。与昌士谭。阅报所载前数日情状,昨今无消息。恐日军未必得手,东人讳饰,不肯播诸报纸耳。日、俄启衅原由,则已详载。盖日人要俄五款,前三端最重。一俄、日须皆认许满洲、韩国在其境内有完全无缺之主权;一满、韩境内各国均得沾利,共兴工商业;一俄许日在韩矿权,日许俄在满路权,惟不得背第一款之宗旨。俄人将此三者尽行驳斥,但许日在韩半权,满洲则禁其过问。日人又尽驳之。于是俄人延迟不覆,日人怒,遂激而开战。

我国干支之按年排列,往往与人事有应,诚不可解。如法、越之变在甲申,中东之战在甲午,俄、日之战又在甲辰。又京城被敌二次:一在庚申,一在庚子。逢庚逢甲,几无有不主兵戈者,奇矣!

晚,雪霁。夜,祀神。

二十九日　　晴

诣《顺天时报》社,见日人大田原春山,闻俄有战舰三艘甫自欧洲来,过台湾,为日人所击沉。此盖驻京日使所得电,不知确否。昳,诣穰卿谈,闻日人于初八在旅又毁俄战舰八艘,其搁浅者二十艘。俄海军已尽。日人所伤不及十艘。惟登陆四营皆覆没。又闻海盖铁轨被日暗党所毁,陆电亦断。俄声援殆绝。又闻英、美、德、法、意五国签字,共保京畿,不许俄、日兵阑入直境。

晡,访季英,不遇。诣长春寺,见净波。净波已退老住持一席,让其徒妙均。

三十日

遍诣诸长官所贺岁,日中归。晡,厚庵过,始闻胡仲骥以家教不严罢官。甚矣,子弟之不易约束也。昔者以阴识之恭谨,姚崇之贤明,其子弟犹骄奢不率教,亦岂能为阴、姚二君罪耶?盖人之禀赋,驳淆不齐,父子兄弟截然异质,有非礼义所能感格、教训所能禁谒者。古之贤臣襆被赴官,不携妻奴,鉴于兹也。欧西家法,子壮出离,习业自赡,不仰父资,职是道也。

岁终无事,看《小说报》自遣。俄、奥争蒲加利政权事,外国撰小说,亦假端演绎,非必尽征实也。晚,别岁,阖家饮酒。

光绪三十二年丙午(1906年)

正　月

朔日　　风静日丽

余年年趋朝观礼,今岁不果往。晨起拜天,试笔作岁岁平安四字。时檐瓦间犹留隔年之雪未销,案头梅花渐放,对之颇欲吟咏,然自昔元旦者从无出色句,不过吉祥颂祷而已,此等诗余又何必作也。

薄午,诣屯绢胡同贺年,遂往谒沈兰秋师,又诣新吾。晡,至义善源。晚,入城,顺道投刺数家,遂归。

二日　　阴

饱食趋署,雪飘不止。僚友萃集,长官六人皆至。凡见长官,咸以一揖致敬,然后呈画稿册。晡,余冒雪至东城诸家贺岁,晤问槎。暮,归。是日,同僚王君石孙赠余蜀中椒酱一瓶;晚,遂以为下酒物。

椒之为物,性最辛辣,而人辄嗜之,至每食不可离。亦有畏之,竟不敢入口者。夫味中之有辣,犹夫言之有逆耳者也。辣味尚有人嗜食者,逆耳之言不闻有嗜受之人,独何欤?

今之国家,所谓风气用事时代。夫风气必本于学理,乃不误其趋向,泰西诸国之所以兴也。若我国,则仅有风气而无学理,如人之但尚意气,毫不顾道理。吾故目之曰:天行天行。前以语问槎,颇然余言。

三日　　晴,微风

饭后游厂肆,士女如云。先在会经堂小坐,俄至土地祠观法国影戏,内有俄日战事及种种杂剧,于白昼在暗室中息灯而演。观毕,绕道至火神庙闲步。晚,归。是日,车中观书。接姚石甫信。

《松窗杂录》,唐李濬撰。书中称李卫公,长庆中在浙右,有渔人于秦淮垂网,获一古铜镜,可尺馀,光浮于波际。渔人惊取照之,历历尽见五脏六腑,萦脉动,竦骇神魄,因腕战而坠。是后穷索水底,终不可得。

《灌畦暇语》,唐撰人缺。其书载后汉繁钦《生茨》之诗,其词曰:"有茨生兰圃,布叶翳芙蕖。寄根膏壤隈,春泽以养躯。太阳曝真色,翔风发其敷。甘液润其中,华实与气俱。族类日夜滋,被我中堂隅。"忘山曰:是诗余读之有感,然不知所谓茨者,其果茨耶?抑似茨非茨,而为特别之嘉华邪?或圃本非兰,所生者四真兰邪?昔孔子见老聃曰:鸟吾知其能飞,鱼吾知其能跃,若夫龙,吾不知其乘风云而上天也。吾于是茨,盖亦将信将疑,而不敢决其何物。甚矣,论人之綦难也!

啸术失传,昔孙登长啸,声振林壑,如鸾凤之鸣。海长春啸,见《灌畦暇语》。倾山动涧,云雾为之下堕。是啸亦有术,非学不能也。

四日　　晴

终日不出。观书。稚夔父子先后至。晚,作致佑三书。

戴逵作《闲游赞》云:岩岭高,则云霞之气鲜;林薮深,则萧瑟之音朗。山林之幽趣,二语尽之。

《灌畦暇语》著者,自称老圃,其言曰:古之至游者,不出于户牖之间，而高览于八纮之外，内视反听于几席之上，而万有不同之态度，皆无以逃其察。彼戴安道安知游者邪？忘山曰：作是语者，与余去年重九诗所谓"坐觉九州奔眼底，更教何处觅登临"意正同。

昔蒲且子，善弋者也。詹何闻而悦之，从受其术。而以钓闻于楚国。近吴道玄亦师张颠笔法，而世传其画，以为卓绝。老圃曰：古之善学者，不师其同，而师其所以同。同者，迹也；所以同者，心也。忘山曰：然哉！

元魏鹿悆为宗室子直赋诗二章，其一云："峄山万丈树，雕镂作琴瑟。由此材高远，弦响蔼中叶。"其一云："援琴起何调，幽兰与白雪。丝管韵未成，莫使弦响绝。"子直感悟，卒为贤君子。忘山曰：二诗颇可味。以上皆见《灌畦暇语》。

五日　阴

犹沿旧俗，祀财神。因登车在西城内外贺岁，晤梓生、静波、季鹰，过履平，又见厚庵。晚乃归。车中观书。

季鹰于古年大雪之日，和余一诗，自电话传来，录如下：诗云："悠悠苍天兮，生我何为？当此风雪兮，不枯槁者为谁？道既不行兮，栖栖将何之？孔怀好友兮，斗酒以相迟。有酒当醉兮，有兴当诗。人生之乐兮，不亦如斯！"是日，复为季鹰诵之，不差一字。

余昨观《鹤山笔录》，宋魏了翁撰也，无可猎取，但言朋友之乐，述前辈语云：相见又无事，不来还忆君。又引阮修语：意有所思，率尔褰裳，不避晨夕，至或无言，但忻然相对。忘山曰：余与邵二我有之，所谓精神之交者是。

夜读《楚辞》，并讽诵魏、晋间古诗。

宋玉《招魂》：像设君室，静闲安些。魏鹤山云：按此，则人死而设形貌于室以事之，乃楚俗也。忘山曰：今俗新年莫不悬祖父遗像于室，供酒食以祀，此制已古。

六日　　晴

胡芰孙过谈，饱食已，出城贺岁，至义善源。薄午，趋署，晤王石荪。晡，复在城内贺岁。车中观书。

《笔麈》，明莫是龙撰。中多逸语，有云：人生最乐事，无如寒夜读书，拥炉秉烛，兀然孤寂，清思彻人肌骨。坐久，佐以一瓯茗，神气益佳。又云：人居城市，未免尘俗喧嚣；远处山林，又非道流僧侣不能。盖既有仰事俯畜，自有交际，宁可绝人逃世。我愿去郭数里，择山溪清嘉、林木丛秀处，结庐三亩，置田一区。往返郡邑，则策蹇从之。良友相寻，款留信宿。躬亲农圃之役，伏腊稍给尊俎，粗拱啸歌，檐楹之下，聊以卒岁，其亦可乎！又云：余最不喜叠石为山，纵令纡回奇峻，极人工之巧，终失天然。不若疏林秀竹间，置磐石，缀土阜一仞，登眺徜徉，故自佳耳。忘山曰：余因是又得一佳联云："自有明月在树，清风动竹；不须凿池引水，叠石为山。"

余今晨枕上昧梦之际，忽得句云："天地已新人自旧。"因续成之，作为新年二日大雪和邵二我诗。诗云："天地已新人自旧，一室虽小心尚宽。漫漫风雪皓无际，我与梅花耐岁寒。"

七日　　昨夜大雪，晨起已晴，风起

徘徊槛间，见林柯上雪因风飞舞，得句云："风吹雪堕枝。"时北窗下竹摇曳风中，瑟瑟作响，余谓风花雪月天地四奇，皆有妙景，独风之景寄于竹间，无竹不知风之美妙也。若夫万木怒号，波涛汹涌，虽皆风之声象所寄，然非其胜处。

薄午，折简邀锡文初，并电约成子蕃及悦镜涵昆仲过谈。俄先后至余斋中，遂相与踏雪游园，且登台瞭望。晡，治酒肴对饮。芝

樵亦来。饮至夜,始罢;复促坐谭笑,久之乃散。余成诗一首,诗云:"风吹雪堕枝,日照桐垂乳。有客两三人,樽酒相倾吐。对酒不知天地阔,弹琴缅想羲皇古。静观万物皆为春,奋袖起作春风舞。"

八日 晴

晏起。终日不出,观书,作大字。是日,又成五绝二首,皆无题,录如下:"一尘不到处,万虑尽空时。偶闻清磬响,白云归去迟。"其一。"鸟鸣山更闲,花开庭愈静。此中有真味,欲辨谁能省。"其二。又得七绝一首,题为《有感》,录如下:"侧身天地空搔首,独爱岁寒松柏姿。从古高贤谁不隐,右军书法少陵诗。"

九日 晴

城南贺岁。至杭州馆,与撷兄、健斋谈,晤徐章甫,亦新学界中少年也。饭后,偕章甫、撷兄游厂肆,在宝文斋小坐,彼处专供文人墨客所需,陈列楚楚,饶精雅。俄同至火神庙,庙中每年正月为珠玉宝器及字画古玩赛会之所,游客如织,价皆翔贵,真赝淆杂,非识者往往受愚。晡,复至厂甸,则皆杂鬻儿童戏具,制构精巧,无论楼舍城郭,人物车马,鹤鹿犬兔,及鸡鸽牛羊,以及人间动用零细什物,种种形,种种色,无一不备。来游者更多,车毂击,人肩摩,中列茶案坐具,可以憩息,并买饴饧及其他食物。自元旦起,至月半止,日日无间断也。东有关帝庙,仅供人焚香膜拜;西北之土地祠,内设丰泰照相馆,楼宇精敞,亦士女麇集地。其东北为工艺局,专制西式器具,及景泰蓝瓶盂壶鼎诸种什物,别有陈列所。余是日与撷兄等入观,皆光泽腴古,模造精妍,斑兰动人。薄暮,散归。月明。

是日,在火神庙遇吴伯棠及仲华、经才、笙叔诸人。

十日 晴

趋署。城东贺岁,倏忽已暮,戴月归。

又得诗一首,题为《寄意》,诗云:"我心自寥阔,何必登高山。我心自清静,何必入深林。山既不厌高,林亦不厌深。顾瞻渺天地,万物在吾心。何以写此意,堂上有鸣琴。"

昨闻撷兄言:今日所改之法,皆未完善,如警部章程,抑何纷如。余曰:初办事者,岂能尽善,惟冀其能逐渐改良耳。能改良者,虽未完善,无伤也;不能改良,虽已完善,犹不足恃。

十一日　　晴

观僮仆扫除斋舍,张书画。竟日不出。晚间,闻纸鸢声,得小诗二首,题为《咏纸鸢》,诗云:"世情薄如纸,一身轻于翼。飘然跨风行,哀响入霄极。"其一。"此物岂凡鸟,摩空逐飞电。回翔多所系,慈母手中线。"其二。

夜出,私于墙间,俯见树影横斜,举头见月,又触诗思,归入斋中,又成诗一首,题为《立春前夕即事》,诗云:"老树月明中,寒枝影在地。宵静人不语,玉笛何处吹。阶前雪未消,室内炭犹炽。一冬今夜尽,明日春风至。"

观《古欢录》,渔洋山人集古高人逸士芳言隽行,裒为一书。小窗净几,茶熟香温时,展卷读之,悠然神往。

十二日　　晴

欲访季鹰,电问其在家否。季鹰云:饭后即出,不能待也。因于电机中谭诗良久,甚乐。俄命驾出,访丁叔雅谭;又诣履平。是日立春。薄午,厚庵归,遂陈肴列簋,共饮春酒。晡,复与履平游厂肆,游人更夥,男女杂逻。薄晚,入城,顺道诣屯绢胡同。到家已暮。

昨夜曾得句云:"梅花无语待春风。"今日补成绝句,题为《久不视邸抄,如居桃源中,半月馀矣,明日又逢立春,感而赋此》,诗云:"荒斋萧散空今古,一局闲棋漫自雄。寂寂不闻朝国事,梅花无语待春风。"

又得小诗二十字,题为《庭草》,诗云:"庭前草自生,静观纷可喜。劝君且莫除,此中有生理。"

观《古欢录》。忘山曰:吾闻西方之人,莫不曰爱自由爱自由。我国伊古以来,巢父、许由、庄周、老聃,等而下之,至于严光、周党、刘伶、阮籍、孙登、陶潜、戴逵一辈人,乃真自由之民,彼固不受世网之羁绊,而徜徉自放于天者也。若夫社会进化,宪法密布,人人当尽国民之职分,人人有充兵纳税之义务,且一动一静,一居一游,无往不受国家之干涉,欲如昔人之消摇放任,肆志霞外,曳尾泥中,盖綦难哉!盖綦难哉!

十三日　　晴

作日记。天气微暖。

忘山曰:人生有三福:曰清,曰艳,曰雄。名花照水,美人歌春,此艳福也;梧竹萧然,高斋人静,此清福也;读万卷书,将百万兵,此雄福也。

又吾好饮茶,爱其清;吾好种花,爱其艳;吾好畜马,爱其雄。

竟日不出,晚,家祭。月明,立庭中,见林际有灯,色赤,风勤摇之,盖随纸鸢而上者也,饶有妙景。

十四日　　阴寒

与邵二我电机中谭诗。二我自诵一诗,极佳,题为《访隐者不遇》,诗云:"松风吹白云,飘飘入我袖。门掩静无人,之子何难觏。"

余与二我,既通财以营工商业,则利交也;又冥契大乘出世之学,则又道友也;而相见时,绝不言利,亦不谈道,惟以诗相质证,几使人误以为文字之交,不知非也。余与二我,乃是精神之交,精神一寄于诗中,其相见以诗,正是相见以精神耳。故是日又得短句,题为《与二我电机谭诗》,诗云:"白云入我袖,山鸟集其掌。妙语空中闻,精神自来往。"

饭后,趋署,访王稚夔谈。晚,归。夜,观《续苑》,诵《文选》诗,阅《古欢录》。

十五日 晴

大风扬尘,静居不出。阅报纸。罗莘甫已来京,过谈,留午饭。晡,覆渭东书,录近作诗示之。晚,锡文初来访。夜,芝樵过谈。稼霖看灯归。

十六日 晴

城南答人贺岁。赴吴雅初之约,坐有䌷斋、笙叔、少秋、稚鹤,扫除斗室颇精,盆梅盛开。晚,入城。夜,读《史记》。

尧曰:终不以天下之病而利一人。卒舍丹朱,传舜以天下。古公曰:有民立君,将以利之。今戎狄所为攻战,以吾地与民,民之在我,与其在彼何异。民欲以我故战,杀人父子而君之,予不忍为。乃以私属去豳,渡漆沮,逾梁山,止于岐下。忘山曰:观古圣贤之君,无不以天下为重、一家为轻,民命为重、己位为轻。以视后世人主私其子孙、固其天位者,偭然远矣!

薛叔耘曰:西土之精矿学者,称地中之金玉银铜铝铅铁锡煤等物,多系太古以来所含孕,非若五谷草木之随取随产也。余于是知宇宙间开辟日久,人民日多,攻取日繁,千万年后,必有销竭之一日。即就我国论之,古诸侯营筑宫室椅桐梓漆,皆可就地取材,今则中原千里濯濯,未闻有巨材可伐。东南数省,民间营造,皆用江西、闽、广之木,远者运自南洋诸岛,足征腹地之无材。汉萧何造未央宫，规模宏丽，而终南山巨木用之不穷，不过藉民力伐之运之而已。明代营造宫室，始采木于黔、楚、川、滇，迄今观明旧殿，有叹其无从再得此巨木者。窃恐数百年后，川、滇、黔、楚以及江西、闽、广，采伐又将罄竭矣。古者圭璧璜琥，礼数綦详，雍州贡球琳琅玕，梁州贡璆，而大夫士皆佩玉，若不产于我国，岂能供用如此之广。今遍稽十八行省，未闻有产玉之地，惟云南尚出翠玉，此外玉料则须采之缅甸、和阗。《禹贡》荆扬二州，贡金三品，今则江、浙、湖、广，未闻有著名产金之地。户部铸钱，专恃滇铜、倭铜，而西洋铜铁之岁运我国，至值银六百馀万。山西、湖南虽稍出铁，甚属寥寥。昔汉惠帝取宣平侯女，聘以黄金二万斤，则今之三十二万两也，宝币之充羡若此。追乎文帝立配，一依孝惠故事，然黄金似已不足，以钱代之，钱至二万万，则又今之二十万缗也。若论近今三十二万两之金价，可得一千万缗，其价之高下相悬又若此。窃意二千年来，我国出金甚寡，仅以前古所有，辗转流传，而销磨熔铄，日用日少，日少日贵，势所必然，其尚不至罄绝者，或以新旧金山及俄罗斯与南美洲诸国出金甚富，时有流入也。大抵宝物之稀，皆因我国开辟最早，取之愈尽，用之愈竭。虽西洋矿师，谓我国宝藏甚富，然其上层，古法所能取者，殆已罄竭无馀，若用机器开挖之力，则我国未泄之宝气，固犹多于外洋。盖因千馀年来，矿政不修，转得藏富于地。迩来觊觎者多，势难久闷，是矿务必将陆续兴举，再到四五千年，当有告罄之势。而外洋必已先罄，彼时物产精华，中外并耗，又将如之何？忘山曰：人果为天地之蠹。

十七日 晴

工部是日祭衡食馂馀，遍召同僚会食。逾午，在前门迤东答人贺岁，遂至杭州馆。待撷兄归，略谈，因至厂肆购得教科书数种。

遂入城，复诣屯绢胡同，即归。晚，家祭。

是日，闻人言：雪花在日光下乱飞。余则未见。

余于元宵日，观大风扬尘，有感，吟诗未成。是日补成之。诗云："狂飚动地起，惊尘蔽白日。有客长安居，闭关静不出。借问谁家子，云是曹掾秩。暮归事诗书，朝去供刀笔。轮毂安且闲，簿领一何密。不避达人讥，甘与凡俦昵。达人岂识我，欲辨疑无术。我如在空山，萧然神心逸。"

十八日　　晴

稼霖欲奉二我为师，是日以贽往见，余偕之同去。午归，观书不出。

雷电生于空中，今则人能造之，以供我用。人造之法奈何？曰：始则以琥珀摩擦令热，能吸轻物，继则以玻璃火漆等热，亦能吸轻物各质，注气足，则见有火星爆出，寻知五金之属，皆善引之。又以瓶内外贴锡箔，蓄其气，放之则有光如电，作声如雷，能震人击物。乾隆三十年，美人弗兰林验试，遇雷雨时，以纸鸢放空际，初见绳上丝缕蓬然竖立，继则气随绳下，盛之充瓶，用一铁匙，稍近瓶口，则火星跃出，迸然有声。始知向用玻璃、琥珀等物所出之气，与雷电无殊，电理由是日明。然由摩擦生者，谓之干电。若今日电报所有，乃由意大利人嘎剌法尼暨佛尔塔二人究得之，法以强水与金属相感而生，谓之湿电。其法用红铜白铅薄片，数对重叠，每对隔以强水浸透之厚纸，复以铜丝二条联之，即能生电。佛氏旋因其纸易干，则机无力，乃以玻璃杯为电池。后又有人造长箱，内以磁片，分为数十格，箱盖下安铜铅薄片数十对，以铜条联之，每对入一格，箱内储以强水，用时但加盖于箱，则二金自然相感，因而生电，于是湿电之学又大兴。

电气又有与磁石相关之理，验之之法，于南北设一铜丝，以指南针近之，其针与丝相平，无所吸移。俄用电气运行于铜丝上，电路一合，其针即改向而指东西。丹国人倭斯得于嘉庆末年，著书发明此理，因谓电行南北，而针即东西，可知大地自有电东西行，故使针横于南北也。忘山曰：是理，余尚有未明者，南针指南不指北，是又何说也？如仅曰电气，则南北何择焉？俟以问明于磁电二学之人。

佛教东来后，莫不指西方为极乐世界，彼所谓西方，所谓极乐，别有玄奥之旨，非指大地上实有其国土也。然而此语竟为社会之预谶，今日之欧洲，岂非西方，岂非极乐？

所谓极乐国者，以其人多灵智也，多神通也。今欧人之神通，亦可谓至矣。乘云也，驭风也，古神话家皆曰唯仙人能之，今则舟车皆运蒸汽而行。夫汽也者，非云而何？驾轻气球而腾空际，所谓气者，非风而何？是故气球可易名曰风球，汽舟、车可易名曰云舟、云车。

西方人能驭云驭风，又能驭电，以电寄书，以电传语，以电运机轮，以电代灯烛，几乎无物不用电。其去神话家所谓仙人有几？

十九日　　晴

署中开印，晨趋往，已礼成。薄午，同僚集饮湖广馆。饭后，至杭州馆，与撷兄、剑斋谈，因共作北里游。有所谓汪剑公著述之处，其人曰洪媛媛。著述二字，即字著迷之代表。盖迷与述字形相近。

余因又改著述曰著书，谓之汪公著书处。千百年后，当与孔子小天下处并传矣。媛媛颇似初日芙蓉，自然可爱；而剑已神瘁，如化身为蜂蝶，颠倒游戏在花丛中，其乐可知。余与撷兄对榻卧，静观之，觉此境界亦不常有。俄日沉西，遂登车去。绕道义善源，即归。是日，得一联，可留存剑公著书处，句云："室多佳客春不寂，坐有名花心自闲。"到家闻赞尧已来。

二十日 晴

逾午，趋署。晡，归。肯斋来。晚，作日记。

忘山曰：尘嚣外自有山水佳处，本为天地间奇伟之人而设，或雄于道德，或深于学问，或丰于功业，具此三种资格者，方可以身为山水主人，享有其乐，而无愧也。彼庸流俗子，固未始不慕山水之乐，然正如寒乞贱儿著弊衣，持破瓢，见人巍垣广厦，亦色然歆动，乘无人时蹑足而入，既历阶升堂，终觉自惭形秽，坐立不安而已。何也？彼无处其地之资格也。嗟嗟！

世间又有一种高人逸士，诗僧墨客，以及樵钓叟，亦未始不可居山水间，然于山水无主人资格，何也？此辈人，犹林中鸟，水中鱼，花中蜂蝶，仅为山水点缀物而已。盖凡真为山水之主人者，必非终岁栖息山水者也。

二十一日 阴寒，有雪意

晨，与稼霖乘汽车赴天津，中涂雪飞，车中得古风一首、绝句一首。诗云："朝发燕山市，去上天津桥。车声郁硦隐，风雪何飘飘。长驱三百里，安坐不知遥。借问创者谁，西方一名豪。水火待棰策，金铁甘熔陶。巧夺造化机，毋俾骐骥劳。重山穴乃过，水深泅以邀。陆地荡舟行，飞空垂虹腰。昔人旬日游，竟乃瞬息超。光景自倏忽，山川何沉漻。譬彼驾长风，振翮腾云霄。古称会面难，胡越路迢迢。今在咫尺间，万里可见招。我生会有时，际兹新民潮。万物皆相见，天地亦相交。"其绝句题为《汽车中忆及周穆王驰八骏日行数千里耳边但闻风响，今日汽车似之》："朝驰玉轪逐春风，烟柳阴阴一望中。四海今无穆天子，可怜名马为谁雄？"

到津,居长发栈。晡,与稼霖作曲巷游。晚,归旅舍,早眠。

二十二日　　阴雪

与稼霖衣冠乘马车,谒袁项城,未见。因顺道拜陈云甫,即归。饭后,访荔轩,不遇。诣彦复。彦公以电话局差,旅居津城内龙亭西,虽月获银饼二百枚,犹道贫状。家新蓄一姬,通历史,工诗词,风雅卓荦,而困于病。彦复以故郁郁不自得。时叔雅亦来津,相遇于彦复家。余与二君略谈,俄去。时雪已止,北风寒甚。到旅舍,又与稼弟晚出西餐。夜,观女剧。

二十三日　　晴

晨往访荔轩于天津银号。谭罢将归,已薄午,坐电车周行数里,遂返旅舍。晡,乘汽车回京,在三等客位中,喧杂逼仄,摩肩蹑踵。到家已昏黑。

二十四日　　晴

作日记。在稼霖斋中听留声机。薄午,趋署,闻长官松寿泉调补西安将军,右侍郎李黎莼休致。晡,访新吾谭。俄归,仍作日记。

南海《官制议》中,有论汉之政事颇确。彼谓汉世政事,可分君相两门观之。其在下,公府诸曹所用之人,所议之法,多当者;其在上,人君所用之勋戚宦寺,所行之事,多谬者。两党相争,时为胜负。苟非诸外戚为大将军专恣无道,则丞相三公多贤才,而下之政治人才尚可观,过于后世也。

我国政界有一大案,曰君相争权,非君如弁髦、其权为相所夺,即相如闲员、其权为君所夺。如曹氏之于汉,司马之于魏,皆相夺君权时代;如汉之事归台阁、三公为闲曹,本朝之权归军机、大学士为冗员,皆君夺相权时代。

二十五日　　　晨起，阴

在赞尧室中谭。

忘山曰：西人之论云也，多谓由地面潮湿之气，为日光所照，上蒸而为云。其实不然，潮湿何能上蒸于天，且何能成云而沛雨？以为日光所照，则尤无此理，此皆妄度之辞也。余推云与汽二者是同物，在轮舟火车中，以火煮水，水沸化而为汽，在山中以地心火煮泉，泉沸化而为云。余自信是说确凿不磨，虽西方大科学家质之，当亦无辞。

是故人所赖以生者，地心之火也。地心火一日竭，斯云雨不作，万物焦枯，生类灭绝。

地轴之所以日夜自转，终岁不停者，殆亦因地心水火二力鼓荡所致，与轮船汽车同理。然此条余未敢以为定论，录之存参。

薄午，趋署。闻工部尚书以松寿鹤龄补授，右侍郎以刘永亨补授。晡，出城，至江苏馆。吴子修父子及汪穰卿、叶伯皋四君，公宴同乡，在坐六十馀人。薄晚，归。二我在余斋中。

二十六日　　　大雪

欲静居一日，正与赞尧共饭，署中传称右堂刘子嘉于今日莅任。薄午，遂衣冠命驾入署，待至申刻，刘公始来，观拜印礼成，与锡君文初偕至东北城瓦儢胡同，谒新任松长官，未见。归已昏暮。

二十七日　　　晴

工部值日。晨，诣西苑门外候旨，以本部有塔尔巴哈台及江苏留防二处核销军装折奏，长官皆在六项公所静待，余及文初、锡侯咸至。俄旨下：知道了。遂持稿至各长官前，一一画诺。遇稚夔，正与胡芸老坐谈，亦阳为不见也。久之，长官皆散，余亦归。薄午，方勉丈过，相议公宴同乡，谈久之遂去。是日，作日记，为吴彦复书六言联,即余所集句:"席松叶,枕白石;垂长衣,谈清言。"

晚,爽夫过谈,留晚饭。余又得一联,嘲好作狎游者,句云:"美人如玉客如醉,胡蝶自忙花自闲。"

二十八日　　微阴

薄午,趋署。晡,至义善源,又诣杭州馆,晤撷兄。复往厂肆,为时侄购国文教科及修身教科等书,归已昏暮。先至慕嫂处略谈,即归与芝樵、梦皋、赞尧、稼霖诸人宴于同和居。夜散归,闻芝樵夫人病甚。

二十九日　　晨,阴

访钱幹臣,犹眠未起。乃诣邵二我,小坐谈诗。向午,微晴,复诣幹臣,始晤谈。俄又谒方勉丈,方薙发,坐谈良久。又诣厚庵,留午饭,皆商议宴同乡事。顷之,勉丈亦至。昳,往杭州馆,晤撷兄。晡,趋署。晚,归。观书。

余居沪八年,到京三年,于诸种学问,皆曾渔猎,虽小脑不足,遗忘者多,而种种意味,固犹存留胸中,不放之使去也。

读书人当以天地古今为一社会,然自星学大明,佛论宏证,三千沙界,灵空无边,始觉天地尚小、古今犹短也。二十年前道此,鲜不诋为狂语。

大隐在心,不问居山林、居朝市,盖不求人知即是隐,稍稍近名即非隐。

余前深病王右军、萧颖士、施愚山诸人,为书翰文艺掩其名,今乃叹彼真隐者也。故余亦自号曰诗隐。

二月

一日

晨起,见瓦上白,昨夜雪已晴。诣屯绢胡同,俄趋署。晡,出城至义善源,由厂肆归。是夜,闻芝樵夫人病殁。

死生犹昼夜耳,人当生时畏死,是犹昼间畏夜也,岂不愚甚!

余尝以昼夜十二时,配合人之年岁:人生于寅,故一岁至十岁为寅,十岁至二十岁为卯,二十至三十为辰,三十至四十为巳,四十至五十为午,五十至六十为未,六十至七十为申,七十至八十为酉,八十至九十为戌,九十至百岁为亥。

有人寿,有家寿,有国寿。身康强少病,年逾七八十,精爽不衰,此人寿也;子孙英贤,克家承祚,绵绵不绝,此家寿也;材智雄起,民富兵强,历年千亿,隆然日上,此国寿也。人毋徒知寿其身,当知所以寿其家、寿其国。

二日 晴

趋署。晡,谒王相,谈久之。遂诣稚夔,尚眠未起,见余来,则披衣坐。余亦坐其床上,道及在西苑门外公所相遇,兼作谐语。稚夔微笑良久,余急欲去。稚夔问何往,余曰:往见肃邸,以前数日邸来我家,询及慕兄何日到也。言毕匆匆去,时已晚;到肃邸门投刺,值其他出,遂自地安门归,已灯火烂然。

三日 晴

谒陆凤老,不遇,遂诣屯绢胡同。俄趋署。晡,归。观书。

大梁人尉缭,说秦始皇,毋爱财物,赂诸侯豪臣,以乱其合从之谋,谓不过亡三十万金,则诸侯可尽。秦王从其计,果并天下。说士真可畏哉！然缭既见秦王，谓人曰："秦王为人，蜂准长目，挚鸟膺豺声，少恩而虎狼心，居约易出人下，得志亦轻食人。我布衣，然见我常身自下，我诚使秦王得志于天下，天下皆为虏矣，不可与久游。"乃亡去。忘山曰：观缭数语，千载而下如睹秦皇之面目，可畏孰甚。当其亡去之时，殆深自悔献策之不择人。噫！

鸿门之宴，沛公如厕，招樊哙出，因不辞而去，留白璧一双、玉斗一双，令张良献项王、亚父，曰："度我至军中，公乃入。"沛公已去，间至军中，张良始入谢。忘山曰：此段事甚不合情理，当时项王在鸿门，沛公军在霸上，相去四十里，即从郦山下间行，亦须二十里。岂有行二十里之久，而项王、亚父端坐席上耶？不见沛公而不问者乎？况亚父方欲杀沛公，岂竟一无防范，听其逸去，至行二十里之久，始于其献玉斗时，拔剑撞破而叹？亚父愚不至此也。史家叙事，不足深信，类此甚多。是晚，为芝樵处送三。

四日　　晴

趋署。即归。薄晚，与赞尧同诣芝樵谈，夜偶得诗一首，嘲吸罂粟烟者，诗云："香温茶熟漏迟迟，夜静无人私语时。半榻白云眠不得，深心惟有一灯知。"

五日　　晴

诣二我谈，俄爽夫亦来。是午，与勉丈、厚庵、班侯、赞卿，在全浙馆宴集同乡永日。浙学将就馆中开办，讲堂已粗具，斋舍犹未就。是日，坐中到者四十馀人。夜，归。观书。

是日，闻江西又酿教案，盖省城天主教士勒逼知县身死，阖城百姓不服，乃群起焚毁教堂，毙法国人四五命，且波及耶稣教堂。

六日　　晴

叔雅过访，谈久之去。逾午，吴健秋来谈。吴为俄使馆人，先归者也。询慕兄何日到。是日,代赞尧撰送芝樵夫人联云:"儿女已成行,正好齐眉开雅寿;膏肓本无梦,谁知投药误庸医。"联成即为书之。

《南史》:阮孝绪著《高隐传》,分三品:言行超逸,姓氏弗传者,为上篇;始终不耗,姓名可录,为中篇;挂冠人世,栖心尘表,为下篇。忘山曰:孝绪之品题,余以为犹未尽之。夫隐者,当以心隐为上,名隐次之,身隐为下。所谓心隐者,不问在朝在野,和光同尘,行己无愧。不绝于俗,而非媚世;不求声誉,亦非逃名。所谓人知之亦嚣嚣,人不知亦嚣嚣者是矣。名隐者,晦迹韬声,深畏人知,放浪山泽,独往独来,如淮阴丈人、浔阳渔父一流是矣。若身隐,则古今最多,大抵以山野林壑为钓名弋誉之地,故为最下。

七日　阴

趋署。晚,大昇堂心锄约。

南海《官制议》云:英者,各国官制所自始也。其专务官之制,先自日耳曼人传于阿剌伯人,此欧人所称也。然专务官,吾国至北魏有三十六曹尚书,及隋、唐六官,亦至分明。阿剌伯人即大食国回教,当贞观时,已与唐相通。唐世文明大行西土,此必唐制西传于回教,而流于英。今展转既久,忘所自矣。故欧洲专务,实可谓我国流出也。忘山曰:各国专务大臣,无不出领曹司,内参大政,而有大宰相统之,此深合于唐制,为英人所首创,而他国从之也。其是否自我国流出,则未敢断。要之,为近古官制最合宜之法,不可不仿行也。我国虽颇有列曹尚书、内直军机者,然或入或否,又无统制诸曹之大宰相,故非完全之制度。

南海又论我国法制之弊曰:民无自治之权,不能纤悉皆举;政无中央之运,不能操纵合宜。此不独远逊欧美,亦大不若乎汉、宋。

考其原因,去乡官,分六部,皆远出周、隋;分行省,用督抚,皆根因于元、明。周以苏绰泥古,今误信周官六卿之说;元以混一全亚,故分划数千里行政之区。然中间唐、宋设司,尚多补救;明世用人,多不循资。至本朝,则尽收历朝之弊政,如六卿分职之疏,督抚专省之大,司道府层累冗隔之侈,乡官裁撤之害,资格年劳抽签之滞,捐纳杂途之众,科举空疏之甚,兼有而病更加焉。忘山曰:数语可谓道尽。

八日 晴

制造库僚友,在宗显堂约饮,薄午赴焉。晡,至骡马市,为邻居买书案。访厚庵,谈久之。入城,诣新吾。晚,在慕嫂处谈。

里巷所谓大鼓书,及种种俚曲,士夫多鄙不屑道。不知其品格实在昆曲、二簧之上,犹古体诗之在律诗上也。擅其技者,无一定之节奏,纯用天籁抑扬之,顿挫之,直是古诗流亚。其曲调亦千变万化,有所谓洪武正韵一派,其词多雅驯,今能歌者鲜。余专记其数语录之,词云:"秋风萋萋,衰草离离。斜阳渐下水流迟,碧天云外,鸿雁高飞。青山二字不记黄花地。又只见,采莲舟中女子美,东园去采菊。"

东坡与庞安常游黄州清泉寺,寺有王逸少洗笔泉,泉水极甘,下临兰溪,溪水西流。东坡作歌曰:"山下兰芽短浸溪,松间沙路净无泥,萧萧暮雨子规啼。谁道人生无再少,君看水流尚能西,休将白发唱黄鸡!"余谓此歌如播入管弦,即是洪武正韵一派。

九日 晴

工部尚书松鹤翁是日莅任,趋署谒见。晡,视稚夔,阍者云有病,入视则横卧榻上,精神越滞,强作一语。时群医来集,共议药方,颇有难色。徐闻其所谈,则谓脉象与症不合。余心知不佳,匆匆归。时日已暮。夜，闻邻居十一晚到京。

十日　　大风，阴

诣屯绢胡同，与慕嫂谈。仆人来告，稚夔今晨逝世，为之惨然。薄午，往贺徐博泉赘婿。晤班侯、子修、花农，宴坐良久，即至杭州馆，晤健斋。晡，入城，至喜鹊胡同，谒王相。相连声曰：数也，数也！余亦无以慰之。俄至麻线胡同，宾友麇集，相顾咨叹。薄晚，又诣问槎，不遇。因访新吾，向其假马车，为明晚迎邻居。时芷香来京，在彼相见。天已昏暮，急登车至同和居，静涵昆弟约饮，晤秋圃、子蕃、可庵。

诸人好作诗钟，诗钟之品格尚在试帖之下，盖两无情之题，强炼制成偶句，如时文之有截搭也，最束缚笔端之自由性，而诸人乐之不倦，人各有癖，信然！

十日之内，芝樵丧妻，夔相丧子，人生悲欢离合，必不可逃。幸而人于祸福休咎，不能先知，若先知之，不可一朝居也。

凡作诗歌，必极沉痛，方能动人。如《漳江送别》一诗云："漳江门外水流赤，尽是行人眼中血。"又郭生挽词云："棠梨花映白杨路，尽是死生离别处。"

十一日　　风

诣屯绢胡同，为慕兄书室张名人字画。俄趋署，与经世谈。晚，与稼霖、问槎、新吾、履平饮于致美斋。饭罢，同诣西车栈，迎候邻居。夜钟九鸣，火车始到。邻居与子瑜坐后花车中，相见甚欢。既下，邻居携时侄乘马车，先至羊肉胡同。余暨稼霖、子瑜咸往屯绢胡同相待。慕兄俄至，留须后，风采依旧。

十二日

薄午，至屯绢胡同。趺，趋署。晡，诣麻线胡同，吊稚夔丧。是日宾客满堂，慕兄已到，正与穰卿、仲弢辈谈，俄去。余与剑斋诸人坐待送三。送三者，纸人马楼库于街衢焚之，焚时，群僧唱佛号。会僧未集，余不能待，乃至贤良寺。闻慕兄偕子瑜及撷兄往饮庆寿堂，余亦赴焉。俄稼霖亦至。晚，月明，与子瑜、稼霖及邻居同宿贤良寺。慕兄明晨覆命。夜，微风。

今者朝权移集本初，人趋之若鹜，有盼昒回天地、呼吸变霜露之势。邻居此来，独高视阔步，若无其事然。余甚服之。

余挽稚夔联已成，句云："连朝频听禁莺啼，记曾待漏丹墀，伊人宛在；一梦竟随仙蝶去，剩有杖朝黄发，老泪潸然。"

十三日　晴

送慕兄覆命，与稼霖同至西苑门外。时子丰、佩葱、子修咸至。俄内传召见，钟十鸣始出，尚不知奏对何语也。余暨稼霖同归，晤子瑜，约观剧。饭后，趋署。晡，至剧园，已无立足地。乃往杭州馆，访撷兄，不遇。遂至仁钱馆，与砚孙谈。抵暮，与稼霖、子瑜饮于通聚馆。晚，至喜鹊胡同，慕兄方与夔相对谈。夜，与慕兄同归贤良寺宿焉。

我国今日之大患，在志士之爱国与愚民之暴动，糅杂而不清也。夫志士者，正气也；愚民者，邪气也。譬诸人身，正气既衰，当思所以扶之，而邪气乘焉。于是医者束手而无策。盖欲扶正气，则恐并邪气而扶之；欲抑邪气，又惧并正气而抑之。王稚夔之病，即是正气亏竭，外邪内伏，脉与症相反，致医人攻补两难，以致丧命。嗟嗟！

今者不欲革政则已，苟欲从事，当从官制起。南海之论，确乎不刊也。改官为爵，改差为官，析疆增吏，增司集权。此十六字，实今日无上之良药，较之高谈立宪，茫无下手处，为胜多多矣。

十四日　晴

晨，在贤良寺，客来纷如。日中，与撷兄、问槎共饭。时邻居已出。饭罢，趋署。晚，归。新吾在余斋中。夜，诣芝樵谭。连日不甚读书。

前阅南海《官制议》云：宦官之设，大地文明各国皆无，惟我国与突厥有之。夫阉人而用之，最为无义，为国家大耻。孔子《六经》皆无阉人，《后汉·襄楷传》曰：古无宦官，自汉武帝游于后宫，乃有宦者之制。此言至足据矣。刘歆生当汉世，习见宦官，伪为《周礼》，乃创阉人，托之周公，后世遂以为圣人之制，谬矣！忘山曰：余读《后汉书》，至《襄楷传》，亦尝疑此事，然窃怪《史记·始皇本纪》已有宦者之名，且赵高几人人目之曰阉人矣。今始考宦乃事人之通称，古中官皆称宦者，并非阉人。自汉武帝始，专以阉人充宦官，而宦官遂忽为阉人之专名，相沿不改。后人不察，因并古之宦者尽疑为阉人，于是赵高亦无有知其非阉者矣。要之，《周礼》一书，真能惑世，其中二大罪案，即是供奉官太多，及诬圣人有阉宦之制，后世深受其毒也。其为伪书，凿然无疑，惟是否刘歆所伪，不敢知耳。

十五日　晴

在家无事，薄午，诣屯绢胡同。俄趋署。晡，至厂肆，欲购《中西度量权衡表》，未得，在会经堂见有贩骡来者，肥健可爱。晚，入城，至贤良寺宿焉。

《晋书·艺术传》：有幸灵者，父母使守稻，牛食之。灵见而不驱，牛去，乃理其残乱者。父母怒之，灵曰：物各饮食，牛方食，奈何驱之？父母愈怒，曰：即如此，何用理乱者为？灵曰：此稻又欲得生。此种理趣，绎之良有味。

人果能僚友万乘,蝼蚁三军,糠秕富贵,昼夜死生,尚何得曰神不全,特恐口能言之,其心未必如是耳。《东坡志林》中,赵贫子之言,殆深知其人,必不能如是,故作苛语以难之。

人视死生,当如昼夜;视富贵贫贱,当如戏剧。如是其心自怛然,无所欣戚。

十六日　　晴

自贤良寺归,书挽联,即送稚夔者。薄午,芷香过谈。慕兄亦至,共饭。余又代慕兄挽稚夔成一联,云:"三秋不见,何啻一日;万里暂游,竟别千年。"薄晚,在芝樵处,为其送圣。送圣乃俗语,即焚化纸楼库也。夜,作日记。

十七日　　晴

吊尹芝田妻丧。至杭州馆,晤撷兄,因趋署。晡,诣麻线胡同。是日为稚夔礼忏一日,慕兄亦到。晚,归。夜,芝樵过谈。

《史记·乐书》:李斯谏二世曰:放弃《诗》《书》,极意声色,祖伊所以惧也。轻积细过,恣心长夜,纣之所以亡也。忘山曰:轻积细过四字,读之使人汗下。盖细过人所忽,以其忽也,故遂轻积不休,积之不休,斯成大恶。慎哉,慎哉!

汉文帝既即位,有司请建太子。上曰:"朕既不德,上帝神明未歆享,天下人民未有嗛志。今纵不能博求天下贤圣有德之人而禅天下,而曰豫建太子,是重不德也,谓天下何? 其安之。"又曰:"楚王,季父也,春秋高,阅天下之义理多矣,明于国家大体。吴王,于朕兄也,惠仁以好德。淮南王,弟也,秉德以陪朕,岂为不豫哉!诸侯王昆弟有功臣,多贤及有德义者,若举有德以陪朕之不终,是社稷之灵,天下之福也。今不选举焉,而曰必子,人其以朕为忘贤有德者,而专于子,非所以忧天下也,朕甚不取也。"忘山曰:文帝虽终为有司所夺,不能行其志,然能为是言,亦自可取。盖当时去唐虞三代未远,古义犹存人心,故虽无是事,尚有是言。自是以后寂然无闻矣。

十八日　晴

向午,诣厚庵。俄慕兄亦至。是日,慕兄在江苏馆宴集同里诸友,到者三十馀人,尽欢而散。晡,访季鹰谈玄,甚畅。晚,钱小修之世兄约饮,时暖甚,重裘蒸郁汗发。夜,归。

十九日　晴

访子蕃,谈我国晚近匪惟诸学衰歇,即区区词章,亦能解者鲜,强半误于帖括,人人从事于圆美恬俗,且以绳墨拘牵,没其自由性,而数千年来绝好美术,亦靡靡不振。余于诗歌一术,略知门境,然间学汉魏,则读者尽茫然无能辨者,岂不可叹!迩后新派蔚起,此道将成《广陵散》,尚不如日本之犹存国粹也。

子蕃自述:当庚子岁,挽一少年联云:"大厦问谁支,庸知朝露非为福;玉楼胡遽召,如此少年实可哀。"竟无人道其佳者,且有说少年对朝露不工,直令人气死!

薄午,贺新吾夫人寿。慕兄亦至。昳,趋署。晡,在文初家谈。晚,归作日记。

余又得小诗二首,赠邵二我云:"清风吹我襟,为君挥素琴。古调岂不弹,四海谁知音。"其一。"至人爱松柏,流俗争桃李。风誉擅九州,不如一知己。"其二。

二十日　晴

访梓生谈。日中,在屯绢胡同午饭。昳,归作日记。晡,赞卿过谈,俄诣芝樵家吊丧。晚,复至屯绢胡同,与慕兄谈。慕兄明日将有天津之行。

东坡云：江山风月，本无常主，能闲者便是主人。忘山曰：一闲字，谈何容易？古称人惟有品始能闲，殆非学问邃远、道德宏深者不能亲尝其境。盖闲者，一以心论，不论有事无事，其心中常有高旷静穆之意，夫然后谓之真闲；否则外虽萧寂，内实扰扰，其身则闲，其心未闲，碌碌者流，大抵如是。

二十一日　　晴

连日和暖，重裘几不可耐。为芝樵家送殡，至阜成门外圆光寺。有寇姓者，善拆字术，问休咎，颇有验。晡，归。

二十二日　　晴

介石过谈。逾午，趋署。晡，出城，俄归。与同僚某君约往硝磺库，迷失道，不相遇。晚，至家，呼童不至，怒詈之。遣人往询，邻居已自天津归。

人之聚散无常，数年以来，亲朋暌隔。如慕兄在巴黎，撷兄在杭州，子颐在广东，新吾在扬州，彼此或书问往来，或竟音息杳然，各居一方，邈然不相及。今无意又皆集京师，岂非一至乐邪！虽然，必先有别离之苦，乃有欢聚之乐。苦与乐，自相对待者也。

二十三日　　晴

晨，辫发。方勉丈过谈，俄去。遂诣屯绢胡同。饭后，趋署。晡，出城，至长椿寺。晚，归。复至屯绢胡同，晤邻居，稼霖亦在焉。

宋鄱阳张世南《游宦纪闻》云：字学不讲，多因前代讳恶，遂致书画差误。汉以火德，王于洛阳，恶水能灭火，遂改洛阳为雒，今惟《书经》作洛，而传记皆作雒矣。秦始皇嫌皋字似皇，自出己意，谓非之多则有皋也，今经书皆以罪易皋，独《礼记》、《尔雅》犹有可考。旡字乃子云奇字，古文天屈西北为旡，今《易》中无皆从旡，它书则杂之矣。世字因唐太宗讳世民，故今晱菜弃，皆去世而从云；

漏洩缧绁，又去世而从曳。世之与云，形相近；与曳，声相近。若皆从云，则泄为沄矣，故又从云而变为曳也。民则易而从氏，昏愍泯之类至今犹从氏也。以至晋讳昭，改昭穆之昭为诏音；秦讳政，而改正月之正为征音。至今从之，此何理邪？

又云：《说文》以字画左旁为类，而《玉篇》从之。不知右旁亦多以类相从，如戋有浅小之义，故水之可涉者为浅，疾而有所不足者为残，货而不足贵重者为贱，木而轻薄者为栈。青字有精明之义，故日之无障蔽者为晴，水之无混浊者为清，目之能明见者为睛，米之去粗者为精。

二十四日　晴

慕兄来看东邻屋，将移居焉，赁价未议定。薄午，金锡侯来访，小谈即去。昳，趋署。晡，出城访介石、仲弢，遇书衡。晚，方勉丈约饮豫昇堂，朱赞卿等约饮福州馆，皆赴焉。是夕，热甚，解裘着棉衣。

铜圆之病民深矣，人争贪近利铸之，至各省开局，今则商贾为之大困，奈何！

粤东人诋岑春萱曰民贼，以其驭下操切横暴，强民所不欲也。岑虽慈眷方隆，其如舆论已去何！千夫所指，无病而死，吾愿岑且避粤人之锋而他适也。

二十五日　晴，风

子颐过谭，不相见又八年，风采胜前。闻庾岭以南，颂声载道，使人心折。薄午，至嵩云庵，仲弢、穰卿、健斋三人约饮。晡，趋署。归涂复至屯绢胡同。晚，到家，慕兄在焉。

庄子云：夔怜蚿，蚿怜蛇，蛇怜风，风怜目，目怜心。张世南曰：夔止一足，蛇虽无足，行疾于蚿，岂如风之蓬然起于北海，入于南海之疾；风虽疾而胜矣，岂若目视所到为最疾；目视虽疾，又不若心之所之更疾也。忘山曰：余曾谓目大于身，心大于目，即是此意。

佛家千言万语，说心量之大，三千大千世界生吾心中。然此心究是何物，人莫晓了，至妄认识神为心，走入邪轨矣。唯《老子》所谓：杳杳冥冥，其中有精。《大易》所谓：复其见天地之心。庶几佛所谓真心真如，其在是乎，其在是乎！

二十六日　　晴

晨起，薙头。诣屯绢胡同，遇张静江、张伯讷。俄趋署。晡，诣新吾，不遇。晚，介石约广和居，坐有向鹏南、周孝怀、丁叔雅、叶伯皋诸君，共谭教育之理。饭罢，访书衡。夜，归。

《梦溪笔谈》载鞠真卿守润州，民有斗殴者，本罪之外，别令先殴者出钱以与后应者。小人靳财，兼不愤输钱于敌人，终日纷争相视，无敢先下手者。忘山曰：此亦止斗之良法。

又云：古法，军中以牛革为矢服，卧则以为枕，取其虚中，附地枕之，数里内有人马声，则皆闻之。盖虚能纳声也。

又云：宋驿传旧有三等：曰步递，曰马递，曰急脚递。急脚递最遽，日行四百里，军兴乃用之。熙宁中，又有金字牌急脚递，如古之羽檄也，以木牌朱漆黄金字，光明眩目如飞电，望之者无不避路，日行五百馀里。忘山曰：岳少保伐金，奉诏退兵，一日奉金牌十二，即此物也。

忘山曰：人有所不知，毋强以为知，此读书人之品也。唐王起，再主礼闱，远近称颂。武宗召至殿陛曰："朕近见二字，一夃，一疒，莫能详焉，特询于卿。"王公对曰："臣于三教经典，窃尝遍览，向者二字，群书未之见也。未审天颜于何文而得？"上笑曰："知卿夙儒，学综朝野，偶为此二字相试，非于经籍中得之。"本朝高宗时，彭相国元瑞以博学为上所重。一日,上试士,出诗题曰《灯右观书》。因顾问彭公曰:此四字出何典籍?公顿首,自称学浅,实不知其所出。上笑曰:"今日难倒彭元瑞矣!朕昨日适于灯右观书耳。"二公之事略同,其诚敬不欺,良可师也。苟易以他人,必不安于不知,且强饰以为知,而侥托于不能记忆,岂不为二帝之所笑耶!

邵二我为余述一事云:曩曾偕友人某甲,于春夏间闲游古寺中,见遍地杂花乱开。二我口吟一句曰:"野花多半不知名。"顾谓甲曰:此何人诗,君记之否?甲曰:吾犹记之,此殆宋陆务观诗,否则石湖句。二我笑曰:此鄙人顷间无意口占之诗耳。其人大惭。

唐太宗见图谶,称后数十年有武王兴,代唐有天下,杀唐宗室殆尽。太宗色惧,欲遍觅姓武者尽杀之。李淳风曰:不可,此天意也。且此人更数十年后,齿已老,老而心慈,或可为李氏稍留子遗。若违天杀之,天更生壮者,祸发无噍类矣。太宗乃止。此一事也。余又见《云溪友议》载:唐李筌为邓州刺史,常夜占星宿而生。一夕三更,东南隅忽见异气,明旦呼吏于郊市,如产男女者,不以贫富,悉取至焉。过十馀辈,筌视之曰:皆凡骨也。重令于村落搜访之,乃得牧羊胡妇一子。李君惨然曰:此假天子也!座客劝杀之,筌曰:不可。曰:此胡雏,必为国盗,古亦有,然杀假,恐生真矣。其后安禄山起,即此儿也。

二十七日　　晴,微寒

是日,春分。访邵季鹰谈。

宋东阳俞君《萤雪丛说》中,有忍字说,余犹以为未尽也。盖道德中之名词,惟忍字兼善恶而言。忍字从刃在心,谓以刃制割其心也。当人为善时,有恶心起焉,能以刃割去之,是之为坚忍,吉德也。当人为恶时，有善心萌焉，彼亦以刃割去之，是之谓残忍，凶德也。余之此说，似较俞君更精。

薄午，在广和居宴集诸友，坐有周孝怀、向鹏南、叶伯皋，及介石叔侄、丁叔雅、邵二我，饮尽欢而散。因与二我访厚庵谈。晡，至义善源，又诣工程处，晤尹芝田。晚，在新吾家夜饮。

二十八日　　大雪，寒甚

作日记。

俾士麦曰：今日之世界，黑铁与赤血主持之也。夏穗卿曰：今日之世界，黄金与白刃主持之也。忘山曰：白刃二字，义太狭，不如易之以黑铁，曰今日之世界，黄金与黑铁主持之也。

子瑜及慕兄过看东邻屋，议赁价，欲卜居焉。时雪飞如霰不止，与赞尧谭。

二十九日　　晴，风

往贺新吾寿，趋署。晡，诣福州馆，少秋等约，遇子修。又诣冯润田，遇子颐、厚庵。晚，入城，复过子蕃谈诗。

时自四牌楼以南，方筑路，泥石狼藉，馒臿纷如，车行视未筑日益艰。忘山曰：余今而知，天下无一事求其完整，不从破碎来也。是故国家改革时，而欲悉便众人之私，无失天下之意，夫亦难矣！盖朝意向新，必先坏裂其旧，旧徒如云，彼亦争自存，不残其窟薮，何由得新？纵他日何难莫厥居，而一时受大损，必然之数也。虑大者，不顾小；志远者，牺牲其迩。古今大抵如斯矣。

三十日　　晴

诣屯绢胡同。慕兄方延客，坐良久，始去。余留午食。昳，趋署。晡，至麻线胡同，晤履平。又至喜鹊胡同，晤绳伯。慕兄亦在焉。晚，偕至六国饭店宴饮。夜，归。

南昌案起,中朝士夫相顾错愕。实则此事何难之有,我毁彼堂舍,戕彼人民,必有以偿之;彼逼我县令自杀,亦向彼索偿。当离而为两案交涉,斯外人之心平,我国民心亦平也。若牵混淆乱,不为分画,因愚民暴动之故,遂谓县令亦当死,媚外人则得矣,何以对吾民?

邻居云:所谓经济也者,不必旋乾转坤之大事业也。即寻常日用间琐杂细事,不问为人为己,能每日躬自料量,措注得宜,即是经济。余叹为名言。

三 月

一日 晴

家中宴客。余复移书案于西偏之耳室,扫除堂宇,拂拭几席,以待客。至是日,到者慕兄及子瑜、撷珊、润田、子颐、新吾、伯眉,聚坐而饮,抵暮始散。新吾最后去,濒行复与余偕游西园,指点十年前旧事,又同往视慕兄所赁之新居。

日内又得古风一首,题为《大钧陶万物》,录如下:"大钧陶万物,凉燠各异性。神农尝百药,为疗众生病。当世赖其德,万代颂其圣。岂知造化机,自有调元柄。炎夏郁蒸暑,瓜果一何清。隆冬多严寒,鸟兽毛羽盛。阴阳迭倚伏,水火纷相胜。神功妙自然,圣人受其正。"

二日 晴,微风

稚夔家是日设奠,宾友云集。余往酬接终日。薄晚,复与厚庵同谒夔相,归已上烛。阅报,见岑督文告,颇有悔过意,粤事可望转机。

三日　　晴

趋署,办粤东二十八年分军装销案。晡,归。晚,与赞尧谭,得赠邻居四十寿联云:"华开紫荆树,春到绿杨枝。"夜,观书。

《东坡志林》云:张公规言:苏子卿啮雪啖毡,缩背出血,无一语少屈,可谓了死生之际矣,然不免为胡妇生子。由是观之,人生去欲,是最难事。

又云:古称桃笙葵扇,不知笙为何物。偶阅《方言》:簟,宋、魏之间谓之笙,乃悟桃笙以桃竹为簟也。忘山曰:博物之难又如此。

刘聪闻当为须遮国王,则不复惧死。人之爱富贵,有甚于生者。月犯太微,吴中高士求死不得,人之好名有甚于生者。亦《东坡志林》语,余爱其语趣,录之。

郗嘉宾虽不忠于君,不可谓非孝于父,观其嘱门生,于己身没后,呈密书于方回,以释父哀,用心亦云挚矣。东坡云:采葑采菲,毋以下体。然哉是言!

东坡云:"吾昔少年时,所居书室前,有竹柏杂花丛生,众鸟巢其上。武阳君恶杀生,儿童婢仆皆不得捕取鸟雀,数年皆巢于低枝,其觳可俯而窥也。又有桐花凤,四五日翔集其间,殊不畏人,见者异之。无他,不忮之诚,信于异类耳。有野老言:鸟雀去人太远,则其子有蛇鼠狐狸鸱鸢之忧,人既不杀,则自近人,欲免此害也。由是观之,异时鸟鹊巢不敢近人者,殆以人为甚于蛇鼠,岂不可愧?"忘山曰:余观是语,不觉有感。所感维何?感夫我国政府之不见信于民也,是故其民争远而避之。虽有资财,不敢贮诸国家银行;虽有储蓄,不敢应国家之公债。何也?以政府无品行也,不足恃也。苟政府可恃,彼将人人持其所有以求庇,其信政府,当更胜信寻常之商家。何也?政府之寿命长,无倒闭之虞故也。今也,鸟雀不敢近人矣，靦然为人，自弃其诚信，岂不可叹！

四日 微阴

晨，至屯绢胡同。俄出城访罗莘甫，小谈。薄午，诣铁山寺，在崇文门外，东珠市口之东。稚夔是日殡于是，亲客送者纷如。日中，趋署。晚，归。夜，作复少川叔书。

余今乃叹我国人安得不慕势利，盖居今日之社会上，苟无势利，将人人可以侵侮之，欺凌之，几使不得自存矣。虽然，救今日之世态，尚赖有情之一字耳。人人稍能依附势利以自存者，亦幸有情在。

一动一静交相养，每日静时则看几句有益之书，动时则办几件应为之事，遂觉此一日精神活泼，肢体愉快。

五日 早晴

闻慕兄简署太常寺少卿，诣屯绢胡同。俄趋署，办销案表，脱稿时天色微黄，狂风扬尘。晚，归作覆彦复书，又作日记。

六日 晴

晨起，访二我谭诗。二我赞余"大钧陶万物"之诗，以为如周鼎商彝初出土者。薄午，至厂肆，遂趋署。晡，至屯绢胡同，即归，作致莲兄书。夜，复成挽稚夔七律一首："霜寒紫殿晓光微，日日西垣待漏归。一夜精魂梦乡国，九天风露湿朝衣。独怜元相垂垂老，堪叹亲知落落稀。他日山房重问讯，林亭无恙主人非。"

七日 晴

晨，方勉丈过，慕兄亦来，俄皆去。日中，趋署。晡，微阴，至厂肆即归。时已设寿堂，备明日为母暖寿。

世但知尧舜不私天位，不传子而传贤，以为美德。岂知古圣人以天下授人，亦岂易哉！舜禹之间，岳牧咸荐，乃试之于位，典职数十年，功用既兴，然后授政，示天下重器。王者大统，传天下若斯之难也。而说者曰尧让天下于许由，此真无稽之谈也。忘山曰：圣人虽不私其天位以利子孙，亦不肯轻于授人以误百姓。故孟子曰：以天下与人易，为天下得人难。斯深知尧舜之心者也。

《东坡志林》记前辈诗云：怕人知事莫萌心。

东坡云：观昌邑王与张敞语，真清狂不慧者耳，乌能为恶。既废则已矣，何至诛其从官二百馀人。以吾观之，其中从官，必有谋光者，光知之，故立废贺，非专以淫乱故也。二百人者方诛，号呼于市曰：当断不断，反受其乱！此其有谋明矣。时其事秘，史无缘得之耳。武王数纣之罪，孔子犹且疑之，光等数贺之恶，可尽信哉？忘山曰：读史必须得间，东坡此等论断，果有眼光。余观昔贤札记，遇此类语，必记之。

又云：以德报怨，行之美者也。然孔子不取者，以其不情也。直不疑买金偿亡，不辩盗嫂，亦士之高行，然非人情。其所以蒙垢受诬，非不求名也，求名之至者也！

《史记·舜本纪》：舜归而言帝，请流共工于幽陵，以变北狄；放驩兜于崇山，以变南蛮；迁三苗于三危，以变西戎；殛鲧于羽山，以变东夷。东坡云：太史公多见先秦古书，故其言时有可考，以证西汉以来儒者之失。屈原云：鲧倖直以亡身。则鲧盖刚而犯上者耳，若四族者，皆小人也，则安能变四夷之族哉！

八日 晴

诣长椿寺，拜汪健斋尊人冥寿。又诣二我谈诗，即归。介石过谈，慕兄亦来。晡，绳伯过，时堂上已悬亲朋所赠寿幛，整饰昳丽。晚，鸣爆竹暖寿。微风。时余母年五十。

九日　　晴，风

为母祝寿一日。宾友到者甚多，并演傀儡，夜深始散。

昔阮籍登广武而叹曰：时无英雄，使竖子成其名！二语人多不解，以为诋刘、项为竖子。东坡曰：非也，此正伤时无刘、项，竖子指魏、晋间人耳。忘山曰：是说极是，不然阮籍何至发狂如此。既以刘、项为竖子，则何等人始足为英雄乎？

十日

在家，竟日不出。观《西斋偶得》，蒙古人博明希哲著，其书多考证，亦有理想，论楼塔之影透在窗隙中者皆倒垂一则，极有趣致。今日映相家，视以为常。

又说郁栖二字，乃弃污所积之地，俗谓粪草堆也。二字甚雅，出《酉阳杂俎》。

是日，胡芰孙来贺母寿，因母生本初十，以国忌展前一日，胡犹未之知也。

夜观幻戏，俗称变戏法。

十一日　　晴

晨出得胜门，至华严寺，以铁珊为其太夫人周年礼忏，因往拜焉。即诣肃邸，又在东城谢来贺寿者。昳，趋署。诣新吾谈，因至其园中散步。晡，归。晚，在慕兄处谈。是日，闻薛次申逝世。

《西斋偶得》云：人之疾病，亦有古无而今有者，如痘疮始于汉、晋，蒸病始于隋末，皆为《灵》、《素》所不载。

董斯张《吹景集》，论佛典文字所用名词，皆古雅有来历：本师二字见《史记·乐毅传》，祖师见《汉书·丁姬传》，居士见《礼记》及《韩非子》、《魏志·管宁传》，侍者见《国语》及《汉书》，眷属见《史记·樊哙传》，长老见《汉书》，宰官见郭象《庄子注》，某甲见

《周礼》郑元注及应劭《汉官仪》，布施见《国语》，供养见《嵇中散集》，烦恼见河上公《老子注》，幢字见《方言》、《西京》、《东都》二赋，蒴字见《释名》。

  十二日 晴

  晨作致芝兄书。薄午，趋署。是日，初考试司员。昳，诣义善源，又至编书局，晤介石、鹏南及仲弢。俄往贺寿州相国八十寿。是日赐寿，宾友云集，晤荔轩、荫亭。闻有赠寿州联云："寿州相国寿宰相，天子师傅天下师。"又闻新吾联云："帝者尊师有广成子，天下大老有齐太公。"

  晡，复诣介石，与鹏南纵谭。晚，始入城，与慕兄谈。

  十三日 晴

  诣徐菊人，适与慕兄相遇，闻政府有裁御史官之意，慕兄不然之，极力抗争。俄往视录孙，因趋署。晡，出城，谢寿。晤润田、厚庵，访季鹰不遇。诣子颐，坐上有客两三人，纵谭良久，始辞归。是日清明，家祭。作复徐汝霖书。

  受人之恩不可背，当思有以报之，不问其人之为君子、为小人也。宋孔道辅明知程琳与冯士元通奸利，执欲奏之，一闻张士逊之言，误认琳为有德于己，遂上殿力救琳，卒因是被黜。道辅受人之愚，良可悯也，然不失其为君子。盖君子用情，有时而过，其过也正其仁也，谁敢议之。

  忘山曰：人之能以害加诸我者，不足畏也；惟能以恩加诸我者，乃真可畏。盖一受其恩，此心此身将不获自主，兢兢焉，皇皇焉，亟图有以报之，夫然后脱然而无累；否则一遇大奸元憝，堕其机中，鲜能自拔矣。蔡中郎之于董卓，荀文若之于曹操，皆以贤人受权强之卵翼，可哀哉！是故君子立志，当自不妄受人之恩始。

十四日　　晴，大风尘起

出城拜客，诣铁山寺，与王绳伯谈。向午，趋署。晡，复出城，至厂肆小坐，购得理科教科书归。晚，在慕兄处观报。

俄人似已采用两院制度，改为立宪，其表面则得矣，内容如何未之知也。虽然，天下事皆自表面做起。

欧人以东方警察权，托诸日本，言欲保支那之安宁，防乱作也。彼尚视我国为有人乎？汉邳肜力劝光武不可还长安，曰："公既西，则邯郸之兵不肯捐父母，背城主，而千里送公，其离散逃亡可必也。"光武从之，东汉兴亡决于此。宋高琼阻真宗避敌江南，曰："避敌固为安全，但恐扈驾之士，路中逃亡，无与俱西南者耳。"上大惊，始决北征，北宋存亡决于此。

荆公行青苗法，亦言欲均贫富。儋耳唐庄老民曰：贫富之不齐，自古已然，谁能齐之乎？民之有贫富，由器用之有厚薄也，子欲磨其厚，等其薄，厚者未动，薄者先穴矣！可谓名言。

十五日　　阴

晨，介石过谈，即去。薄午，晴。慕兄过，余亦将趋署，忽闻有人来言：子颐暴蹶，昏迷不醒。急与慕兄出城往视，则已气绝，尚有欲灌以药者。昳，诣新吾，因趋署。晡，复往视子颐，知已不可救。晤张少玉，亦与子颐数十年至契。晚，归。是夕，余亦略有不适。

十六日　　晴

诣太庙，估修牛羊灶，奉长官命前往也。俄趋署，办奏案。晡，至正阳门外西车栈，以稚夔柩欲南去，往送。晤厚庵、肯斋，谭及子颐之丧，相对咨嗟。余曰：物有始必有终，有成必有毁，理数之常，固无足怪。所异者，死得太骤，使人不及防也。稚夔尚有二日之病，此则直谓之无疾而终。时稚柩尚未至，余不及待，往拜子颐之灵。是日未刻,已大殓。晚,归,与赞尧谈。观报,又观书。

唐人名酒多以春,《国史补》曰酒有郢之富春,乌程之若下春,荥阳之土窟春,富平之石陈春,剑南之烧春。杜子美亦云:"闻道云安曲米春,才倾一盏便醺人。"今则绝无此称,亦一时之习尚也。

东坡述某人之言曰:胡孙作人状,折旋俯仰中度,人自以为弄胡孙,不知为胡孙所弄。其言有理。

十七日　　晴

作日记。日中,趋署。晡,访二我谭,研论死生之理。晚,至顺治门大街,为子颐送三。昏黑始归。

《东坡志林》记一事云:石普好杀人,以杀为娱,未尝知其暂悔也。醉中传一奴,使其指使投之于河,指使哀而纵之。既醒而悔。指使畏其暴,不敢以实告。居久之,普病见奴为祟,自以必死。指使呼奴示之,祟不复出,普亦愈。忘山曰:观于此说,世之持无鬼论者鲜不引为口实,而亦不尽然。吾闻人传说,场屋中有遇鬼觅人索命而误者,则明明有鬼,岂皆脑中所结之幻相耶? 若石普者,乃真脑中所幻者耳。

东坡梦人告曰:知真向佛寿,不妄吃天厨。东坡曰:真即是佛,不妄即是天,何但享而吃之乎? 忘山曰:梦中二语,颇有道诣,惜东坡不解。

鹅能警盗,又能却蛇,盖其粪杀蛇。蜀人园池养鹅,蛇即远去。亦见《志林》。

五谷耗地气最甚,有确据。东坡云。

东坡又云:脉之难明,古今所病也。至虚有盛候,而大实有(嬴)〔羸〕状,差之毫厘,疑似之间,便有死生祸福之异,此古今之通患也。病不可不谒医,而医之明脉者,天下盖一二数。士大夫多秘所患以求诊，以验医之能否，使索病于冥漠之中，辨虚实冷热于疑似之间，医不幸而失，终不肯自谓失也，则巧饰遂非，以全其名。至于不救，则曰：是固难治也。间有谨愿者，虽或因主人之言，亦复参以所见，两存而杂治，以故药不效，此世之通病，莫之悟也。吾平生求医，盖于平时默验其工拙，至于有疾而求疗，必先尽告以所患，而后求诊，使医者于虚实冷热，先定于中，则脉之疑似不能惑也。故虽中医，治吾疾常愈。忘山曰：凡有疾延医者，识之。

十八日　晴

风尘起。未午，已趋署，因太庙牛羊灶事，复长官命。昳，诣义善源，俄至嵩雪庵，班侯、介石约饮，坐有仲弢、书衡、一山、菊生。晡，入城。子蕃过谭。夜，成挽子颐联云："一别多岁月，神采和如春，遥知岭海讴歌，父老岂容寇君去；健啖犹平生，精魂忽已邈，侧听寝门痛哭，明交应有巨卿来。"

《炙輠录》云：诸葛孔明每见庞德公，辄拜床下。庞公初不令止。子韶曰：拜床下者已为诸葛孔明，而受拜于床上者何如哉？施彦执曰：庞德公自鹿门一隐之后，遂不见踪迹，非盛德何以至此，安得使孔明不为之屡拜。然孔明在妙龄时，才气如河，当下视一世，乃肯拜德公于床下，此所以为诸葛孔明也。忘山曰：昌黎有言：师不必贤于弟子，弟子不必不如师。欧西大学问家，大都弟子之胜于师者居多，此世界所以日进也。虽然，弟子不能以是傲其师，师亦不必以是惭于弟子。何也？吾以浅言喻之：盖弟子之于师，犹子之于父母也。父母能生子，及其身既长，有强健过于父母者，然不能以是傲其父母。何也？彼其身之幼稚时，固受生于父母者也。师能教弟子，及其学既成，有深造过于师者，然不能以是傲其师。何也？彼其学之幼稚时，固受教于其师者也。是故无父母则无身，无师则无学,师乎,父母乎,其皆尊之重之,不可忘者乎!

十九日 晴

晨书联。逾午,趋署。车中观书。既归,作日记。诣慕兄谭。晚,作复仲骥书。又代慕兄成挽子颐联云:"十年前携手醉京华,忽惊几度沧桑,君到岭南,我游海外;一霎时拂衣入霄汉,忍看两行儿女,方摧萱草,又折椿阴。"

人皆曰为善最乐,忘山曰:有有形之善,有无形之善;有可名言之善,有不可名言之善。行善而知其为善,未为善也;行善而忘其为善,乃真善矣。

二十日 晴,微热

晨,书联,因诣子蕃小谈,遂趋署。是日,换戴凉帽。昳,至工程处。俄诣新吾,留食面。晡,出城,访林勤南、胡芰孙,皆见。归,日犹未暮。观邻居贡品,留晚饭。

君子有才足以成其德,小人有才足以济其奸。是故君子以有才而可爱,小人反以有才而可恶。所谓恶者,非恶其才也,恶其才之足以害人而祸世也。或曰:天下岂尽君子,但得有才者供我之用,我能驾驭之,亦不能为害。所谓使贪使诈,自古有之也。忘山曰:不然,彼真有才者,岂肯为我所用哉?能为我所用,其才必小于我,我或能制之;设其才稍大,我必反为所用,而为祸无穷矣。昔者孔子七日而诛少正卯,少正卯之才必大于孔子,孔子自知不能制,不忍其祸国家,遂除之。孔子岂忌才者哉,诚以才之在小人,如虎添翼,可畏莫甚焉。其诛之也,亦有所不得已也。岂如今人一遇有才者,不辨其为君子、为小人,遂倾心崇拜之不休,必待祸机已发,势焰已成,乃始咨嗟太息,悔知人之不明,亦已晚矣!《炙辀录》云:富郑公知郓州,有士人出入一娼家久。其后与娼竞,乃挞其面碎之,涅以墨,遂败其面。其娼号泣诉于府,公大怒,立追士人至,即下之狱。数日,当决遣。其士素有才名,府幕皆更进言于郑公曰:此人实高才,有声河朔间,今破除之,深为可惜。公曰:"惟其高才,所以当破除也。吾亦知其人非久于布衣者,当未得志,其贼害乃如此,以如斯人而使大得志,是虎生翼也。今不除之,后必为民害。"竟决之。

  二十一日　　晴

  出城,贺褚伯约嫁女。又贺蒋稚鹤取妇。因至杭州馆,晤穰卿、健斋、撷珊。

  余昨又成挽次申联云:"相如慷慨,未免有情,谁见文君先效死;亚父抑郁,赍志以殁,安得史公为写真。"盖次申亦疽发背死,死之前一日,其姬人先殉焉。撷兄颇赞余联之佳。昳,又至义善源,俄趋署,即归。晚,在慕兄处谈。

  二十二日　　阴,微雨

  拜邻居寿。佩葱、䌹斋偕至,俄慕兄他出,客来纷如,留宴饮。逾午,客散,余亦至全浙馆,赴仲毅、幹臣之约。时海棠盛开,庭院中春色烂然,客皆为赏花来。晡,归。慕兄亦返。履平、奎章咸至。

  二十三日　　晨,晴

  薄午,阴云四起,风沙飞舞,天作黄色,雷声震震,俄而雨雹交作,雹大如粒。顷之,云开雨霁,日光射阶。余仍趋署。又至喜鹊胡同,谒王相。晚归,与慕兄谈。晚,作日记。

  《炙辀录》载:有施大任者,尝知秀州嘉兴县,始视事,讼牒逾千指,大任皆不问,独摘其无理者得七八十,皆科罪。是日,决挞至暮,其不尽者,明日又行之。自后妄状者皆屏迹。又云:有王子思者,知海盐县,视事之初,其讼牒亦如大任时,子思不问,独摘其一无理者,对众痛杖之。杖讫,子思往入宅堂去,乃令一吏传教云:知县将饭,诸讼者饭罢指挥。其无理者,亟抽取其牒去。及子思饭罢出,已失其半矣。由此言之,为政不可无术。

二十四日　晴

代撷兄书挽子颐联,联云:"饮水岂易心,廉吏可为君不朽;指囷多雅谊,大德未报我深惭。"亦余所撰。盖撷前由杭州赴粤,曾以资斧阙乏,子颐为代输以济之。挽次申联,亦是日书就。

薄午,往谒张少玉,未见。少玉在学部,以与荣相国不合,遂调署工部右侍郎。

趋署。晡,诣新吾谈,同往园中看花,丁香、海棠、榆叶、梅皆盛开外,尚补种牡丹、芍药,犹未萌蘖,有园丁不时灌溉。时新吾之女新生子,即居园中。

暮归,邻居时在余家谈,闻所进贡品,内传旨不受,仅受十五国君主缩影。夜,作日记。

二十五日　晴

李伯芝过谈。伯芝为余姊夫李柱臣之犹子,久未会面,闻渠游学东岛,顷应袁慰帅之调,在天津负担学界组织。谭久之,去。俄荫亭又过谭。

遏绝米麦外输,是我国至顽之令也。立国有三重:曰农,曰工,曰商。农倚工以成物,工倚商以通物。所通滞,则工弛于肆,农怠于亩,是故无商斯无工,且无农也。今惟利商是图,工自精,农自奋,奈何遏之哉?说者曰:惧物价翔贵,民食艰也。曰:不然。货物之流通,顺其自然,无虞不足;强拂其性,灾咎乃生。常闻上海一隅,前于某年以不遏籴,故米价反廉,何以故?流通有路,四方之货不期而至也。彼谓杜塞外输,自保民食者,嘻,其愚矣!

逾午,趋署。晡,出城,答拜周鼎臣,晤厚庵。俄穰卿亦至。晚,聪肃召饮同兴堂,饮未及半,即赴斌升楼,项幼轩约。夜,归。

二十六日　　晴

与萨子良约，往太庙监收牛羊灶工，即赴署。是日，张少玉到任。晡，归，作答许星墀书。在子瑜室中闲坐。晚，慕兄归，留晚饭。夜，观书。

昔东坡待过客，非其人，则盛列伎女，奏丝竹之声，聒两耳，至终宴不交一谭者，其人往，返更谓待己之厚也。或有侠客至，则屏去伎乐，杯酒之间，惟终日笑谈耳。忘山曰：做人亦不可无术，此类是也。

《炙輠录》云：天经尝言：一箪食，一瓢饮，在陋巷，人不堪其忧，回也不改其乐。此夫子所以贤颜回也。今人亦云箪瓢陋巷，吾能安之，岂不可笑也。夫颜子负王佐之才，使小出所长，取卿相如拾地芥，然不肯苟进，乃安于陋巷，此所以为贤也。今之人，无材无德，本是穷饿之人，乃亦曰我能安贫贱，则大谬矣！盖庙堂之上，本是颜子着身之地，今乃陋巷，非颜子之地矣，然能安之，此所以为颜子也。间阎沟壑是汝着身之地，今在间阎沟壑之中，适其所耳，又何言安焉？其说极然。今无志气人，往往藉口颜子，以此自安。孔子曰：贫与贱，是人之所恶也，不以其道得之，不去也。夫贫与贱岂君子所乐哉，然而不去者，以我无贫贱之道故也。既有贫贱之道，安得不求去之。如之何为去贫贱之道，岂不以学不讲欤，岂不以行不修欤，岂不以不才无能欤？此所以贫贱也。既以得贫贱在我者求去之，如何日夜讲学，日夜修身，日夜进其所不能，三者既尽，求其穷我者已不得矣，然后付贵贱贫贱于度外，如是则可矣。今乃惰慢荒逸，一无所为，而曰：我能安贫。是安于不才无状耳，安得谓之安贫贱哉！忘山曰：此说极合。

人之居官也，何贵乎有才？能供奔走，非才也；能耐勤劳，非才也;能治寻常之簿书,非才也。所谓才者,贵能济变也,能处人之所难也,能上不误王事、下不扰民生也。吾观《炙輠录》载一事云:宋绍兴中,国家方创都钱唐,所需材木大,期且急,所在鼎沸。时邓公光祖知严州某县,殊不经意,徐集诸里正,各置之,即以朝廷所降木色丈尺人一纸,令各具其界中凡寺凡庙凡驿凡官道,有木与所降色样者,供不得脱一根。既供,乃令匠往视之,皆合,遂令里正伐,官犒与粮。不须臾,木乃大集,所得倍其数。他郡县皆望青斩伐,所残人冢墓及民家要害处甚众,而吏复夤缘求乞于其间,所在骚然。惟光祖丝毫无侵于民,且不出一吏,所得乃过诸县。斯之谓有才,其才可爱。

二十七日　阴,微雨即止

邻居及余宴客于家,坐有周君鼎臣及菊生、穰卿、厚庵、荫亭诸人。

观《风雅广逸》,皆集古诗歌谣谚,汇为一书。薄晚,至喜鹊胡同,携新出版小说数种呈之王相。俄诣燕寿堂,联君瑞庭召饮。夜,归。

二十八日　阴

早起,终日不出,检书。过午,手抄两年内所作诗,皆散见于日记中,因子修索观余诗,故录视之。晚,文初召饮同和居,坐有子蕃。是日,成挽子颐七律一首,录如下:"岭南父老不堪别,京洛亲朋无限情。饮水何曾迷制史,登仙今更惜班生。十年冉冉音书阔,一梦沈沈匕箸惊。莫漫萧条说身后,桑田何地教儿耕。"

二十九日　阴

晨,出城,往视廷士。廷士,子颐之子,甫于前二日奔丧来京。俄访二我谈诗。昳,至仁钱馆。是日,同乡春祭。晡,趋署。晚,归。夜,观报,知美旧金山地震,损毁屋产,伤人极多。

日前在子蕃许,假得《血史》一书,归读之。原名《世界著名暗杀案》,美国佛兰斯士专逊著,前后所叙计三十一人,皆身遇刺客而亡者。其中有善有恶,有贤有愚,观之益使人懔然于社会之不易居,而重权高位尤蹈危险。世之皇皇然慕声利、图富贵,夫亦可以已矣!

忘山曰:天留刺客一种人,所以警暴君也,所以诚握势要而放恣者也。乃观于是,竟有以豪杰之士而被刺,如阿林斯其人者;以贤圣之君而被刺,如显利第四、林肯、麦坚丽其人者。嗟嗟,吾于是不能不为社会恸!

三十日　晴

观书。

《大戴礼·保傅篇》云:谨为子孙娶妻嫁女,必择孝悌,世世有行义者。如是则其子孙慈孝,不敢淫暴。此语在吾国社会中,可垂为家训。

又《曾子立事篇》云:目者,心之浮也;言者,行之指也。作于中,则播于外也。语甚精。又《制言篇》云:君子不宛言而取富,不屈行而取位。又云(六)〔五〕凿为政,心从而坏。皆古格言。

过午,趋署。晡,至义善源,即归。夜,复观书。

四月

一日　晴

晨,至浙学堂。是日,开学,凡浙中朝官齐集观礼。先由总理正副率学生拜于至圣先师前,次学生谒见总理及教务长等三揖,次学生行相见礼三揖，次谒见乡老及来宾等三揖。然后，各就演说台左右，坐听总理诸人演说开学宗旨。尚有来宾，陈其演说，慷慨激昂，颇能动人。薄午，诣二我谭诗。

五言诗追步汉魏，体格尚易；七言颇难，汉魏人制七言诗殊少，宜于后之规拟者希。

昳，赴湖广馆，观剧，沈兰秋师之约也。晡，往视廷士。又访新吾，观其书挽联汉隶。晚，归。夜，枕上得诗二篇，其一题为《浙学堂开学观礼感赋，仿琴操体》，诗云："我有良田，十年不耕兮。土壤肥沃，弃之如遗兮。年无丰凶，妻儿啼饥兮。瞻彼邻亩，芃芃萋萋兮。相彼室家，饱食以娭兮。我独何人，不自勤苦兮，将安适归兮！"

其一题为《暮春歌》，以七言摹汉魏者，诗云："春花飘落春已暮，榆钱满地不知数。静中惟闻鸟雀喧，节节足，声不住。声不住兮可奈何，春将去兮别离多。劝君莫惜此别离，年年春风归有期。"

二日　　阴，微雨洒衣，俄止

赴硝磺库，视修库门，因趋署。晡，归。慕兄在余家，时为恒儿种牛痘，有西女医何姓者来任其事。俄医者去，慕兄亦归。余随往谭。晚，回。夜，观书。

《大戴礼》所谓君子爱日以学，凡民戴名，以能造句，皆新勘，理亦邃。

尝闻法国革命志士之言曰：自由之树，以血灌溉，乃能繁茂。嗟嗟，国家之所以必有法律，人民所以必有政府，非以妨碍人之自由，正欲保人之自由也。盖恐不肖之辈恣意妄行，以私自由害公自由，故必有政府法律以维持之，亦不得已而然也。其如行之既久，而政府贵族挟其无上之权，自欲妄行自由，以妨害平民之自由，于是平民乃群起攘袂以争,欲将自由二字在政府贵族手中夺回,争之不得,至于流血,亦势激使然也。虽然,自由可以规复,政府与法律二者必不能去,何也?无此则其失自由,更甚于政府之夺之也。今也无政府党人,密布欧美大陆,彼其意竟欲因噎而废食,岂不哀哉!

欧西信教自由,于政治上享平等之权利,此令之布于社会,始于法王显理第四,彼竟以此被刺而死。嗟乎,显理第四之血,其亦为自由树作灌溉料乎!

三日　晴

至硝磺库。俄趋署。昳,出城,吊曾式如太夫人之丧。时在三圣庵设奠,宾友颇多。俄访子修,不遇,时携所作诗稿,遂留付阍者。晡,访厚庵,略谈。又诣廷士。

廷士述一奇事云:湖南人有为人绘遗像者,往往人死,殓已多日,彼能在密室中,以符咒拘死者魂至,图其面目惟肖。廷士虽未目睹,而传述纷纷,殆有其事。

晚,入城。夜,观书。

车磔之刑,我国古恒有之,泰西则罕见。独刺法王显理第四之拉威利,刺路易十五之的文,皆被此刑。其法即以四马系其手足,而分裂其尸,惨哉刑也!

卡林逊为俄之良史家,彼尝谓俄民族富于一种忍耐之性,其服从君主也如帝天。其被君虐者,则曰:吾民当各牺牲生命,供君主屠宰,以张吾君权。俄国国民之心理如此,是故自俄王伊凡第四以后,其子若孙皆不失其祖父酷好杀戮之遗传性,此俄人所以以暴国著名于世界也。

俄王彼得第三被废于其后茄的兰大,类三国时曹爽受制于司马懿,其怯懦不决,不听智士之言,自就死路,尤为酷似。观于们昵怒眦欲裂,不顾而唾,所谓曹子丹佳人生汝曹豚犬耳。们昵事,详《血史》十六章。古今同慨。

塞尔维亚王亚力山大,欲立特拉加为王后,群臣抗之不从,相率辞职,大类唐高宗欲立武昭仪为后,褚遂良辈力争,贬逐而去。东西事往往有相同者。

忘山曰:凡男子之貌,要雄而多秀;女子之貌,要美而有威。皆是不凡。

四日 晴,风

终日不出,作日记。厚庵过谈,良久始去。晡,到慕兄许,时有客施姓者在坐。是日,微寒。晚,作答宋平阳先生书。平阳与余别年馀,不通书问矣。先生近应齐东之聘,为学务处监督。泗州中丞颇垂青眼,士伸知己,遭逢不易得也。

五日 晴

晨,观报。向午,趋署。昳,出城,至福州馆,笙叔原约今日,始知改期初七,因复回署。闻松长官于明日延见僚属。晡,归,与慕兄谈。夜,观书。

《山海经》一书,自今观之,荒渺谲怪,毫无凭验,何以古博物家多据为典要,以考祯祥变怪之物,往往不爽。汉刘歆《校上山海经奏》云:孝武帝时,尝有献异鸟者,食之百物,所不肯食,东方朔见之,言其鸟名,又言其所当食,如朔言。问朔何以知之,曰出《山海经》。孝宣皇帝时,击磻石于上郡,陷得石室,其中有反缚盗械人,臣父向为谏议大夫,言此贰负之臣也。诏问何以知之,亦以《山海经》对。其文曰:贰负杀窫窳,帝乃梏之疏属之山,桎其右足,反缚两手。上大惊。忘山曰:意者当日撰是书者,必有所据,而非妄言者。今年代湮远,物类迁变,殆已成无用之书。

王右军书论精妙,今载《续苑》。

六日 晴

介石来,偕往贺长沙寿。因赴署。是午,松长官鹤龄接见寮采,既见,谈官私事,良久始退。晡,归,作日记。晚,偕慕兄诣长沙许,观夜剧。长沙年六十,初为国家兴学,乃学部立,则又摈之,人皆不平。

七日 阴,俄晴

趋署。晡,至福州馆,赴钟笙叔之约。晤伯皋,谭浙学堂事,余欲诣观之。席散,伯皋先往待余,余俄踵往,坐其研究教育所,见其教习数人,因与伯皋谈,又晤吴径才。薄晚,入城,途遇慕兄,因复偕往长沙许,观剧。

西人演戏,能使真境逼现,使坐客忘其伪。一舞台也,能涌高山,能生大海,能作风雨,能变阴晴,忽睹平原,忽现楼阁。其他可类知矣。歌郎舞女,流品高等,大氐彬彬文雅,不侪于凡庶。间有富贵子弟,大家闺阃,以登台奏技为荣宠者。以视我国,鄙为贱役,等诸玩好,社会之习尚格不相入,乌得同日语邪!邻居云:法国大剧台,以数千万佛郎造成,可容万人,为地球之冠。

八日 晴

终日不出。侯正亭过谈。作日记,答复亲友书。晚,与慕兄谈。

余友金君谨斋,述昔贤某公之言曰:俗云:做人家,做人家,视此三字,不过曰能节俭而已,抑知做人与做家有辨。何为做人?当用者用之。何为做家?当省者省之。人与家之间,权乎轻重缓急,而调剂其财,以适于当,毋吝毋费,庶乎无愧此三字。忘山闻之曰:然。急录之。

九日　晴

晨诣荫亭话别，盖荫亭将于是日南行。俄访经士谈。又视廷士。遂至厂肆买笔，遂往义善源小坐，趋署。晡，诣新吾，不遇，见其夫人。晚，归，观书，观报。连日得诗数首，录之："筹边谁复有奇谋，莽莽风云惨不收。屈突徙薪无上赏，焦头烂额尽封侯。每从海角怀知己，莫向天涯泣楚囚。回首沧桑十年事，可怜沂水竟东流。"是诗题为《偶忆甲午旧事，怀亡友陈杏孙》。杏孙与余兄弟，甲午之岁，同以上书言和得谤。后七年庚子，义和团之变，杏孙途殁沂水县。

"君本飒爽多英姿，送君西游曾几时。历历山川被儒雅，荨荨草木抱雄奇。心惊故国毛发动，苦忆佳人涕泪垂。病肺归来壮心在，何堪重过椒山祠。"题为《追悼亡友孙颐斋》。颐斋为余表侄女夫也，少年丧偶，郁郁不自得，游学西欧，五年而归，患吐血。既到上海，小瘥，因入京，欲供差外部。俄而疾发，殁于嵩云庵，时在辛卯秋。

又成《良马歌》一首，歌云："我恨骐骥走千里，竟在庸奴跨间死。我恨美人颜如花，一朝嫁到拙夫家。拙夫庸奴纷纷是，美人良马求不易。求不易兮奈若何，怀才不遇空咨嗟。劝君莫叹遇合难，遇非其人向谁言。"

十日　晴

晨，出城，在廷士许终日。是日，为子颐设奠，宾友寥落。晚始归。观书，观报。

罗大经《鹤林玉露》云：宋元丰间，洛阳诸老为耆英会，图形赋诗，一时夸为盛事，而识者悲之曰：此皆仁宗所养之君子，至是而皆老矣！林行己曰：天将祚其国，必祚其国之君子。视其君子之众多如林，康宁福泽，如山如海，则知其国之盛；视其君子落落如晨星，或摧折顿挫，如湍水，如霜木，则知其国之衰。忘山曰：独治之国，其元气寄诸少数之君子；共和之国，其元气寄诸多数之国民。是故西人之觇国者，专以品行之高下，执业之勤惰，衡其国民程度，以为国家之程度。

忘山曰：凡能劳其身者，其心必逸，故劳身为养心之一术也。农夫昼则勤苦，夜则颓然甘寝，故非心淫念无从而生。士夫生长膏粱，虽不能如农夫之力作，亦当设法习劳，如陶公之运甓，是亦一道，既可外健其体，又能内卷其心，岂非两得者邪。

韩蕲王之夫人，京口娼也，尝五更入府，伺候贺朔，忽于庙柱下见一虎蹲卧，鼻息齁齁然，惊骇亟走，出不敢言。已而人至者众，复往视之，乃一卒也。因蹴之起，问其姓名，为韩世忠。心异之，密告其母，谓此卒定非凡人。乃邀至其家，具酒食，约为夫妇。俗演剧有《玉虎坠》一出，即此事也。余谓梨园一业，士夫不可不亟为整理，盖于人心风俗智识，皆有直接之影响。其所演之事，有不见于经传，及怪妄无理邪淫不道者，皆汰除之，禁遏之，并为润饰其词文，增减其节目，且多选古今忠廉孝义，可悲可愕之事，编成新剧，使彼曹歌之舞之，亦助社会普通进化之一端也。法国戏园隶学部，其用意可知矣。

十一日　　晴

观书。薄午，趋署。晡，归。时阴云密布，风起雨至，慕兄时在余家。俄晴，文符过谈。晚，留饮。月出，坐檐下开谈，思及前年中秋之夕，望月联句，坐中有赞尧、文符、芝樵，如目前事，今越二年矣。文符时在南苑第六镇充书记长，谭及新练之军，外容甚壮，内实未足恃也。夜，枕上成五律一首，赠文符，诗云："明月照高树，孤光万里寒。犹忆中秋夜，把酒同君看。报国心未已，论兵世所难。空存杀敌志，何日斩楼兰？"

十二日　　晴

薄午,谒沈兰师小谈,因至于忠肃公祠。年年春暮,杭府同乡官齐集祠中致祭,复行团拜礼,遂相与宴饮。是日到者约三十馀人。午后拜客数家,由地安门归。观书。

赵季仁言:朱文公每经行处,闻有佳山水,虽迂道数十里,必往游焉。携壶酒,一古银杯,大几容半升,时引一杯,登览竟日,未尝厌倦。罗大经言:吾夫子亦嗜山水,如知者乐水,仁者乐山,固自可见;如子在川上,与夫登东山而小鲁、登泰山而小天下,尤可见。大抵登山临水,足以触发道机,开豁心志,是以自古圣贤豪杰,未有不嗜山水者也。

忘山曰:余爱山水,尤爱树。昨晚与子瑜闲谈,云:有好明月,不可无树;有好园亭,不可无树;有好山水,尤不可无树。是以画家画山水,先画树,诚以无树则山水为之枯寂无生趣矣。

牡丹花自唐以前未有闻,至武后时,樵夫采山乃得之,国色天香,高掩群花,于是舒元舆、李太白为之诗。至宋朝,则紫黄丹白,摽目尤盛矣。见《鹤林玉露》。又古咏梅,但咏其实,所谓"摽有梅,其实七兮",未尝及其花。至六朝时,乃略有咏之者。及唐、宋而吟咏始滋繁盛。或者古之梅花,其色香之奇,未必如后世亦未可知也。天地之气,腾降变易,不常其所,而物亦随之,故或昔有而今无,或昔无而今有,或昔凡庸而今瑰异,或昔瑰异而今凡庸。如古人之祭燔萧酌郁鬯,取其香也,今之萧与郁金,何尝有香?盖《离骚》已指萧艾为恶草矣。以上见同前。

余是夕撰祭于忠肃诗,录之,诗云:"无君有君弭国患兮,求仁得仁又谁怨兮,公室则迩其人远兮。今祠即其故居之遗址。清酒既设,侑公之神。神兮归来,慰我乡人。公去千载,公名愈赫,凡百君子,毋忘公德。"

十三日　　晴

趋署。晡,归。观书。是晚,慕兄宴客,坐有子昇、子蕃、新吾、奎章、伟侯、建斋诸君,余亦与焉。连日颇热,是晚稍寒。

连日观刘芝生译《泰西礼俗新编》,如读我国之《曲礼》、《内则》、《少仪》及《仪礼》等书,蓦然于远西文明之化,何殊我国三代之遗。所谓风俗礼教,周旋揖让,言貌动止,皆有一定之规则,而从容中道,合乎天而不违乎人,使人叹羡,使人企仰。

律也者,禁人所不当为者也。礼也者,勉人所当为者也。故礼为积极,律为消极。

西礼有吉凶同物者,如朋友之丧葬,持赠花束花圈;而于人之生也,问候产妇,亦持赠鲜花鲜果;即嫁娶时,亦有送花束者。见第五章二十一叶。途中观者,可掷花为贺。见同上三十三叶。

西人男女婚配,虽可自择,亦须待父母之允。故当官署成亲时,必将父母允据缴出,验明,方许行婚礼。惟法国有一通行之例,如父母不允,须经第三次婉求后,方可不候命而行;然成亲时,亦必须将第三次求允之函据缴出也。

西俗,凡男女成婚后二十五年,当重行婚礼志贺,谓之银婚;五十年又重行婚礼,谓之金婚;七十五年,则名曰金刚石婚。如吾国重赴鹿鸣、重宴琼林之例。余谓是法极符情理,我国人何妨仿行之。我国从前亦有六十年重暖花烛之例,然六十年为期太远,不如二十五年之为宜。

西礼论人之举止,谓坐谭之际,身宜挺直,不可倾斜,稍萌倦态。此外如欠伸涕唾,更无论矣!然身虽庄敬,须雍容自然,不可失之严冷。酬酢中举止娴雅,虽曰教养,亦赖阅历功深也。忘山曰：是语最精。

英人称教养完备之男子，曰金德孟，即我国所谓君子也。金德孟之美德，首在爱护妇女，以礼自持，而不逾界限。忘山曰：我国汉族男子之于妇女，避嫌太过，于爱护二字似未圆足，必如西人，于爱护之中，仍潜持以礼，乃为最胜。

所谓金德孟者，尤贵修洁身体，其涉世酬应，以神气爽适，衣履整洁，须发修理，齿爪雅净为主，不如是不得为完备之金德孟。忘山曰：我国名士，以囚首垢面、不自修饰为高，此实大非。盖修洁身体，所以免人之憎厌，否则以秽恶当人之前，使人不悦，殊悖于社会之公德也。是故洁也者，所以为人，非以为己。

西俗有与我国同者数事：一男女婚娶时，选邀戚友中未成家之男女数人，以伴新郎新妇；一古时婚嫁，亦盛行闹戏新人之事，今则此风稍杀；一凡有丧事，分送报丧帖，邀请送殡，仅由家属之男子具名，其于死者之职业、宝星等，历历全叙无遗。

十四日 晴

诣廷士，又访季鹰谈。季鹰赠我古诗一首，诗云："南国有嘉卉，生长秋水滨。越中多贤士，兄弟结比邻。兄乃国之柱，弟为世所珍。闭门修令德，独自善其身。凤凰方择木，黄鹄岂依人。吾道不终穷，何必皆前因。"

薄午，赴陶然亭，方勉丈诸人约饮，坐有子修、仲弢、介石、班侯、穰卿、健斋、厚庵，仅余及慕兄、子瑜三人为客，馀皆主人也。时西山隐隐在烟霭中，万苇摇碧，垂柳依依，天清日晏，追感旧游，无穷慨也。酒罢，与子瑜游法源寺，看绿牡丹。俄又偕廷士谭。至暮乃归。

十五日　　晴

晨，观书。薄午，趋署。晡，至宾宴楼。都中向无茶楼，供上等社会人谈宴者，庚子乱后，此其新创，如上海之青莲阁然。是日，约子瑜、慎行，在彼相见。晡，与子瑜同归。夜，作日记。

十六日　　风雨交作

晨起，冒雨往送子颐柩南行，同里诸友皆集于车栈，设筵公祭。时雨声浪浪不止。薄午，柩始登车。余及慕兄、勉丈、厚庵辈，小饮于斌升楼。饮罢，即归，雨犹未绝。作日记。晚，始晴。

唐元次山，避水高原，糇粮不继，遂饿而死。宋陈后山侍祠郊坛，却去假来之裘，竟感寒而死。罗大经曰：以二子之才识德望，虽曳丝乘车，食养贤之鼎，其谁曰不宜；然志节清高，宁甘饿冻而不肯少枉其道，少失其身，亦卓乎不可尚矣。忘山曰：贪夫以身殉利，烈士以身殉名，若二子者，可谓以身殉德者矣。

罗氏又曰：余家深山之中，每春夏之交，苍藓盈阶，落花满径，松影参差，禽声上下；午睡初足，旋汲山泉，拾松枝，煮苦茗啜之；随意读《周易》、《国风》、《左氏传》、《离骚》、《太史公书》，及陶、杜诗，韩、苏文数篇；从容步山径，抚松竹，坐弄流泉；既归窗下，山妻稚子作笋蕨供麦饭，欣然一饱；展所藏古碑帖笔迹名画，纵观之；兴到则吟小诗，或草《玉露》一二节，再烹苦茗一杯；出步溪边，解逅园翁农父，问桑麻，量晴雨，剧谈一晌；归而倚杖柴门之下，则夕阳在山，牛背笛声，两两来归，而林间月色皎然矣。忘山曰：余深喜此一段语，惜其笔墨犹多枝叶，特为删节之，录于是。

十七日　　晴

晨，作日记。过午，往吊崇延之夫人之丧。趋署，办催江西补送销案清单咨文。晚，归。夜，复作日记。

《玉露》云：楚公子微服过宋，门者难之，其仆操棰而骂曰："隶也不力！"门者出之。晋王廞之败，沙门昙永匿其幼子华，使提衣囊自随，津逻疑之，永诃曰："奴子不速行！"棰之，由是得免。宇文泰与侯景战河上，马逸坠地，李穆见之，以策杖泰之背曰："笼东军士，汝曹主何在，而尚留此！"追者不疑其为贵人，与之马，与俱还。三事相类。若郭子仪杀羊，而裴谞劾之；李愬进马，而温造弹之。亦此意也。

十八日　雨

晨，观书。饭后，冒雨往贺胡芸楣及徐班侯两家娶妇。晡，归。是日，成《陶然亭感怀诗》二十六韵，录如下："青山如有情，隐隐不可见。杨柳摇新绿，感叹岁月变。忆昔清平时，长安花满县。扬鞭大路旁，驱车入郊甸。郊甸何芳菲，客至憺忘归。樽酒合欢宴，文雅纵横飞。偶当夏节至，白日多炎晖。蝉声噪不已，一路槐阴肥。高秋多佳日，登临揽翠微。黄叶迷前路，凉风吹人衣。隆冬木叶凋，雨雪何霏霏。中林挺琼树，寒光动几帷。陶然共一醉，宾主两忘机。当日簪履盛，四海波澜静。歌舞满皇洲，觞咏迭相胜。忽闻鼙鼓来，烽火照燕台。干戈已满地，四郊纷烟埃。甲午与庚子，羽檄时相催。天子尚蒙尘，何况凡民侪。昔时盛游侣，半为霜雪摧。东西南北去，流离实可哀。一自和戎定，六龙复东回。城郭犹未改，楼台劫馀灰。恬嬉复故态，车马日喧豗。抚今追往昔，一梦惊春雷。世事且莫问，但举城南杯。"

十九日　晴

观报。趋署。晡，在慕兄许闲谈，俄归。子瑜来。作致程震权书。观《玉露》。

刘宋文帝时，司徒义康颛总朝权，四方馈遗，皆以上品荐义康，而以次品供御。上尝冬月啖柑,叹其形味并劣。义康曰:今年柑殊有佳者。遣人还东府取柑,大供御者三寸,上寖不能平。义康旋以罪废。唐代宗谓李泌曰:路嗣恭献琉璃盘九寸,乃以径尺者遗元载,须其至议之。赖泌一言,嗣恭免罪,而元载竟诛。宋秦桧之夫人,常入禁中,显仁太后言:近日子鱼大者绝少。夫人对曰:"妾家有之,当以百尾进。"归告桧,桧咎其失言,与其馆客谋,进青鱼百尾。显仁拊掌笑曰:"我道这婆子村,果然!"盖青鱼似子鱼而非,特差大耳。忘山曰:秦桧所以称奸在此。

杨慈湖诗云:"山禽说我胸中事。"意高而语太直,为改作两句云:"山禽啼不已,道我心中事。"便佳矣。忘山曰:余最嗜闻胡琴之声,其音节悲壮,亦如说我胸中事也。

二十日　　晴

晨观盛氏《经世文编》。逾午,趋署。晡,诣王相,与慕兄相遇。归,诣新吾,与其夫人谭。晚,归,在慕兄处晚饭。稼霖亦在坐。

凡人吉凶祸福,每有预兆,亦往往有应。晋重耳出奔,乞食于野人,野人与之块。重耳怒,子犯曰:天赐也。拜而受之。其后重耳果得国。唐马燧讨李怀光,夜宿一村,问田父:此何村也? 曰:名埋怀村。燧大喜曰:我诛怀光必矣! 果破怀光。宋岳飞讨杨幺,时幺据洞庭,出没不可测,偶获一谍者,问其巢穴,对曰:险阻,安可入? 惟飞乃能入耳。飞大笑曰:"天遣汝为是言,吾必破其巢穴!"三军大喜,迄平之。

我国自古服制,皆取宽博,雍容揖让,以师仪文。据《玉露》云:宋自渡江以来,士大夫始衣紫窄衫,上下如一。绍兴九年,诏公卿长吏毋得以戎服临民,复用冠带。论者以为扰,于是士大夫皆服凉衫。乾道中，李献之上言：会聚之际，颜色可憎，今陛下上承两宫，宜复紫衫为便。上从之。盖人情乐简便久矣。忘山曰：大都古人戎服皆窄，而礼服尚宽。元虽以蒙古入主中国，其于中原冠服，未之有改。至本朝，而始大变之，盖亦以尚武之精神立国，取便于弓马而已。至于今日，远西列强，其国民冠服之制，较我国尤为简便，盖国内几人人充兵，无一日忘战。立于竞争之舞台上，其势不能不趋此制，于是以战服为普通之常服，而无士农工商，皆壹于是，是固风会使之然。而人情乐简便，习于勤劳，崇实恶虚，亦足以观已。

上古之世，一蛮野竞争之社会也。有圣人作，制礼作乐，褒其衣，博其带，所以化其争心，而进之于礼让也。今则由蛮野之争，化为文明之争矣。列族眈眈，水深火热，使犹是褒衣博带，繁仪饰貌，将耽时废日，坐视他人之凌践，而自困于危亡。是故居今日，不求自强则已，欲自强必自改服色、简仪文始。服色亦不能全变，当师日本，凡官长军人及商旅于外国者，必不可不剪发易装，此外则听其自由可也。

二十一日　　早晴，午后微阴

趋署。晡，归。杨翰臣世兄过，俄仲华亦来谈。晚，慕兄来。夜，观书。

陶渊明《移居诗》云："昔欲居南村，非为卜其宅，闻多素心人，乐与数晨夕。"当时与渊明共晨夕，必有高人，惜乎多不传矣。

渊明自彭泽赋归之后，洒然悟心为形役之非，故其诗云："形迹凭化往，灵府良独闲。"罗氏曰：果能行此，则静亦静，动亦动，过化存神之妙不外是。

二十二日　　晴

侵晨，趋署，待恩君心锄不至。盖与心锄约，是日乘汽车诣丰台看芍药，有钟君云舫为东道主也。诓待之既久，而踪影寂然。遂诣浙学堂,与介石谈。又访季鹰。薄午,又至署,心锄尚未至,因邀香阁陈君,同车出城,至正阳楼小酌。昳,遂偕陈上汽车赴丰台。时日光下微雨,即止,车中坐久之始发轫,俄顷已到。下车踪寻云舫许,闻心锄已早车来,今适归矣。云舫差次税务局,局中屋宇清寂,阶下种芍药数本,皆含苞欲吐,清艳动人。云舫以麦饭饷余等。会有卖花人来,与议价,买得芍药六十馀朵,使翼日辇以来。薄晚,复附汽车归。慕兄适宴客,余亦与焉。夜,雷雨作,俄止。

二十三日 晴

风起扬尘。薄午,出城,先诣江苏馆,花农召饮。俄又至陶然亭,冯润田之约也。饮未及半,余离席去,拜客数家,复至江苏馆,席犹未散。薄晚,在子修许谈,即归。

二十四日 晴

往贺萨子良娶弟妇。俄至鹤庄家,以电话呼家人,告以事。因趋署。又至工程处,复访伯眉,贺锡镜蓉家嫁女。晚,归,得诗八韵,题为《丰台看芍药》:"微云淡斜阳,细雨洒郊路。驱车欲何之,薄言看花去。此花产何许,丰台三十里。其名曰芍药,芳馨播远迩。年年春夏交,士女翩然至。花开多娇色,烂然红与紫。我本爱花人,买花不辞贫。但求花解语,不愁花见嗔。"

二十五日 晴

昨夕稼霖生子。晨,观书。孟聪来谈。逾午,访子蕃谈。因趋署。俄归。夜观小说,即自子蕃许借来者,书名《劫后英雄略》,英人司各德著,闽县林君琴南所译。子蕃题诗四首,然不观书中事,无由悟诗旨也。

韩魏公曰:养兵虽非古,亦自有利处。议者但谓不如汉、唐调兵于民,独不见杜甫《石壕吏》一篇,调兵于民,其弊乃如此。后世

光绪三十二年丙午(1906年) 四月

既收拾强悍无赖者,养之以为兵,良民虽税敛良厚,而终身保骨肉相聚之乐,父子兄弟夫妇免生离死别之苦,此岂小事。忘山曰:魏公此论,可谓至当。要之,我国社会中之政令,无利无弊,亦无弊无利,察政体者不可不知。

叶(冰)〔水〕心云:唐时,道州西原蛮掠居民,而诸使调登符牒,乃至二百函,故元结诗以为贼之不如,盖一经兵乱,不肖之人妄相促迫,草芥其民,贼犹未足以为病,而官吏相与亡其国矣。忘山曰:据此,亦足窥调兵之为害。若养兵,则诚可免是弊矣。然官兵所过,其淫掠强暴,乃更甚于贼,是又兵与民分之后必不可免之一弊害也。要之,社会在半开时代,无治法可言。

二十六日　　晴

晨出城,诣花农许,看芍药。又至三圣庵,吊林贻书家之丧。遇子丰。薄午,诣义善源,遂趋署。俄归。晡,季鹰过谭。

季鹰前成七言古诗,云:"中秋之月清且皎,西风之来肃且哀。我发已白老将至,生不遇时何为哉。"末句无限悲壮。

余日来咏电信七绝一首,二我为点窜数字,诗云:"休憎鱼雁无消息,碧海天风吹一丝。怅望美人千里隔,凭君滴滴寄相思。"二我云:诗之神味,极近宋人,而峭丽清妍,正如时花美女,使人心醉。是晚,又咏脚踏车,得五绝一首:"欲寻芳草去,尽日踏春风。忽听铃声语,王孙顾盼雄。"

二十七日　　晴

晨,坐慕兄马车,赴颐和园。自西四牌楼,出西直门,至万寿山路,约十八九里之遥,皆坦平如砥。在马车中,看西山峰峦起伏,林原如画,此为上海所未有者。余于上海,独爱其道路,居则必京师之屋,以其爽垲绝于他处也。始谓二者不可兼得,今则果兼之矣,岂不快哉！

达政务处公所，日犹未午，晤慕兄及吴顷之、余海帆，因共饭，且饮葡萄酒。饭已，慕兄将归，余至工部公所。时热甚，寂坐观小说。抵暮，司中掌印桂君芝圃亦至，以明日值日奏事也。是夜，皆留宿。

二十八日　晴

晨，于梓生亦至，时奏已上，钟九鸣，旨始下。闻是日未召见群臣，并枢相亦未探知，皇上微有不适也。余与梓生辈共饭，饭已先归，到家已薄午。家人报称，张少秋病殁。午后，作书致陈省三。又诣稼霖，听所谓子弟大鼓书者，亦饶韵味。有老者曰奎君松斋，以此技擅名，几如二簧中之有长庚也，是日亦在坐，观其奏技，果不凡。昌黎所谓一艺之长，登堂窥奥，乐之终身不倦者是也。晚，在慕兄处闲谈。

二十九日　晴

饭后，访叶伯皋，不遇。因趋署。俄归，作日记。夜，观书。

《玉露》云：自古豪杰之士，立业建功，定变弭难，大抵以无所为而为之为高。三代人物固不待言，下此如范蠡霸越而扁舟五湖，鲁仲连下聊城而辞千金之谢、却帝秦而逃上爵之封，张子房颠嬴蹶项而飘然从赤松子游，皆足以高出秦、汉人物之上。左太冲诗云："功成不受赏，长揖归田庐。"

今世俗有所谓景仰、景慕等语，盖本于《诗》之"高山仰止，景行行止"二句，而不自审其误。盖景训明，谓所行之光明也。今则误以为训仰，于是多取前贤名姓加景字其上，此失不可不正。

闰四月

一日 晴

晨，趋署。逾午，至杭州馆，晤建斋、撷兄。俄复诣工程处，晤芝田、建斋、果臣。时芝田以化石桥屋事，特与余议典价也。晡，诣新吾。

余尝谓天下有四妙景：杨柳中看楼台，松柏中看山，梅花中看月，竹中看雪。皆绝艳境界。

《玉露》云：尧不以天下与丹朱，而与舜，人皆谓圣人至公无我，知爱天下，不知爱其子。余谓帝尧此固所以爱天下，尤所以爱丹朱。忘山曰：此语绝妙。自古人君中可称为大慈之父者，无过尧、舜二人，是真能善为子孙之计者也。否则以傲虐之资，居臣民之上，不有南巢之放，必有牧野之诛，爱子孙者岂肯出此。

高适五十始作诗，为少陵所推；老苏三十始读书，为欧公所许。人患不学，何有蚤暮！

老杜诗云："独鹤归何晚，昏鸦已满林。"写君子寡而小人多，君子凄凉零落，小人蹲沓喧竞，只此二语，使人寻味不尽，如此方谓之诗。

朱文公云：古者男子拜，两膝齐屈，如今之道拜。杜子春注《周礼》奇拜，以为先屈一膝，如今之雅拜，即今拜也。古者妇女以肃拜为正，谓两膝齐跪，手至地，而头不下也。拜手亦然。南北朝有《乐府》说妇人曰："伸腰再拜跪，问客今安否。"伸腰，亦是头不下也。周宣帝令命妇相见，皆跪如男子之仪。不知妇人膝不跪地，而变为今之拜者，起于何时。王建《宫词》云："临上马时齐赐酒，男儿拜跪谢君王。"则唐时盖已然矣。忘山曰：今日之拜，无论男女，膝皆着地，此风又不知自何时而复也。

古人饮食，簠簋笾豆，高不逾尺，便于取食，以席地而坐则然也。

是日，归，见问槎。盖因赴慕兄之召，饮毕将去，途遇余，遂同归，略谈始行。

二日　　晴

晨，趋署。过午，至义善源，即归。观《劫后英雄略》毕，题四绝句："秋风禾黍太萧瑟，日夕牛羊欲下来。蠢尔何知亡国愤，黄金将尽不胜哀。"其一。"笳声哀怨动寒林，休怪当年伏莽深。识得我王真面目，乱鸦绕树亦归心。"其二。"河山黯黯百年仇，老去悲吟涕未收。可叹王孙空乞食，中兴心事付东流。"其三。"漫说红颜真薄命，虎狼到此亦生仁。可怜跃马酬知己，回首凄凉百病身。"其四。

三日　　晴

晨，趋署。俄即至二我许谈诗，既述昨成数首，二我颇首肯；又道及前在电话中所诵之咏留声机及映相术二绝句，余犹未登之日记也，兹录之：《留声机》云："小院静无人，但闻歌声缓。歌声何处来，天机自流转。"《映相术》云："清影可怜甚，依稀即是君。此影无灭时，化作千百身。"

日中，归，作日记。晡，小眠，既觉，联瑞庭过谈，逮暮去。夜，复作日记。

四日　　阴

晡，微雨。未趋署，寂坐窗间作日记。

《诗》三百篇，虽云妇人女子小夫贱隶之所为，然余终疑为文人所假托者，盖玩其词句，有非深于文章不能作也。

《玉露》云：邵康节曰：夫子定《书》，以《秦誓》缀周、鲁之后，知周之必为秦也。前辈有不然其说者，以为是取穆公悔过一念而录之。庐陵罗氏曰：当穆公作誓之后，彭衙令狐汾曲之师贪忿愈甚，乌在其悔过，夫子奚取焉！况二百馀年，千八百国之诸侯，岂无一君之贤，一言之幾于道，奚独于西戎之君有取哉？盖当是时，周已不可为，而列国又皆不自振，惟秦骎骎始大，夫子知周之亡也，诸侯必折而入于秦，故定《书》之末，特收此篇，岂无意乎？且非特定《书》为然也，其删《诗》亦然，十五《国风》莫非中国诗也，吴、楚流而入于夷狄，则削而不录。秦与吴、楚等也，独存其诗。今观列国之风，大抵流荡昏淫，有日趋于亡之势，惟秦始有车马礼乐，其诗奋励猛起，已有括八州、毕六王之气象，夫子存而不删，又岂无深意乎！

宋杨诚斋云：人皆以饥寒为患，不知所患者正在于不饥不寒。语殊有味。

古诗云："人生不满百，尝怀千岁忧。"而渊明以五字尽之曰："世短意尝多。"东坡曰："意长日月促。"则倒转陶句尔。余谓可以心广天地狭对之。

《吕氏春秋》曰：今兹美禾，来兹美麦。注云兹，年也。《公羊传》曰：诸侯有疾，曰负兹。注云：兹，新生草也，一年草生一番，故以兹为年。古诗云："为乐当及时，何能待来兹。"

张仪云：兵不如者，勿与挑战，粟不如者，勿与待久。二语，用兵者所当知。

作日记毕，坐檐下看报，赏雨。晚，闻慕兄返自津，因往谈，即归。

五日　晴

趋署。逾午,诣䌷斋谈。绕后门归,问槎来谈。抵暮去。

我国目前事事习仿西欧,譬之是犹猿猱之学人也,其如人格未成何!

闻秘密党人,阴滋暗长于东南各行省,并与某某会党勾联,潜运军火入口,大有蠢动之意。忘山闻而叹曰:是辈人大可怜!彼其志在破坏,以求完整,姑无论其计未必成也,就令成焉,亦为东西列强自相驱除而已。我破坏之,以为他人完整之地,享其利者终非我族类也,奈何犹不悟乎?哀哉!

六日　晴

访子蕃不遇,留诗还书。趋署。晡,诣崇,画稿即归,以电话与子蕃谈。子蕃又假余书。是日,写信二封。

西儒有言:劳苦中有无限快乐。余深会是理。《小戴礼》曰:庄敬日强,安肆日偷。余加二语曰:勤劳日乐,安逸日苦。

七日　晴

晨,访子蕃谈,即趋署。过午,往贺石樵娶妇。因谒王相谈,时王相假将满,仍欲请开缺,以奏稿视余。晡,至义善源,即归。撷珊匆匆来谈。夜,观报。

八日　晴

为川如妹改论。子蕃过谈,读余日记,俄去。是日,阅《越南游历记》终卷。

华人之在越南者,颇苦法人之身税,然亦华人所自取。盖凡来其地者,贤不肖相杂,间有行劫及为窃贼者,法政府果从豁免,则以后来此之华民愈多,多则愈不可问矣。

越南有一种脚肿之病,实因食米所致。盖米中含一种微生物,须经热度百四十，方可食之无害，否则必不能免得病，须改食不舂之米，医之如法，一年可愈。

夜，观西人小说。

九日 晴

晨，观报，又观《法国司法组织》及《政教考》二书。

法国古诉讼制度，凡平民与教士涉讼者，官与主教会讯之。忘山曰：是法极良，我国何不仿行？

法国自一千五百十五年至一千七百八十九年，为专制时代，当时非无司法之制度，惟王家有所谓恩诏，分为七等：一曰赦罪诏；二曰减等诏，凡有罪者，献金于王，持恩诏投司法院以求免或减等，恩诏之轻重，视罪人纳金之多寡为率；三曰易刑诏，免重刑以就他刑；四曰照准诏，如平民例不得与贵族通婚，有诏者准之；五曰缓期诏，如负债者及期不能偿，得诏者债主不能追之；六曰废约诏，平民私立合同契约，如欲废毁者，须奉诏乃可注销；七曰承产诏，承产者得诏可免偿先人之欠负。忘山曰：观于是等，乃专制之真面目，若我国则何曾有此等事，虽有时颁赦罪诏，然必于罪之轻者或可减等，至重罪则无可移易也。是故我国专制之程度，未达极点，尚有祖宗之法制以范围之也。晡，与赞尧对酌。读陶诗，陶诗纯是天籁，味淡而雄。夜，观小说。早眠。

十日 忽阴忽晴，忽雨忽止

晨，坐马车至颐和园政务处，晤徐菊人。时慕兄偕奎章往军机处公所，久之始返。余遂在彼午食。昳，随慕兄往视鹿芝老病。晡，与慕兄同车归。晚，复观书。

法国有政治高等院，专为审判总统之有隐谋，或私通外国，图害政府；各部大臣之有营私侔利，不守职分，及国民之结党谋叛，以图倾覆政府各逆案。忘山曰：司法之权，竟将君民一体归入其判断之界内，其权可谓重矣。然非此不足以言法。

法国倡认《人权大纲》，第一条曰：受生立世，人尽自由，厥权惟均，社会阶级，悉本公益。忘山曰：厥权惟均，是为平等。然平等之中，又非无阶级，此言最无弊。

第八条曰：法律即民意。忘山曰：所谓民者，统国人而言，即君亦在其中。

十一日　晴

趋署。饭后，至工程处，寂无人焉。访新吾谈。归，作书致南中亲友。薄暮，子修在慕兄许，往与谈，时微阴。夜，小雨，即止。

十二日　晴

晨，诣浙学堂，访介石谈。俄诣叔雅，纵言时事，留午食。昳，诣厚庵，遇慕兄。晡，归。观书。

《人权大纲》第五条释义云：人心之善恶，难以烛照，故法律之力不问心迹，专及行为，且仅及行为之有害于社会者，国会申明之，一扫古代诛心之政。忘山曰：昔者我国汉武之杀颜异，曹操之杀崔琰，隋炀之杀薛道衡，皆以情意悖逆四字定其罪，所谓古代诛心之政也。诛心二字，本非法律界内所应有，盖法律必有所据而后能定案。心最无据，故法律之力，仅以行为为界，而心迹万不能问。

又，百种营业皆可自由，法律不得干涉之。惟医生、药师则不然，因庸愚足以杀人，故法律上有稽察考验之权。

美国宪法谓：刊印自由，乃守护国民自由之城壕。忘山曰：是非民智大开之社会不可，若半开社会，则谬辞盲说，最足误人，可以致乱。

十三日　晴

趋署。时工部已设艺学馆，有延余为国文教习之说。是日，与石孙及药樵谈。过午，往视王相，未见。与奎章等谈笑，并作象戏。晡，归，复与慕兄及子瑜同坐马车至六国饭店，仍约奎章至晚餐。夜，归。月明。

十四日　早晴

午后，阴风尘起。趋署。归，览《经世文》及其他书。

养兵而使兵但知有君，不知有国，此大病也。是故当大乱时，兵与贼皆为民害。

世谓英国之政体，乃为历史所镕铸而成，斯言良不谬也。盖历史二字，即以代表千百年来演变之迹。

法国国民，实隶本国，年届二十一岁，且未受有损体面之处分者，始具公民资格。所谓资格奈何？曰可预选举，可应选举；曰可充法堂之见证；曰可充陪审乡老，可充文武各职。

又凡已充议员者，所享有最优之权利，即在会议期内，如被人控告，苟非当场捉获，不得拘捕。皆法国之制也。

十五日　晴

晨，往唁仲一峰。一峰，余同僚，时有父丧。俄出城诣二我谈。日中，至浙学堂，公饯提学使三人，即吴子修湖南、黄仲弢湖北、叶伯皋云南也。是日，乡老葛尚书、沈侍郎辈咸到，皆为主人。先设宴，合饮尽欢。俄总理引三学使登台，学生台下左右行列，乡老向台中坐。先由总理演说今日饯别之意，次学生唱送行之歌，台上奏乐歌毕，由吴学使演说，勉励诸学生，演毕皆下。余兄慕韩复登台演说。每演说毕，众皆鼓掌。晡，复合诸提学及乡老、总理诸人及学生等，合映一相，始各散。余兄弟又诣佩葱小谈，即归。是日，热甚。

十六日　晴

趋署。午，归。是日，慕兄延师课时侄，师为张君景川，设酒款之，余陪坐。时风起尘飞。

法国各部之外，有国察院，专任核查例案，剖释例文，赞助政府创拟法律，以备议院核议者也。凡政府行政有不合法律文意，及讲解参差之处，无论官民，皆得赴诉国察院。国察院所核断，必须遵行，且作为例案，以备援引。其寻常核断者，以国家与郡邑轇轕之案为多。忘山曰：据译者称：国察院略似我都察院。其实都察院虽有纠劾之权，而无核断之权，不可相提并论。

十七日　晴

趋署。昳，至义善源，晤叔耘。因诣仁钱馆，吊少秋丧。慕兄、厚庵皆在焉。是日，全浙团拜，在湖广馆演剧，余亦赴焉。夜半归。

十八日　晴

至全浙馆，访介石，又诣二我谭。薄午，趋署。晡，至署中新设之艺学馆，旧充则例馆，改为学舍，凡讲堂斋屋咸备。时已延余为国文教习，尚有算学及法律二门，算学教习胡君叔蕃，法律教习朱君石斋，是日皆见，商酌课程。馆中提调为松君雯青、潘君经世，教务长为于君梓生，庶务长为瑞君际唐，监学为容君伯涵、陈君宇芗，尚有书记二人，皆已派定，拟二十四日行开学礼。

十九日　晴

坐斋中编国文讲义。晡，出城，赴同丰堂嵩子山约饮。子山，余同僚，新简浙江金华府知府。在坐多金华同乡，亦有杭人。晚，至醉琼林，韩力腴约饮，坐有书衡。

力腴颇持积钱主义，以种种捐输及赈施等事为不然，亦持之有故，言之成理。

余告以将尽教育义务,力腴曰:教习初登台,犹处女也,君其将为处女乎?余大笑。

外国民间,凡为个人所有之产业,契据多收存官银行中,以官银行之在国中为最稳固之地。以视我国之户部银行,其信用之厚薄,相去霄壤。

吾读《郁离子》而有感,《郁离子》,明刘基伯温著。其论葺屋之言曰:吾闻屋坏而栋不挠者可葺,今其栋与梁皆朽且折矣,举之则覆,不可触已,不如姑仍之,则薨桷之未解者,犹有所附,以待能者。苟振而摧之,将归咎者,弗可当也。况葺屋必新其材,其取材也惟其良,不问其所产,非空中而液身者,无所不用。今医闾之木竭矣,规矩无恒,工失其度,斧锯刀凿,不知所裁,如之何其可葺耶!

又云:瓠里子自吴归粤,相国使人送之,曰使自择官舟以渡。送者未至,于是舟泊于浒者以千数。瓠里子欲择之而不能识,送者至,问之曰:舟若多也,恶乎择?送者曰:甚易也,但视敝篷折橹破帆者,即官舟也。从而得之。忘山曰:我国凡事凡物,一属于官,即不堪问。孰知当元末明初刘青田之时,已若是邪?嗟嗟!

二十日　　晴

趋署。逾午,归。问槎在余家,纵谭,又为余斟酌国文讲义,指摘其语病之处。余颇心折。俄问槎去,余因亟图改良。

二十一日　　晴

终日不出,编讲义宗旨,以文有二体:曰记载,曰论说。而学文者必先习记载,后习论说,方不紊次第。晚,脱稿,名曰《国文浅义》,其文太长,不录于是。

二十二日　　晴

热甚。是日,易葛衣。薄午,出城,至厂肆购《马氏文通》,此书为丹徒马枚叔建中著,盖即仿外国文法书葛郎玛体例,演讲本国文法,古所无也。余拟以此书课署中诸学员。俄趋署。又至艺学馆,晤经世、雯卿。晡,归,再商榷讲义,字斟句酌,务求无憾而后已。夜,秉烛命仆写之。眠稍迟。

二十三日　　晴

趋署。以讲义视教务长于君梓生,梓生首肯,因付印。盖用东人印机,无庸镂刻,且非排字。先以薄油纸铅笔书之,下衬净纸,手持机轴,石其质,涂墨而圆转压之,墨皆随铅笔痕下漏,既揭则衬纸上字迹朗然。如是者可以印千百纸,所谓用力少、成功多也。晡,归。慕兄已返自颐和园,在余斋中,因与略谈。俄复欲改所为讲义,卒止,以心思锐入太过,则反迷失,故孔子曰:再,斯可矣。晚,观《马氏文通》。

马文论古文凡三变,曰春秋之时,文以神,《论语》之神淡,《系辞》之神化,《左传》之神隽,《檀弓》之神疏,庄周之神逸。周秦以后,文运以气,《国策》之气劲,《史记》之气郁,《汉书》之气凝,而《孟子》则独得浩然之气。下此则韩愈之文,较诸以上之运神运气者,愈则仅知为文理而已。故《文通》内所取为凭证者,至韩愈氏而止。忘山曰:所论虽未必尽确,然颇有思致。

二十四日　　微阴

晨,趋署。俄长官齐集,惟胡芸老未到。是日,艺学馆开学,长官率执事人及教员学员等,于至圣先师前行三跪九叩礼,俄教员及执事人等见长官,学员见教员,皆三揖,礼成。顷之,设宴,长官款饮三教员。宴毕,始散。余亦归。是日,稼霖生子玉树弥月,肃衣冠贺母。薄晚,又与慕兄谈。

二十五日　晴

晨诣陆、崇、张三长官，谢酒。薄午，趋署。是日，艺学馆初次开讲，余上堂演说《国文浅义》。晡，归。夜，与赞尧谈。复增拟星期一讲义。

世俗诋人学之不足者，莫不曰浅，曰空。盖浅不如深，空不如实也。余曰不然，学之未得也，当由浅入深；学之已得也，当由实入空。故深之前不可无浅之一级，实之后不可无空之一境，斯不刊之论也。

各种学问，惟算学一科其教人最有次序，余谓各种学皆不可不仿算学之教法而为之。譬诸教人登高楼，而不视人以阶梯，如何其可？

二十六日

黎明，雨，即止，晴光满庭院。趋署，交讲义，使付印。向午，诣胡芸老。又往喜鹊胡同王宅午饭。与梅先、允玉诸人射诗覆。又观小说书。晡，谒相，略谈即退。复与梅先为象戏。观《马氏文通》。俄衣冠谒鹿芝老及松、傅二长官，皆未见。晚，归。

《郁离子》又有言曰：多能者鲜精，多虑者鲜决。忘山曰：名言。

《空同子》明李梦阳著。有言曰：五行木金水火四气不内邪，邪入则坏；惟土内污，污变则化，化则神，是故贯四时而独功也。在人，脾为土，游溢精液，输灌肺肾肝心，不然百物食之，腥荤臭味，秽杂于胃中，何以发神明而行变化。《庄子》神化为臭腐，臭腐复为神化，盖言土也。忘山曰：名言。

二十七日　晴

晨，趋署，收外省解到驾衣。薄午，至艺学馆。是日，二次上堂讲记载体课义。晡,散。诣新吾谈。晚,在惠丰堂饮,监学陈宇香约。

忘山曰:宋人不言理外之事,世以为拘而泥,抑知非也。所谓理者,如木之有文理也。天下之理,皆生于事中,当因事而虚心求其理,不可虚悬一理,以衡度天下事。盖天下事出无穷,理出亦无穷。宋人误认先有理,后有事,且于事之前横鲠一虚理,于是事之起也,有与其虚拟之理不合者,遂谓断无是事,则大谬矣,岂特拘而泥邪?天下之理,未有可虚而拟者也。可以虚而拟,则其理在事外,非事在理外也。

骨鲠,以玉簪花根汁滴之,则化。见《空同子》。

二十八日　晴

晨,作日记。薄午,趋署。午后,至艺学馆,上堂问昨所讲课义,使诸学员一一答,余为之记分数。晡,归。介石过谈,述及燕生来书,有新发明之意见。余一时不能尽记,容他日详问介石,再为录之。晚,复预备讲义。

空同子围炉而观铜瓶之水,热极则响转微,乃喟然而叹曰:嗟,至宝不耀,至声无闻,天之道哉!忘山曰:斯言与西儒所谓河愈深响愈小意同。

阳已回则寒愈剧,人将亨则困益至,祸败萌而气焰愈炽。忘山曰:名言。

又云:文不必太约,太约伤肉;不可太该,太该伤骨。

又云:多言畔道,故曰讷,曰慎,曰谨,曰寡,曰默,曰时。凡与人谈,简言少失矣。忘山曰:言苟太简,则人将不用脑思,其智识愈益浅短,是故不言可也,不思不可也,思而不学尤不可也。学而后思之,当而后言,则言虽多无害矣。彼曰慎讷谨默者,正虑夫不思而言者也。

二十九日　阴

晨,作日记。薄午,趋署。昳,上堂讲《荀子·劝学篇》。晡,归途诣子蕃,纵谭。晚,到家。

三十日　晴

晨,趋署,拟咨行稿。午后,问昨所讲课义。晡,归。复作日记。晚,诣慕兄谈。

《空同子》云:《书》之言,多西土之音,如呼我为台,本奴来切,至今西人犹然,而训者为怡。又如西人谓都是为纯,而纯其艺黍稷,谓都是艺黍稷也,今训者为全。又西人著刀干此事,则呼为所,而所其无逸,王敬作所,训者以为居处。

又云:理欲本同行而异情,此道不明于天下,于是近里者讳声利,务外者黩货色。又云:有恃必坏,恃勇者乱,乱必亡;恃才者凌,凌必伤;恃壮者纵,纵必夭;恃势者骄,骄必戕。又云:自高无卑,无卑则危;自大无众,无众则孤。又云:曲蘖为酒,酒成而曲蘖弃;读书求义,义精而文字捐。忘山曰:语皆是。

五　月

一日　晴

是日,夏至。晨,趋署。饭后,上堂为诸生讲《马氏文通》。晡,归。闻川妹患热未退。作日记。晚,坐院中纳凉。连日酷热,久不雨。夜,芝樵过谈。

二日　晴

晨,访二我谈。薄午,趋署。饭后,艺学馆上堂,监视诸生撰课。晡,归。作日记。晚,阅诸生卷,评定甲乙。余题为《夺马订交》及《破瓮救儿》二事,盖先课诸生作记载体文也。分甲乙丙丁戊五班也,列甲班者四人,曰永绍亨、恽宽仲、悦镜涵、荣季铭。

三日　　晴

阅卷。薄午,在慕兄许宴客。风而雷雨作,俄即晴。热甚。坐有刘聚卿、沈谱琴、施伯彝、李叔耘,及介石、稷堂、经才、爽夫诸人。宴罢,皆散。叔耘至余斋中小坐。天又作云,风起稍凉。俄而雨,逮夜不绝。

《空同子》有云:桃李不言,下自成蹊者,实也。李广口呐呐不能吐,而亡之日,无识不识哀焉,以实也。黄宪、郭林宗,无功业、事实、文辞表见于世,而天下颂之者,以是也。忘山曰:千古无功无言,且无实迹,而能名闻于后世,如黄、郭之流者,盖亦不多见也。

或论岳武穆之退兵,曰将在外,君命有所不受,何退为?空同子曰:恶何言也!不受命者,其身犹将也,周亚夫是也,非召之使还也。召之还,是夺之也;夺之而不受命,是叛也。将而叛也,夫谁其与之?忘山曰:论颇公允。

又云:天生才必用,孔孟弗遇,为万世师,不谓之用,何邪?子陵、渊明,世遗之矣,然闻其风者,必起尘外想,不谓之用邪?

又云:春王正月,系王正月之上,明子月非寅月,初无它意义,而先儒每以大一统言之,近凿。

四日　　晴

云翳不尽,日光忽隐忽见。趋署,始知是日学馆放假,即归。逾午,撷兄来。俄班侯亦至,为川妹疗疾。妹患长热不退,前延庸医,为药所误。

五日　阴

晨,班侯来视川妹疾。日中,在慕兄许午食,坐有李旭庵,余甥也。盖余长姊静仪,许字李氏,未嫁而卒。姊夫柱臣,仍以子婿礼谒先人,并馆余家,时已续配永清刘氏,其后柱臣亦病殁,有遗腹子,即旭庵也。旭庵此时已二十馀,素随母居永清,今来都,欲择良好学堂入肄业焉。是日,来贺节,因留午食。昳,又来余斋中坐,并进谒母亲及澜妹等,俄去。晡,余出贺节,即归。薄晚,家祭。

六日　早雨即止,晴阴不定

趋署。昳,艺学馆上堂,为诸生讲毛遂自荐。讲毕下堂,急回司中坐,雨甚不能行。晡,雨小止,始往喜鹊胡同,奎章辈方为骨牌戏。是晚饮于六国饭店,沈谱琴约,坐有经士及章仲和、庞莱臣。夜,归。从骑一仆,坠马伤面。

七日　雨,午后止

薄午,趋署,上讲堂问课毕,发给诸生课卷,即归。班侯又来纵谈,至暮乃去。晚,家祭。观书。

海沂子曰:人之生也直,心直则身直,可立地参天;不直则横,心横则身横,横行者禽兽也,可畏哉！忘山曰:人禽之界,一直一横而已,人之身也,即心之所造,岂不可畏。

海沂子曰:开辟后五大圣:燧皇钻火,女娲补天,伏羲画卦,神农教稼而尝药,黄帝制度以利用。尧、舜,特润色耳。忘山曰:补天乃道家之寓言,非真有是事。天本无物,何用补邪？故开辟后,可称四大圣。

陈龙川子曰:汉高祖、唐太宗、宋太祖,皆圣也。朱紫阳曰:搅金银铜铁为一器,可乎？龙川子曰:天地不宜空虚数千年无圣。海沂子曰:龙川主心,紫阳主德,德由心造也,纯驳或判焉,谓非圣则不可。忘山曰：圣者通明之谓，以天才胜；贤者纯粹之谓，以学力胜。故有贤而不圣者，亦有圣而不贤者。若尧、舜、禹、汤、周公、孔子，所谓圣而贤者也。若孔门颜、曾以下诸弟子，所谓贤而不圣者也。至于汉高祖、唐太宗，圣则圣矣，其于贤则犹有惭色。何也？皆天才优而学力稍逊者也。惟宋太祖一生无失德，不当以不贤论。

八日　晴

薙头。薄午，往唁文初，文初丁父艰。即趋署。是日，上堂讲文法。晡，至松云庵，王相国约饮，奎章昆弟陪坐。俄归。晚，在庭院纳凉。

海沂子曰：无知而良知，良知寂而为性，感而为情，行而为能，运而为才，立而为志，绌而为思，拟而为虑，忆而为意，萌而为念，志而为识，悟而为觉，妙用为神。忘山曰：数语绘心象极精，惟拟而为虑、忆而为意二语，尚未稳惬。

又云：古斥乡愿，今惧乡浮。浮言废行，浮行废事，浮事废政，浮政废国。镇浮何阶？曰：惟实惟真。忘山曰：凡物虚则轻，常浮于水面；实则重，重则沉，无患其浮矣。

九日　晴

黎明进内，绕地安门行，未至西苑门，则乘舆将出，已清道，急鞭而驰。比至六项公所，禁卒肃立，铙吹已动，询之知为连日得两驾至大高殿拈香，答谢天佑也。自庚子变后，驾出皆奏军乐，稽之吾国旧社会故事，实为失体，盖天子之行也，以严静为尊，乃为是嚣喧之声以渎焉，非制也。是日，见长官，白监收驾衣事讫。在公所遇刘健侯谈，俄归，小眠。薄午，趋署。是日，上堂考课，题为《毛遂论》及《孟母不欺幼子事》。晡，归。阅卷，并为改削，至夜已毕。

十日　　晴

晨,班侯来。薄午,趋署,治清淮销案。晡,诣李旭庵。又至会芳园,龚仁舫约也,小坐即归。评定昨阅卷名次,分甲乙丙丁四班,列甲班五人:恽宽仲、增达臣、悦镜涵、荣季铭、永绍亨。

十一日　　早阴

趋署。逾午,上堂讲课艺,发给所阅卷。晡,诣新吾。晚,归。雨。是日,在署观《海沂子》终卷。《海沂子》,明王文禄世廉撰也。王氏曰:《国风》:"风雨凄凄","风雨萧萧","风雨如晦",气象愁惨,与乱世思贤之意正合,乃宋儒概斥为淫诗,冤哉!又云:孔子删《诗》,存《秦风·无衣》之章,可以知其决霸;《黄鸟》之章,可以知祚之不长。《大学》、《中庸》二篇,载《小戴记》中,宋仁宗取赐吕臻、王尧臣及第,程、朱传之,颁诸学官。

古礼制服,母齐衰,父斩衰。王氏以为父母俱服斩衰,自明洪武礼制始。待考。

十二日　　阴,向午晴

班侯来。作致星墀书。日中,趋署,上堂。晡,诣叔耘谈。晚,至喜鹊胡同,途中云作,风起雷鸣。比至王许,雨至,滔溜如注。晚,饮于华东,施伯彝、章仲和约,湛卿、伯皋、问槎俱在坐。

十三日　　晴

往唁庄斡卿于观音院,斡卿丁外艰。薄午,趋署。途访叶伯皋,即至署,上堂问文法。晡,归。观《朝鲜近世史》,此书日本北总林泰辅编辑,我国人刘世珩所校译也。余于朝鲜事迹素茫然,今始明了。

朝鲜当我国殷亡周兴之日,箕子避乱来王。历九百年,至箕準,为燕人卫满所逐。而卫氏王于国,八十馀年,为汉武帝所灭,遂为四郡：曰乐浪，曰玄菟，曰临屯，曰真蕃。后又隶二府：曰平州，曰东州。当是时，北方扶馀种族渐南进，建国号高句丽。南方有马韩、辰韩、弁韩，辰韩统三国，号新罗。高句丽之一族，亦南略地，号百济。其他乐浪、带方、马韩、任那等郡国，并歼灭，仅馀高句丽、新罗、百济。其间割据陵轹相争数百年，而高句丽、百济亦为唐所灭。新罗统一其地，保有二百馀年，至其季世，国政大乱，甄萱、弓裔之徒，接踵而起。弓裔部下有王建者，终代新罗开国，是曰高丽。世世相继，凡五百年。至元末明初，李成桂起握兵柄，为群下所推戴，遂代王氏有其国，复古国号曰朝鲜，为今王之始祖。

朝鲜世系，首太祖成桂，开创基业。七年传位于世子芳果，是为定宗。二年禅于弟芳远，是为太宗。太宗英迈，奖励文教，十八年禅于世子祹，是为世宗。世宗贤明，励精图治，在位三十二年薨，世子珦立，是为文宗。文宗二年而薨，子弘玮立，是为端宗。时宗室强盛，世祖瑈竟以叔父夺位，凶逆备至，大类明永乐，时代亦相先后，而其治迹，则颇有可观。纂修《经国大典》，不见其成而薨。子睿宗晄立，一年薨。成宗娎立，王后尹氏垂帘，七年还之成宗，时《经国大典》告成，朝鲜制度文物于是大全。王且极力兴学，人才辈出。成宗薨，燕山君立，有戊午、甲子二变，杀戮知名之士甚众。俄被废，中宗怿立，冤杀贤相赵光祖，是为己卯之祸。而金安老、尹元衡相继擅威福。于时仁宗峼、明宗峘相继为王，朝廷树党相攻，杀戮之惨益酷。自乙巳至丁未，名贤之死者百馀人，国人痛愤。明宗在位二十二年薨，宣祖昖即位。宣祖稍雪士林之冤，而壬辰乱作。日本丰臣秀吉，假道伐明，朝鲜不从，遂致兵连祸结，直至秀吉病死，其乱始息，而国内已糜烂矣。宣祖在位四十一年薨，光海君珲立，而我大清起于满洲，势日强大。明人来征兵，与共伐满洲。

俄明人败，朝鲜遂降于清。未几，光海被废，仁祖倧即位，又与满洲媾兵，卒受大困，终臣服纳质焉。及清代明有天下，遣使往贺，始放所质世子淏归。仁祖在位二十七年薨，淏立，是为孝宗。孝宗深奋为我朝屈辱，志雪国耻，密图报复，修兵备，在位十年，未及举事而薨。显宗棩立。是时明室全亡，而朝鲜向明背清之志，犹不易也。自是历肃宗焞、英宗昑、正宗祘三代，犹知思慕前朝，外虽阳奉正朔，内阴用崇祯年号，其输忠于明如此。当时朝鲜党派最盛，自宣祖以来，已分东人、西人，互相抵排。自后东人中更分为南人、北人，及壬辰乱后，国家多故，北人中复分为大北、小北，而大北中又分为中北、肉北、骨北。小北中亦二党，为清小北、浊小北。其初事权皆在东人、北人掌中，及西人翊仁祖有废立功，始得志，分其党为清西、功西、老西、少西。此外又有所谓老论、少论，大抵不外处士横议，如明末之东林，宗臣贵戚皆畏惮之。后寖以恩怨为是非，攻击挤陷，至无已时，因之互掌国政，迭胜迭败，或树旗帜，相与犄角。直至大院君毁书院，逐儒生，不用党人，其患始息。正宗既薨，纯祖玜立，英宗妃金氏垂帘，未几归政，而外戚及王族由此专横。纯祖在位三十四年薨，宪宗奂立，在位十五年薨，无子，迎立全溪君瓛子昪，是为哲宗，立金汶根女为妃。汶根柄国，悉用己族，金氏一门，权倾内外。哲宗在位十四年薨，无嗣，诸大臣议立兴宣君昰应之子熙，即今王是也。而昰应即为朝鲜酿祸，波及东亚全局之大院君，其事已为人所共知，不赘述矣。

是夕，在慕兄许晚食。问槎在坐。夜，雨。

十四日 晴

芝樵约饮福兴居，往赴焉。主人未至，乃索食毕即趋署。昳，上堂演说学校规则。晡，出城观剧。晚，归，遇雨。

十五日　　晴

趋署。是日,不上堂,以明日将放暑假散学也。且以法学一堂,是日考验程度之高下,遂免国文。晡,归。复观《朝鲜史》。晚,在庭纳凉,月上,清风徐来。夜,大雨如注。

十六日　　黎明,雨始止

晨,趋署。是日散学,长官复至,率诸人拜于先师前,礼成共饭。晡,归。检书,薙头,观书。晚,雷,微雨即止。

当元盛时,高丽为其藩属,及元主北走,明兴,其朝有二党:李仁任、池大渊等主从元,郑道传、朴尚衷主事明。两议纷然,既而卒决从明之议。时当太祖成桂未得国以前也。

朝鲜太宗命李稷、朴锡,铸铜制活字数十万,印行书籍,世传铜制活字,创自朝鲜,盖不谬也。

又有所谓号牌,仿元制,政府给之人民,每出入佩持,所以明户口,此法始于高丽恭让王,至太宗复兴之。

朝鲜又有所谓谚文,形体仿篆书,原于蒙古八思巴文,于世宗二十八年设局,有郑麟趾、申叔舟、成三问等,制作字母二十有八字,分初、中、终三声,合之成字。自中宗至正宗,澌灭仅二十七字,洎今为二十五字,以通用焉。

十七日　　阴

往颐和园,至政务处公所,欲寻慕兄语事,见陈蓉曙,始知兄已赴天津。遂留午食以归。途中,风雨大作,衣履尽湿。雨逮暮不绝。夜,作书。

今之条陈时政者,吾有以拟之,拟诸乞丐歌于人之门,其为可怜,蔑以加矣。

今之诋为恶者,曰真做得出。夫恶人之为恶也,则惟患其做得出；而善人之为善也，则又惟患其做不出矣。做得出三字，即才也，才足以济恶，亦足以辅善。

十八日 晴

唐长官学使，覆命回工部任，趋署谒见。薄午，归。检书终日。

十九日

终日不出门，作日记。是日，爽夫偕戴朗台过谈。

朝鲜世宗恤刑狱，尝欲改律文，曰：前法主杀奴婢不问曲直，必抑奴右主，奴固微贱，亦天民，滥杀无辜，岂理也哉。

我国从前目日本人为倭奴，故明时倭患最大。殊不知倭是日本一种边寇，彼不得志于本国，遂扰及邻邦。朝鲜及我国，皆受其患，其于日本国家无涉也。

朝鲜世宗，有海东尧舜之名。

朝鲜李滉，字景浩，号退溪，庆尚道真城人。深究性理，躬行实践，朝鲜五百载，推为儒宗。盖程朱之学，高丽末造已行，故郑梦周以道学气节名世，至朝鲜益盛。其尤著者为金宏弼寒暄、郑汝昌一蠹、赵光祖静庵、李彦迪晦斋、李珥栗谷、成浑牛溪等，而滉其巨擘也。滉与李珥，颇为宣祖所尊任，讲学论治，一时翕然。惜不能购得两君遗书而读之。

壬辰之乱，朝鲜陆军虽连失利，而全罗左水使李舜臣庆尚、右水使元均等，与日本舟师战于巨济洋，大败之，其功不可没也。

朝鲜文教，当推成宗时为全盛，其后英、正二宗，亦斐然有述作之志，如命金在鲁等续撰《经国大典》，及合原续为一书。此外诸儒，纂辑诸书，如《小学训义》、《兵将图说》、《续五礼仪》、《勘乱录》、《文献备考》等，列名极繁。

朝鲜俚语，有所谓世道，世道者，掌握国柄之谓也。初置世道使,掌传奏而已,其后权势最重,自领相以下,至于卑官散职,咸听其命。每军国大事,百官章表莫不先启世道,而后奏王,王复咨询而决焉。故生杀予夺,惟所欲为。首膺世道之任者,正宗时洪国荣也。

是晚,闻慕兄归自天津,往与谈。

二十日　　晴

晨,访二我纵谈。昳,至厚庵许小坐。未几,二我亦来,因同车至陶然亭,则有大开寿觞,宾客纷然,满堂满室无盈膝地,怅然而去。复至龙泉寺,憩禅房中,二人共话。俄日沉西,共至广和居,丁叔雅约也,坐有介石、穰卿诸人。

二我有奇疾,一闻俗人言语,耳便聋,须历十馀小时,乃平复如故。

厚庵偶以小事与人龃龉,气愤上不可抑止,余谓之曰:毋然也,人苟无量,非养身之术。

二我授余以养马之法,曰刷趴饮喂傯五字诀。又曰:草膘料力水精神。又相马之法:马之行也有四种,曰走,曰颠,曰蹚,曰跪。觇马之岁,于齿观之,凡马齿有六:初生长短不齐者,曰编牙,齿齐而中并凹者曰六岁,中二齿并凹平者七岁,六齿并平者八岁。马之饮食良否,于其粪及毛泽觇之:凡粪出圆小紧缩,及身毛细整光润者,是多食料者也;反是则虽肥壮而无筋力,是多食草者也。

二十一日　　晴

书联,终日不出。作日记。晡,雨,即止。晚,在檐纳凉,得五律一章,题为《雨过》:"雨过凉气发,高槐密密阴。蝉声吟不断,山色晚来深。寂坐抱幽趣,飘然横素襟。石间一明月,相对两无心。"

二十二日　　晴

趋署。逾午,至源丰润及义善源小坐,与叔耘谈。俄入城,至工程处,即归。作致南中亲友书。晚,庭院纳凉。

湖南水灾颇重,好善之士又纷纷劝赈,顾此实合文明程度,西人优为之,往往大富之人,身后遗产不予子孙,而乐存诸公家,以助种种善事,斯诚达人也。

二十三日　　晴

趋署。昳,复至义善源,与叔耘、伟侯谈。晡,又拜客数家,至厂肆小坐。遂入城,访朗台谈。暮归。

友朋多年不见者,忽从远道来相会,使我心喜,如获至宝。若久居一地,常得晤谈,反无此趣。何以故？人生会合无常,往往一别之后,有隔数年,顿生人天之感者;有逾数十年不通音问,尚得连襟握谈者,其得重见,不异已死而复生也。然试思既合而再别之后,相见又邈无期日,则当此小聚之极短时刻,岂能不宝视之？嗟嗟!稍纵即逝,岁月如流,使人起无穷之感喟也。

余之日记,可谓能耐久。当丁酉入都秋试时,与杏孙同寓伏魔寺,对阒而居,彼时朗台、螺舲、青莱诸人常过谈,读余日记,及今已十年,而余矻矻未辍也。杏孙、青莱已不知所往,世变翻覆,所居所遇,令人苍茫四顾,为之神痴。

二十四日　　晴

子瑜自学堂归,往与谈,索得影片归。作书复天津卓厚斋及徐汝霖书。逾午,观书。入内谈,即出写扇。晚,纳凉。

《汉书·南蛮传》有知唐桑艾四字,译音也,义谓所见奇异。曾见新吾壁上悬横幅,为冯君志沂所书汉隶,即此四字。是日,为宽仲书于扇。

俗传团扇自古有之,摺扇创于高丽,不知确否。

西国男子,虽盛暑不张盖,不挥扇,惟女子得用之,以示男体健于女也。

二十五日　　晴

晨，访班侯，即趋署。饭后，归。观报。撷珊来谈，久之去，复观报。

俄、法宪法，已颁布报纸。自欧西文明社会观之，其中自多不完，然在专制政界内，不得谓非进步。据某日报言：俄皇忠告我考察政治大臣曰：反对立宪为最危险之事。不识此语确否。

二十六日　　小雨

趋署，与诸人谈。俄归。是日，车中观《燕丹子》终卷。

田光为燕太子谋曰：窃观太子客，无可用者。夏扶血勇之人，怒而面赤；宋意脉勇之人，怒而面青；武阳骨勇之人，怒而面白。光所知荆轲，神勇之人，怒而色不变。忘山曰：一勇而有血勇、脉勇、骨勇与神勇之别，词义甚新。

荆轲刺秦王时，有姬人鼓琴，琴声曰："罗縠单衣，可掣而绝。八尺屏风，可超而越。鹿卢之剑，可负而拔。"轲不解音，秦王遂得脱。

既归，作致友人书。詈仆。慕哥来，同诣稼霖，听音乐。

二十七日　　微晴

晨，往谒肃邸，未见。因送子修行，与绹斋谈。俄访问槎，又往视王相，与奎章谭。晡，复诣新吾，即归。观书。

《胡子知言》一书，宋胡宏撰。宏字仁仲，幼事杨龟山先生为师，传其父安国之学，优游衡山下二十年，玩心神明，不舍昼夜。张南轩先生师事之。绍兴间，秦桧擅国，先生上书万言，词气慷慨。桧死，被召，竟以疾辞，卒于家。

《知言》有云：静观万物之理，动处万物之变。语精。

又云:有毁人败物之心者,小人也;操爱人成物之心者,义士也;油然乎物,各当其分而无为者,君子也。又云:强暴感仁义而服者有矣,未闻以强暴服强暴,而能有终者也。

又云:有道德结于民心而无法制者,为无用,无用者亡,刘虞之类;有法制系于民身而无道德者,为无体,无体者灭,暴秦之类。忘山曰:此法制指专制界内之法制而言。

二十八日 微雨,过午止,阴晴不定

晨,观《日本宪法》及《东华录》。逾午,诣浙学堂,访介石谈。因诣季鹰,使相马,遂留纵谭。

季鹰曰:昔仲尼谓门弟子曰:居则曰不吾知也,如或知,尔则何以哉?公平日抱负不凡矣,处今之时局,一旦身为首相,举国相从,则将何先?答之曰:吾将选于天下,而得通旧政利弊,及内地情状者五十人;又选于天下,而得通新政得失,及久游各国者五十人。以重金延聘,集于幕下,开聚议所,明定评议规则,使百人者昕夕讨论于其中,题其室曰国脑,为平治中国之思想条理发生之地。吾惟国脑之言是听,惟司决之行之而已,吾所先不外是。二我大惊失色,曰:"子真提衣而挈其领也,嗟嗟!身为首相,举国相从,何日有此事邪?子休矣,复何言!"

余与二我高谈雄辩,抵暮将去,二我出为余命驾,则余之仆夫及二我之御者二人亦并坐昵语甚酣,归而告余。余笑曰:两小无猜,二老畅谭。二我大笑。

二十九日 晴

又有牵马来售者,以昨马有足疾却之,此别一马亦不佳,仍挥之去。终日不出,观书。晡,经才过谈,即去。晚,纳凉,听蝉吟。

六 月

一日 晴。热甚

趋署,午饭。饭后,至义善源小坐。俄涂过厂肆,归。浴身。为芷香书扇。晚,至慕兄许纳凉。大雨如注。

二日 晴

金锡侯来谈,并看屋即去。趋署。拜客,往视厚庵病。归而遇雨。车中观书。

《胡子知言》曰:深于道者富,用物而不盈。忘山曰:语有味。

又云:水有源,故其流不穷;木有根,故其生不穷。忘山曰:人有学,故其得不穷。

富可以厚恩,贵可以广德,君子岂不欲富贵哉,顾得之不得曰有命,能安命然后为君子。目所可睹,禽兽皆能视;耳所可闻,禽兽皆能听。视万形,听万声,而能错综变化于心,生无穷之智慧,长无穷之能力者,惟人能之。

胡子曰:修为者必有弃,然后能有所取;必有变,然后能有所成。名言。

持出世学者,专以抱一守真为道;持入世学者,专以伦常日用为道。岂知道无不包。得道者,小之可以持身,可以处世,可以驭变;大之可以治国平天下,可以超九天、穷九渊。不离乎是,即一艺之精,一术之微,能造其极者,皆暗合道妙。要之,不外乎能操能纵,能刚能柔,能实能虚,顺其自然,因物付物,无往而不如志,是之谓化道。言与道化合也。

三日　　晴。日中,微雨即止

以电机问厚庵病。袁项城之次公子将游西山,到都时在慕兄许,余往相见。子瑜亦在坐。俄共饭,饭罢,听子瑜抚琴。

俗乐悦耳不悦心,古乐悦心不悦耳。我国今日士夫,皆不知国乐,所日听者皆俗乐也。若有弹琴奏古曲者,皆沉沉欲睡。嗟嗟!

归作致亲友书。观书数叶。晚,纳凉。子瑜来,坐庭院中听沈瞽者歌。夜半,大雨倾注而下,天明不绝。

四日　　薄午,雨小止,然犹未晴

终日观书,作日记。

胡子云:行谨则能坚其志,言谨则能崇其德。又云:以反求诸己为要法,以言人不善为至戒。又云:执斧斤者听于施绳墨者,然后大厦成;执干戈者听于明理义者,然后大业定。

胡子云:汤武以仁义得天下,汉、唐亦是以仁义得天下,惟井法不立,诸侯不建,天下荡荡无纲纪,此所以不如殷、周也。忘山曰:治天下之法,必因天下之势,井法之不可复,诸侯之不可建,势也,岂能强其所不能哉?欲扶井法、封建之制,惟当周室幽、厉之时,有王者兴,伐暴诛乱,以代周室,诸侯归之,天下庶几可以复固。不幸东迁之后,天下无主,诸侯互相竞争,齐桓、晋文相继开霸术,而大吞小、强凌弱,数百年来一变而为七雄,再变而为吕秦,于是先王良法美意,荡尽无遗,非一朝一夕之故矣。夫法制坏之既久,而欲以旦夕修复之,亦岂易哉。非独法之坏也,人之心亦与之俱坏矣。法坏犹可以人心修补之,人心坏岂良法所能挽回之哉?幸也汉、唐不用井田、封建也,用之是导天下之争,盖天下之乱将不可复平治之矣。汉景七国之祸,新莽王田之扰,岂非殷鉴乎?或曰:井田、封建不复,于是盗贼内扰,胡马直入,庸得治乎?曰:斯言岂不然哉!要之,我国数千年无人而已,有人则井田、封建虽不可复,必有代井田、封建之良法,可以渐渐组织而成极巩固之社会,使外患不侵,内乱不作也。今岂其时乎？惜哉犹无人之兴起也。即有人焉,亦非百年不为功。何也？法制犹后,教育为先,改天下之政治法度易,救天下之人心风俗难。

五日　　晴

往视陆凤老疾,因趋署,则已成泽国,司堂上水潦泛溢,无置足处。俄归。书屏及联,作日记。

胡子云:事之误非过也,心之惑乃过也。忘山曰:事之误,皆由心之惑,心之于事,犹形之于影也。

又云:天下无大事,我不能大,则以事为大,而处之也难。名言。

又云:物不独立,必有对,对不分治,必交焉,而文生矣。物盈于天地之间,仁者无不爱也,故以斯文为己任,理万物而与天地参矣。忘山曰:文之一字,可贵处在此。须知圣人之所谓斯文,盖涵于天地万物而言,误以为文辞之文,则谬甚矣。

王通曰:乐天知命,吾何忧;穷理尽性,吾何疑。忘山曰:语是。

忘山曰:用人之道,曰信,曰疑。顾其信之也,必持之有故,言之成理;其疑之也,亦必持之有故,言之成理。反是,则其信其疑,皆足以偾事而有馀。

胡子又有粹语三,惜不能完全,余为改之曰:天下莫大于心,患不能推之尔;莫久于性,患不能顺之尔;莫成于命,患不能信之尔。不能推,故远近广狭原作人物内外,亦可不能均原作一也。不能顺,故措注言动原作死生昼夜,非是不能当原作通也。不能信,故富贵贫贱不能安也。

胡子又曰：凡人物激则怒，怒而不能消；感物而欲，欲而不能止。忘山曰：圣人非无怒也，一怒即消；非无欲也，一欲即止。

忘山曰：怒也者，无形之气也，发而不止，能摧伤万物，如风灾。欲者，贪欲，无形之水也，发而不止，能淹没万物，如雨灾。邵二我曰：树欲静而风不止，苗欲秀而雨不息。

社会上所以多风潮者，风即气也，由众人之气不平所致。夫欲平众人之气，必先平己之气；己之气平，众人之气亦与以俱平矣。今之有志办事者，其知之。

胡子又云：智不相近，虽听言而不入；信不相及，虽纳忠而不爱。名言。

六日　晴

介石过谈，即去，将至喜鹊胡同谒王相，余因先往待之。俄介石亦至。余独入见，王相适感微疾，故未能与介石谈。晔，旋车过署，小坐即归。作日记。

胡子云：穷则独善其身，达则兼善天下，大贤之分也；达则兼善天下，穷则兼善万世，圣人之分也。语是。

忘山曰：理与义，二者之分界：理是自然，义是当然。

胡子云：礼文多者情实必不足，好毁人者其心必不良。

唐文宗曰：宰相荐人，当不问疏戚，若亲故果才，避嫌而弃之，亦不为公。忘山曰：斯言极是，凡避嫌而弃才者，其私过于袒庇亲故之人。何也？袒庇亲故者，尚知爱人；避嫌弃才者，惟知有己。避己之嫌，屈人之才，其罪重大。

胡仁仲云：陆贾对汉高帝之言，乃古今治乱一大关键，惜乎帝之不能用也。又云：使帝用其言，必不袭秦故尊君抑臣，必复井田之制，不致后世三十税一，近于貊道；必兼用仲尼立嫡与贤之法，使坐制于母后。忘山曰：尊君抑臣，为亡秦之馀习，先儒莫不非之矣。井田虽不必复，而三十税一之近貊道，虽厚于民之小己，实害于社会之公益，以致教民养民卫民诸要政，皆莫之举。由是观之，担荷重税，为尽国民之义务，古先王之制本自如此，故其税十一，不得再有所损矣。后世法制荡坏，常惧扰民，不得不轻。及今欲复之，宜组织地方自治，法使果能完备，斯重税可行，不必待用井田之制也。立嫡与贤者，两贤之中，择其嫡长，嫡长不贤，斯舍嫡而取贤。汉高蚤立文帝，吕氏能为祸哉？胡子之识远矣。

胡子假汉高听贾言，征鲁两生，两生之对，皆陈大义。上曰：愿闻其目。对曰：历世圣帝明王，应天受命之大德，小臣何敢专席而议，愿陛下与天下共之。上曰：善。于是诏天下搜扬岩穴之士。忘山曰：余前答二我之问也，不期与之潜合。治天下之术，固自如此。商鞅变秦而强之，卒以亡之；王安石变宋欲富之，反以乱之。皆专席而议之过也。

是日，严伯玉过谈。夜听奎松斋弦歌，韵调高古，非时辈所能及。

七日　　半阴晴

终日不出，作日记。晚，有牵马来视者。夜，至子瑜许谈。

八日　　晴

趋署。午饭。昳，诣新吾谈。又往视文初，未见。归，慕兄亦来余斋中坐。俄随往观其新买花草，生意盎然。晚，观书。夜，纳凉。

《知言》曰：天下有三大：大本也，大几也，大法也。所谓大几，有四：一曰救弊之几，二曰用人之几，三曰应敌之几，四曰行师之几。几之来也，变动不测，莫可先图，必寂然不动，然后能应也。忘山曰:西儒所谓善捕机会,即是此意。

胡子又曰:制井田,所以制国也;制侯国,所以制王畿也。王畿安强,万国亲附,所以保卫中夏,禁御四夷也。先王建万国,亲诸侯,高城深池遍天下,四夷虽虎猛狼贪,安得逞其欲而肆其志乎?秦而降,郡县天下,中原世有夷狄之祸矣。忘山曰:三代而下无治法,先儒类能言之,不待今日始有发明者。

九日 晴

趋署。薄午,诣王相谈。昨日王相以电机传语见召。俄,慕兄亦来,留共午饭。饭已,慕兄假寐,余卧而观书。晡,诣砚孙谈。

忘山曰:今日当轴诸公之有权者,无实心任天下事则已,其果有实心也,吾赠以两言:一曰实行,一曰改良。盖非实行,不知办事之难;又非时时改良,不能获进步之益也。

晡,访章一山谈办事之学理,甚合。即归。晚,纳凉。

十日 晴

戴朗台过谈,留午饭。

朗台云:德国胶州总督之驻我山东也,滨海居民争欲食其肉,盖其种种横虐,肆所欲为,地方官亦无如之何。有某县知县某公,明干有才,一日因铁路事,颇与之争。盖铁路相联系之巨钉失去,遂诬道旁贫民之窃之也,以告县官,使擒治。某公疑焉,面见总督曰:"是物甚牢,取之匪易,公等试为之,吾往观焉。"总督乃命司轨人使从事焉,俄见挚极巨且重之机器来,竭数十人力运转之,钉始下。某公笑曰:"民家安能藏是巨物?且此间昼夜有警兵,即挽以来取,若是之难,顾无人觉察邪?"总督不能答,公因厉声曰:"讦我良民者为谁?"总督曰:"警兵某言之也。"公曰:"此人亦我国民,盍畀我系之去,治以罪。"总督不可,公亦不与争,乃轻车入省垣,告大吏，行文索其人。大吏某怯事不允，公曰："请由藩库输我白镪数千，吾能办之。"大吏许焉。公乃以是巨费，发电文数千字，由胶墨百姓出名，告胶州总督不法事于德政府。德人闻之，专使来验问属实，未几召总督归，以他人代之。人皆服公智略。

朗台云：各省开办铜圆局，无不一一折阅，且种种不如法，独有高松如者，保定人，在武昌为香师所信重，使办湖北铜圆局，大著明效，获利甚厚。讯其所以然，则以濒受委时，与香师约法三章：一不许上游荐人；一事权归一，他人不得干涉；一铜圆铸成，不禁出口。

晡，朗台去。余出街浴身，时微阴不雨，即归。晚，纳凉。

十一日　晴

诣浙学堂，访介石谈。俄诣二我，使相马，又纵谈。

西儒云：哲学为各种学问之政府，天下万事万物，种种学术，种种原理，皆受其统辖，被其吸力所引去。

二我云：哲学如黄金，得之者有操纵万物之权。

二我云：哲学于万种学问，皆有密切之关系；明哲学，则万种学之原理皆通，宜其为诸学之政府也。

《戴记·大学》所谓格物、致知、诚意、正心、修身、齐家、治国、平天下凡八级。忘山曰：凡人之能力，可以求诸在我者，到家为止。家以上，虽仲尼犹有莫我知之叹。是故今俗语赞美人之所长者，皆曰：到家，到家。

晡，往视厚庵病。因访叔雅，论治事必先平气。叔雅难云：昔左文襄自云，一生办事，得力在气。此何说也？答之曰：人一日无气则死，岂可无也，要须平之而已。孟子曰：吾善养吾浩然之气。是气也，当运用之于无形，以佐大业，成大功；若不能平焉，而轻扇动之,则著形而变为狂风,斯不能为利,反为害矣。暮归。

十二日　　晴

相马。趋署。过午,至义善源,晤芷香。晡,归途吊张冶老之侧夫人。因访子蕃谈。

子蕃曰:唐人之诗,可谓上矣。余笑曰:诗至劣亦要似唐。

十三日　　晴

往贺沈兰秋师,因至太升堂,是日宴集同僚,到者四十馀人。晚,归听奎松斋弦歌。松斋善谈,因与之谈。

松斋云:前闻都中有所谓热佛寺者,以佛像无端而扣之炙手,于是群愚蚁聚,焚香祷拜,颇著灵应,如是者年馀。忽有人来言:我曩昔在佛像后煮饭,火气蒸之故热。众始恍然,佛亦不灵。又某地有石佛寺,其初在旷野,孤耸一石。一日暴雨,俄晴,遍地皆水,而石独不沾濡,人以为神,遂鸠工庀材,治庙宇。男女祷拜,趋之如鹜,颇著灵应。如是者数年。自后有人来言:"是日我持盖踞石而坐,雨止即去,石故不湿。"众始悟,石亦自是不灵。二说皆可破人之迷信。

十四日　　晴

晨起,观书。

《薛子道论》,明薛文清瑄著,其言多名理。

薛子云:人知天下事皆分内事,则不以功能夸人。

薛子云:变化气质之道,轻当矫之以重,急当矫之以缓,褊当矫之以宽,躁当矫之以静,暴当矫之以和,粗当矫之以细。忘山曰:维至人能重,能轻,能缓,能急,能躁,能静,能暴,能和,能粗,能细。学者但可救其偏而已,若得此失彼,又非至当者也。

又云:浑厚中须有分辨者在,乃可。

逾午，夏肯斋过谈。俄丁问槎来，留晚饭。夜，至慕兄许谈。

十五日 晴

访班侯，适薙发，匆匆数语而去。俄诣浙学堂，访介石。又诣二我谈。遂趋署。午后，诣新吾，不遇。新吾夫人病热，延医治之，盖宿疾也。晡，归。顺道访文初谈，即归。

刘元城力行不妄语三字，至于七年而后成；薛文清治一恕字，二十年尚未消磨净尽。力行之难如此。

薛子云：色斯举矣，翔而后集，大而出处，小而交接，皆当见几而作也。忘山曰：《易·系辞》云：知几其神乎。

薛子有数语，皆合乎治事之学理：一曰未合者不可强言以钩之，若然则近于谲；一曰不可乘喜而多言，不可乘快而易事；一曰处人之难处者，正不必厉声色与之辨是非，较长短，惟谨于自修，愈谦愈约，彼将自服，不服者妄人也，又何校焉；一曰须有包含，则有馀意，发露太尽，则难继；轻言轻动之人，不可以与深计，易怒易喜者亦然；势到七八分即已，如张弓然，过满则折。

十六日 晴

晨，访子封谈浙学事。俄视介石于学堂，又专拜二教习：一孔步辛，一许九畹。并晤金锡侯叔侄。日中，因并邀至广和居小饮；复约季鹰、子封，俄先后至；时绚斋已先在，亦邀入席。共谈学堂中内容，大致了然。酒罢，各散。余独随季鹰、子封至工艺场茗谈，其地仿佛上海之味莼园，有高林旷野，颇饶逸趣。

是日，星期。晡，绕道正阳门而归。

十七日 晴

贺嫂氏生日。趋署。昳，诣东城谒王相，谈及浙学堂将有冲突。王相曰：可请干臣、班侯等出作调人。晡，归。将至家，遇新吾,因邀至斋中,坐谈良久去。是晚,秉烛写定规则,为十九日浙学堂会议之预备。夜深,眠。

十八日　　晴

访班侯。薄午,偕往视幹臣,亦谈浙学堂事。日中,同往广和居,复约介石来,共议明日商办条件。酒罢,各散。余偕班侯往视厚庵病。晡,又访二我谈。既归,观书。

薛子又有粹语云:人未己知,不可急求其知;人未己合,不可急求其合。

薛子又云:一法之立也,须坚如金石,信如四时,则民知所畏而不敢犯。忘山曰:是说极合,而有疑之者曰:法律以随时改良,方有进步,当修改之时,岂非有违于坚信二字之义?答之曰:法律未定时,不妨日新月异,以求完善;既定之后,则非坚如金石,信如四时不可也。或曰:然则法律一定,倘行之久而有未善,遂不可改乎?曰:可也。必有期限,或一年,或三年,为改法之时。当所改之法未宣布以前,其行旧法,坚且信如故也。及夫既宣布之后,其行新法,又当坚且信如故也。夫何疑焉?

薛子又云:天下之事,缓则得,忙则失。忘山曰:天下之事,亦有速则得,迟则失,两说皆当参观互用,不可偏执。神而明之,存乎其人。

十九日　　晴

是日立秋。晨,诣浙学堂,商订议事规则,布置乡老议员办事人坐位。午后,同乡诸公陆续齐集。晡,入议事厅,以次坐定。本堂监督提议要件,议员以次起立建议、驳议。提议凡二:一学堂中议购一屋产,在顺治门大街,已付定银二百,今因经费支绌,应购应辍,请议;一学堂经费,恃印结费为大宗,而捐纳将停,印结不足恃,以后应如何筹款之法，请议。嗣经同人互相论议，卒决定屋事缓商，而筹款之法分三种：一由同乡外官分任，一由本省各府分筹，一加增学费。议结而散。晚，余及班侯同至醉琼林，王奎章约也。汪建斋亦在坐。

二十日　　微阴

饭后，诣新吾，不值，与伯眉谈。俄诣工程处，以电机与尹芝田谈。语罢，遂至喜鹊胡同谒王相。薄暮，往徐子山家。是晚，子山招饮，坐有新吾、伯眉并子山昆季数人。子山夫人，余妻妹也。父为颂阁先生，家有荒园失修，多长林丰草，瓦舍三椽，子山憩息其中。兄星曙，以道员官天津，适归省，亦入席坐谈。肴膳精美。

二十一日　　微晴

诣灵清宫，晤爽夫谈。即趋署。午后，至工程处，见尹芝田。因出城答拜诸来投刺者。车中观书。

薛子有云：圣人取人极宽，如仲叔圉、祝鮀、王孙贾，皆未必贤，以其才可用，犹皆取之。后之君子好议论人者，于人小过必辨论不置，而遗其大者，视圣人包含之气象远矣。

又云：常人见贵人则加敬，见敌己者则敬稍衰，于下人则慢之而已。圣人于上下人己之间，皆一诚敬之心。忘山曰：此所谓平等。

又云：疾恶之心，固不可无，然当宽心缓思，可去与去，审度时宜而处之，斯无悔。切不可闻恶遽怒，先自梦挠，纵使即能去恶，己亦病矣。况伤于急暴，而有过中失宜之弊乎！又云：观圣人之去小人，皆从容自在，若无事者。所谓可怒在彼，己何与焉。忘山曰：以上皆治事中切要之学理。

薛子又云：不观阴阳乎？其化皆以渐，而不骤；人之处事如是，则鲜失矣。忘山曰：所谓阴阳之化，即道也。人苟悟道，法道之自然，何事不可为？

又云：作事快心，必慎其悔，盖消息循环，自然之理，持之有道，则虽亢而非满矣。又云：为政当有张弛，张而不弛，则过于严；弛而不张，则流于废。忘山曰：皆是道，故不悟道者，必不能办事。

又云：圣人言人过处，皆优柔不迫，含蓄不露，此可以观圣人之气象。又云：接物宜含宏，如行旷野，而有展步之地。不然太狭，而无以自容。

又云：必能忍人不能忍之触忤，斯能为人不能为之事功。

又云：唐郭子仪，竭忠诚以事君，故君心无所疑；以厚德不露圭角处小人，故逸邪无敢害。

又云：常人才有触，即有不平意，只是量小。

又云：众阴方长之时，未易胜也，深于《易》者知之。忘山曰：又是道。

忘山曰：所谓哲学者，即是道，故通乎道者，无所不通。东西人变其名曰哲学，其实一而已矣。

晡，诣厚庵，视其病，劝其服东人药。厚庵首肯。晚，至福兴居，润田约。慕兄自天津归，亦在坐，尚有景沂、幼轩及稼霖昆仲。

二十二日　　阴，微雨

薙发。何肖雅来，先人丙子门下，亦十馀年不见矣。出城，诣班侯、幹臣，皆不遇。诣访介石，又不遇。因视厚庵病，闻略有转机。晡，又访王稷堂、施伯彝二人谈。晚，仍访幹臣，相见深谈。

忘山曰：凡居众人之上而治事者，最忌善怒，一怒而脑筋乱。一人之脑筋乱，众人之脑筋亦与之俱乱，于是所治之事无不乱矣。

居上之人，不必亲治百事也，其一言一动，皆与治事有影响，故不可不慎。一出言之微而无条理,一动足之细而无分寸,人即轻之。凡居上者一为人所轻,则百事不能治矣。

二十三日 微雨

饭后,衣冠登车,往谒戴少怀师,以自海外甫归来也,未得见。往视厚庵,慕兄已先至,闻服东医药,大见明效。坐久之,与慕兄偕往祝方勉丈寿。与爽夫诸人谈。

凡事必经目睹,又为身所试验,而始信者,其智慧最短浅。天下事物甚多,岂能一一目睹,而躬自验之?君子惟以学理推定,即足以坚我之信力,愚人反是。

晡,至浙学堂,与介石谈。晚,归。雨甚。

二十四日 阴

驾车访奎星垣,时居武王侯胡同,余同僚也,屋宇宽洁,阶前养花草,谈良久,归。作日记。午后,大雨,抵夜不休。

二十五日 微晴

作日记终日。夜雨。

世传《风后握奇经》、《太公六韬》皆伪书,然细观其书,亦有条理。伪撰者当是魏、晋间人,故虽伪,亦古书也。余曾观一过,《六韬》中粹语尤多,疑当时有所本,非妄撰也。如《文韬》云:太公曰:见善而怠,时止而疑,知非而处,此三者道之所止也。又云:大农、大工、大商,国之三宝。三宝安其处,民乃不虑。语皆甚精。《武韬》云:鸷鸟将击,卑飞敛翼;猛兽将搏,弭耳俯伏;圣人将动,必有愚色。确是魏、晋人语。《龙韬》励军第二十三,所谓将有三胜:冬不服裘,夏不操扇,名曰礼将。将不身服礼,无以知士卒之寒暑。出隘塞,犯泥涂,将必先下步,名曰力将。将不身服力,无以知士卒之劳苦。军皆定次,将乃就舍,炊者皆熟,将方就食,军不举火,将亦不举,名曰止欲将。将不身服止欲,无以知士卒之饥饱。数语颇可诵。

兵家所谓阴符者,阴为符节,以通将意也。阴书者,通阴符之所不能尽,一合而再离,三发而一知,敌虽圣贤,莫之能识。

《龙韬》又云:将不仁,则三军不亲;将不勇,则三军不锐;将不智,则三军大疑;将不精微,则三军失其机。亦可诵。

二十六日 晴

是日,皇上万寿。查君访慕兄,未遇。余往与谈,俄去。介石过,方下驴,在门外相揖,因共至斋中,商订浙学章程。饭后,介石先去。哺,余持章程访幹臣,不值。诣班侯谈。复至浙学堂,与介石小谈。归而微雨。

二十七日 晴

趋署。积潦不退,自后墙阙处入,始与同僚相见。饭后,诣新吾,即归。观书。

曩在邵二我家,观壁上悬西人油画,远瞭之细入毫芒,情景逼真;近观乃极粗,以问二我。二我笑曰:天下事皆当如是观。余颔之。

兵家有言:攻击者,最善之防御也。是故能战而后能守,能进而后能退。

二十八日 晴

观书。奎章过谈。逾午,撷珊来,久之去。晚,观报。

俄人立宪后,议院与政府屡有冲突,俄皇怒,解散议员,另举,全国大乱。

二十九日 晴

晨,往视陆凤老病,遂趋署。逾午,至工程处。哺,往喜鹊胡同,遇慕兄。晚,同在德春堂夜饮。归已三鼓。

三十日　晴

枕上已闻仆人来报厚庵病没,急披衣起,盥漱毕,因驾车往视。履平出见余,伏地大哭。余亦无以慰之。余初见厚庵,即先莲姊嫁时,余方总角,今逾二十年矣。厚庵一生忠厚,而寿未及花甲,理邪数邪?皆不可知。

又往唁花农,五日之内姑妇并亡,家运至此,尚何言。薄午,诣浙学堂,视介石,预备明日开学事。晡,至畿辅先哲祠,同乡数人为消夏会。俄赴佩葱约。又访幹臣谈。

七　月

一日　晴

浙学堂是日开学,余先往与介石等谈。俄幹臣来,慕兄亦至,遂相与谒圣毕,登台宣布新修订章程,并听学生唱歌。歌词激昂,足壮志概。日中始散。余及慕兄饮广和居。饭后,即诣履平,待送殓。日暮,始成礼。

二日　晴

趋署。昳,归涂访子蕃。晡,到家,成挽厚庵联:"以忠厚接物,非至德欤,痛彼苍不佑善人,憔悴忧伤以没世;有药石赠君,厚庵前服日本医药,已渐愈,忽屏绝,专投本国药,以致误事,余曾力规之。惜已晚矣,幸诸子各执一艺,聪明俊达足承家。"

晡,大雨。逮暮不绝。

三日　晴

命仆磨墨,书挽联。以初八艺学馆开学,备讲义发钞。晡,作日记。观书。

国是二字，出刘向《新序》，其言曰：楚庄王问于孙叔敖曰：寡人未得所以为国是也。孙叔敖曰：国之有是，众非之所恶也。夏桀、殷纣不定国是，而以合其取舍者为是，以不合其取舍者为非，故致亡而不知。庄王曰：善哉！愿相国与诸侯士大夫共定国是。

穗积陈重氏，日本人，论礼与法，沈氏秉衡译其语，余录其数条。一曰礼也者，由爱敬及畏敬之性情而生，以显其行为之状态者也；一曰斯宾塞之说礼，亦斥人为说，而采自然发生说，谓彼高等动物中即有礼在，例如弱犬遇强犬而仰卧，则空举其四足，以示无抗之状态，或被鞭挞而垂尾下首，以表服从之状态，是皆对于强者示畏敬，而慰和其心也。忘山曰：崇自然发生说者如此，其实自然与人为二说，离一不可。盖所谓人为者，必合乎自然之性；而所谓自然者，又非人为以画一之，则不能人人尽其性也。

又云：礼为人类最先之统制力，哀利斯薄利难兴《探险志》云：太以基中人，无裁判所，而有精密之礼仪，对于神明，对于首长，而一切之社会之关系，皆依之而定。

四日　晴

晨，往吊鹤庄夫人之丧。因视问槎略谈，即趋署。午后，诣新吾。晡，访介石于浙学堂，又诣履平。晚，在燕春园饮，坐有叔雅、穰卿，饶石顽约也。是日，奇热。

石顽云：吾尝足迹遍欧洲数大国，探风访俗，而知东西有大相乖忤之处。往往在彼为品德高尚，人人称颂，而在我以为不避嫌疑，被人耻笑者。如西俗，凡涂遇不相识之妇人，苟其衣服污尘，急为拂拭；或持物甚多若勿胜者，代为提挈，送至家，匪独其夫感激，且人人以为美德。忘山曰：是亦不足异，盖西国敬重妇人，如我国尊视老者。诚以妇人体弱，能力不完，男人有担任将护之职，非有他也。

石顽又曰：以人心风俗论，我国上等社会诚逊西人，而下等之莠民，反有能胜之者。最横暴者莫如盗贼，而我国之盗，或白昼入人家，或中途劫人，多先向人索财，不与则以白刃胁之，必不得已然后伤人。西盗则不然，其劫夺也，必先毙人之命，而后取其财。最无耻者，莫如妓，而我国之妓家，即遵大路揽人袪，或倚门卖笑，其遇客也犹或有羞缩难言意，西妓则麇聚路旁，觍然自向客求欢，甚至启裳自露其私，种种丑状，使人欲呕。

石顽又云：欧洲山水佳处，莫不艳称瑞士之尼瓦湖，然较诸我之西子湖，终觉略逊。何以故？人功太多，失天然之趣矣。余颇谓然。

五日　　晴

奇热，终日不出。观报。作致亲友书。观书。

用人必量才而授以事，则无损越。《刘子》北齐刘昼孔昭撰云：伊尹之兴土功也，长颈者使之蹋锸，强脊者使之负土，眇目者使之准绳，伛偻者使之涂地。

子贡始事孔子，一年自谓胜之，二年以为同德，三年方知不及。以子贡之才，犹不识圣人，况其他乎？

李恕谷，名塨，蠡县人也。颜习斋弟子。著有《阅史郄视》一书，刻《畿辅丛书》中，是日取观之，多伟识名论，使人心折。

薄晚，徵升廷召饮同和居，与赞尧偕往。时热甚，汗雨下。

六日　　昨夜雨，晨起犹未止

慕兄自园归，趺往谈。时考察政治五大臣已还自海外，各上疏请定立宪及改官制。是日薄午，得电语，诸公所上摺奏，奉旨交军机政务及北洋各大臣会议，再请旨决行。

有德国女师名迈达者，在海外与川妹、慧侄女娴熟，慕兄归时，延订来华，课家中男幼读书。是日到京，川妹诣车栈迓以归，暂居兄处，异日将别赁屋焉。作日记。晚，往与子瑜谈。

七日　　晴

趋署，与石孙谈。日中，归。观《阅史郄视》。

太公曰：先谋后事者昌，先事后谋者亡。忘山曰：此与美国某实业家告饮公之言，谓凡事之成算，皆须在未事以前安排妥定，若待事起，则已措手无及矣，意正合。

李氏云：凡人有大器者，于小事多不精察；小事精察者，多不能临大事。是故孙叔敖相楚三年，不知辄在前，衡在后。夫以数数米盐之察，不可以居大位，而况君人者乎？然此为好事琐小者言之耳，若夫用兵者，必尽晓兵之事，而后可以用兵。督农者，必尽晓农之事，而后可以督农。至他经济亦然，又不可以娴细小为辞，自居于迂疏也。

又云：汉高以踞床洗足见英布，而厚之以帐御饮食，盖布雄杰暴骜，可以富贵邀也。故简于礼以消其暴骜之气，厚以恩以收其雄杰之心。若以此待淮阴，则大不可，筑坛具礼，拜于上座，又是一番作用。知此可知高祖之将将矣。

季孙意如每有所居，必葺其墙垣而后行；薛宣思省吏职，下至财用笔研，皆为设方略利用而省费；郭有道逆旅居停，必洒扫而行；岳鹏举宿兵，临行令士涤濯其什器。李恕谷云：人亦须小事克勤。小事皆有次第节奏，然后大事可为也。忘山曰：此节与前所谓凡人有大器者多不精察，意若相反，而实不相悖，盖克勤与精察不同，勤属行，察属知。君子之于行也，虽小而必谨；其于知也，当务远大而略细小。二义各有界，人不可混之。

诵杜牧之诗。何肖雅来访。薄晚，家祭。是夕，慕兄宴客，坐有芝樵。

八日 晴

晨，趋署。是日，艺学馆开学礼成。昳，散归。温旧日记。晡，作致星墀及芝兄书。夜，预备讲义。

九日 晴

晨，检考诸书，俄趋署。昳，上堂讲课。晡，至义善源小坐，即归。玩阅碑版。夜，作日记。

恕谷云：汉高大启九国，自雁门以东，尽辽阳，为燕代；常山以南，太行左转，度河济，渐于海，为齐赵；縠泗以往，奄有龟蒙，为梁楚；东带江湖，薄会稽，为荆吴；北界淮，濒略庐衡，为淮南；彼汉之阳，亘九嶷，为长沙。诸侯北境，周匝三垂，外接外国。天子自有三河、东郡、颍川、南阳，自江陵以西，至巴蜀，北自云中，至陇西，与京师内史，凡十五郡，而公主、列侯颇邑其中，然当时不闻供亿之缺。至于文帝，粟红贯朽。后世版图一归天子，赋租及于锱铢，而每忧不足。所以然者，备多而费广也。

恕谷又谓：汉景时，平七国之功，贾长沙第一，周条侯次之。

又云：宋袁淑尝诣彭城王义康，义康问其年，答曰：邓仲华拜衮之岁。又曰：陆机入洛之年。义康并不知。李延寿志之，讥其浅陋。义康固非全材，此非其短也。帝王卿相之学，自有要领，不在广览博记闻也。霍光、张安世，不失为桢干；沈约、沈佺期，不失为邪佞。《南》、《北史》才不逮古学，识亦愈下矣。又云：刘穆之内总朝政，外供军旅，决断如流，事无壅滞，宾客辐凑，求诉百端，内外谘禀，盈阶满室，目览词讼，手答笺书，耳行听受，口并酬应，不相参涉，皆悉赡举。王昆绳曰：穆之固奇才，然非经理天下之大道。君相要务，在知人善任使而已，事事自为，亦何为者？且因此而有矜才竞胜之心，则愈偾厥事矣。忘山曰：名言。

军法言赏不过时，罚不逾刻。高欢军士有盗杀驴应死，弗杀，将至并州决之。明日战，奔西军，告欢所在，西师尽锐来攻，几不免。此可以鉴。

人之将兵，有多多益善者，有以若干人为限，逾限弗胜者。如尔朱荣谓其子兆虽勇，不过三千，多则乱。人才自有长短，不可一丝紊。

恕谷又云：唐高祖以有道伐无道，汤武之会也，乃听裴寂、殷开山邪说，准伊尹放太甲、霍光废昌邑故事，尊炀帝为太上皇，立代王为帝，自蹈篡逆之罪，不学无术，莫甚于此。忘山曰：人苟学理未成熟，则临大事必至进退失据。

十日 微雨，即止

晨，作日记。薄午，趋署，则人心惶惶，皆因迩日将有大变革，惧不保。昳，上堂讲课，为晁错《上贵粟疏》。晡，归。作日记。与旧仆林顺絮谈二十年事。去年所购桂花数盆，入冬以来寄存花厂中，今闻皆枯。母怒责厂中人偿还。

十一日 晴

晨，出城，至浙学堂小坐。又诣履平谈。午，归。索食尽饱，乃趋署，上堂讲课毕，即归。检阅诸史。夜，观书。

李恕谷云：秦始皇以私智取天下，恐天下之叛也，遂削兵坏城，诛豪俊，坑儒生，为弱天下之谋，而不知其亡也忽焉。何者？腹背四肢病，而元首亦随之以亡也。呜呼，愚矣！沿及后世，唐、宋、明以文艺取士，士坐老于章句间，文且为虚，武益不问，而士弱矣。承平之后，不行古田猎法，以时练兵，而兵弱矣。兵民分，而民不知兵,而民弱矣。宋忌将得士心,明中叶以下文尊武卑,而将弱矣。郡县之权太轻,有事不得专决,而官弱矣。士弱,兵弱,民弱,将弱,官弱,而天下俱弱矣。朝廷安得而不削亡也?

唐王君廓入朝,李道元寓书房元龄。君廓素与道元隙,发其书,不识草字,疑谋己,遂反。道元坐是流嵩州。以一书之故,而成大祸如此。恕谷云:凡事体重大,与嫌疑当避者,皆不可轻用草书,亦涉世者所当知也。

魏元忠上封事云:今言武者先骑射,不稽之权略;言文者首篇章,不取之经纶。由基射能穿杨,不止鄢陵之奔;陆机识能辨亡,无救何桥之败。忘山曰:骑射者,武之末;篇章者,文之末。惟权略乃真武,经纶乃真文。

十二日　晴

作致荫亭书。备讲义。薄午,趋署,上堂讲文法。晡,诣新吾。俄至工程处,芝田将宴客泰昇堂,邀余入坐。薄晚,又至义善源,即归。

唐俗称举人为觅举,觅者自求也,贱之也。忘山曰:古者士之入官,或为众所推,或被征解,及科举兴,而士皆投牒自举,所谓自觅自求,宜其贱之也。

李恕谷曰:天下事成于刚直廉峭之人少,成于宏襟伟抱之士多。忘山言:名言,名言。

又云:东汉时,选举解召,皆可以入仕。以乡举里选,循序而进者,选举也;以高材重名蹶等而升者,解召也。而解召,人尤荣之。如蔡邕解司徒桥元府、周举解司徒李郃府之类,此法百世行之可也。乃至于隋,则海内一命之官,并出于朝廷,州郡不复解署。唐仕者多由科目,而解署亦时有之,若张建封之解许孟容、李德裕之解郑畋是也。刘贡父言：唐时诸侯，自解幕府之士，惟其才能，不问所从来。朝廷常收其俊伟，以补王官之缺，取人之道犹广。宋虽有解法，然白衣不可解，有出身而未历仕者不可解；其可解者，复拘以资格，限以举主，长材屈于短驭，比比而是。迄明季，则绝无此矣，非科目无以得官，非铨曹无以授职。内外难以独理，皆延请幕宾，然非宿登仕版，则虽极知其材能，亦不能振拔。以故其用法网愈密，文墨愈严，而奇才异能愈漏网而去矣。

十三日 晴

薄午，到署，上堂考课。晡，出城，至厂肆。又诣履平谈。闻是日有旨，宣布立宪。既归，晚间履平以电机传语，诵诏书全文，计数百字，即明定立宪宗旨也。

是晚，阅诸人课卷。

十四日 晴

诣浙学堂，访介石不遇，因至松筠庵。是午，宴客，坐有何肖雅及新吾、子山、叔耘、芷香、伯眉。酒罢，瞻拜椒山先生像，闻须及指甲犹是先生留遗之物。

晡，归。温旧日记，阅课卷。

十五日 晴

晨，赴海甸谒项城。日中，在政务公所午饭。昳，归。观报。晚，家祭。观书。

宋仁宗诏：良民子弟，或为人诱隶军籍，自今两月内，父母诉官者还之。李恕谷曰：古之为兵者，皆于齐民中选其材力出众者，使为君父捍患御灾，所以异而用之，非所以困而苦之也。汉选六郡良家子，及郡国三百名为兵，犹有古意，故汉兵最强。今宋乃诏良民子弟不愿为军者退还，是以兵为辱也，示人以兵之苦也。是为兵者，必皆不良之民而后可也。谁复有乐荷干戈而为君父敌忾者乎？忘山曰：我国有谚曰：好人不当兵，好铁不打钉。而西人之当兵者，人皆荣之，我国古诗题曰《从军苦》，西国则曰从军乐。夫苦之与乐，荣之与辱，其相反如此。

项城雄才大略，李文忠后一人而已，而身长不满八尺，言貌和蔼。余往谒之，几不相识。闻此次立宪，项城实主之，枢臣皆大不悦，有欲鲠其议。项城曰："有敢阻立宪者，即是吴越！"吴越者，即汽车中放炸药刺端午桥之人，即是革命党。于是无敢言者。昔唐太宗谓魏徵妩媚可爱，吾于项城亦云然。

十六日　晴

晨，介石来谈，即去。俄有山东孙姓者过，仲华亦至。良久皆去。日中，趋署。上堂讲课。晡，吊花农家姑妇之丧。又诣履平谈，即归。观报。观书。

恕谷云：天下有一法，即有一弊，惟在权其弊之轻重何如耳。周行封建，其亡也以封建；汉重郡县，其亡也以郡县；唐有藩镇，其亡也以藩镇。秦、宋、明去封建，轻郡县，无藩镇，其亡也遂以匹夫宋之亡并非以匹夫矣。周弱于封建，而实延数百年之命于封建；汉亡于郡县，而亦延数十年之命于郡县；唐亡于藩镇，而亦延数十年之命于藩镇。固不若秦、宋、明之一败涂地，蹶然而尽也。孔子曰：先有司一邑且然，况天下乎！天下之权，必欲尽揽于一人，究之一人亦不能总揽，徒使天下事善不即赏，恶不即诛，兵以需而败，机以缓而失，政以掣肘而无成，平时则文书杂沓资猾吏上下之手，乱时则文移迁延启奸雄跳梁之谋，此郡县之权太轻，陈龙川所以窃叹也。宋与金之将亡也，乃议封建藩镇。余谓今日者封建即难骤复，而郡县之权必宜如汉故事，使之得专生杀人，使之得专兵柄，使之有事得直达天子，数年遣官一巡视，而不复设监司以弹压之，然后郡县之势强。郡县之势强，则朝廷强矣。

十七日　晴

晨，备讲义。薄午，趋署。昳，上堂讲《庄子·马蹄篇》。晡，诣王相谭。暮，归。是夕，慕兄已归。晚，与谈。

闻奉旨开编纂局，命王大臣二十馀人会议，改定官制。局设朗润园。恭邸之园。慕兄及杨杏城二人为提调，自是须常驻园中，五日获一休息。

十八日　晴

晨，作日记。薄午，趋署。昳，上堂问课。晡，出城，至浙学堂访介石，闻为撤退学生事，嘉湖乡老小不平，须急推诚解其疑。顷之，同至广和居，因鹤卿在此，欲与相见。既以天暮不能待，遂先归。夜，读贾浪仙诗。

画家绘景，诗家绘神，浪仙《昇道精舍南台对月》诗云："月向南台见，秋霖洗涤馀。出逢危叶落，静看众峰疏。"岂惟写秋景邪？并秋之神趣，以及无限苍茫感慨之意，皆跃然矣。

十九日　雨

趋署。昳，上堂讲文法，听者寥寥。晡，归。观书。作日记。

《阅史郄视》云：宋元昊反时，一时材勇之士，未见有出狄武襄右者，为人慎默寡言，计事必审中机会而后发，行师正部伍，明赏罚，与士卒同饥寒劳苦，虽敌猝犯，无一士敢后先者，尤喜推功与将佐。始与孙沔破侬智高，谋出一己，贼既平，经营馀事，悉以诿沔，退若不用意者。沔始叹其勇，既而服其为人，自以为不如也。贼尸有衣金龙衣者，众谓智高已死，欲以上闻，武襄曰："安知非诈邪？

宁失智高,不敢诬朝廷以贪功。"真大将材也。使西事专委此一人,而以如张玉、种世衡、张元者为之偏裨,元昊可计日平。乃宋不能格外用人,而徒倚办于庞籍、范仲淹、韩琦诸文臣,何能制敌之死命哉?忘山曰:吾于唐、宋武将中,所心折者二人:一王忠嗣,一即狄公也。二人皆得大将体。

史称诸葛武侯能用度外人,所谓度外人者,不以己之爱憎好恶,为人之是非贤否也。

二十日　　晴

晨,观书及报。

宋方腊将反,召其众谓曰:"吾等起事之间,万众可集。守臣闻之,固将招徕商议,未必申奏,延迟一两月,江南列郡可一鼓而下也。朝廷得报,亦未必决策发兵,迁延集议,调集兵食,非半年不可,是我起兵已首尾期月矣。二敌闻之,亦将乘机而入,我但画江而守,轻徭薄赋,以宽民力,十年之间,终当混一。"恕谷云:郡县无权,簿书繁密,往来迟滞,为奸盗所窥如此。治天下者,尚不知变计哉?忘山曰:此等弊害,以宋为甚。

又余玠言:"今世胄之彦,场屋之士,田里之豪,一或即戎,即指之为粗人,斥之为哙伍,愿陛下视文武之士为一,勿令偏有所重。"李恕谷曰:宋、明气习皆如此,不孱而亡,得乎?朱子曰:去同甫事功,始可入道。范希文曰:名教中自有乐地,何事于兵?呜呼,天下气习之靡,谁实倡之哉?

辽太祖后述律氏,献剥树皮之策以攻幽州,不仁哉!详《阅史郄视》四卷一叶。

钱牧斋向言曰:金南渡之后,为宰执者,上下同风,以苟安目前为乐。每北兵压境,君臣相对泣下,已而敌退解严,则大张具会饮黄阁中矣。议事至危处，辄罢散曰：俟再议。已而复然。用人必择无锋芒软熟易制者，曰：恐生事。近侍诌谀成风，每奏四方灾异，民间疾苦，必相谓曰：恐圣主心困。临时不肯分明可否，相习低言缓语，互推让，号养相体。因循苟且，竟至亡国。忘山曰：一团体，一社会，如木之中边皆腐，安得不亡。

薄午，蔡鹤卿过谈，即去。到署，上堂考课。与经世谈。晚，饮于醉琼林，胡叔藩约也。夜，归阅卷。

二十一日　　晴

晨，阅卷。向午，答拜鹤卿，未见。又诣履平。俄至广和居，是日宴客，坐有叔雅、石顽、鹤卿、介石诸人。晡，又至浙学堂。晚，归。观报，报纸为今日一种大学问，无论何人皆当寓目，苟朋友相聚，语新闻而不知，引为大耻。不读报者，如面墙，如坐井，又如木偶，如顽石，不能与社会人相接应也。报所载事，虽不尽可据，然必有可据者存焉。久之，必能辨别。设竟置而不观，则并可据者亦不知矣。

二十二日　　晴

晨，观书。

元郝经上议曰：国家开统以来，垂五十年，一之以兵，遗黎残姓，游气惊魂，虔刘剿荡，殆欲歼尽。自古用兵，未有如斯之久者也。李恕谷曰：嗟乎！汉五年而成帝业，唐六年而平四海，元自起兵以至灭宋七十余年，无日不肆屠杀，惨哉，此时之乾坤气象也。

明太祖定金陵后，立管理民兵万户府，谕行中书省臣曰：古者寓兵于农，有事则战，无事则耕，暇则讲武。今兵争之际，当因时制宜，所定郡县民间武勇之材，宜精加简拔，编辑为户，立民兵万户府领之，俾农时则耕，闲则练习，有事则用之，事平有功者一体升擢，无功者还为民。如是则民无坐食之弊，国无不练之兵，以战则胜，以守则固，庶几寓兵于农之意也。恕谷曰：太祖此法甚善，不惟开创当行，守成亦当行之。

薄午，趋署。昳，上堂问课。既退，介石来馆中小坐，即去。晡，归。观报。

二十三日　　晴

介石偕钱君来访。俄往贺那寿。薄午，趋署。昳，归。是日，慕兄晨归，暮复诣园。

王阳明寄杨邃庵书曰：身任天下之祸者，然后能揽天下之权；操天下之权，然后能济天下之患。而君子之致权也有道，本之至诚，以立其德；植之善类，以多其辅；示之以无不容之量，以安其情；扩之以无所竞之心，以平其气；昭之以不可夺之节，以端其向；神之以不可测之机，以摄其奸；形之以必可赖之智，以收其望。坦然为之下以上之，退然为之后以先之。二语乃治事家之秘密藏。

隆庆二年，张江陵上疏有云：天下之事，虑之在详，行之在力，谋之在众，断之在独。又云：无全利无全害者，事之形；有所长有所短者，人之才。忘山曰：是皆精金百炼之语。

高岱论明代法详之弊曰：事有宜密，虽腹心不得闻也，而必须关白；人有可用，虽将相不为过也，而必循资格。钱谷出纳有足以利民者，专之可也，而惮于稽考之严；刑狱重轻有当以情处者，遂之可也，而涉以出入之议。赃状未具，知其为盗而不敢诛也；符笺未下，知其奸而不敢捕也。机当速应，固之者有留难之虞；势宜有待，促之者有迁延之患。一金之费，于历诸司；一令之行，遍咨群长。甲可乙否，此从彼违。图政理之志轻，而稽簿书之念重；敷治化之日少，而办文移之日多。少有荡轶，则下以废法而讦其非，上以悖法而重其谴。故君子不敢为善,殆甚于小人不敢为恶矣。忘山曰:法之所以详若是者,皆所以防小人之为恶而已,乃防之太密,致使君子不敢为善,过犹不及也。是故不恃人而惟恃法,必堕是弊。

二十四日　　晴

晨,备讲义,观书。薄午,趋署。课毕。晡,出城,至厂肆。又诣处州馆,见孟聪,复往视履平,即归。

二十五日　　晴

晨,趋署。时尚蚤,先访新吾,犹眠未起。与夏燕保谈。晤伯眉。

忘山曰:无大忧虑之人,亦无大快乐;有大快乐之人,亦必有大忧虑。

日中,趋署。昳,上堂课毕。晡,归。观历史。

二十六日　　昨夜雨,早晴

作日记。观书。

《平书》,王子源昆绳著,李君恕谷为之订,其中皆变法改政之语。彼时曷尝睹今日泰西之盛,然其持论已有吻合者焉。

《平书》曰:民不合则离,不分则乱。忘山曰:二语名言。是故政学原理中偏执合之说者,非也;偏执分之说者,亦非也。要在合而能分,分而能合,则得之矣。

古称士农工商,谓之四民。兵即在农内,无所谓兵也;官即在士内,无所谓官也。

二十七日　　晴

晨,诣浙学堂,访介石,不遇,晤亦韩。又至长椿寺,与僧妙均谈。即趋署。

是日,考课。晡,归阅卷,评甲乙,未暮已阕事。夜,观西史。

二十八日　晴

介石过谈。逾午,出城,诣履平。又送何肖雅行。诣杭州馆,时因厚庵已故,其所司馆事移交于余昆季。是日以吴伯唐为代表,至杭州馆与余办交涉,将账目契券,一一清理。余携之归。

二十九日　晴

观书。作日记。

李恕谷云:论者尝亟亟于复封建,曰无封建则不能处处皆兵,天下必弱。岂知民间出兵,处处皆兵,郡县即可行,不必封建也。忘山曰:是可谓通论。今但能复汉之旧制,用久任之法,可得封建之利,而无封建之害。

恕谷曰:古云天下惟有德者居之,未闻曰天下惟同姓者居之也。师旷曰:天之立君以为民也,未闻曰天之立君以为其子孙也。此等语昌言不讳,惟明末国初时有之。

昨夕,慕兄归。晨,往与谈。日中,趋署。昳,上堂讲《淮阴侯列传》。晡,归。观报。夜,观历史。

八　月

一日　晴

晨,作日记。薄午,趋署。昳,上堂问课。晡,诣王相,晤梅先,闻慕兄适去,坐久之,忽见有四五东人入,则日本钦使来谒夔相者也。薄晚,又至化石桥,晤新吾,即归。闻丽轩明日来。是夕,家祭。观报。

二日　　雨

趋署。昳，上堂讲《庄子·秋水篇》。晡，归。作日记，至夜已毕。

恕谷与恽皋闻论封建曰：封建不可妄复，试观春秋列国贤卿大夫，惟有管仲定民居、成民事，子产殖田畴、训子弟。其馀君臣所商所事者，非朝聘会盟，则兵车侵伐，匆匆不暇，纷纷四出，未见问及民争者。岂天立君为民之意如此乎？

恽皋闻曰：分土当先于县邑，制县太大，则民情难悉，政事难举。圣门艺如冉求，圣门许之，止于宰千室之邑，其自许亦止方六七十如五六十，可见也。

三日　　阴。俄晴

晨，趋署。是日，丁祭。在艺学馆行礼，礼毕出城，诣浙学堂，晤介石。又访履平，留午饭。晡，诣厂肆，坐肆中观书。薄晚，至工程处，晤芝田、建侯、果臣。晚，新吾家宴饮，坐有丽轩、公坦及施炳之。炳之，丽轩之女弟婿，留学东国而归者也，将应殿试。新吾属余拟论题三四，以备施公试笔。

四日　　微阴

谒陆凤老，未见。因往见戴少怀师。日中，吊于履平家。是日，厚庵成主，宾友云至。余小坐，即趋署，上堂问文法。晡，归。成挽厚庵七律诗一首："风涛百尺秋江晚，憔悴行吟楚大夫。自结幽兰为纫佩，休哀芳草化榛芜。纷纷约束厚庵极以新政为不然，殁后十三日，奉旨宣布立宪，并派议官制。古如此，濯濯儒冠今竟无。我更苍茫感身世，奠君惟有一生刍。"

五日　　晴

送厚庵柩至车栈。是日，履平扶柩南行。薄午，爽夫款饮相送宾友于斌升楼。昳,趋署。上堂考课,以《萧何追韩信论》命题。晡,归。闻慕兄奉旨署顺天府尹,旧为陈公雨苍署,以适奉命出都,稽验各省币政故也。夜,阅卷。

六日 晴

阅卷。单车至护国寺一带花栏中,购桂花六本归。桂香恬远幽静,使人动山林之思。杜樊川诗云:"秋山念君别,惆怅桂花时。"余尤爱其句。

寂坐不出。观西洲历史。

希腊古代之文明,于自然地理上所关甚巨。一希腊为多岛屿多港湾之国,发达于地中海东部,得与古开化诸国埃及、腓尼基等相近。一全国山脉纵横,成多数之小邑,因其畛界,皆可分为自治之区。有此二端,皆足生希腊人政治独立之思想。

犹太人之失国,在纪元七十年。罗马帝菲士巴山时,犹太人反,大将铁脱司讨而灭之,破坏耶路撒冷,遂使犹太人自是漂泊为无国之人,以至今日。

埃及人之建筑,腓尼基人之商业,希腊之文学政治,皆上古史中之特色。

今日欧洲人之科学,实渊源于中古史中之阿剌伯,凡化学、数学、数字十位法、三角法、天文学、医术、物理学,皆自阿剌伯输入焉。

一千五百八十五年,英国与西班牙大战,英人得全胜,非英人之胜,实欧洲新教即路德所创之胜也。犹近年日本与俄国大战,日本获胜,非日本之胜,乃世界立宪政体之胜也。

慕兄晚过,盖是日谢署缺恩,召见。

七日 晴

向午,诣顺天府。慕兄履新,方接见僚属。俄仲华亦至,留午饭。饭罢,仲华先去,余亦归。晡,百约过谈。是日,预备讲义。观书。

《平书·建官》云:官不在多,在专且久;不在全才,在用其长。是扼要语。

顾宁人曰:一乡之中,官备而法详,然后天下之治,有条而不乱。忘山曰:诚哉是言。天下者,即一乡一里之所积而成也。治天下不自乡始,可乎?

恕谷曰:三代而上,以躬行实践为主,不惟经史之名不见于命官,即学校之内,惟教以礼乐德行。其诵《诗》也,所以习乐;其观《书》也,所以考政。亦无所谓经史之名也。自秦火后,圣道之识大识小,口传身授者,尽委于地,无从寻觅,于是求夫载道之籍,朝购《诗》《书》,士多笺注,而经史始重。沿至宋、明,虚文日多,实学日衰,以诵读为高,致以政事为粗庸。邱濬为大学士,著《大学衍义补》,不期实行,但期立言。孙燨坐大司马堂上,手持书卷,时边事日棘,为侯执蒲所劾。此风一成,朝廷将相竞以读书著述为名。至于明末,万卷经史,满腹文词,不能发一策,弯一矢,甘心败北,肝脑涂地,而宗社墟、生民燼矣,祸尚忍言哉!

八日 晴

晨,观书,又读《文选》。访子蕃。日中,趋署。昳,上堂讲《信陵君列传》。晡,诣新吾。时母及妻往游西山,去已三日,是日归来。晚,删改陈君典工院条陈。

九日 晴

观书,备讲义。薄午,趋署。昳,上堂讲天文浅义。晡,至施家胡同义善源小坐。又至厂肆,遇妻及两妹,并女师迈达,在荣宝斋购笔研杂物。余亦买笔数枝,先归。观书。

《平书》曰:人知周之尚文,而不知其尚武。大司马春振旅而蒐,夏苃舍而苗,秋治兵而狝,冬大阅而狩。其教战之法甚备,顾以田为名。盖商周之得天下,俱以武,而周有甚焉。周公恐其后之杀伐是尚也,故为之礼以柔之,不存其名,而存其实,使人但习于礼,而武备已无不修,此圣人之用也。李刚主曰:彼之以礼之名,则人皆习而安焉,且使之知杀伐勇战皆礼也,不可去者也。以杀人不可以教,故杀兽以试之。忘山曰:圣人之微权在是。

十日　晴

观书。薄午,趋署,晤经世。昳,上堂讲昌黎《答崔立之书》。或疑余借是自发其牢骚抑郁,而不尽然。余生平未尝以不获科第为憾。晡,经世约余商酌要公。晚,归。观书。

王昆绳以为,商税宜尽变从前之法,而别为制举,榷关税卡,种种困悬商旅者,悉扫而空之,别给印票,分坐商行商,书其姓名里籍年貌与所业,注其本若干,但计其所得,一分之息而取其一,注于票中,钤印以还之。如本增减,则另给,改业亦另给。其有仅足本者,免其税。忘山曰:是即西洲所谓所得税也。欧人近数百年财政进步,皆因整理所得税而然。

昆绳又云:重本抑末之说固然,然本宜重,末亦不可轻。假令天下有农而无商,尚可以为国乎?忘山曰:有农而无商,则农事亦必不进。夫本与末,乃物之两端,相为倚也,岂可有所畸轻畸重于其间耶?

十一日　晴。风

晨,出城,诣夏肯斋许。又至浙学堂,访介石,晤汤君倜鼎,谈久之,即去。过佩葱谈。薄午,趋署。昳,上堂问课。晡,归。观书。作日记。

禹治水,开九河以分水势。至齐桓公时,始塞八河,以擅地利,不百年,遂有砱砾之决。王昆绳曰:观是,则九河之利,不待智者而后明矣。

从来治河者,皆主分,惟明潘季驯主合,其言曰:河流分,则水力小而沙停,故易淤;河流合,则水力猛而沙行。李刚主曰:此亦身亲阅历之言。忘山曰:吾于是不敢赞一辞。

《平书》谓肉刑宜复,犯贪者黥之,犯盗者刖之,犯淫者宫之,犯赌博者断其手。

又云:人有斯须之不敬,则慢易之心生,而非礼矣。有斯须之不和,则乖戾之心生,而非乐矣。礼乐之为教,不过使人无不敬、无不和而已。忘山曰:敬即是礼,所谓无体之礼;和即是乐,所谓无声之乐。

十二日　　晴

起作日记。向午,衣冠出贺文子澄娶妇。答拜陈公坦,遂趋署。昳,上堂讲文法书。晡,绕棋盘街而东入西安门,访绹斋谈久之。又诣绵达斋许,吊焉。晚,归。闻慕兄至家,遂往视。子瑜亦至。

十三日　　阴

终日不出。隶古斋碑刻送余浏览者甚夥,皆魏、隋间物也。是日选最精者留之,酬以资。又杭州馆司阍者来索工费,予之。胡芰孙来访,俄叔耘亦至,留午饭。是日,观历史及报。作日记。

朱子注"行有馀力,则以学文"曰:文者,《诗》、《书》六艺之文。注"夫子之文章,天之未丧斯文"两章,训文曰:威仪言辞,礼乐制度。恕谷曰：皆有功于圣道。今人专以载籍为文，翻读为学，幸朱注尚留此踪迹，与之作证。

孔子曰：好仁不好学，其蔽也愚；好知不好学，其蔽也荡；好勇不好学，其蔽也乱。忘山曰：知仁勇皆美德，然而不学则皆无用，可见学之为贵也。

或问李恕谷曰："先生重六艺，将废《诗》、《书》乎？"先生曰："此诬坐人罪也，予何尝谓废《诗》、《书》，正谓兴必于《诗》，考政必于《书》，非徒翻读具耳。何者？经书乃德行艺之簿籍也，所以诏习行，非资徒读，犹田园册所以检稼殖，非用徒观也。徒读《诗》、《书》者，是废《诗》、《书》也。"

习斋、恕谷诸先生，力矫数千年诵读空文之弊，而谓学必归于实用，当时不见海西所谓科学，而仅仅以孔门六艺厉学者，其志良苦，其识伟大矣。

十四日 雨

终日不出。有仲姓字沐清者，汇东之司书者也，自海上来，盖为水云事，汇东请其为己之代表，来都运动。晡，出访文初，不遇。即归。观历史及报。

十五日

晨，出贺节，送介石行。介石应粤东之聘，明日行。薄午，诣方勉丈及戴少怀师，又往视李甥。昳，至王相家。晡，访新吾。晚，归。备讲义。

十六日 晴

晨，趋署。上堂讲普通学。午，归。诵诗。晡，吴君来自汴，晚去。是日，作大字三。夜，与慕兄通电语，为水云事。观书。

古云：祸福无常，惟人自招。然亦有不自招者。邪佞而邀福，忠直而蒙祸者，比比然矣。是何也？是由于社会之昏浊，是非颠倒，黑白混淆而致然也。是又由于居上者横用压力，不肯虚心以察，降心以听，遂使人理无由辨，冤无由白也。嗟乎！水云吾诚不知其为何如人，亦未见其行事，然观其循循向道，勤勤勉学，卑己而下人，一若忠而非邪，直而非佞者，胡为乎其罹此奇祸，一至于斯邪？岂果天道无知，不佑善人邪？抑真不能洁身谨行，失其所操持，而有暧昧不可告人者邪？吾皆不知之矣。要之，今日社会，群德不进，政法不修，无律师以为人辨护，无陪审以为人证实，善者固无由别其冤，恶者亦无由塞其口，不足以劝善，亦不足以惩恶矣。

十七日　　晴

晨，趋署。上堂讲《荀卿论》，讲毕，至司中坐。是日，朝审，观者如云，赭衣载道。逾午，出至仁钱馆，答拜昌士，不遇。因至杭州馆，晤撷兄。又绕道贾家胡同，即归。是夕，慕兄宴客，坐有杏城。灯下作书，致渭东，以仲君明日行也。

十八日　　晴

晨，送仲君登汽车，因至署，上堂讲天文浅说。薄午，诣兰秋师谈，即归。晡，陈朴斋过谈。检日记，去岁朴斋来在八月十七，相去适一年，亦奇甚。朴斋自云：去秋到奉天，今春至山东，皆所如不合而归，顷来自杭州也。俄叔耘过，朴斋遂去。又得渭东电，仍为水云谋解其厄。夜，作字。观书。

申君涵煜著《省心短语》，皆选录古名人格言也，余再择其精者录之，间下断语。

江邦申曰：心安为福，心劳为祸。忘山曰：心安为福，则得之矣；心劳不必为祸，盖劳心者不皆小人，君子之忧天下也，曷尝不劳？当改曰：心不安为祸。

魏圣期曰:为恶辄败,是天地待我厚处。忘山曰:今之为恶者,不必败,殆触怒于天地也。张无垢曰:当官临事,切戒躁急,躁急则先自处于不暇,何暇治事?

文清语录:小人不可与尽言。忘山曰:人不以机械之心待小人,小人亦不敢害之。

又云:事到七八分,即已有无穷妙处。又云:人生尝有小不如意,便是福。

苏子瞻云:国家所以存亡,在道德之浅深,不在强与弱。忘山曰:今日西儒亦持此论。

十九日　　晴

晨,趋署。讲文法。过午,归。作字,观书。水孟赓返自巴黎,来谈,晚去。日来儿病热不退,啼呼不已,乃往请班侯,约明日来诊。夜,观书。作字。观历史。

世界上棼棼扰扰,波起云涌,皆以已过造现在,以现在造未来,转展相续,以至于无尽。卒之无论事功也,道德也,若何惊天骇地,震古铄今,皆一过不留,转瞬即变,其所组织而完成者,一部历史而已。社会日演日变,则时时有新历史出,以饷学界之耳目,若今之报纸,其即供新历史之质料者乎?语云:今日之今,忽忽诩诩,俯焉瞩之,已化为古。岂不然哉,岂不然哉!

二十日　　阴

晨,观书。班侯过,为恒儿视疾。薄午,陈朴斋过谈,留午饭。朴斋劝慕兄建藏书楼。昳,去。备讲义。晡,白鹤洪医来,亦为儿视疾。观书。晚,慕兄归,往与谈。归,复观书,作字。

余比年以来,书法与诗皆颇有进。书以颜为根柢,而仰摹六朝;诗出汉、魏,自许足与唐人比肩。韩昌黎有云:凡执一艺而能登峰造极,升堂窥奥,皆可乐之终身不倦。余于二者之艺,亦庶几其近之也。世不我用,持斯二者,足以自豪。

二十一日　　晴

趋署。考课,即归。班侯来,留午饭,饮酒共谈。哺,阅卷。复有阎医来为儿疗疾,疑蓄疹未发,因多用表散药。晚,阅卷毕,观报。夜雨,即止。

二十二日　　晴

晨,趋署。讲天文学,课毕,与经世谈。薄午,至工程处,待芝田未至。诣新吾,在书斋中坐。与夏燕保及伯眉三人对食共谈。

燕保云:居庸关外有所〔谓〕关沟者,其地万山环峙,土皆膏腴,四时皆春。若待汽车通后,可于其间购地数十亩,筑舍通流,莳花移竹,隐于其中,为天然之园墅。吾爱之羡之,其如力不足何?

昳,复至工程处,晤芝田。哺,归。闻子病重。是夕,延西女医葛姓来视,予药,令按时服之。夜,作字。日来习作蝇头,以练指力。

二十三日　　雨

趋署。以稍迟,未上堂,即归。闻子病略愈。饭后,兰秋师及班侯相继至。俄,朴斋又偕徐姓者来,余适将出,皆坐不久,咸散。时雨霁见日。往谒陈公雨苍,谈久之。又拜杏城,未见。归,观书。

管子曰:智者善谋,不如当时。甚矣,时之不可失也。陈宫有智而迟,失时矣。

第五伦曰:贵戚可封侯以富之,不当职事以任之。何者?绳以法则伤恩,私以亲则违宪。名言。

杨颙曰:为政有体,上下不可相侵。忘山曰:是即今日立宪国之精意。

魏文侯曰:耳闻不如目见,目见不如足践,足践不如手办。

名言。

权德舆曰：得柔之道为循吏，失刚之理为酷吏。忘山曰：柔亦有道，刚亦有理。

乐毅曰：察能而授官者，成功之君也；论行而结交者，立名之士也。

吕祖俭曰：因世变有所摧折，失其素履者，固不足言；因世变而意气有所加者，亦私心也。忘山曰：人能炼铸此心，使不为外界所动摇者，最难。

杨相如云：为政在使简而难犯，宽而能制。忘山曰：不易也。

二十四日　晴

趋署，上堂讲课毕，在司中午饭。日中，赴城东。时子瑜太夫人已到，因衣冠往谒见。宅在竹竿巷，与杭居地名相同，亦一奇也。又诣肃邸，未见。至顺天府署，在黄春生室中谭，遇子毂。春生当俄日战时，在朝鲜，目睹仁川之役，为言战时情状，历历可绘。又云：朝鲜近已被灭于日本，虽存虚名，与无国同。盖无论裁判权、警察权、教育权，一听命于东人，日又移其国民来朝鲜垦荒，隐然为其殖民地。

春生又出留影图，皆朝鲜城廓、人民、风俗现象。

晚，归。儿病大愈。

二十五日　晴

趋署。讲课毕，在司午饭。饭罢，即归。剃发，与赞尧谈。时斋中窗户易纱以纸，盖天渐寒，可以御风。观历史。孟赓来，即去。张砚孙过谈。晚去。是夕，作字。观报。

自立宪诏下，东南士商贺立宪，海外侨民贺立宪，迩日日本又遣博恭亲王来觐，亦贺立宪。辉辉乎我祖国，亦有立宪之一基础乎？虽然，立宪二字，非空言可以塞人望也。必其民体育发达，能任战陈；实业炽盛，能荷赋税；智慧充周，能参政谋；材艺精致，能尽职守；道德完全，能循法律。然后聚众多分子，上自宰相，下及平民，组织酝酿，而成大立宪社会。谈何易邪，谈何易邪？噫！

二十六日　晴

晨，诣厂肆。新吾笔墨山水册页，已装潢成。俄至义善源，晤伯眉。又造复隆店，兑易银券，仍还义善源，留午饭。晡，趋署。途遇穰卿。是日，浙学堂公举监督，予未与议。晚，归。昌士在余斋中，坐谈，又年馀不见矣。

得渭东来电，云事急，仍为水云狱。夜观报，闻昌士云：江浙米谷将尽，大可忧。

二十七日　阴

往拜杨杏城，晤谈久之。因往贺肃邸寿。昳，诣新吾，因共饭，在其烟榻畔观广厦《意大利游记》，是君笔墨粗豪，少修饰，然亦文学界中雄才大略矣。

广厦云：运河乃兴水利、便交通第一大业。吾国自白圭为秦开渠，至汉时为渭渠，及至隋时，开邗渠，为至大至古之河工，大地未之有也。今欧人以开运河为寻常必然之事业。德人于顷年开运河三，长数百数十里不等，其一沟通丹牛波及来因河，不及万万巨费，以便运输。盖通者，为人身治血脉第一法，亦治国便民兴利第一法。其地塞者，国不治，民不富而弱；其地通者，国治，民富而强。其文野弱强贫富之等差，即视其交通之等差为比例。若夫汽车迅速，缩大陆而通之，固必不可少，然仅载精小之物，其巨物粗料，尚不能不有藉于水运。故铁路载人及小物，而河船运巨料，二者相辅而行，其于利用便民两必相需，皆不可少。且汽道愈盛，河运亦愈盛,亦相因焉。一言蔽之曰:通而已矣。

二十八日　　微雨,即止

晨,趋署。是日艺学馆月考国文,题曰《汲黯论》。薄午,考毕,下堂午饭,与经世谈。晡,至工程处,见芝田。俄诣新吾,时其弟凯卿疾殁,是日设位以祭。晚,归。阅卷,评定甲乙。

二十九日　　半阴晴

晡,风起,晨,治杂事。午后,出诣新吾。晡,趋署。是日,经世约艺学馆教员办事人及学员,合影一图,盖经世新选知府,行将出都,留是以为记念。晚,归。家祭。风不息。

余前语朴斋云:今日各省疆臣,非不纷纷征辟群材,然但取臣仆,不取师友,此其所以无益于治也。

三十日　　晴。大风,奇寒

仲华妻没,治丧于妙光阁。余将往吊,途过班侯小谈,遂往仲华许,晤经才、仲庄诸人。薄午,诣会芳园,经世、雯青约饮。晡,归。作日记。

宋绶云:临事贵守,当机贵断,兆谋贵密。见《省心短语》。

《西岩赘语》:申君居郧著《撮录》,其精语云:性情之所偏,即为祸机之所伏。调养性情,不止见学问进步,实大有享用在。

又云:浮云世态,不入胸次,所向便倬然有馀。看得人情逼仄,只是襟怀不广。

又云:好说己长,便是短;自知己短,便是长。忘山曰:祸福相倚者也,岂知长短亦相倚。

又云:愚痴障蔽害浅,聪明障蔽害深。

又云:君子于世俗中,有不争之名,有不居之善。忘山曰:惟其不争不居,故名归之,善归之也。

又云:善所当为,著一报念,胸中便要增累,口中便要增过。

又云:智从学问聪明中自然而生,非可强为,强为之智,便成愚诈。

又云:惮劳惧怨者,不能成事;避嫌远疑者,不能救人。

又云:居心平,然后可历世路之险。

又云:傲人不如者,必浅人;疑人不肖者,必小人。又云:诚之一字,可以服天下;诈之一字,不可以愚妻子。又云:酒肉之场无修士,富贵之家无直友。

又云:天之苦我也,加以种种拂意事,只一味安受,便令造物无权。

文徵明性不喜闻人之过。忘山曰:非居心最厚者不能。

九 月

一日 昨晚风已止

是日,天色晴明。晨,趋署。上堂讲文法。薄午,归。

前日自新吾家出,风扫乱叶,渐渐堕车前,诗思萌动,偶得二句,是日续成之。题为《落叶感赋并怀邵二我》。诗云:"落叶不知数,秋风吹我衣。天涯故人远,海内知音稀。自喜抱关隐,羡君垂钓归。二我赴日本购机器,闻九月末可归。南山有佳色,去看菊花肥。"

作日记。晡,陈朴斋过谭。久之去。晚,金荫图至,俄去。

二日 晴

晨,趋署。至艺学馆,上堂讲地文浅说。留午饭。昳,至工程处,见果臣、芝田。又诣新吾。晡,归。预备讲义。

忘山曰:志士仁人,所恃以扶危拯难,树功立业者,莫不曰热心也。而今日热心二字,忽变为趋时者之口头禅,极可厌。考其实,不过迎合风气,要利与名而已,无他伎俩也。余谓君子所贵者,固在热力,然智增一分,往往热力似减一分。非减也,彼见时有不利,则须善藏其热以待时。譬诸天道,有春夏必有秋冬,热发于春夏,至秋冬非无热也,敛之藏之也。天所以善养其热力于冬,以待春之发生也。是故君子虽有热力,亦须法天道之藏焉养焉,待时而动,不肯妄发。乃趋时者无知,反讥君子为无热心,为冷血动物,君子亦甘受其讥而不顾也。噫!

三日　晴

趋署。上堂讲贾让《治河奏》,而于河流之形势及古今之迁变,皆不能不为详论之。向午,诣陈亮伯。是日,约饮所居,有园亭幽敞,菊华尽吐。会陈朴斋亦至,坐良久,予先去,诣顺天府。慕兄适宴客,有沈子丰、陈瑶圃、吴佩葱、沙润夫诸公。署后辟园圃,起亭榭,花径缭绕,秋色烂然,宴集其中。晡,访元碑,在署治厅西阶下,半埋土中,刻字犹明整,题曰《大都路总管府碑记》。

晡,归。李石朋来自杭,过谈久之,去。

四日　晴

晨,出城答拜诸来视者。诣经世谈。经世新选得贵州思州府,于明日引见。俄至肯斋许午饭。又投刺数家。至仁钱馆,晤昌士纵谈。寻绕道正阳门归。晚,观书。

五日　晴

到署,知新膺司务厅主稿,前任即潘经世也。司务厅事简,故可仍兼国文教习。是日,上堂讲课毕,诣长少谷家,贺其嫁女。日中,至顺天府署。慕兄适午食,因共饭焉。饭已,慕兄至朗润园,余留与陈冠三谈。晡,归。观书。晚,慕兄宴客,坐有那琴轩昆弟及伦贝子、联春卿、唐少川。席散,夜深。

六日 晴

晨,以事怒僮何庆,遂逐之。此人在余家服役二年,颇聪黠可喜,而心最狡。

趋署,讲课毕,归涂谒陆凤老、崇延老,皆投刺未得见。饭后,又至松、傅二堂投刺。遂诣穰卿,遇陈朴斋,会慕兄亦至,共谈。

余十年前在上海,所买桃园地,闻张季直欲购用,盖为江浙两省铁路造车桥厂也。予价每亩六百圆。

朴斋与余又纵谭。朴斋云:"余所谒者名公,动辄曰卑之无甚高论,此语然否?"予答曰:天下之论,有似卑而实高者,有似高而实卑者,但问其所论之如何而已。朴斋极口赞曰:大然,大然!

访绢斋,不遇,即归。备讲义。

七日 晴

趋署。上堂讲地文学,在署午饭。昳,出城,谒唐春老纵谭。春老精神矍铄,谈辞如云,于政治原理,洞悉窾要,达官中不多得也。

春老云:国家之根本,在下议院,财赋由此出,有财而后兴办一切事。余对曰:然哉,下议院之在国家,如人身中命门之火也。有此火之炽盛,则百骸润,脑力强;反是,则无生理。今变法而不知从事于此,纷纷厘定官制,更易名称,徒然也。

今欲制造新国家,吾意以招集股东,建大公司为第一要义。何谓股东?即国内富于生产之家,使其重荷赋税,举代议员,或办地方自治,或省会都邑参与要政。彼既年年出财,以佐公益,其势不能不予以决议权,理之所当然也。

晡,归。备讲义。晚,入侍母谈。

八日　晴

趋署。上堂讲课毕,是日凤老到署,因谒见。昳,诣喜鹊胡同,王奎章约饮,坐有桂卿、佩葱、班侯、湛卿、穰卿、伯彝诸君。晚,归。

《西岩赘语》云:凡驭下之道,宽纵之后,极难整齐。余深犯此病,后当切戒。又云:愚不诈不足为愚,智不愚不足为智。又云:为治者要使百姓爱生,士人知耻。能厚民之生,民始爱生;能养士之耻,士方知耻。士不知耻,则教化不行;民不爱生,则刑罚无用。又云:生今之世,不必定做官,然亦须微假名器,遮庇身家,始可无虑。不然,即隐居深山,胥吏亦到;唾面自干,侵侮愈多。李邺辞袭侯爵,但乞告身一通,便宜山水间,县伯不得追呼足矣。忘山曰:予尝谓科举足以扶贫民,捐纳足以保富户。今者科举既废,捐纳亦将停,则保民之法穷矣,惟有速组织代议制度,使有身家者免受人之侵欺而已。

九日　阴

晨,谒陈雨苍,未见。访潘经世,亦不遇。晤履平,履平扶其先人榇归,已安葬毕,来都矣。昳,与履平同车至陶然亭,车马喧杂,游客甚多,遇同僚王彝臣、吴敬轩,适公宴潘经世,邀余入坐。余与坐谈久之,顾觅履平不见,盖已先归矣。俄经世至,遂共饮。薄晚,先辞去,绕道正阳门归。

是日,重阳,与王、吴二君登南郭一览,心目高旷。

十日　晨,微雨

趋署。上国文堂,问课毕,午归与赞尧谈。晡,相对饮酒,赏菊,并纵谈花理。夜,作日记。

花不一种,神趣各殊,兰有澹雅之趣,桂有幽远之趣,梅有仙逸之趣,菊有萧散之趣,海棠有疏媚之趣,芍药有清贵之趣。只此六种花,足供爱玩,其他不堪取也。

十一日 晴

驱车诣海甸,晤刘襄孙,遇杨杏城,同午饭。饭罢,即归。车往还三十馀里,马路如砥,不复忆海上矣。晡,诣东宅,晤昌士。盖景川已病殁,昌士来代司教读。

昌士足迹遍七八行省,阅历极富,余尝谓人以学校为学校,彼直以寰区之大为学校。虽曰未学,吾必谓之学矣。若夫以天地万物为学校者,吾尤服之。

惟文章是我国国粹,国文如废,国粹尽矣。今不可不图保存之。习国文不可不以六经为根柢,故教小儿者,未入学校之先,须将六经读完。

十二日 晨起,阴,俄雨

冒雨贺奎星垣娶妇。日中,履工部司务厅主稿任。昳,归。往视稼霖。雨不止。夜,观报。

十三日 晴

上堂考课。昳,诣新吾,即归阅卷,题为《拟贾让治河奏》,取悦静涵第一。孟庚晚来谈,留食,即去。夜,明月在树,凉风袭人,与赞尧坐阶闲谈,时夜景清幽,画笔不能到。得诗一首,诗云:"菊开微雨后,木落碧天秋。鸿雁已南渡,纵目登高楼。风声动林隙,明月自清幽。振衣一长啸,能销万古愁。"

十四日 晴

诣海甸,晤襄孙。午,归,饮于同和居。赞尧、稼霖咸至。晡,归。与赞尧闲谈。备讲义。

柳柳州云:秦坏封建以自私也,而天下之公自此始。彼谓以孔孟之贤,其才不能有所展施者,以封建为之也,语良是矣。惟郡县不久任，不典兵，内无以治民，外无以御寇，使人不得不思封建耳。惟有改良其法，用郡县之形式，法封建之精意，如昆绳、恕谷所论，庶乎其可也。忘山曰：废封建，行郡县，必组织地方自治法而后能立。

京师西直门外，群峰峭立，河流清泚，大有江南风景。

十五日　　晴。风，奇寒

晨，趋署。上堂讲地文毕，答拜诸来投刺者，晤仲宣及李石朋。石朋贫病交迫，扶疾来都，有所图谋。晡，至广和居小酌。归，顺道至城内投刺。风甚，至家得渭东信。

十六日　　晴

晨，趋署。上堂讲《封建论》。饭后，至工程处，阒其无人，遂归。连日无书可读，其苦万状。

十七日　　晴

趋署。讲课毕，因至妙光阁吊任伯唐之丧。晤穰卿谭，留午饭。昳，至玉成班观优终日，有三麻子者，演《临江会》，作关云长，状酷似图画中家家所奉祀者。晚，至惠丰堂，李芳洲约饮。夜，归。

十八日　　晴

晨，电与芝田谈。薄午，诣顺天府。慕兄是日宴客，坐有褚伯约、方勉丈。因趋署，知惠陵保案，已由吏部核准，余得免补主事，以员外郎遇缺即补。归途诣陆凤老，投刺未得见。观报。

译电云：法人废止重刑，已承新内阁诸人允许，惟何等之重刑，则尚不知也。忘山曰：刑之轻重，以国民道德程度之高下为比例。程度日高，则刑可轻；程度下，则刑不可轻也。愚顽者众，犹赖有重刑生其畏惧之心，使不敢犯法害群，虽不能悉禁，薄可止乱。反是而慕宽大，用轻典，长民之玩，弊害百起，奸暴日滋，将不可一朝居矣。

十九日 晴

晨,趋署。讲课毕,下堂与建侯诸君谈。映,归。看菊花。潘经世过谈,俄去。

官制闻不日即下,盖由编制局议定:内阁总理大臣一人,副大臣二人。外列十部:曰外务部,曰民政部,曰度支部,曰陆军部,曰礼部,曰法部,曰学部,曰农工商部,曰邮传部,曰理藩部,曰吏部,各设尚书一人,侍郎二人。外又有大理院,为高等裁判;审计院,稽核国家出入财政;资政院,皆元老顾问大臣。其草案皆已发刊,送总司核定,现已入奏,请旨定夺矣。

二十日

未明,戴月登车,行出西直门,未数里,东方已白。到政务处,日出杲杲。慕兄代余谢保员外恩,整冠服而去。俄张冶老至,与瑶圃、贻书二君共谭。良久,慕兄来称:鹿、荣、徐、铁四大臣,皆罢入直,留庆、瞿,以世伯轩相国及林赞予中丞补之。向午,宝瑞臣、刘仲鲁二君至,共饭。映,始抄到谕旨:总理大臣仍名军机大臣如故,但黜四人,进世、林而已。官制改易,悉照编制局所奏,惟将工部并入农工商部,资政、审计二院缓设。谕文七八道,长者约千馀字。晡,匆匆归。抵家小坐,履平忽来,因共饮于同和居。晚,慕兄亦归。问槎至,纵谈时局。昌士亦在坐。

二十一日 晴

趋署。诣艺学馆,闻将停课三日。在署午饭。映,至喜鹊胡同,见绳伯,闻长沙得邮传部尚书。因诣鹿芝老及松鹤帅,皆投刺。遂至顺天府,晤慕兄,谈久之,回车往贺长沙。晚,归。是日探得各部新简之长官:外、商、学及民政,皆仍旧;吏部鹿定兴,以陈瑶圃、唐春卿副之;度支部溥颋,以绍英及陈雨苍副之;陆军部铁良,以荫昌副之；法部戴少怀师，以景厚、张少玉副之；邮传则长沙，以唐少川、胡云楣副之；大理院正卿作为正二品，以沈子敦补授。

二十二日　晴

是日，立冬。晨，观报。向午，诣陆凤老，未见。又往谒陈雨翁，适抱病就医。遂趋署，时合署人以被裁，相顾失色。俄凤老亦到，司员皆麇集堂上，徬徨无所措，问答数语即散。昳，诣东城，贺唐少翁、胡云老。归至化石桥新吾许小坐。晚，归。观报。

保存国粹主义，为今日一大问题。国粹者何？即本国之文字是也。游学东西归者众矣，其于本国文有不能缀句者，本国经传历史及现今情势有茫乎不知者，如是虽获有他国高等文凭，几于无所用之。何也？彼既不解国学，则于本国数千年来旧社会中组织之现象，以及性质风俗，皆不能详究深考，譬诸医者，不察病情，虽有良药，欲施无繇。况地球万国，未有不谙本国学问文字，而专研究他国者也。盖知有他国，而不知有本国，是国未亡而先自灭者也，乌乎可？

二十三日　晴

晨，诣冶老，又往谒唐，未见。又诣王相及胡芸老。遂至义善源。晡，往贺戴少怀师及唐春卿、张少玉。晚，归。得电话，知益斋到京。

二十四日　晴

晨，益斋及秉庵过。日中，趋署。昳，全致美斋小酌。晡，与益斋偕至陶然亭纵谭。益斋为余述海蟾所论之内通法，颇极精微，为从前所未闻。又云：道法自然，非勉强所能致。又云：道自地出，自天降。使余如闻霹雳，恍然彻悟。

徐市既赴东海，刘、阮又赴天台，是亦寻常事耳。吾侪不以是堕其志。

二十五日　晴

诣冶老,因往谒唐少翁。时邮传部暂借麻线胡同京汉铁路总局作为公所,是日开用关防。张、唐二长官皆至,行履任礼,局所人皆衣冠齐集参见。

昳,归。至化石桥晤新吾。秉庵以病目未他出,益斋则赴湖广馆观剧矣。

二十六日　晴

晨,谒冶老。因出城访潘经世,留午饭。时艺学馆同人合影图成。昳,至邮传部公所,仅铁路总局办事房侧耳室两椽,窗明几净,后有园亭林石,其地即稚夔旧居。余前挽诗有云:"他日山房重问讯,林亭无恙主人非。"亦有预兆。余独坐室中,寂无一人,笔研文书俱无,是为一大部之始基,岂不可哂?俄冯次台来,持收文簿二册付余。次台为局中帮总办,入室未数语,匆匆去。余仍寂坐其中。良久,次台始复来,商议创办诸事,谈久之。晡,余亦去。至夔老家,见奎章。晚,归。复过冶老,抵家已暮。夜,香阁、心锄同过访。

二十七日　晴

晨,访子蕃谈。又诣冶老。向午,至公所,则见一人坐室内,为周君佩臣,乃外部供事,为唐公所命来襄理者也,与谈久之,周君即去。余留局午饭。饭罢,冶老遣一人来,姓管字麟士,素为冶老司书者也。久之,厂肆荣宝斋有人来,因将所欲购笔墨纸札及另杂等件列单,嘱其翼日携至,盖万事俱从买物起也。是日,办公文二件。暮,归途复谒冶老,谈良久,既辞去,天已昏黑,独饮于同和居。见陈翼仲手简,知来访余,以亦奉冶老调,约明日同赴公所。

二十八日　晴

晨,翼仲来访,俄去。向午,笙叔复至,小谈去。向午,趋署,坐久之,即赴公所。管、周二君已先至。俄翼仲亦至,商办公事。薄晚,至顺天府,与春孙诸人谈,待慕兄归共饭。夜,归。观书。

人有短视者,离物寸许,即模糊不辨,近则能察毫芒。《觚賸》云:曹溪金孟年逾七十,见人有疥者,辄为搜取其疥内虫,云疥虫有雌雄,雄者颔下有须种种,然可数;亦有老少,少者色白,但其口稍黑耳。岂不奇甚。

余迩来览书,几若无可寓目者,然不阅书则日记枯索,几不能下笔,亦一苦事。

二十九日　晴

晨,作寄杭州亲友书。饭后,诣公所,俄毅仲诸人陆续至。逮暮乃散。日来无甚要文,皆寻常公事。归途,复谒冶老。

公牍文字有一定格式,所谓为○○事,准○○等因前来,查○○相应○○查照云云,极可厌,而万不能不沿用之,盖不如是,则阅者不能一目了然。

我国官家事,册籍繁重,视若无用,而一一不可废。盖必如是,而后事无遗误,皆有稽考,亦一定之机器,弗能改也。

十月

一日　阴,寒

向午,至署小坐。因诣化石桥,访益斋、秉庵谈,留午饭。饭后,至公所。是日收文三件。晚,归。家祭。益斋、秉庵自城外戏园中散,偕来余斋中谈,夜深乃去。

道家所谓小周天,内通也;大周天,外通也。通乎内外,彻乎上下,而后元珠产于窈冥之中,即佛家所谓舍利子也。然要非绝嗜欲,慎起居,调元气,持之又久,不克有成。

筑基也,铸剑也,服药也,一而二、二而一者也。散者聚之,阙者补之,虚者实之,是为筑基。运用自然,呼之立应,能随人意,是为铸剑。地出醴泉,天降甘露,是为药候,至人服之,乃可以成变化,而通神明矣。

行之固难,闻亦不易。余积十年,而始获得其全。方以类聚,物以群分,同气相求,同声相应,良师益友,海内几人,其不期而遇,无心而合,盖有自然之前因,非偶然也。余安能无感哉?

二日　　晴

日中,诣冶老,遇翼仲共谈。俄曼仙亦至。昳,至公所,拟奏咨稿底。是日,外务部来文云:法国人援案,要请我国聘请代办邮政之法人,不审何以覆之。晚,出城,赴黄积卿之约。夜,归。

我国此次议宪法,厘定官制,政党中有无形之冲突,相持不下者几月馀矣。卒之两党人皆失所望,而成今日之结果,抑亦奇矣。

竞争海中,波涛起伏不常,冷眼人自旁观之,颇得无穷之妙趣。

编制局所议定之草案,人人知之,及诏旨又似全然改易,则朝廷收权之微意也。

三日　　微阴

起作日记。日中,诣冶老谈。昳,即趋东城,见唐少翁,盖甫自天津归来也。谈久之,即至公所办事。薄晚,诣顺天府。时慕兄已返宅,遂亦驱车归。是晚,尚惠臣来兄处谈,留晚饭。惠臣自云:在美对华商演说,颇动人之感情,有下泪者。

四日　　雪,屋瓦皆白,奇寒

晨,诣潘经世谈。又至厂肆。向午,趋署。午饭时,大风。昳,晴霁。赴公所,室中炽石炭,诸人陆续至,备奏报开用关防日期摺,明日递。晚,归。益斋、秉庵在同和居招饮,即赴焉。饮罢,益斋偕至余斋中谈。

蓟公之出狱而赴东也,异常之迅疾,盖有墨派人专使接引之,一是供给,皆其党人任之。蓟公不忧无所归矣。

东南吠声者辈,纷纷争路政之自为,而自忘其为闭关绝市主义,稍明理界者,多不然之。吾不意益道人亦表同意也。平阳、侯官一流,皆识高于顶,然不敢抗言,为舆论所箝制也。阳春白雪,知音者希,为之三叹。

五日　　晴

晨,观书。日中,诣冶老,即赴公所办事。并谒少翁。办咨调文。晚,归途,复见冶老。夜,作日记。

唐中宗神龙中,御史中丞卢怀慎上疏曰:"臣闻孔子曰:为邦百年,可以胜残去杀。又曰:苟有用我者,期月已可,三年有成。故《书》云:三载考绩,校其功也。昔子产相郑,更法令,布刑书,三年而人乃歌之。子产贤者也,其政尚累年而化成,况常材乎?窃见比来州牧上佐,及两畿县令,下车布政,有多者一二年,少者三五月,遽即迁除,不论课最,或历时未改,便倾耳而听,企踵而望,争求冒进,不顾廉耻,亦何暇为陛下宣风布化,求瘝恤人哉?礼义未能兴行,风俗未能齐一,户口所以流散,仓廪所以空虚,百姓凋弊日更滋甚,职为此也。何则?人知吏之不久,则不从其教;吏知迁之不遥,又不尽其力。偷安爵禄,但养资望,上下相蒙,共为苟且而已。臣请诸州都督、刺史上佐,及两畿县令等,在任未经四考,不许迁除,察其课效尤异者，或锡以车裘，或就加禄秩，或降使临问，并玺书慰勉。若公卿有阙，则擢以劝能。政绩无闻，抵犯贪暴者，放归田里。以明圣朝赏罚之信，则为万方之人一变于道矣。致理救弊，莫过于此。"忘山曰：此疏于三代下郡县之通弊，慨乎言之，至今犹未能革除也。盖不去此弊，则天下理民之官，皆自视其职位如驿舍，如邮传，谁复尽其心哉？汉宣帝称："与我共天下，其惟良二千石。"是以黄霸等，或十年，或二十年而不徙，所以能济其中兴之功也。吾愿当局者，且休言地方自治，而先用汉宣久任之法，庶几其可。

六日 晴，风

晨，诣杨杏城，不遇。又访子蕃谈。谒冶老。薄午，饭于六国饭店。赴公所办事。晡，访䌹斋。又答拜杨莘甫，贺李伟侯。晚，归。撷兄暨慕兄在余斋中谈。风犹不息。夜，秉庵在慕兄许，促余往，谈坐久之，即归。仍作日记。

《宋书·刘道产传论》曰：汉之良吏居官者，或长子孙。孙、曹之世善职者，亦二三十载。皆敷政以尽民和，兴让以存简久。及晚代，风烈渐衰，非才有起伏，盖所遭之时异也。刘道产之在汉南，历年逾十，惠化流于樊、沔，颇有前世遗风，故能树绩垂名，斯为美矣。

李牧为赵将，功以久而成；李勣守并州，威以久而伸。忘山曰：久之一字，乃万事成功之母也。然而求速效者，纷纷皆是矣。

七日 晴

晨起，无事。蔡鹤卿过谈。向午，趋诣公所。时张、唐二长官先在。商部昨有信至，云陈列所开办，请各部堂司入场观览，并赠优待券。俄待张、唐二公散，余与周佩臣偕往勘视屋舍，备作公所，屋在石大人胡同，颓朽不堪用。复往视理藩院旧址，步行二三里，仍至公所，晤翼仲。晚，至太昇堂，锡文初约饮。夜，归。

昨闻人谈及某报讥人之无用者,名曰造粪机器。亦新名词也。

八日 晴

晏起。薄午,诣冶老谈,即趋署,晤建侯、宇香,诸荐童亦韩充国文一席。遂赴公所,晤佩臣,谒唐少翁,以工部笔帖式名单进,盖长沙欲安置数人,少翁颔之。俄复有他客至,余遂辞去。复至公所小坐,见麟士。晡,衣冠登车,将出城赴钱氏昆仲之约,途遇陈翼仲,立谈数语,即各登车去。钱氏昆仲设宴款客于全蜀馆,坐有佩葱、子平、花农、勉丈、子壮、稚鹤、贯三诸君,谈及鬼怪事,言之凿凿。

晚,归途复谒冶老,谈良久。抵家已昏暮。观《通鉴评语》。

申涵煜云:汉淮阴侯有死罪三:一陷郦生,一请假王,一期会固陵不至。高祖久不足于中,而杀机发动已伏于修武、定陶两夺其军,不待云梦之游也。

汉三老多贤者,观于请为义帝发丧,白戾太子冤状,皆得之于三老。

文帝遗诏短丧,盖为吏民加恩耳,非指太子也。景帝竟以日易月,遂为千古罪人。

主父偃鼎食鼎烹,桓温流芳遗臭,前后一辙,盖小人安心立意如此。

九日 晴

晨,耆康侯过谈。向午,趋公所,寂无人。乃诣王相家。昳,复至公所,康侯至,章曼仙已先在。未几,诒重、时伯相继至。俄又往谒唐少翁,谈及办事地太狭小,颇踌躇。晚,始归,又谒冶老,未见。

十日 晴

是日,万寿街衢间齐悬龙旗,结彩庆贺,有万人胪欢之意,是则为前五年所无。薄午,偕芝桥赴郑王府,乐将军叔和邀食神肉。满人风俗,每年择日祀神,招集亲友,饷以馂馀。府第中礼尤严肃,宾来引赞,庭殿森然,有如禁闼。向午,出城,答拜诸来访者。晡,诣诒重,则尚未归。因至厂肆小坐,遂游陈列所,农工商部长官咸在。楼上下三层,百物瑰丽。遇建侯、果臣诸君。观罢,即入城访新吾,遇龚景张,知益斋在三庆园,踵往访之。昏暮始归,复诣冶老议事。

十一日　　晴

晨,增达臣暨寿介眉偕至,俄去。嫂病,延医苏姓者,诊罢,复为澜妹诊视。澜患气痛,已多日矣。薄午,趋公所,唐长官到,闻旧理藩院为意人占去者,将退还为邮传作公所,明日可交屋。是日来者甚多,几无容足地。留午饭。晚,散归。复诣冶老。

是日,冶老下堂谕,暂设办事机关,有会计处、庶务处、文案处。属于文案者,曰收发处、监印处、书计处。又别设议事处,皆派定多人。余充庶务,自是理繁治剧,无闲暇可静坐展卷矣。

十二日　　晴

晨,诣顺天府,见慕兄。薄午,即赴公所,张、唐皆至。饭后,偕金向臣及诒重往视新公所,皆奉派任庶务者也。廊厦崇闳,须略加修整。时木瓦等匠齐集,余一一指挥,限日竣工。晚,归。

十三日　　晴

晨,趋谒冶老,遇龙伯阳。冶老出匿名书,指斥邮部有屏满意,因命速调满员。向午,至铁路局小坐,因诣新公所督工。晚始归,以车迎益斋至,演习天宫静轮法,回公诗云:"我步昆仑巅,却见劲草动。岂无路行人,山风吹我领。"诗有《三百篇》神味,岂汉魏下所敢望。是夕,明月在天,益斋去时已夜分。

十四日　晴

晨，客来纷如。诣冶老画堂谕，即至新公所。俄又诣局，张、唐二公至。晡，仍诣公所，监视一切。晚，宴经世诸人于同丰堂，坐有梓生、莘甫、昌士诸君。闻胡芸老已病没。

十五日　阴

晨起，书联。即出至新公所，与临记洋行议购办什物，极琐细。薄午，至局，与诸人素衣冠诣胡公家送殓，宾友云至。晚，仍诣新公所。暮，归。

十六日　晴

晨，衣冠往贺朱湛卿，复送潘经世行。薄午，至临记洋行购物，因趋新公所，又赴局，与次台交涉。晚，贺吴䌹斋娶妇，即归。夜，存、李二君过。

十七日　晴

晨，趋新公所，过临记洋行。是日，在公所监工一日。晡，与诒重、向辰饮于东兴楼。晚，诣唐，谒张。

十八日　晴

又在新公所监工一日。晚，至义善源。又诣新吾。闻益斋将于是夜乘京汉汽车南归，遂趋与谈。益斋云：明制炼术者曰郑鼎臣，居金陵剪子巷。益斋到都无他事，日以观剧为乐，前后勾留，不满一月，犹徘徊不忍去云。夜送益斋登车，月明如水，车中遇李石棚，亦于是日南归。

十九日　晴

晨，趋新公所。俄又至铁路局，即回。在公所中终日监工，时规模粗定，向臣、诒重均至。晚，归。铁珊过谈。是夜，母与慕兄偕赴法公使茶会。

二十日 晴

晨,趋公所,料量一切。薄午,张、唐二公咸至,以是日为迁移之第一日,门庭内外皆结彩,凡奉调到差者,相继至。如龙伯扬建章、关伯珩冕钧、李瑶琴稷勋诸人。张、唐二公,对众谈开办事宜,俄去。是日,诸务冗杂,繁琐可厌。

二十一日 晴

谒冶老,即趋公所。又诣次台,商议零杂事宜。薄午,冶老点派值宿名单,新调人员来者又数人,如章一山、冯翼谋等。

二十二日 晴,风

晨,顾君彦龙来拜,亦调邮部者。班侯亦至。向午,趋公所,料简杂事。薄晚,诣王相,即归。芳州夜来谈。

连朝奔驰部省,摒挡零琐事物,遂与书卷疏隔,不觉化为俗人。且又无暇观报纸,闻见壅塞,如居井底,其苦万状。而日记又荒芜多日,执笔则无一事可录,无一理可言。

二十三日 晴,风

晨,诣冶老,即趋署,俄冶老亦至。

是时,项城以朝廷已改制,将组织宪法,又立邮部,遂自请开去一切兼差,奉旨俞允。而唐公所理之铁路,亦恐将归部辖,不能独立。张公是日对众略言之,又云一部三长官,权限若何画分,闻唐之意欲专管铁路,而以右侍郎专督轮电,此说究如何?众莫对。

晚,出城,饮于聚宝堂,岳柱臣约也。俄又至醉琼林,金荫图约。

二十四日 晴

晨,诣公所。饭后,往视子瑜,时孟庚眷属亦至。晡,诣顺天府,晤慕兄,即归。筹思官制组织善法。

二十五日　晴

晨,诣公所。龙伯扬献议,将文案处分为六股:一曰总务股,一曰章奏股,一曰内文股,一曰外文股,一曰电信股,一曰内收发股。奉堂谕,点派多人,各任其事,渐有端绪。晚,散归。

二十六日

晨,王相家取妇,往贺。即至公所,为文案购办笔研楮墨,并理一切杂务。晚,散归。

二十七日　晴

连日奇暖,谒冶老,谈及议官制事宜。向午,趋署。唐公至,以门外不洁,怒斥阍者。俄张公亦至。时公所内外上下,已有七八十人。

江西萍乡革命军起,官军一战而败,巡抚吴重熹以电奏迟,受申饬。盖地方防营皆不可用,须合他省兵会剿。蜂虿有毒,信哉。

自五大臣考察政治归,相与组织立宪,袁、铁大起冲突,铁固罢相,袁亦失势,所谓两败俱伤,岂不然哉。

二十八日　晴

晨,趋署。以门以外事,属张弁管领。坐庶务处,心锄来,相助购办一切什物。晚,周采臣约饮,坐有鹤庄、剑秋、药阶、聚卿诸君。采臣部署斋舍极精。夜,归。听大鼓书。

邮部开设,人人视为膏腴,争欲侧肩而入。长沙始亦欲精择材选,其继迫于情,夺于势,力不能拒,遂致联袂竞进者,不免庞杂,熔金铁为一器矣。我国事无可为,此其一端也。冶老叹息不已。

光阴驰如电,于作日记时,倍感触脑筋,所谓执笔急追,俄顷十日,而隆冬短尽,遂觉大地之转更速,竟无计使之少留也。

二十九日　晴

晨，诣厂肆已，荣宝斋小坐。即趋公所，命匠人制坐具，长六尺，阔二尺许，高二尺，可以坐，可以卧，衙署中多用之。柏峻山至，昨闻丞参已简：右丞陈昭常，左参议那晋，右参议施肇基。是日，长沙至，问各部见丞参仪注，皆不相类。薄晚，诣喜鹊胡同，晤绳伯。夜，饮于同和居，昌士约也。

三十日　晴

晨，诣冶老，即趋公所，闻明日丞参履任，商议接待之法。晚，归。复过冶老谈。是日，官制草案刷印成，得十余册，呈冶老观之。冶老出《时报》所论袁、铁交争事，谓朝局两党对峙，颇可危也。余谓此类为西国所常有，不足异，所患者满汉之界，恐自此益不能融。

十一月

一日　晴

是日，丞参莅任，阖署衣冠齐集。书记卢洪明以犯过撤差。逾午，诸人咸散。余是日值班，宿署中。

更深漏静，灯火微明，别有一种萧寥清寂境状，使人沉沉若有所思。

电报股唐君德萱，晚来值夜班，与谈良久。唐君俄去。余展卷几上，微观之，即欠伸欲眠。

二日　阴寒

文案处后壁开窗，灰飞瓦石，狼籍不能治事。诸人咸集余庶务处，相与诙谈，又议欲设研究会，惜以地狭，无从容讲学之所。

胡侍郎遗折是日上，有旨邮部右侍郎以吴重熹补授，江西巡抚以瑞良调补。胡得恤典颇优。

丞参来,余往与接谈良久。陈君简持,广东人,极和易善谈;那君即琴轩相国之弟;施君则曾至米游学者也。

晚,归。昌士过谈。时大风狂吼,声震窗户。余肃然顾谓昌士曰:世变之来,有如此风。昌士取余《忘山庐诗草》读之,俄顷即去。

三日　　晴,风

晨,到公所,丞参已至。是日,携新译小说《电术奇谈》,车中略观之。比至公所,则俦辈纷如,诸事丛扰,竟未能展读。是日文案处,壁牖洞然朗彻,几案陈列整整,坐床亦制成,可用。晚,各散。余诣新吾,晚饭。夜,归。作日记。

四日　　晴

在公所,终日无甚事。晚,归。观《电术奇谈》终卷。

我国小说之叙人一事也,往往先离而后合,先苦而后乐。外国小说亦然。惟我国人叙述笔墨,每至水穷山尽处,辄借神妖怪妄,以为转捩之机轴。西人则不然,彼惟善用科学之真理,以斡旋之。如《电术奇谈》所述喜仲达之感电而反其脑,后复遇电而正之。秘密使者所述苏朗笏之目,瞀而复明。皆借科学实理以证之,使读者反悲为喜,而略无缥渺难信之谈,所以可贵。

《催眠术》《电术奇谈》之别名一书,别无佳妙处,独写天香楼上,兄妹二人谋害林凤美一节,最可喜可快。盖是晚陈酒设肴,三人入坐,良久妹以他事先去,凤美往壁间鼓琴,自镜中见其兄袖出药注凤美酒中,凤美阳不知。俄还坐举杯交让,故坠指环于地,兄仓皇伏而代拾之,凤美潜易其酒,兄不知也。又劝饮,各尽一杯。凤美复往鼓琴,久之回视,兄已昏迷仰卧,不省人事矣。凤美乃获脱身而逸。观此事，大有"橹摇背指菊花开"之妙。

五日 晴

趋公所，唐公已先至。俄杨杏城来，张公亦至。三人密谈，丞参以下皆避出。晚，散。访文初，即归。夜，与赞尧谈。

闻人言彗星出西南方，夜五鼓乃得见，究不知确否。寒夜无人起而觇之。

天象何与人事，星学大明，人益漠置之。而我国数千年社会中之心思耳目，以迷信故，遂亦组织一习惯之条例，争以为验则验矣。益斋前在江西，与一星相家预睹二事皆应，即戊戌、庚子两次之变也。彼人皆窥星象而豫知之，豫言之。

六日 晴

谒冶老，见密摺一件，盖唐公欲专管借款铁路，云已与邸议妥。冶老尚欲持视邸，然后上。大风不止，康侯亦来，同诣公所。昳，余先出城，至义善源小坐。俄衣冠往谒戴师，未得见。遂至长椿寺，许志篑为其父设奠，宾友云集。慕兄亦在焉。晚，归。是日，先人忌日，家祭。饭后，作日记。秉庵至，亦奉调入邮部。

今年朝廷无他新政，惟立宪二字见诸谕旨，及各部专设一尚书，不分满汉。又实行禁止鸦片。此三者，差快人意。

东人窥见我国内容之腐，如然犀照怪，无可遁逃者。不问其为改革与否也：法弊可改也，人弊何由改之？才艺之阙，可以学进之也；道德廉耻之丧，何由易？当此强邻逼处，水深火热之时，而诸朝贵尚挟私以相竞，怀小忿以相中伤，漠然不为大局计，嗟嗟！皮之不存，毛将安附？破巢之下，有完卵邪？独何不一思之？

袁项城积年为朝廷所倚重，权势熏炙，海内莫不侧目而视，政府亦几惮之。由今观之，固自君子也。不然，彼何苦自解其兵权？

虽然,袁犹有虚声,足以震慑远迩。袁失兵柄,为袁计则安矣,吾为天下危之。

七日　风,晴

晨,诣陈简持,未见。访顾汝言,谈良久,即至秉庵许,与偕至公所,引见唐公。俄冶老亦至,闻明日所奏又改易,仍是奏调人员,计三十二人。薄晚,归。行至棋盘街,马骇,车轴折,遂易车而归。作日记。风不息。

八日　晴

晨起,易衣冠往贺李翼侯,将于明日婚娶,乃河南张公劢予之女。俄送松鹤老之行,遂拜客数家。诣那锡侯、施植之,皆见。日中,至公所,午饭。晡,归途过子蕃谈。晚,抵家。观报纸,淮徐饥民麇聚清江浦,冻死者日数百人。吕、盛二大臣电请赈救,并乞缓停实官捐。夜,作日记。

闻益斋云:奈端创三大条例,而星算学出现,一曰万类之中,大物能吸引小者;一曰凡物苟不遏阻力,能动而不止;一曰凡物之身量相较,其大万千倍者,与其行动之速力可作正比例。此人人所共知也。余亦有三条例:一曰万物之生也,无不为两物所构聚而成;一曰万物皆动,无有静者;一曰万物之森列于宙合间,未有不相交涉而能独立者。忘山曰:善析名理,而无文字障、意见障、习惯障者,吾独服黄道人。

九日　晴

薄午,往谒沈兰秋师,即趋署。张冶老至,谈及邮部开创不易,须设专门学校,培养人材,以备任使;又须派人各处调查,方能将轮电路邮四种情形,了如指掌,不受人欺蔽。晡,点检部中所购西式器具。暮,归。商酌邮部草案评改数事。

光绪三十二年丙午(1906年) 十一月

十日 晴

谒冶老。是日,冶老交下吴拟草案十八分,命颁给评议员十八人。余携至署,照数颁发,并每人皆加给编制局所定官制通则及邮部官制各一份,限十日内各投意见书,待长官阅定。余是日早归,拟开议本部官制办法七条:第一条即颁发草案,限十日内各投意见书;第二条,分别已决议及应提议之条款事项;第三条,摘列提议事件,眷印颁给诸人,为开议时问答之预备;第四条,选择开议期日;第五条,开议时由主座提议及决议;第六条,每决议一事件,须用笔记录,汇总传观画押,成初议之草案;第七条,草案定后,限十日,如无异言,作为定议,倘有疑难,许再投意见书,开第二次会议,此次议决,作为议定,请旨施行。

十一日 晴

以所拟开议办法,呈冶老阅。即趋署,唐长官已先在。薄午,冶老至。是日,凡到部任事人员,皆酌定津贴。议事规则已发给丞参及文案处,所最不解一事,即诸人畏开议事厅也。夫议事厅者,乃公理发现之地,无一人得行其私者也。我国议事,素无规条,往往名为评议,权实操诸一二人手中,其馀诸人皆不得预闻。是故不开会议,不设章程,则所投意见书何殊上条陈。虽云采择群言,其果采择与否,不可知也。即偶有所撷取矣,其当理与否,又不得而问也。惟合聚于一室,许其尽言,则笔所不能尽者,舌可以引伸其意;意有不相通者,面谈可以表其情。又况有主座之人,静听两造之词,孰是孰非,有自然之判决,更无虑筑室道谋也。夫何疑何惧?

十二日 晴

向午,访龚仁舫。即趋署。昳,张冶老至,拟办咨文,向外务部抄录铁路案卷。晡,缮写奉派各员职掌清单。得慕兄函,交来内外城女学传习所捐簿一本。晚，赴顺天府，与慕兄共饭。戴月乘马车归。倩人抄录邮部奉调人员单。

终日碌碌，无读书时，自顾面目可憎，语言无味矣。昨夕将邮部官制草案，大加钩乙改定，多可施行者；惟未尽事宜，须待调查案卷后斟酌，增立科目，一时颇难定也。

十三日　　晴

晨，公记印书局朱君，未遇，即趋公所。是日，冶老未到。唐公来，余无事未上堂。向辰、诒重咸至，与诒重谈定官制法。又见黄蒿龄所上条陈，洋洒千言。时屋宇器皿及一切营办事宜，大致粗定，庶务事日简一日。惟文案处笔研琐细，不无所需。晚，龚仁舫约饮醉琼林，坐有朱湛卿、杨仲庄诸人。又有连荷生者，连聪肃之子，入都引见，盖分省之通判也。夜，归。

闻萍乡匪乱，殆将平靖。前数日谣传甚多，有浏阳、醴陵失守之说，今探知不确。所谓我国官军御外患不足，削内乱有馀，此说犹能立也。

览小杜诗："冥鸿不下非无意，寒马归来是偶然。"用典运化无迹。

夜，与母妹等共谈往事，虽越二十馀年，犹历历在目。眠时，明月中天，万里无云。

十四日　　晴

晨，观书。

《筠郎随笔》载：有妓从士人会饮，临风举酒，属诸公曰：如此云物高爽，可称诗天。即日其妓声名顿起。

宋牧仲弟子昭，为司勋郎，冢宰黄公机问曰：淇园之竹，自古称之，余数过其地，绝无一竹，何也？子昭对曰：淇竹自汉已无之矣。

公曰：有据乎？曰：有。昔汉武时，河决瓠子，令群臣自将军以下，皆负薪置决河。以薪柴，下淇园之竹，以为楗。歌曰："薪不属兮卫人罪，烧萧条兮噫乎何以御水，颓林竹兮楗石菑。"盖明验也。公为叹服。忘山曰：文人博古，往往有此种趣致。

未午，趋署。张、唐皆至。日本递信省职制排印成，先后交到一百部，已分散外，皆贮存。晚，归。作致星墀及汝霖书。

十五日　晴

书联。保文舫偕其弟至，俄康侯、达臣同来，即去。风起尘飞。观书。

亭林《菰中随笔》云：科举之法，自汉至隋以前，惟孝廉与秀才常行；自隋、唐至宋朝，惟进士、明经常行。至熙宁间，荆公用事，改取士之法，自是进士独存，明经始废。

忘山曰：人患无仁无勇，不患无智；既有仁与勇，则智增一分，其仁与勇亦扩充一分。

哺，拟邮部职制及暂行章程，尚未脱稿。晚，出城。明月东上，到聚宝堂。是日，悦静涵约饮，饯于梓生，旧同僚如晋锡侯、启幼亭、恽宽仲、锡文初皆在。余不禁有今昔之感。

十六日　晴

晨起，会经堂书贾来，携书数种，一曰《萝摩亭札记》，一曰《丹铅续笔》，一曰《消暑随笔》。余皆留观之。向午，趋署。唐长官已到，丞参陆续至。是日，颁发司员津贴，余每月仍得八十两，与工部主稿同。晚，诸人皆散，余留值宿。李秉庵值电报夜班，杨云史、嵩鹤孙咸留晚食，俄去。会有南昌午家密电来，遍觅无此本也。更深，秉庵亦去。余独坐观书。

《消暑随笔》为潘文勤之祖芝轩先生辑，多采摭唐宋人说部，所载故事,亦往往习见者。然偶一翻阅,颇足排闷。

夜静,月朗星稀,万籁俱寂。

十七日

晨起,观书。朝曦射窗。

《大唐新语》载:张文瓘为侍中,同列宰相,以政事堂供馔珍美,请减其料。文瓘曰:此食天子所以重枢机、待贤才也,若不任其职,当自陈乞,以避贤路,不宜减削公膳,以邀虚名。国家所贵,不在于此。苟有益于公道,斯不为多也。又开元中,陆坚为中书舍人,以丽正学士或非其人,而所司供拟过为丰赡,谓朝列曰:此亦何益国家,空致如此费损。将议罢之,张说闻之,谓诸宰相曰:说闻自古帝王功成,则有奢纵之失,或兴造池台,或耽玩声色。圣上崇儒重德,亲自讲论,刊校图书,详延学者,今之丽正,即是圣主礼乐之司,永代规模不易之道,所费者细,所益者大。陆子之言为未达也。

览报,欧洲大陆十日前,风狂雪怒,成巨灾,铁轨电丝皆受损失,致毙多人。

本日为阳历一千九百零七年元旦。

传言:邮部咨吏部抄录之奏调人员摺,于人名之旁,或作一求字,或作一乞字。吏部长官不解,以问司员,亦不知所对,遂疑本署人所为,欲败坏吾侪之名誉者。使人至吏部探之,乃知所谓求者应入求贤科也,所谓乞者入册讫也。盖办事人暗记,仍吏部所为,始共释然。是夜,阴黑无月光。

十八日　　晴,风起

余已拟就邮部职掌章程底稿,约延君明斋来余斋中,为余誊写正本。日暮始去。夜,月色颇明。

《左传·襄十一年》:臧武仲谓上所不为,而民为之,是以加刑；上所为，民亦为之，乃其所也。忘山曰：二语极有意味。

夜，穰卿来电话称：上海地事，孙荫亭以其兄荔轩之丧，无暇代办交割，将先接收料量填土事宜。余允之。

荔轩昆季，五年前在海上往来最密。荔轩嗣游海外，一周地轴，人极英敏，洞悉时事。去夏奉项城之命来天津，综理官银号事，遂偕眷来寓津地，亦时时至京师。余记八月间在新吾许，犹见之，岂期即归道山，年甫四十四五。

十九日　晴

晨起，盥漱已，早食尽饱。即趋署。向午，唐少翁来署，云接赵智庵书，邮部左右民屋，可以收买，推扩署中地界。命代拟覆书，并办理是事。晡，仍约明斋为余录写续拟之办法章程，日暮而毕。

晚，归。检所拟章程，复增数条，即于各司皆列入核销款项之职掌，又于电政司中设电学科，掌设立电政学堂事宜。夜，作日记。

二十日　晴

起，略观书，即趋署。复约明斋为钞写，增益更改数条。薄午，稿成。诒重、世伯、次台皆审观之。昳，冶老至，因呈堂阅。

所拟职掌大概，专设承政厅，于承政厅下设三房：曰电信房，曰文书房，曰监印房。又设隶于承政厅者四局：曰会计局，曰庶务局，曰编译局，曰测绘局。此外又设四司：曰邮政司、路政司、电政司、船政司。各司设郎中、员外郎、主事、书记官、司书生。各局设员外郎以下，不设郎中，有司务及技师。承政厅丞参以下，设主事、书记官、司务、司书生。

薄暮，归。见慕兄，留晚饭，纵谈。

天下事皆一变迁推移之境，岂有常也。惟佛乃能真常，未成佛之先，无论履何境界，皆只能以暂视之，以传舍视之。彭祖岂不寿乎？八百年如俄顷，亦暂而已矣，亦一传舍而已矣。李肃毅以宰相建节北洋三十年之久，今安在乎？亦暂而已矣，亦一传舍而已矣。是故暂之一字，无论岁时之长短久促也，终归于变改，则其为暂如故也。惟不变者乃真常，惟佛能之。

二十一日　晴

晨，贺肃邸，乃瑞鹤庄两家嫁娶，皆于夜间礼成。余去已迟，遂往祝王相寿。日中，到署，午饭。昳，诒重至，余观侦探小说未竟数叶也。闻张、唐二长官咸至，冯次台来，谈及办事权限，盖以唐侍郎嫌文件呈阅之迟。晡，余去诣丁君厚斋，投刺。遂往送连荷生行。连主肯斋家，皆见。肯斋改良客座甚精。俄经才亦至。晚，诣斌生楼，文君博亭召饮，在坐多不相识者，皆外务部司员。

英人欲在长沙城内营商，部臣不许之，英使不服也。

晚，归，成小诗二首，题为《桃源图》。诗云："桃柳隔前溪，渔舟竟自迷。人家何处是，遥指白云西。""流水自潺湲，乱山如画里。别无径可通，只此二三里。"

二十二日　晴

连日奇暖。闻直隶四境皆有雪，独京师无之。起，以电话询知二我，已于昨晚到都，欲走访之。薄午，趋署。车中观书。

《毛诗·卷耳篇》小注：后妃佐文王求贤审官之诗。徐沟乔氏曰：儒者或疑后妃不当预闻国政，不知邑姜、太任、太姒所谓圣女，非可唯酒食是议概之者。纠之听妇言者，恶其惟其言是从，故有牝鸡司晨之戒。若后妃有远见卓识，知求贤才以助国，斯固赞君德而非夺主权也。忘山曰：通论。

晋朱伺有言曰：两敌相争，惟忍乃胜。忍之一字，为兵法之秘诀。为孙吴所未道。

在署中,与二我以电话互谈。饭后,即往访之。二我时在烟草公司,因踵至,登小楼,与促膝语。二我自云:汽船中遭风折舵,险甚;又在上海重病,几危。余皆不知也。二我方薙发,余坐其旁。二我盛赞东国山水之佳。晡,随至二我家中,复共谈,复为二我诵诗一首,题为《秋夜独坐》。诗云:"万籁此俱寂,迟迟明月上。引领望清晖,天高白露降。"

晚,归。观书。作日记。

二十三日

昨晚阴云四布,有酿雪意,今早又放晴光。起,盥漱毕,薙发。即趋署。观侦探小说。世伯、诒重、次台均至。时有堂谕,命议定丞参及诸司员等之权限。晚,散。诣新吾,留晚饭。

前睹报纸,有诏欲进尼山为大祀,今又议建曲阜学堂,盖亦昌明宗教之意也。

民政部实行禁烟,又欲禁绝赌风。余皆赞成。

余前悟得,自道以外,万事皆暂,无有常理。尚有一语曰:未来之事,不能预测,虽似极平常,而在我则为阅历之心得也。

在天曰自然,在人曰当然。所谓当然,即人心中之自然也。圣人惟以人心中之自然,配合天地之自然,是谓赞天地之化育也,是谓人与天化合。

是晚,又有雪意。比归,明星烂然。夜,闻文符笑语声,在西偏屋中,就与谈,别数月矣。

二十四日　　晴

起,略观书,即趋署。日中,至胡芸老家,与慕哥约公祭。祭毕,饭于六国饭店。仍至署,观小说。晚,归。风起。陈朴斋在家待余,因留晚饭。朴斋俄去。灯下观报,亦无甚事。大风。复观书。

《北史》：罗结年百七岁，复典政，百十岁致仕，百二十乃卒，寿算为近世所罕。惜后世鲜有传之者。

汉后主对晋王曰：此间乐，不思蜀矣。人以为呆语。禅虽呆，不至此，所以为是言者，隐合全身远祸之道。晋王被其欺，何后世人亦被其欺耶？乃真呆矣。

自古凶人相聚，未有不相残杀者；小人共事，未有不相挤排者。二十四史中，书不胜书矣。

马一斋先生曰：乐莫乐于寡欲，忧莫忧于多求，益莫益于知非，辱莫辱于无耻。忘山曰：余为增一语曰：荣莫荣于改过。

二十五日　　风止，晴

流览魏碑。观书。

申涵煜曰：严刁斗，谨烽燧，是军中正律。晋羊祜独轻裘缓带，有风流儒雅气象，与诸葛公羽扇纶巾，岳武穆雅歌投壶，可称古今三绝。

又云：晋贾牝肆凶，人理灭绝，而名士如潘、陆、左思之徒，方且奔走权门，望尘下拜，时有董养，独以为大乱将作，入蜀终隐，真是高人眼界，局外自清。

趋署。余昨微咳，以感热故。今日微寒，咳竟愈。

冶老欲甄别书记，授意丞参。薄晚，归。见慕兄，饮于同和居，稼霖约。夜，作日记。

徐沟乔氏曰：少时读仲子有文在手，曰："鲁夫人"，心疑"夫人"二字或可成文，"鲁"字笔画繁多，讵能成文于手邪？后知古文鲁作㡀，乃悟手文或能如是。见《萝摩亭札记》。

《说文》斐妭皆训妇人小物，不知为何物。陈诗庭以为是舄下复著之物,非也。待考。

乔氏曰:唐以前,《孟子》一书犹居诸子之列,皮日休曾有书欲列《孟子》于取士之科,见亦伟矣。

皋繇之繇,读作遥;钟繇之繇,亦当读作遥。《世说》:庾翼谓钟会曰:何以望君,遥遥不至。盖以其父讳戏之,此其证也。

二十六日　晴

陈朴斋过。昨已奉邮部堂谕,派充书记,略谈即去。向午,趋署。车中观书。

《萝摩亭札记》云:《鲒埼亭集》载熊襄愍廷弼入狱,持一藤枕,夜必陈此枕,对北辰焚香叩拜,既被斩,当传首九边,求其首乌有,乃一藤枕也。司事者骇怪,密以上陈,而取他囚首以传。此与颜鲁公兵解事相类。忘山曰:曾阅《神仙鉴》,知鲁公实未死,盖道家原有兵解之说,熊公殆亦然也。

古人巾上加帽,后改巾制加四脚,名幞头,其制小杀于帽,亦有竹胎,取而著之,凡唐人之巾皆幞头也,四脚二系于上,二垂于后。刘智远将此两带横直之,即纱帽翅也。

斗叶子之戏,其为人形者,梁山群盗也。其谓之饼者,银铤也;其谓之索者,钱缗也。谓得某人,则与以钱几万银几锭也,故以一人一饼一索相配。后之戏,人与饼、索相离,非古法矣。亦见《萝摩亭札记》。

到署,犹未午。是日,公祭胡芸老。余以待丁厚斋,未能往。昳,厚斋至,盖为邮部推广房屋事。余因偕往踏勘,厚斋允为图之。薄晚,散,诣顺天府,与春生谈。夜,归。稼霖是日赴部,书写履历。

二十七日　晴

书联。即趋署。无事,观书。

世俗谓人死有归煞,当避之。颜之推《家训》云:偏傍之书,死有归杀,子孙逃窜,莫肯在家。是此风已古。

今之风俗习惯,大抵自宋以后多相同,如官下文书,辄云飞速、火速;应选履历,兼供形貌,面白、面紫、微须、有须,皆宋时已如此。

讣书发端用罪孽深重八字,出欧阳文忠与弟书。

火炮,宋已有之。《癸辛杂识》载火药库焙药火作,炮声如雷,地动屋塌。

今谓水陆通衢、舟车辐辏之地为马头。晋安帝时,割淮阳、当涂,地设马头(群)〔郡〕。俗语或本于此。

唐之祆庙,疑即今之天主教。

今人于生日必食索面,且以饷客。南北皆同。此俗陆放翁家训谓,有姑嫁石氏,归宁见食有笼饼,起问是谁生日。是宋时生日食笼饼也。

今公文平行者,用咨。《容斋随笔》云:学士公文至三省者,不用申状右语,云谘报尚书省,伏候裁指。谓之谘报,今之咨,即谘也。

又观新小说《日本剑》。晡,归。夜,在赞尧室中谈。

高君素臣,宦蜀十年,为言蜀中景物,雄视万方,产竹最饶,等诸芦苇,漫山遍野。此外青松紫柏,葱郁千里,山水雄奇绝丽,登陟最险。昔人有诗云:"两行秦树直,万点蜀山尖。"气象固自尔尔。

二十八日　晴

起,盥漱毕,即出城,答拜梁某。遂访二我谈诗。薄午,趋署。向辰、时伯已先在,方共饭,余亦入席饱啖。闻唐长官先至,已去。晡,诣䌹斋,吊其伯母之丧。俄闻凤老至,遂出共谈。凤老先去,余与䌹斋略谈良久。

是日，闻总捕胡同有隶旗籍者一家六口，夜间为人所戕，皆毙命。

晚，归。夜，存、李二君至，俄去。作日记。

《太平御览》引《外传》云：夏、殷之制，五世以下得通婚姻；周制，百世不通。忘山曰：今之西人，颇合夏、殷之制。

今人以端午、中秋为令节，古人以上巳、重阳为令节。自六朝至唐皆然。唐代至上巳、重阳，百官皆休务，宰相近臣皆有赐焉。

二十九日　晴

黎明，登汽车，赴津。薄午，到，卸装长发栈。往饮于德义楼。俄归，坐马车吊孙荔轩之丧。见荫亭，共叹死生无常。俄又访彦复，遇菊生，又晤彦东。观彦复姬人刻图记，一姬悬腕书隶，风雅绝世。晚，归栈。饭后，观剧。夜深，归眠。

十二月

一日　晴

黎明，登车返都。车中阅报纸，见有严谕，申斥邮部，谓尚书、侍郎各执意见，又所调人员不免瞻徇情面，屡招物议，命从严甄择，分别去留。如青天霹雳，破空而下。余不觉惊愕。薄午，到京，即趋署。两堂已先在，时以沪宁铁路及京汉铁路两关防属余监收。是日，日食。晡，如新月，然光色暗淡。俄即复圆。晚，各散。余亦归。斋中方糊裱，秽杂无坐处。

二日　晴

晨，趋谒冶老，谈良久。即趋署。晡，微阴，有雪意。与时百、次台、诒重、曼仙诸人谈，皆谓引咎之覆摺，颇难措词。晚，归。是日，览黄中书条陈。夜，拟书后一篇，录如下：

西儒有言，汽蒸、邮电，为万国开化根原，岂不然哉，岂不然哉！盖人之生也有智慧，智慧以交通互换而日增长；地之产也有货财，货财亦以流通灌输而益发达。当古圣人创舟车以济不通，其视未有舟车以前，进化百倍矣。至今则以汽蒸速舟车之力，其视未有汽蒸以前，进化万倍矣。何也？有汽蒸舟车，则邮便愈捷，而人之著作思想印刷于报纸者，不数日而通遍远迩矣。商贾之往来愈多，而各地之物产制造，为人所必需者，运输便利更无滞积之虞矣。更有速于汽蒸者，不有电信乎？其通志意，传消息，俄顷而千万里如咫尺，盖人之能力至是几与造化争衡。神哉，其何术以致此也？欧西二百年来，国运所以日兴，文化所以日进，皆因汽电二学之发明而利用之。正如人之一身，得是而血脉灵通，气机流畅，宜其康强壮盛，百病不侵也。今者我国百度维新，朝廷创立邮传，所司者即轮路电邮四者。中书黄君，上书千言，条举部中应办之事，大都采访东西成法，欲以饷我政界，用心良苦。推其所言，实多可行，其有一时难行者，不过碍于财政之困耳。虽然，一时则诚有难行者矣，不可不期诸将来之必行者，愿与同部诸公勉之。

三日　　晴

向午，诣署。闻唐长官是日生辰，相与备办祝仪。在署与诒重、次台诸人纵谈，又与诒重辨论是非之有无，各不相下。

是非安得曰无？要之，附丽于事物而后见。当事物未萌以前，无所谓是非也；其事物已消之后，又无所谓是非也。惟夫灿然纷然丛列于心目，交迫于当境，此俄顷之时间，必图所以应付之，判断之，如曰无是非，则将何措手足邪？噫！

欲判决是非，非易事，其必不可不注意者，曰考证也，研究也，调查也。苟无是三者，而漫然曰：我能决之。是武断矣，未有不误且谬者，人顾可轻言邪？

晚，归。得句，嫌意近晦，枕上易之。

四日 晴

晨起，无事。俄诣邵二我，述昨所成小诗。诗云："乱蝶入花丛，不觉花之重。偶然风雨来，一一惊春梦。""是非岂足论，浮云过眼时。当局本自清，可惜旁观迷。"

日中，趋署，与向辰、诒重诸人谈。晚，散。诣新吾。盖闻荫亭到京，急往与晤面，适已他出。昏黑至家。作日记，而荫亭至，略谈即去。

五日 晴

晨，诣冶老问疾，知略瘥。即趋署。览《八家四六文选》。词章以发乎天籁，合乎自然为佳，不问为诗、为文、为散、为骈也。本朝文章之所以逊者，皆以雕斫太甚，失天然之致，故品格颇下。

王充《论衡》曰：素女对黄帝陈五女之法，非徒伤父母之身，乃贼男女之性。《汉书·艺文志》列房中八家，而论之曰：房中者，性情之极，至道之际，是以圣王制外乐，以禁内情，而为之节文。忘山曰：西国有跳舞之俗，类皆一男一女相抱而舞，我国人鄙之，以为蛮野，不知彼盖有深意存焉。男女相悦，乃发乎自然之感情，不可制也。而既非夫妇，则不能各遂其欲，必有郁结不能发纾者焉，惟听其行跳舞之仪，使凡爱慕于中者，皆得身相接，形相依，于以畅其情，达其欲，而不及于乱，岂非至道之极则乎？奈何薄之？

六日 阴，雪飞

诣冶老视疾，即趋署。日光微露。闻冶老牙关忽脱下，将延西医治之。薄午，发电话询之，则已愈矣。昳，归。复过冶老，入卧室中见,数语即退。抵家,检书。今所食之豌豆苗,即东坡诗中所谓元修菜。

《尔雅》:山卑而大扈跛,扈者,谓不由蹊径,虽山险犹欲逾之也。

七日　　阴

晨起,盥漱毕,登车出访诒重,谈及邮部引咎之奏,颇欲斟酌改定。诒重极其言。薄午,访二我。

二我谓余之诗格,自今夏充艺学馆教习后,便渐渐卑下,人品胸襟,殆亦随之。余不觉汗下。又曰:"邮部今日之风潮,乃尔之福,若以是介介于怀,则生平之得力,从此休矣。"余闻之如清夜钟声,悚然惕然。正坐谈间,得小诗一首:"风波摇不定,飘然一孤舟。休怨风波苦,年年浪白头。二我句。"

二我云:德国昔有蜡人,满腹轮轴,以电气运之,能写字,能知未来。

又云:天旱,可以法使之雨,盖乘轻气球而上,用硝磺水等数种药料,喷散空中,可致三百里内大雨。皆极奇。

公谊与私情,日交战于社会中;人理与天欲,亦日交战于脑质中。卒之公与私不可偏废,理与欲不妨并行。

在二我家,终日饱闻药石之言,愧悔并作,叹曰:邮部何足累我,我自累耳! 自今伊始,当急起猛省,或有及乎?

八日　　晴

起,食腊八粥,用菱枣榛栗等杂物,聚而煮之,每岁十二月八日食之,名曰腊八粥,盖京俗也。俄登车趋署。途过冶老问疾。至署中,则意国人将来勘屋。邮部新起屋,与邻屋毗连,窒其屋檐溜雨之路,邻屋为意大利人,故使馆行文外部理论之。是日,余偕译者黄君往意使馆，见钦使，引其所派人来踏勘，许为通水道，使彼无所不便。已，面议改良法，意人许可而去。

览报，江西萍乡乱平。扬州、清江等处酿祸。江南征兵，起风潮。

晡，归。成五古一首，题曰《自责》。诗云："良友不我弃，赠我药石言。别君时几何，毋乃道义迁。富贵身外物，贫贱性所安。人视若邱山，我视若浮烟。嗟君高栖者，胡为涉其藩。诗书恝然置，妙理宁复研。得丧相纷绕，忧喜徒自煎。执迷无还期，负君少壮年。我闻良友言，汗流心瞿然。感君殷勤意，金石同其坚。譬彼雾中人，再睹青青天。怀惭起自责，努力塞前愆。不远复可图，累尽神自全。"

九日　　阴，雪散为微雨

检书。扫除斋中，整然无尘杂。薄午，趋署。时地湿成薄冰，滑不留足。在署观报。

晡，谒王相。相病略愈，退志已决，明日将续假一月，待明正即南行。

归已昏暮，室中梅花欲放。观书。

杨氏《丹铅续录》云：古者治野，夫间有遂，遂上有径；十夫有沟，沟上有畛；百夫有洫，洫上有涂；千夫有浍，浍上有道；万夫有川，川上有路。无事则正疆界而备旱潦，有事则通粮运以备军需。忘山曰：沟渠纵横，且足限戎马之足，使不得长驱。古制之良，莫大于是。惜哉，废于后人也。

《易》：冶容诲淫。杨氏云：冶，销也，遇热则流，遇冷则合，与冰同志。故冶字从冰。女之艳媚，亦令人销神流志，故美色曰冶也。语精。

十日 阴

细雨杂雪粒,地皆冻滑。起,观书。俄趋署。将出登车,下阶足践未稳而踣,失履,股腰间奇痛。仆人扶起,略运行,良久,仍登车去。至署,未午,以电机询冶老病,犹未愈,颇可忧。静坐观报。

英伦敦将设支那文学研究会,西人好博如此。

南皮有电数千字,极反对改官制事,彼以为府与巡道皆不可裁。又谓理财局及高等裁判所,皆不必设。中有警语云:天下本无事,庸人自扰之。庸人安能扰天下,惟才高者识理未深,度势未审,乃能扰天下耳。王安石岂庸人哉云云。余反复其言,于目前之民情时势,颇有中肯者。

晡,归。新吾及邻居适在余斋中坐,晚去。夜,观书。

郝陵川论书云:太严则伤意,太放则伤法。名言。

王无功云:薛收《白牛溪赋》韵趣高奇,词义旷远,嵯峨萧瑟,真不可言。壮哉邈乎,扬、班之俦也。忘山曰:薛氏此赋,惜今已不传,无由得见。

十一日 晴

冻皆融。起,盥漱毕,早食。食已谒冶老问疾,疾加重。向午,趋署,世伯、诒重、次台诸人皆见,闻署中小有风潮。晡,诣义善源。晚,归。夜,作复欧阳石芝书。读报。观《池北偶谈》。

阮亭云:今之朝报,或曰邸报,亦有所本,见王明清《挥麈录》。赵昇《朝野类要》云:朝报,日出事宜也,每日门下后省编定,请给事判报,方行下都进奏院,报行天下,其有所谓内探、省探、衙探之类,皆衷私小报,率有漏泄之禁,故隐而号之曰新闻。盖自宋时已然。又六科纶音册子,号晚帖,以当晚即知之,次日乃登邸报,故曰晚帖。忘山曰:此即今之抄报。

十二日　　昨夜雪飞

晨起屋瓦尽白。登车访二我，将前所成《自责诗》为诵之。二我云：此诗乃杜之学陶者。余又述昨夕枕上所成《洗心》一首，录如下："我本清净士，端居无俗好。虽在朝市间，绝不事权要。朝起弄琴书，夕归研至道。所友一高人，清言尽机妙。寄意篇咏中，万物盈怀抱。一朝染名利，劳生遂草草。日月为昏昧，天地忽焉扰。是非生荆棘，荣辱日颠倒。入室愧妻孥，临渊惭鱼鸟。本性不终没，寸阴良可宝。富贵岂累人，洗心苦不早。"

二我颇赞此诗，以为高浑。

二我云：东游者归，无不啧啧称道日本之盛：法度也，山水也，人物也，几疑为神仙居无以过。吾独不然之。吾之游日本，凡两度矣，相其人情，察其体势至熟，日本奚足以方我中国？人之好怪，岂不然哉？中国者，天然之国也。天时之正，地利之厚，人民之众，开辟以还，越数千年，历古圣王，经营之，缔构之，精华顾未尝尽泄，犹有所需而未欲一旦竭之也。天运尽，人为启，后有作者，其庶几乎？吾不敢近睹，惟远观焉。日本之疆域，比中国一省，地瘠而民贫，智力罄矣，财用殚矣，其制度文化，初窃我唐，今勉规随欧西。然吾观其局局然如弗胜，未若我国人士思理之伟大也。皇皇然如有所穷，未若中国之拥据雄厚，坦然若不为意也。中国之亡，吾知之矣，亡于人也，非天亡也。日本殆亡于天乎？人亡者，吾将观其后，天或将兴之。天亡之国，人力其可几乎？

十三日　　晴霁

往贺杏城，昨奉命补农工商部右侍郎。即诣冶老问疾，闻略瘥。访子蕃谭。薄午，趋署。观报。

南北满洲俄、日之哄已，战卒皆卷甲归矣，而振、徐二使归为人言,露、日之旌旗犹林峙而棋布也。询之,则答曰:皆卫铁路之警队。嗟嗟,战卒邪?警队邪?吾乌得而知之。

晡,答拜晦若,未遇即归。见慕兄。夜,复筠老书,作日记。叔耘过谭。

十四日　　阴,雪飞辄止

以电机询冶老病,闻视昨如故。盥漱毕,坐斋中,清理零细秽杂纸物,凡故信及无用字件,悉举而投诸簏,亦一大快事。治国者能如是,何患不能定天下,惜以人治人,义尽者尤当仁至,所以为难。

观报,凡居佛寺中,晨钟暮鼓,使人发深省,无有知其所省维何者。今乃悟曰:时哉,时哉!盖不问出世法入世法,所宝贵者厥惟时乎?时一过不再来,失时者,一事不成。是故西人爱时如黄金,未有敢轻掷之、浪费之也。晨钟报晨,暮鼓报暮,亦使人知时而已,不忘时而已,非有他也。

陈简持过谈,即去。观书。

昔晋阮遥集有屐癖,祖约有钱癖,其癖同,初不辨高下。会有客诣约,有财物摒挡未了,见客至,倾身障簏。诣阮,阮方吹火蜡屐,叹曰:未知此生当著几两屐?神色闲畅。于是胜负始判。

十五日　　阴

展观戴文节山水册页,是亦我国之美术,与书法同。虽与西国油绘有殊,而韵趣萧然,足助人之胸次。

人之斋中案头,自书籍外,不可不置古碑版及名人书画,无事静坐时披览之,洗尽多少俗肠。

诣冶老问疾,阍者言略愈。因至厂肆购地图二:一大清府厅州县图,一五洲方图。议价甫定,睹窗外雪大如掌,持图急登车去。

比至署,雪又微矣。未几,杲杲出日。

农工商部已将归并工部事宜办法出奏,余见其奏底颁行各衙门者。

晡,往视叔耘,卧未起,即床前与谈,良久始去。诣新吾,留晚饭。夜,归。月明。往视慕兄。

十六日　　晴

晨起,观书。

《丹铅续录》:赐不受命而货殖焉。人以殖训生,非也。《说文》:殖,脂膏久也。盖藏积而不用,如脂膏,久而致殖也。韩文公《李邢墓志》:家无殖财。即用此意。

又云:易者,庐壖之名,守宫是矣,身色无恒,日十二变。是则易者取其变也。象者,茅犀之名,豨神是矣,犀形独觉,知幾知祥。是则象取于幾也。

诣冶老问疾,因趋署。晡,归。观报。

美人经营巴拿马河,招工,白人无应者。日本人、西班牙,皆拒不屑,乃取诸非洲之黑人,而为英国所保护,凡趋役者以日论价,毋以时论价。美人又不便,将取诸华人。于是留美学生大惧,遗书祖国争之,申言利害,欲政府坚勿与定约。

晚,读陆士衡《叹逝赋》及潘安仁《闲居赋》、《感旧赋》、谢氏《雪》、《月》等赋。

夜,作复介石书。观《法苑珠林》,时月食,金声四起,犹寻旧例救护。

十七日　　晴

衣冠出贺戴少师。以得充经筵讲官。薄午,访叔雅谈。余初疑叔雅返粤,前在津晤彦复,始知犹在都也。俄诣厂肆,购地球图。

即趋署。车中观书。

古者谓使者曰信,晋武帝炎报帖末云:故遣信还。《南史》:晨起出陌头,属与信会。《古乐府》云:"有信数寄书,无信心相忆。"王右军《十七帖》云:往得其书,信遂不取答。谓昔尝得其来书,而信人竟不取回书耳。今流俗以遣书为信,谓之书信,而谓前人之语亦然,谬矣。见《丹铅续录》。

《晋书》云:王衍口不言钱,晨起见钱堆床前,曰:阿堵。近世不解,遂谓钱曰阿堵,可笑。晋人曰阿堵,犹唐人曰若个,今曰这个也。故殷浩看佛经曰:理亦应在阿堵中。顾长康传神,曰精神妙处,正在阿堵中。谢安谓桓温曰:明公何用壁后置阿堵辈是也。凡观一代书,须晓一代之语;观一方书,须通一方之言,不得不尔也。亦见《丹铅续录》。

到署。向辰诸君皆在。晡,忽睹邸抄,又有旨申饬唐长官,并将陈右丞、施右参开缺,以为众望不孚。盖翰林侍读马吉樟所劾也。晚,归。观报开去岁火车炸弹事,已有主名,一曰张保臣,一曰黄易。夜,新吾在慕兄许谈。

十八日 　　晴

范彤士过谈。俄诣冶老问疾,即趋署。薄午,唐长官至,俄去。次台归自天津。

邮传部之设,种种不顺。胡芸老首病故,张冶老又获重疾,唐少翁两受申斥。新任吴仲老,过番阳湖舟覆,遇救得不死。一丞一参,无故被逐。

晡,往䌷斋家吊奠,遇夔章。即至顺天府署,是日慕兄宴客,坐有蔡和甫、张载初、岳柱臣、陆季良诸君。席散已夜深。月明。

十九日　　晴，风，奇寒

是日，部中封印。薄午，到署，诸人皆冠服静待。昳，唐长官始来，礼成，命僚属等皆轮日值班。晡，出城，至义善源，即归。料量会馆度支。观报。

东西国之勃兴也，无一人不在学问中，无一人不在法律中。有学则日进不已，有法律则整齐画一，各守界域而不相侵。盖学属积极，法属消极。国家之治，端赖斯二者相与提挈维持，以期于永久。

作日记。

古之六博，即今骰子也。晋谢太傅枭者邀也，六博得邀者胜，是知枭即骰子之幺也。忘山曰：与今又不同。

蔡邕《独断》载汉代章奏之式，所谓需头者，盖空其首一幅，以俟诏旨批答，陈请之奏用之。不需头者，申谢之奏用之。晋人简帖后空一幅，仍书空著后，以俟朋友之批答。故谢安批子敬之纸尾。合二事观，可见古人章奏尺牍之制。

《曲礼》：负剑辟咡诏之。注谓：负谓置之于背，剑谓挟之于旁。欧阳作《泷冈阡表》云：回顾乳者剑汝而立于旁。正是此义。

古大字，音义与泰通。大别作太。自范晔作《后汉书》始用之，避其家讳也。皆见《丹铅续录》。

二十日　　晴

晨起，盥漱毕，出城，访诒重。会翁铜士亦至，共谈。

余思得一法，解邮传部之困，惟有奏请设立学堂，将凡不奏留之人员，悉送入肄业，既上不违旨，而下免诸人之觖望，岂非两全。诒重、铜士皆赞成。

薄午，趋署，晤次台，亦以此策告之。次台怃然。

居今日之社会上，自我而外，皆敌国也。故无论一举手、一动足之间,皆以机警神速为至要。如用兵然,缓则败矣。邮部之事,即败于濡缓,今惟力矫之。

晡,归。作大字。观报。

闻陆军欲收集天下兵权,凡天下各镇统制,皆由部奏请简派,督队官始由督抚委用。

夜阅慕兄奏请经费摺,盖欲顺天府界内兴办诸要政也。

二十一日　晴

晨起,衣冠往视陈简持,不遇,即归。是日,川如生日,入贺母礼毕,挥毫书楹帖,作大字。逮暮,殆作三百馀大字。观报。

项城自督北洋军队,所创之学校无数,如将弁学堂、武备学堂等,今皆归入陆军部管辖。

夜,作复徐汝霖书。流览《文选》,诵其诗篇。并观小杜诗。

余前曾口占一首,题曰《自然》,录如下。诗云:"何以悦吾目,庭前花与竹。何以悦吾口,盘中果与橘。何以悦吾鼻,幽兰日馥郁。何以悦我耳,鸟啼在空谷。何以悦我心,一理贯万物。"其二曰:"浮屠说平等,安有贵与贱。老聃法自然,焉知理与乱。理乱不可知,世事难与期。飘然从隐者,去采商山芝。"诗犹未已,当拟续作其三、其四。

国家岁岁言罢捐输,民间岁岁被水旱灾,灾无由息,捐无由罢也。

宋、明以降,防弊之法日严,文书日益繁密,而政治机关日益不灵,其濡滞牵引之害,往往误事匪浅。自今日蒸汽之开通,电机之发达,正是对症下药,深足矫数百年之弊。故目前于救荒平寇种种事,皆能刻期奏功,无从前濡缓之病,为益岂不大哉。

夜雪飞,中庭尽白。眠已三更,悄然无声,窗外雪必大盛。

二十二日

晨起，屋瓦厚四五寸，雪犹不止。盥漱毕，坐斋中观旧时日记。俄命驾访邵二我，一路琼林瑶树，粉天银海。到二我庐，下车入。少待，二我即出，笑曰："我知忘山今日必枉顾。"余答曰："吾亦知君之能料我。"相与大笑，纵谈久之。忽一人戴帷帽，笑而入曰："出得门来，好大雪邪！"谛视，乃余子厚，皤然老翁，而诙谐如少年，与二我二十年至交，善讴，于梨园曲本最熟。是日，与二我演《除三害》，一唱一和。余旁坐静听之，乐甚。顷之，子厚匆匆冒雪去。余与二我因共饱食，食已，复谈。晡，雪晴，日光微露。二我为余言无线电之理，仍立一长木，木端削铁为铩邪出，下通电机，其能通于他所也，以电机之装贮配置，分积多寡有定数，电出则自求其相等者，虽越数百里，而应如响。西人多用于军中，以达消息，惟相距犹不得过五百里，将来发达，非不可代有线之电，虽千万里可用也。盖无线者，电之消费最省，人尤利之，自必通行。大凡有线者，须将电力灌输于线中，线愈延长，用电愈费。无线者，即空气为线，借自然之电力接之也，故其用省。

又云：日本之破俄人波罗的海舰队也，即运用无线电机以诱俄军，俄人中计，致全军覆没。其事极诙谲可喜，二我为余详述之，余以将就寝，今日不及细叙，容后补录之。

二我得楹联上句云："置身于羲皇以上。"余为续下句云："清谈在魏晋之间。"

是日，浙学堂又集议，公举监督，余亦到场，从众公留经才。俄归。夜，作日记。

二十三日　　晴

起，剃发修容。书贾至，携书二册，名曰《快书》，不知为何人著也。

未午,趋署。时唐长官已先在,方晤接美国人。日中,余进谒唐公,为推扩屋基事,前托丁维忠,所图不成,遂辍其事。观报。是日,立春。

我国疆吏疾革命徒党潜输军械,欲严口岸之搜禁,而外人不许也。权授诸外人,奈何。

晡,诣顺天尹署。暮归。时西女士迈达,已移居余园林中,部署精雅。

观舆图,灯下复览《快书》,其一种曰《绿雪亭》终卷,多奇语。

晚飨已,与赞尧雌黄人物,信口言之,颇无顾忌。

余生平有五等之交:一曰精神之交,一曰道义之交,一曰谈议之交,一曰文字之交,一曰酒食之交。

二十四日　晴

是日,洒扫屋宇。书贾程姓者又来,携《六研斋笔记》一书,留观之。秉庵过,即去。日中,在稼霖斋中午饭,时更换春联,余楹间用所集六朝人句"闭户自精,开卷独得;鸟多闲暇,花随四时"十六字。

观报,奉省农户商民,皆堕极困难中,以赋税之重也。

《池北偶谈》云:作诗用事,以不露痕迹为高。往董御史玉虬文骧外迁陇右道,留别余辈诗云:"逐臣西北去,河水东南流。"初谓常语,后读《北史》,魏孝武帝西奔宇文泰,循河西行,流涕谓梁御曰:"此水东流,而朕西上。"乃悟董语本此,深叹其用古之妙。

明何心隐、颜山农,皆大有恶行。何在万历间,屡变姓名,诡迹江湖,胁人金帛不赀。颜则挟诈赵文肃千金,与奸良家妇。而皆负讲学名,道学之狼籍至此。

雍乾间，张君箕山以言事谪，归居庐陵王山，有《茅屋随札》一卷，语多奇特，见其志行之卓。录其数语云：王山金顶之胜，在于高，尤在于孤。然不高则不孤，愈高则愈孤。君子立身亦然。又云：绝顶惟高而孤，虽天清气朗，无昼不风，风声四起，众山动摇，人立其上，安得不危之。又云：王山笋类多苦，烹之亦有异味。又产苦菜，浸之一宿，颇胜园蔬，然以其苦，多为人弃。人生营营，无日不苦，日在苦中，安之若饴。

济南公文介公龠，诗极夥，余独赏其一首，即《南竺寺》，诗云："晚霞挂重塔，微月碧殿空。林壑松桧响，十里闻秋风。"

二十五日　　晴

诣沈君雨人。沈，江苏海州人，现官农工商部左参议，自叔雅许闻其善谈，遂往访之。俄诣冶老问疾，遂趋署，晤次台、诒重。观报。

晡，诣王相，未见。晤夔章、梅先诹谈。薄暮，至义善源，即归。夜，观《水经注》及说舆地杂书。

性爱游山，而体肥，恨无济胜之具，惟有遍览说山说水说形势之书，亦足推扩胸次，有一种幽远寥廓之意，萦绕心目间。

天地间有自然之山水，心中亦有自然之丘壑。观于古今名画家所写者是也。是故善观画者，不必求与真境相似，彼高人逸士，自抒写其胸中所藏，与诗歌词赋无以异。

二十六日　　晴

嵩鹤孙过谭，即去。览李笠翁著《闲情偶寄》，言园林堆砌假山石之法，极有趣致。

又云：贫士之家，有好石之心，不必定作假山，一卷特立，安置有情，即可慰泉石膏肓之癖。又云：王子猷劝人种竹，予复劝人立石,以人之一生,他病可有,俗不可有。得此二物,便可医去俗病矣。

饭后,衣冠出吊顾康民侍郎之丧。晤杨仲庄。仲庄五日之内,妻子并亡,人生至不幸也。晡,谒陆凤老谈,即归。

观宋叶大庆著《考古质疑》,复览舆地书。晚,丁问槎过谈。

夜,诵阮嗣宗《咏怀诗》,慷慨悲歌,俯仰今古,盖有感于明帝末路失政,柄为奸雄所窥窃也。观于"孤鸟西北飞,离兽东南下"二语,何等悲壮!

二十七日　　晴

晏起。邻居过。作大字。俄即趋署。署中土木已工竣,无甚事,观《说铃》。

唐末郑綮,好诙谐,每为歇后诗,讥嘲时事。昭宗以为有蕴,特命为相,未几累表请罢,虽自云歇后郑五作宰相,天下事可知,然固加一人一等矣。尤异者,綮尝为庐州刺史,黄巢将至,綮移牒使无犯界。巢笑而从之,郡赖以全。诙谐之能却敌如此,斯又与谢安之风流存晋,异曲同工者也。

晡,至新吾许。易衣冠出城,为朱湛清送行。又往视勉丈,未见。因诣土地庙,购白梅花三本归。

二十八日　　阴,雪飞不止

起,作日记。观《说铃》中《湖壖杂记》,颇饶趣致。

饭后,又观叶氏《考古质疑》。

以年号铸于钱文,当以南朝宋孝建、景和为始,而北魏太和、永安皆后于此者也。

《尔雅》:山有穴为岫。后之诗人,误用与峰峦相等。如谢元晖云:"窗中列远岫。"梁朱超诗:"高岫郁相连。"韩诗:"横云时平凝,默默列数岫。"皆相沿误用也。惟渊明:"云无心而出岫。"嵇中散《幽愤诗》:"采薇至阿,散发岩岫。"徐幹《七喻》云:"栖迟乎穹谷之岫。"皆本《尔雅》之义,以岫为山穴也。忘山曰:文人下笔,胡可不慎,所谓雅者,正也,是也,所谓俗者,缪也,疏也。

世俗文字,其贺人之移新屋者,曰莺迁,盖本《诗》出谷迁乔之义。不知《诗》但云伐木丁丁,鸟鸣嘤嘤,出自幽谷,迁于乔木。嘤嘤两鸟声,无所谓莺也。自唐白乐天误用之,如其诗云:"谷幽莺暂迁","不失迁莺侣","莺侣莺迁各异年",后人祖述其误,而不能改。

理仁钱杭馆度支,为造出入簿籍,逮暮乃已。

夜诵古诗,观舆图,作日记。

二十九日　　晴

起,见屋瓦堆白,昨夜又飞雪,余眠未知也。盥漱毕,薙发。观《湖壖杂记》。薄午,趋署。唐长官已至,议公赏署中差役钱。是日,木作工价已清,核算给矣。晡,诣徐、王、那三相国许,贺岁。又至鹿吏部、徐尚书家,投刺即归。晚,子瑜过斋中谭。俄去。复观《考古质疑》终卷。夜,祀神。

马侍读大年《懒真子录》云:古今之语,大都相同,但其字各别。古所谓阿堵者,今所谓兀底也;古所谓甯馨,甯去声,馨音亨,今南人尚言之,苏州人所谓那亨,犹言恁地也。忘山曰:所谓阿堵,即俗言这个;所谓甯馨,即俗言这样。《晋书》:山涛见王衍叹曰:何物老妪,生甯馨儿。《南史》:宋王太后病笃,怒废帝,畏鬼不至,谓侍者取刀割我腹,那得生甯馨儿。甯馨与阿堵,皆是以俗语入文,无他义也。

三十日　　大风,晴

定可庵过谈,良久秉庵至,可庵遂去。闻秉庵云,黄道士又将来都,为之狂喜。

晡,衣冠出,投刺数家,即归。夜,祀先,一家团拜。时西女师迈达居余家中,来观礼,笑谓川如曰:"尔国礼数最繁,故我西方凡称事之繁缛者,皆曰支那支那。"

夜,观侍守岁祀灶后,乃眠。